HERMENEUTISCHE UNTERSUCHUNGEN ZUR THEOLOGIE

Herausgegeben von

GERHARD EBELING · ERNST FUCHS · MANFRED MEZGER

4

WORT UND ANALOGIE
IN AUGUSTINS
TRINITÄTSLEHRE

VON

ALFRED SCHINDLER

1965

J. C. B. MOHR (PAUL SIEBECK) TÜBINGEN

©

Alfred Schindler
J. C. B. Mohr (Paul Siebeck) Tübingen 1965

Satz und Druck: Christian Gulde, Tübingen
Einband: Heinrich Koch, Großbuchbinderei, Tübingen

VORWORT

Wollte man dem Problem der Analogie des Seins und des Glaubens bei Augustin auf den Grund gehen, so müßte man sein gesamtes Denken zur Darstellung bringen. Eine solche Gesamtinterpretation wäre vielleicht als Abschluß einer lebenslangen Beschäftigung mit Augustin denkbar, keinesfalls jedoch als Erstlingsarbeit. Ich beschränke mich deshalb in diesem Buch auf einen Aspekt der weitschichtigen Frage, nämlich auf die besondere Komplikation des Analogieproblems angesichts der Trinitätslehre[1].

Die leitende Frage, die auch am Anfang der Vorarbeiten zu dieser Untersuchung stand, lautet: Welches ist die Bedeutung des Augustinischen Begriffs „verbum" und der mit ihm verknüpften Spekulationen? Daß ich dabei vom Standpunkt eines evangelischen Theologen des 20. Jahrhunderts aus frage und urteile, beeinträchtigt, wie mir scheint, weder die Genauigkeit der historischen Betrachtung noch die Offenheit für Augustins Aussagen. Vielmehr meine ich, daß es nur der Klarheit der Interpretation dient, wenn ich gelegentlich spürbar werden lasse, daß ich von einer „Wort-Theologie" unserer Zeit ausgegangen bin, für deren Grenzen ich ebensowenig blind zu sein glaube wie für die Grenzen von Augustins verbum-Theologie[2].

Die Frage nach der Bedeutung des Augustinischen „verbum" führt mit Notwendigkeit in die Trinitätstheologie und in die Sprachphilosophie hinein. Beide Themen sind auch gesondert dargestellt, doch liegt das Hauptgewicht meiner Abhandlung auf der Interpretation von *De trinitate*. In diesem Werk läßt sich Augustins Ringen um die Analogie und um das „verbum" so deutlich verfolgen, daß ein Nachvollzug der wichtigsten Gedankengänge ein angemesseneres Verständnis ermöglicht als eine systematische Darstellung. Ich fürchte allerdings, dem Leser, der unter der Flut der Augustin-Literatur — und aller übrigen — ohnehin zu ertrinken droht, mit der über 100 Seiten umfassenden Interpretation zu viel zuzumuten. Was ich jedoch, um dem Reichtum des Textes gerecht zu werden, sagen mußte, das hätte sich vielleicht noch besser, aber jedenfalls nicht wesentlich anders sa-

---

[1] Zum Zusammenhang des allgemeinen Analogieproblems mit dem speziell trinitarischen verweise ich auf Anm. 210, Seite 228.

[2] Eine Stellungnahme enthält vor allem Kapitel VIII, S. 229 ff.

gen lassen. Die beigefügten Register werden hoffentlich die Benützung des Buches erleichtern.

Die Anregung zu dieser Arbeit habe ich Herrn Professor GERHARD EBELING (Zürich) zu verdanken, der sich, trotz mancher Umwege meinerseits, in persönlicher und sachlicher Beziehung stets als liebevoller Begleiter und immer neu anregender Lehrer erwies. Mein besonderer Dank gilt ihm und den Herren Professoren ERNST FUCHS (Marburg) und MANFRED MEZGER (Mainz) für die Aufnahme dieser Abhandlung in die „Hermeneutischen Untersuchungen zur Theologie". Für sehr viel Anregung und außergewöhnlich bereichernde Gespräche habe ich Herrn Dr. theol. ULRICH DUCHROW (Heidelberg) zu danken, dessen gleichzeitig entstandene Arbeit über „Sprachverständnis und biblisches Hören bei Augustin" sehr bald ebenfalls in dieser Reihe erscheinen wird. Für sorgfältiges Mitlesen der Korrekturen danke ich Herrn Assistent KARL HEINZ ZUR MÜHLEN (Zürich) und meiner Frau, die auch einen großen Teil der Registerarbeiten übernommen hat. Was ich ihr, auch für das Zustandekommen dieser Arbeit, zu verdanken habe, geht freilich weit über diese äußerliche Hilfe hinaus und läßt sich mit keinem offiziellen Dankeswort umschreiben.

Als Überleitung zur eigentlichen Untersuchung möge ein Wort Kierkegaards dienen, dessen Wahrheit sich an Augustin besonders deutlich erweist:

Solange das Ewige und das Geschichtliche
eins außerhalb des andern stehen,
ist das Geschichtliche nur Veranlassung[3].

Zollikon bei Zürich, am 1610. Geburtstag Augustins,
13. November 1964

ALFRED SCHINDLER

---

[3] S. Kierkegaard, Philosophische Brocken, übersetzt von E. HIRSCH, Düsseldorf/Köln 1960, S. 57.

INHALT

Vorwort V

Abkürzungen IX

Bemerkung über die Art des Zitierens XI

  I. Biographische Voraussetzungen und Entstehungszeit des Werks
     De trinitate 1

  II. Augustins Trinitätslehre vor und außerhalb De trinitate
      Vorbemerkung 12
      Augustins Selbstzeugnis 13
      Die frühe Trinitätslehre 15
      Die frühen Analogiebildungen 20
      De fide et symbolo und die Frage nach dem Neuplatonismus 26
      Confessiones und De civitate dei 33
      Analogien in De trinitate I bis VII 41
      Die Quellen der Augustinischen Trinitätsanalogien 43

  III. Die imago dei vor und außerhalb De trinitate 61

  IV. Menschliches und göttliches verbum außerhalb De trinitate . . . 75
      Der explizite verbum-Begriff 76
      Gottes Wort und Menschenwort 86
      Das „innere Wort" 97
      Zur Herkunft der Unterscheidung von innerem und äußerem Wort . 104
      Zur Übersetzung von ΛΟΓΟΣ 115

  V. Augustins Trinitätslehre: De trinitate I bis VII 119
     Die Proömien 120
     Buch I 133
     Buch II 135
     Buch III 141
     Buch IV 142
     Buch V 147
     Buch VI 162
     Buch VII 165

  VI. Der Weg zum inneren Wort: De trinitate VIII und IX 169
      Buch VIII 170
      Buch IX 179

VIII

VII. Die „evidentior trinitas": De trinitate X bis XV 196
  Hinführung 196
  Memoria—intellegentia—voluntas 201
  Imago dei 212
  Aufstieg zur Trinität? 215
  Die Analogie des Wortes in abschließender Form 217
  Probleme der Lehre vom Heiligen Geist 222
  Abschluß des Gesamtwerks 224

VIII. Fragen zur Interpretation 229

  Anhang I 246

  Anhang II 250

Literaturverzeichnis 252

Stellenregister 262

Personenregister 263

Sachregister 267

ABKÜRZUNGEN

AM	Augustinus Magister, Congrès International Augustinien (anläßlich des 1600. Geburtstages), Bde. I und II: Communications, Bd. III: Actes, Paris 1954
ATA	L'Année Théologique Augustinienne, Zeitschrift, Paris 1940 ff., Vorgängerin von REA
BA	Bibliothèque Augustinienne, Oeuvres de Saint Augustin, Bände 15 und 16: 2me série, Dieu et son oeuvre, La Trinité, vol. 1 (= BA 15): Le mystère (De trin. I–VII, hg. u. übers. v. M. MELLET und TH. CAMELOT, Einleitg. v. E. HENDRIKX), vol. 2 (= BA 16): Les images (De trin. VIII–XV, hg. u. übers. v. P. AGAESSE, erl. v. J. MOINGT u. P. AGAESSE)
BLE	Bulletin de littérature ecclésiastique, Toulouse
CC	Corpus Christianorum, Series Latina, Turnholt 1953 ff.
ClMed	Classica et Mediaevalia, Kopenhagen
CSEL	Corpus Scriptorum Ecclesiasticorum Latinorum, Wien, 1866 ff.
DThC	Dictionnaire de Théologie Catholique, Paris 1903 ff.
FZPT	Freiburger Zeitschrift für Philosophie und Theologie, Freiburg (Schweiz)
GCS	Die griechischen christlichen Schriftsteller der ersten Jahrhunderte, Berlin 1897 ff.
JTS	The Journal of Theological Studies, London
L	Edition der Confessiones von P. DE LABRIOLLE, Bde. I und II, Paris 1925/1926 und etliche weitere Auflagen
MG	MIGNE, Patrologiae series Graeca
MiscAg	Miscellanea Agostiniana, Testi e Studi pubblicati a cura dell'ordine eremitano di Sant'Agostino (zum 1500. Todestag), Rom/Vatikan 1930/31, Band I: S. i. Aug. i. Sermones post Maurinos reperti, ed. G. MORIN, Band II: Studi
ML	MIGNE, Patrologiae series Latina
NGG	Nachrichten der Gesellschaft der Wissenschaften zu Göttingen, phil.-hist. Klasse
RA	Recherches Augustiniennes, Bde. I und II, Supplementsbände zur REA, Paris 1958 und 1962
RAC	Reallexikon für Antike und Christentum, Stuttgart 1941 ff.
RB	Revue Bénédictine, Maredsous
RE	PAULY-WISSOWA (u. a.), Real-Encyclopädie der klassischen Altertumswissenschaft, Neue Bearbeitung 1893 ff.

X

REA	Revue des Études Augustiniennes, Paris
REAnc	Revue des Études Anciennes, Bordeaux
REG	Revue des Études Grecques, Paris
RGG³	Die Religion in Geschichte und Gegenwart, 3. Aufl., Tübingen 1957 ff.
RH	Revue Historique, Paris
SAM	Sitzungsberichte der Bayerischen Akademie der Wissenschaften, München, phil.-hist. Klasse
ScEccl	Sciences Ecclésiastiques, Montréal
SChr	Sources Chrétiennes, Paris 1947 ff.
SVF	Stoicorum Veterum Fragmenta, ed. H. v. Arnim, Leipzig 1903 bis 1924
ThesLat	Thesaurus linguae Latinae, 1900 ff.
ThR	Theologische Rundschau, Tübingen
VC	Vigiliae Christianae, Amsterdam
ZKG	Zeitschrift für Kirchengeschichte, Stuttgart
ZRGG	Zeitschrift für Religions- und Geistesgeschichte, Marburg

BEMERKUNG ÜBER DIE ART DES ZITIERENS

Eine moderne kritische Ausgabe von De trinitate fehlt. Nach DEKKERS, Clavis 82, wird zwar eine solche vorbereitet von W. J. MOUNTAIN und P. DE VOOGHT (vgl. auch die Diss. von MOUNTAIN im Lit.verz.), doch muß sich die vorliegende Arbeit auf MIGNE (Band 42) bzw. auf die Maurinerausgabe (Paris 1679–1700, Band VIII) stützen. Bei der Orthographie mußte ein gewisser Ausgleich zwischen derjenigen älterer Ausgaben und der in den neueren angewendeten gefunden werden.

De trinitate ist nach folgendem Schema zitiert: De trin. XV, 51 (1098), d. h. zuerst in römischen Ziffern die Buchzahl, dann die Paragraphenziffer (unter Weglassung der Kapiteleinteilungen) und in Klammer die Spalte im 42. Band von MIGNE. Wo vorhanden, ist bei den übrigen Werken Augustins neben MIGNE auch CSEL angeführt. Eine Ausnahme bilden die Confessiones, wo außer nach MIGNE nach DE LABRIOLLE zitiert wird (= L I und II), und De civitate dei, wo ich mich auf MIGNE darum beschränke, weil im CC die gute Ausgabe von DOMBART und KALB abgedruckt ist und das CC die Spaltenzahlen von MIGNE am Rand wiedergibt. Nirgends, wo sich in den Werken Augustins neben der Kapiteleinteilung auch eine fortlaufende Paragraphenzählung findet, wird auf Kapitel verwiesen.

Wo nicht besonders vermerkt, sind die kritischen Ausgaben stets mit der Seitenzahl zitiert. Eine Ausnahme bildet HARDERS Plotin-Ausgabe (und Übersetzung), die nach seiner Numerierung der Schriften und nach seiner Paragrapheneinteilung, die mir besonders glücklich scheint, zitiert wird.

I. BIOGRAPHISCHE VORAUSSETZUNGEN UND ENTSTEHUNGSZEIT DES WERKS DE TRINITATE

Wenn diese Untersuchung die Probleme des verbum-Begriffs und der Analogie am Leitfaden von Augustins Schrift über die Trinität behandeln soll, ist eine Klärung der biographischen und chronologischen Fragen unvermeidlich. Dies nicht nur deshalb, weil die Kenntnis solcher Voraussetzungen im allgemeinen vor Mißverständnissen bewahren kann, sondern insbesondere auch darum, weil Augustin das Werk in einem Zeitraum von ungefähr zwanzig Jahren verfaßt hat — iuvenis inchoavi, senex edidi[1] — und bei der Breite seines literarischen Schaffens die mannigfachen Beziehungen zu seinen sonstigen Werken in Betracht gezogen werden müssen. Dies jedoch ist nur möglich, wenn zuvor die Entstehungszeit der einzelnen Bücher einigermaßen feststeht.

Der erste Satz des Werks: Lecturus haec, quae de trinitate disserimus, prius oportet, ut noverit, stilum nostrum adversus eorum vigilare calumnias, qui fidei contemnentes initium immaturo et perverso rationis amore falluntur[2] — dieser Satz läßt ein stark polemisches Werk erwarten, und zwar ein gegen die Arianer oder wenigstens arianisch beeinflußten Kreise gerichtetes Werk. Diese Erwartung wird nur zum Teil erfüllt. Die ersten sieben Bücher setzen sich zwar eingehend mit häretischen Einwänden gegen die Trinität bzw. die orthodoxe[3] Trinitätslehre auseinander und nennen mehrfach die Arianer[4], ja, das 15. Buch nennt sogar Eunomius und die Eunomianer[5]. Andrerseits weitet aber gerade die Fortsetzung des zitierten Eingangssatzes die Front der anzugreifenden Häretiker derart stark aus[6], und die Bücher VIII bis XV sind so wenig polemisch getönt[7], daß man das Ge-

---

[1] Ep. 174 (ML 33, 758/CSEL 44, 650).

[2] De trin. I, 1 (819).

[3] Dieser Begriff ist Augustin bekannt, vgl. De vera rel. 9 (ML 34, 127/CSEL 77, 2, 10).

[4] De trin. II, 25 (861); V, 4 (913); VI, 1 (923), 10 (930).

[5] De trin. XV, 38 (1087).

[6] De trin. I, 1 (819): Jene, die sich Gott körperlich bzw. in Analogie zum Körperlichen vorstellen, jene, die ihn wie den menschlichen Geist denken, und schließlich jene, die zwar nichts Veränderliches, aber doch Falsches von Gott denken, dazu s. u. S. 122.

[7] Aber auch von der ersten Hälfte konnte man sagen: . . . monument unique dans la littérature patristique par ses dimensions, la puissance de ses analyses et

samtwerk schwerlich als rein polemisch oder ausschließlich antiarianisch bezeichnen kann. Es stellt vielmehr eine Verbindung polemischer, spekulativer und erbaulicher Interessen dar; es wehrt nicht nur gegnerische Einwürfe ab, sondern versucht auch, das geglaubte Dogma „von innen" zu durchleuchten[8] und den Glaubenden lieb zu machen[9]. Überhaupt scheint es sich nicht an die Häretiker direkt zu wenden, sondern an die katholischen Christen, heißt es doch schon im zweiten Buch: . . . in pace catholica pacifico studio requiramus . . .[10]. Das Gegenüber ist viel eher der fragende Christ aus Augustins Gemeinde oder Bekanntenkreis als der angreifende Häretiker[11]. Nichtsdestoweniger verbindet der Kirchenvater mit seinen Ausführungen — auch mit den unpolemischen — offensichtlich die Hoffnung, diesen oder jenen Irrgläubigen zum rechten Glauben zurückzubringen[12]. Dieses eigentümliche Gemisch aus Apologetik und unpolemischer Entfaltung theologischer Erkenntnis entspricht ziemlich genau der Weise, wie Augustin selbst dem Arianismus begegnete.

Augustins christliche Lebenszeit beginnt kurz *nach* und sein Leben endet ebenso kurz *vor* heftigen arianischen Streitigkeiten: Als Ambrosius in den Jahren 385/386 einen eigentlichen „Kirchenkampf"[13] gegen die Kaiserinmutter Justina auszufechten hatte und das Mailänder Kirchenvolk gegen den Willen des Hofes auf seine Seite trat, befanden sich Augustin und seine Mutter ebenfalls in Mailand. Die Auseinandersetzung, an der Monnica unmittelbar beteiligt war, erregte zwar auch Augustin und Alypius, doch offenbar nur auf oberflächliche Weise, waren sie doch noch „frigidi a calore spiritus . . ."[14], was so viel heißen dürfte, wie daß sie die religiöse Erregung nicht eigentlich mitempfinden konnten. Liegt dies Ereignis ein gutes Jahr[15] vor Augustins Taufe, so liegt sein Tod bereits mitten in der Eroberung Nordafrikas durch die arianischen Vandalen, doch starb er, während Hippo Regius noch belagert wurde[16]. Daß eine scharfe antiarianische Polemik un-

---

surtout son caractère purement spéculatif dépouillé de toute contingence polémique (Marrou, S. Aug. 378).

[8] De trin. VIII, 1 (947): Nunc . . . attendamus haec, quae *modo interiore* quam superiora tractabimus, cum sint eadem . . .

[9] Daß gerade die Frage nach der *Liebe* zur Trinität die Denkbewegung in der zweiten Hälfte des Werks bestimmt, s. u. S. 175 ff.

[10] De trin. II, 16 (855). Ähnlich VI, 10 (930).

[11] So besonders auffallend De trin. I, 8 (824 f.): . . . nonnulli perturbantur . . . , . . . quemadmodum intellegant, quaerunt . . ., . . . intellegere volunt . . ., . . . quia ergo quaerunt ista homines . . ., . . . ut aperiam, desideratur a me, illis desiderantibus, quibus me servire cogit libera caritas . . .

[12] Vgl. bes. I, 4 (822) und entsprechend XV, 49 (1096).

[13] So v. Campenhausen, Lat. Kirchenväter 93. Zum Ganzen aaO, 93—99; ders., Ambrosius von Mailand als Kirchenpolitiker 189—222.

[14] Conf. IX, 15 (ML 32, 770/L II, 220). [15] Februar 386 bis Ostern 387.

[16] Vita des Possidius, c. 29 (ML 32, 59).

ter der Vandalenherrschaft wieder möglich wurde, zeigen einige Predigten, die zwar unter Augustins Namen überliefert sind, ihm jedoch zweifellos nicht zugeschrieben werden dürfen[17]. Wenige Jahre vor seinem Tod hatte sich Augustin allerdings bereits mit einem arianischen Bischof auseinanderzusetzen, mit dem sich schon Ambrosius gestritten hatte[18] und der nun im Gefolge des vandalischen comes Sigisvult nach Nordafrika gekommen war[19]. Solch gelegentliches Auftauchen arianisch-germanischer Elemente wird auch in dem Brief sichtbar, den Augustin ungefähr zur selben Zeit (ca. 428) an den comes Bonifatius schrieb, der eine Arianerin geheiratet hatte[20].

In die Zeit der Entstehung von De trinitate fallen zwar zahlreiche Äußerungen über die Arianer in Predigten und Briefen, aber nur eine einzige ausdrücklich gegen sie gerichtete Schrift aus dem Jahr 418 oder 419 ist in den Retractationes erwähnt[21] und uns überliefert, Augustins Erwiderung auf den Sermo Arrianorum. Bei diesem Sermo handelt es sich um ein anonymes Schriftstück, das ihm von jemandem zugesandt worden war mit der Bitte um Erwiderung; Augustin erfüllte diese Bitte so rasch als möglich[22].

Es besteht kein Zweifel daran, daß in diesen Jahren bereits stärkere Auswirkungen des Arianismus in Afrika zu spüren waren, als dies z. B. während des ersten Jahrzehnts des 5. Jahrhunderts der Fall gewesen war. Dies ist nach dem siegreichen Eindringen der arianischen Westgoten in Italien und bei den Verbindungen, die Nordafrika zum römischen Mutterland unterhielt, weiter nicht verwunderlich[23]. Auch sind zahlreiche antiarianische Äußerungen Augustins aus jenen Jahren überliefert und etliche Predigten auf Grund solcher Partien in jene Zeit zu datieren[24]. Es wäre aber völlig

---

[17] De symbolo II, 24 (ML 40, 652), De tempore barbarico 9 f. (aaO, 706 ff.).

[18] Maximinus: Augustin, Coll. cum Max. Ar. und C. Max. libri II (ML 42, 709 bis 814). Seine Dissertatio gegen Ambrosius in ML Suppl. I, 1958, 693—728 und bei KAUFFMANN, 67—90. Ob beide Maximini wirklich identisch sind, ist nicht mit Sicherheit auszumachen.

[19] Coll. 1 (ML 42, 709).

[20] Ep. 220, 4 (ML 33, 994/CSEL 57, 433 f.). Zu Bonifatius sowie zur Lage der Bevölkerung zur Zeit des Vandaleneinbruchs vgl. DIESNER, Historia 11, 1962, bes. 108 ff.

[21] Retr. II, c. 52 (ML 32, 650 f./CSEL 36, 188 f.).

[22] AaO: Huic (sc. sermoni), petente atque instante, qui eum mihi miserat, quanta potui etiam brevitate ac celeritate respondi. Der Sermo und seine Widerlegung: ML 42, 677—708.

[23] Vgl. bes. Ep. 185, 1 (ML 33, 793/CSEL 57, 2) vom Jahr 417: Aliquando autem, sicut audivimus, nonnulli ex ipsis volentes sibi Gothos conciliare, quando eos vident aliquid posse, dicunt hoc se credere quod et illi credunt.

[24] KUNZELMANN, Misc Ag II, 483—489, wo auch die Briefstellen genannt sind. Vgl. noch die Jo.-Traktate 18, 3 (ML 35, 1537); 20, 5 ff. (1559 f.); 26, 5 (1609); 37, 6 (1672); 40, 7 (1689 f.); 43, 14 (1711); 45, 5 (1721); 47, 9 (1737); 49, 8 (1744); 53, 12 (1779); 78, 2 (1836) und Enn. in ps. 32, s. 2, 5 (ML 36, 288); 67, 39 (aaO, 837); 80, 13 (ML 37, 1040); 130, 11 (aaO, 1712).

verkehrt, wenn man die Periode von 410 bis 420 für antiarianische Äußerungen gleichsam „reservieren" wollte[25]. Etliche sicher datierte Stellen und
besonders die erste Hälfte von De trinitate zeigen eine Beschäftigung mit
diesen Problemen, die weit vor das Jahr 410 zurückreicht[26].

Die Begegnung Augustins mit dem Arianismus geschah also nie in der
Konfrontation mit größeren aggressiven Gruppen und vollzog sich zudem
während seiner ganzen afrikanischen Zeit weitgehend auf schriftlichem Wege,
d. h. durch theologische Lektüre und durch einzelne — oft briefliche — Kon-
takte[27]. Die Kenntnis der antiarianischen Literatur soll weiter unten bespro-
chen werden[28]. Ein Beispiel für die Behandlung des Problems auf dem Wege

---

[25] Dies tut KUNZELMANN weitgehend, und daher sind die Datierungen der Sermones 117 f., 127, 139, 244 und 246, 264, Liv. 8, Morin 3 nicht ganz zuverlässig,
bes. weil er die Parallelen zu De trin. I—VII nicht berücksichtigt, vgl. nächste Anm.
[26] Vor 400: De vera rel. 8 f. (ML 34, 126 f./CSEL 77, 2, 9 f.), De fide et symb. 5
(ML 40, 184/CSEL 41, 8 f.), Ep. ad Rom. inc. exp. 15 (ML 35, 2098 f.), De ag. chr.
18 (ML 40, 300/CSEL 41, 119 f.), De div. qu., z. B. qu. 69, 1 (ML 40, 74), Ep. 44,
6 (ML 33, 176/CSEL 34, 2, 113 f.); von 405, wenn echt, De un. eccl. 6 (ML 43, 395),
von 405/6 C. Cresc. III, 38 (ML 43, 516/CSEL 52, 445 f.), von 407/8 Ep. 93, 31
(ML 33, 337/CSEL 34, 2, 476 f.). An fast allen diesen Stellen ausdrückliche Nen-
nung der Arianer, wobei allerdings auffallend ist, daß sie oft nicht als aktuelle
Gegner, sondern als Erscheinung der Vergangenheit behandelt werden. Die Parallelen der ersten Hälfte von De trin. (vor 410) mit den späteren, ausdrücklich antiarianischen Schriften sind zudem offensichtlich:

De trinitate	Antiarianische, spätere Schriften	Thema
I, 9 (825)	Ep. 242, 3 und C. serm. Ar. 3.	Joh. 1, 3
I, 13 (827 f.)	Ep. 170, 2 f. und C. serm. Ar. 9, c. 20.	„latreia" ausschl. für die Verehrung des wahren Gottes.
I, 14 (828)	Sermo Arrianorum 24	Joh. 14, 28
I, 15 (829 f.)	C. serm. Ar. 34	1. Kor. 15, 28
I, bes. 22 (836)	Ep. 170, 9, Ep. 238, 14 u. 17, C. serm. Ar. 6 et passim.	Die Regel, gewisse Schriftaussagen sec. deum und gewisse sec. hominem von Christus zu verstehen.
I, 31 (843 f.)	C. serm. Ar. 33	Mt. 19, 17
II, 3 (846 f.)	C. serm. Ar. 9, c. 14 f.	Operatio inseparabilis
II, 14—16 (854 f.)	C. Max. Ar. II, c. 26 ff.	Vater (Joh. 5, 9) unsichtbar, Sohn sichtbar.
IV, 27 (906), VI, 1 (923 f.)	Ep. 170, 4, Ep. 238, 24, C. serm. Ar. 4 u. 32.	Vergleich mit lux-candor/ ignis-splendor u. dgl.
V, 6 (914) et passim	Ep. 170, 6 f., 238, 14.	Relationen

[27] Daß diese sehr sporadische Begegnungsweise z. T. auf die den Arianern feind-
liche Gesetzgebung zurückzuführen ist, soll hier nur erwähnt sein.
[28] S. u. S. 129 ff.

der Korrespondenz haben wir eben im Sermo Arrianorum und seiner Erwiderung gefunden, doch zeugen noch andere Briefe von ähnlichen Begegnungen[29]. Schließlich findet sich in der Korrespondenz Augustins auch der Niederschlag einer mehr oder weniger mißratenen Disputation mit einem gewissen comes Pascentius[30]. Augustins normale Hörergemeinde kannte die Arianer aber hauptsächlich vom Hörensagen, sonst könnte er ihr nicht orientierend nach einer kurzen Darstellung der Sabellianer sagen: Item sunt alii haeretici, qui vocantur Arriani[31]... Man gewinnt eher den Eindruck, Augustin fange nur dann an, gegen die Arianer zu predigen, wenn er auf ein Schriftwort stößt, das vor seinem inneren Auge den falsch auslegenden Häretiker „sich erheben" läßt[32]. Auch wenn man also die zunehmende und stets näherrückende arianische Front im Auge behält, darf man doch sagen, daß De trinitate in einer Zeit entstanden ist, als hinsichtlich dieser Probleme zwar immer eine gewisse Beunruhigung bestand, eigentliche Unruhen und Kämpfe aber ausblieben.

Das ist auch der Eindruck, den man aus Augustins eigenen Äußerungen über die Anwesenheit der Arianer erhält: Ungefähr im Jahre 413 kann er zu seinen Predigthörern sagen: Quidam enim fortasse sunt in ista multitudine Arriani[33]. Dagegen vermute er keine Sabellianer unter den Zuhörern. Die arianische Häresie hingegen liege sozusagen noch in den letzten Zügen. Ursprünglich habe es zwar in Hippo keine Arianer gegeben, „sed posteaquam multi peregrini advenerunt, nonnulli et ipsi venerunt". Er bezieht sich vermutlich auf eine im Laufe des 4. Jahrhunderts durch den Verkehr innerhalb des Reichs zustande gekommene leichte Infiltration Nordafrikas mit arianischen und verwandten Elementen[34]. Zugleich aber stellt doch diese Häresie eine dauernde Gefährdung der rechtgläubigen Kirche dar, weil sie den „carnales homines" näher liegt als die Lehre von der völligen Wesensgleichheit von Vater und Sohn[35]. Wäre dies nicht Augustins Überzeugung, so hätte ihn eigentlich nichts bewegen können, ein so großes Werk über diese Probleme zu schreiben, wie es De trinitate faktisch gewor-

---

[29] Ep. 170 (ML 33, 748—751/CSEL 44, 622—631), später als 414; Ep. 242 (ML 33, 1052—1054/CSEL 57, 563—567), kaum datierbar, bei VAN DER MEER (138) vor Ep. 170 gesetzt.
[30] Ep. 238—241 (ML 33, 1038—1052/CSEL 57, 533—62), Datum ebenfalls fraglich, wohl zwischen 405 und 415 (so GOLDBACHER, CSEL 58, 63).
[31] In Io. ev. tr. 37, 6 (ML 35, 1672).
[32] Hic Arrianorum error exsurgit ... Sermo 126, 8 (ML 38, 701); auch 135, 2 (aaO, 746).
[33] In Io. ev. tr. 40, 7 (ML 35, 1689 f.).
[34] Auf diese und verschiedene andere schwierige Fragen kann selbstverständlich im Rahmen dieser Arbeit nicht eingegangen werden.
[35] Sermo 117, 6 (ML 38, 664). Vgl. auch den Anfang von De trin., o. S. 1.

den ist. Und hätte er die eunomianischen Einwände nicht für äußerst gefährlich gehalten, und zwar für *stets* äußerst gefährlich, so hätte er wohl wenig Interesse daran gehabt, sie so eingehend abzuhandeln, sagt er doch selbst: Eunomiani non sunt in Africa ... sunt in oriente ...[36].

Obschon Augustin gelegentlich über die Beziehungen der Donatisten zu den Arianern spricht[37], scheint doch der heftige Kampf gegen die Donatisten auf De trinitate oder andere antiarianische Schriften keinen Einfluß gehabt zu haben[38].

Auch die Entstehung der Schrift De trinitate, soweit sie sich rekonstruieren läßt, zeigt, wie Augustin durch Ansprüche der Gemeinde nicht nur nicht gedrängt, sondern sogar stark an der Vollendung des Werks gehindert wurde[39], während gleichzeitig die Freunde auf den Abschluß der Abhandlung kaum warten konnten[40]. Daß dies sogar zu einem Handschriftenraub führte[41], daß aber trotz Augustins Verärgerung[42] darüber das Ganze schließlich vollendet wurde, mag u. a. ebenfalls in der gegen 420 hin spürbarer werdenden arianischen Front einen Grund haben. Aber man erkennt aus der Korrespondenz[43] ziemlich deutlich, daß wenigstens ebensosehr die Schwierigkeit, das Dogma von Nizäa zu verstehen, und die daher rührende theologische Wißbegierde[44] Augustins Freunde veranlaßten, ihn so sehr zu drängen, und mit den Ausschlag gegeben haben werden, daß er zuletzt die Herausgabe doch wagte[45]. Das Werk ist darum eigentlich nur für wenige geschrieben und trägt von Anfang an einen mehr oder weniger esoterischen Charakter. Es nimmt daher auch eine gewisse Sonderstellung unter Augu-

---

[36] Sermo 46, 18 (aaO, 280).

[37] C. Cresc. III, 38 (ML 43, 516/CSEL 52, 445 f.), Ep. 44, 6 (ML 33, 176/CSEL 34, 2, 113 f.), 185, 1 (ML 33, 793/CSEL 57, 1 f.). Darüber vgl. J. ZEILLER, RH 59, 1934, 535–540. Zum ganzen Problemkreis sehr ausführlich CHR. COURTOIS, Les Vandales et l'Afrique, bes. 135 f.

[38] Jedenfalls ist mir nirgends eine Verbindung donatistischer und arianischer Einwände oder Gegner begegnet.

[39] Ep. 169, 1 (ML 33, 743/CSEL 44, 611 f.).

[40] Ep. 174 (ML 33, 758/CSEL 44, 650 f.), Retr. II, c. 15, 1 (ML 32, 635 f./CSEL 36, 147 f.).

[41] Ep. 174, Retr. II, c. 15, 1 (aaO).

[42] Ep. 174 (aaO).

[43] Die fünf Briefe, in denen das Werk (außer Ep. 174) erwähnt wird, 120, 143, 162, 169, 173 A (Genaueres s. u. S. 7 ff.), sind alle an fragende Freunde gerichtet, die von Augustin lauter knifflige theologische und exegetische Probleme gelöst sehen wollten.

[44] Ein typisches Beispiel ist Ep. 160 von Evodius (ML 33, 701 f./CSEL 44, 503 bis 506).

[45] Von einem Wagnis kann man deshalb sprechen, weil die Bücher über die Trin. „periculosissimarum quaestionum" waren für Augustin (Ep. 143, 4, ML 33, 586/CSEL 44, 254).

stins Werken ein und darf wohl, nach allem bisher Gesagten, auch im Rahmen der altchristlichen Theologiegeschichte insofern eine Sonderstellung beanspruchen, als die Umstände, unter denen es entstanden ist, der theologischen Reflexion zur eindringenden Denkarbeit weiten Raum ließen und dennoch der Gegner nicht gänzlich verschwunden und das Dogma noch nicht *aller* Diskussion entrückt war[46].

Was nun die Chronologie der Entstehung von De trinitate anbetrifft, so ist von den Retractationes auszugehen[47]. Nach ihnen ist der Anfang der Arbeit an De trinitate unmittelbar nach De catechizandis rudibus einzuordnen und fällt mit größter Wahrscheinlichkeit auf das Jahr 399; denn De catechizandis rudibus steht am Ende einer Reihe kürzerer Werke, deren erstes sich mittels äußerer Kriterien auf das Jahr 398 datieren läßt[48]. Die Retraktationen berichten leider nie über das Ende der Arbeit an einem bestimmten Werk, geben aber nach dieser ersten Erwähnung von De trinitate noch mehrere Hinweise auf die lange nicht abgeschlossene Schrift[49]. Ist somit der Beginn der Beschäftigung mit diesem Werk einigermaßen fixiert, so ist der Abschluß nicht sicher datierbar. Als terminus a quo ist das Jahr 415 zu betrachten, aus dem Brief 169 stammt, der von den Büchern über die Trinität als noch unvollendeten und unedierten spricht[50]. Terminus ante quem ist die Erwähnung des Werks in De praedestinatione sanctorum vom Jahre 429[51]. Dabei ist zu bedenken, daß sowohl jene Briefstelle als auch die letzte Erwähnung nicht mit dem Zeitpunkt des Erscheinens zusammenfallen können, da dort Augustin die Sache noch lange hinauszuschieben scheint und hier bereits vermutet, daß sich das vollständige Werk in der Hand von Prosper und Hilarius (von Arles), d. h. also in Gallien befindet. Man wird demnach eine erste Eingrenzung vollziehen und sagen können: De trinitate wurde zwischen 416 und 425 ediert.

---

[46] Innerhalb von Augustins Gesamtwerk ist der unpolemische Charakter weniger außergewöhnlich (Conf., Frühdialoge u. a.) als innerhalb der altkirchlichen Literatur zum Trinitätsproblem.

[47] Deren Zuverlässigkeit ist anerkannt, vgl. bes. ZARB, Angelicum 10, 1933, 364 ff. Für die ganze Datierungsfrage stütze ich mich in erster Linie auf HENDRIKX, La date de composition du De Trinitate.

[48] Näml. C. Felicem Manichaeum, dessen Entstehung im Jahre 398 durch eine Textkonjektur von MONCEAUX, Comptes rendus . . . , sehr wahrscheinlich gemacht wurde. De trinitate ist behandelt in Retr. II, c. 15 (ML 32, 635 f./CSEL 36, 147 bis 149).

[49] Näml. c. 16, c. 24, 1 u. c. 25.

[50] Ep. 169, 1 (ML 33, 743/CSEL 44, 612) sowie Ep. 162, 2 (ML 33, 705/CSEL 44, 513) vom selben Jahr. Zur Chronologie der Briefe vgl. stets GOLDBACHER, CSEL 58.

[51] De praed. sanct. 13 (ML 44, 970).

Nun ist aber die unfreiwillige Edition der ersten zwölf Bücher in wohl unvollständiger Form[52] von der Edition zu unterscheiden, welcher der Brief 174 an den Bischof von Karthago, Aurelius, beigelegt war[53]. Augustin gibt sowohl in diesem Brief wie in den Retraktationen bekannt, daß ihm vor Abschluß des Gesamtwerks heimlich die ersten zwölf Bücher — Augustin hatte mehrere Exemplare anfertigen lassen[54] —, die er zu diesem Zeitpunkt fast vollständig diktiert hatte, gestohlen und auch abgeschrieben wurden. Dies muß aber *nach* dem genannten Brief 169 geschehen sein, ja, vielleicht war dieser Brief an den Bischof Evodius von Uzalis (bei Karthago) wegen seiner dilatorischen Tendenz der indirekte Anlaß zum Diebstahl[55], so daß man für diesen ungefähr das Jahr 416 annehmen darf.

Die von Augustin selbst vollzogene Edition des Gesamtwerks kann aus verschiedenen Gründen frühestens 418 erfolgt sein: Im 13. Buch erwähnt er das 12. Buch von De civitate dei, das nicht vor 417 entstanden sein kann[56], und im 15. Buch übernimmt er eine längere Partie des 99. Johannestraktats, den man mit guten Gründen ins Jahr 418 setzt[57]. Somit bleibt für die Herausgabe des Ganzen die Zeit von 418/419 bis ca. 425, wobei allerdings das Jahr 418 wegen der langen Abwesenheit Augustins in Karthago schwerlich in Frage kommt[58]. Dagegen dürften die Begegnungen in Karthago ihn entscheidend bestimmt haben, das „opus tam laboriosum" doch noch zu vollenden[59]. Wieviel Zeit man für diese Vollendung, die wohl die Bücher XIII bis XV und die Revision des Ganzen umfaßte, ansetzen und in welcher Weise man die reiche sonstige Produktion der Jahre 419 bis 425 in Rechnung stellen will, bleibt eine reine Ermessensfrage. Jedenfalls ist durchaus mit der Möglichkeit zu rechnen, daß sich die Fertigstellung noch etliche Jahre hinzog, und die Festlegung des Abschlußdatums auf Sommer 419 durch HENDRIKX[60] stellt bloß eine, allerdings wahrscheinliche, Möglichkeit dar, nicht ein zwingendes Ergebnis.

Sind somit die Grenzen für die Entstehung des Gesamtwerks mit relativer Sicherheit bestimmt, so ist noch zu fragen, ob für einzelne Bücher oder Teile

---

[52] Ep. 174 (ML 33, 758/CSEL 44, 651): Sunt autem, qui primos quattuor vel potius quinque etiam sine prooemiis habent et duodecimum sine extrema parte non parva.

[53] Ep. 174 (ML 33, 758/CSEL 44, 650 f.).

[54] Retr. II, c. 15, 1 (ML 32, 635 f./CSEL 36, 147) präziser als Ep. 174.

[55] So HENDRIKX aaO, 314 f. (auch in BA 15, 565).

[56] De trin. XIII, 12 (1023). Orosius schreibt 417, Augustin stehe vor dem Abschluß von De civ. dei XI (vgl. ML 31, 667/CSEL 5, 4). Zur Datierung des Orosius s. DThC XI, 1602 ff.

[57] So ZARB, Angelicum 10, 1933, 107 f.

[58] Zu den Reisen Augustins vgl. umfassend PERLER, Les voyages . . .

[59] Wie HENRIKX (BA 15, 560) nach Ep. 174 trefflich vermutet.

[60] BA 15, 560. Mir will die Zeitspanne etwas kurz erscheinen, vgl. die folgende Anm.

ein genaueres Datum ermittelt werden kann. Wir haben bereits gesehen, daß Buch XIII bis XV nach Brief 169 und nach dem Bücherraub, also nach 416, entstanden sein werden, wahrscheinlich zwischen 418 und ca. 420[61]. Außerdem dürfte das Ende des 12. Buches und die Proömien der ersten fünf Bücher ebenfalls aus jener Zeit stammen, was nicht nur der Editionsbrief 174, sondern auch ziemlich deutliche Spuren des pelagianischen Streits, besonders im Proömium des vierten, in der zweiten Hälfte des zwölften und im dreizehnten Buch, zeigen[62]. Wie ist die Entstehung der übrigen zwölf Bücher zu bestimmen? Es ist wahrscheinlich, daß die ersten vier Bücher in den ersten Jahren nach der Inangriffnahme entstanden, sind sie doch ein Komplex für sich. Auch die Formulierung in Retr. II, c. 16, unmittelbar nach der Behandlung von De trinitate, legt dies nahe: Per eosdem annos, quibus paulatim libros de trinitate dictabam, scripsi et alios labore continuo . . . , nämlich u. a. De consensu evangelistarum, ein Werk, das wahrscheinlich im Jahre 400 entstand. Über die Fortsetzung der Arbeit ist es jedoch kaum möglich, genauere Angaben zu machen. Der aus dem Jahre 410 stammende Brief 120[63] enthält zwar Wendungen, die man auf Buch IX oder X beziehen könnte (Anspielung auf die imago in n. 12), aber er läßt sich ebensogut verstehen, wenn erst Buch VII vollendet war.

Aus späterer Zeit besitzen wir zwei weitere Briefe sowie den schon erwähnten Brief 169, die ebenfalls auf ein fortgeschrittenes Stadium der Arbeit hinweisen. Es handelt sich um Brief 162, der auf die schwierigen trinitarischen Fragen des Evodius durch einen Hinweis auf die unedierten Schriften De trinitate und De genesi ad litteram antwortet und aus dem Jahre 415 stammt[64], sowie um das Schreiben von 412 an Marcellinus, worin er seiner Scheu vor einer unbedachten Herausgabe so schwieriger Werke wie De genesi ad litteram und De trinitate Ausdruck gibt[65]. Daß er dabei nicht von einer noch bevorstehenden Vollendung des Werks[66], sondern vornehmlich von dessen Überarbeitung und Herausgabe redet, ist weiter nicht erstaunlich und spricht nicht für einen provisorischen Abschluß in früher Zeit, wenn man z. B. annimmt, daß Buch XI bereits vollendet war. Daß es

---

[61] HENDRIKX (BA 15, 563) versucht, schon im Jahr 405 eine vorläufige Fassung *des Ganzen* zu behaupten. Doch zwingt ihn dazu u. a. seine relativ frühe Datierung des Abschlusses (aaO). Zudem wäre dann Augustins Entschuldigung für die nicht ganz durchgeführte Redaktion (Ep. 174) — bei einer Überarbeitungszeit von 15 Jahren! — unbegreiflich und zudem der Wortlaut der Retr. II, c. 15, 1: Sed cum eorum duodecimum nondum perfecissem . . . mißverständlich.

[62] PLAGNIEUX, Influence de la lutte antipélagienne . . .

[63] Ep. 120, 1; 12 f. (ML 33, 452 f. u. 458/CSEL 34, 2, 705 u. 715).

[64] Ep. 162, 2 (ML 33, 705/CSEL 44, 513).

[65] Ep. 143, 4 (ML 33, 586 f./CSEL 44, 254).

[66] Vgl. aber Ep. 169, 1 (ML 33, 743/CSEL 44, 612): nec libros de trinitate, quos diu in manibus verso nondumque *complevi* . . .

von Buch XII an mit so vielen Abschweifungen und auch in Buch XIV und
XV so viel langsamer vorangehen würde, konnte Augustin selbst nicht vorher wissen, ja, es scheint eher unwahrscheinlich, daß er die Anzahl der Bücher, die er schreiben wollte, vorauswußte[67]. — Wir dürfen also annehmen,
daß Augustin ungefähr im Jahr 413 die Bücher I bis XI im wesentlichen
abgeschlossen hatte und noch nicht herausgeben wollte. Wenn seine erste
eingehende Beschäftigung mit dem Johannesevangelium ebenfalls in dieses
Jahr fallen sollte[68], so wäre die Parallele zwischen dem Johannestraktat
XXIII und dem zehnten oder elften Buch von De trinitate auch rein äußerlich sehr verständlich[69]. Doch sind wir in all diesen Dingen leider auf Vermutungen angewiesen. Unsere Chronologie sieht also so aus: 399 bis 405:
Bücher I bis IV; 410 bis 415: Bücher VIII bis XII, 1. Teil; 418 bis 421: Bücher XII, 2. Teil bis XV; Bücher V bis VII wohl zwischen 405 und 415[70].

Aus diesen Vorbemerkungen ergibt sich ein Bild der Schrift De trinitate,
das man ungefähr folgendermaßen zusammenfassen kann:

1. Die Schrift entstand zu einer Zeit, als arianische Streitigkeiten eine Sel-
tenheit waren. Als gegen Ende des zweiten Jahrzehnts des 5. Jahrhunderts die arianische Front etwas mehr sichtbar wurde, waren die im engeren
Sinne antiarianischen Partien (Buch I bis VII) schon geschrieben, und Augustin brauchte in Predigten und z. B. gegen den Sermo Arrianorum bloß
noch das ihm bereits Geläufige neu und etwas einfacher zu formulieren.

2. Die Schrift ist an einen relativ engen Kreis von theologisch oder philo-
sophisch vorgebildeten Lesern gerichtet: a paucis eos intellegi posse arbitror[71].

3. Das Werk war für Augustin selbst eine beschwerliche, problematische,
ja gefährliche Angelegenheit und hinderte ihn deshalb an einer sukzessiven
Edition der abgeschlossenen Bücher (im Gegensatz zu De civitate dei), so
daß er nur auf angelegentliches Drängen hin das Ganze schließlich nach
über 20 Jahren vollendete und edierte.

4. All dies läßt erwarten, daß De trinitate Gedankengänge enthält, die
sich im übrigen Werk Augustins kaum oder gar nicht finden, und daß die
dennoch bestehenden Parallelen nicht sehr erhellend sind für De trinitate,
weil sie die für spezialisierte Leser niedergeschriebenen Gedankengänge
meist nur vereinfacht und vergröbert wiedergeben.

---

[67] *Was* er im Prinzip schreiben wollte, wußte er wohl voraus, aber nicht die
Länge und Buchzahl (dagegen HENDRIKX BA 15, 562 f.). Über die „schlechte Komposition" von De trin. vgl. MARROU, S. Aug. 315—327.

[68] So ZARB, Angelicum 10, 1933, 102—104.

[69] In Io. ev. tr. 23, 10 f. (ML 35, 1589 f.).

[70] Zu V—VII vgl. auch die Datierung von CHEVALIER, S. Aug. 22—27.

[71] Ep. 169, 1 (ML 33, 743/CSEL 44, 612). Immerhin nimmt er z.B. De trin. XIV,
20 (1051) auf „tardiores" unter den Lesern Rücksicht, vgl. auch X, 19 (984) und
XIV, 10 (1044).

5. Da die Entwendung eines Manuskripts die Schrift vorzeitig in Umlauf versetzte, nahm Augustin am Schluß nur noch die notwendigsten Korrekturen vor[72]. Dies und die Schwierigkeit des Werks, die Augustin selbst empfand, lassen erwarten, daß gewisse Probleme keine restlose Klärung erfahren und Fragen z. T. unbeantwortet stehenbleiben werden.

---

[72] Ep. 174 (ML 33, 758/CSEL 44, 651). Über eventuelle Auswirkungen dieser zwei Editionen in der handschriftlichen Überlieferung kann bis zum Erscheinen einer kritischen Edition nichts gesagt werden. Die Handschriften sind zusammengestellt bei WILMART, Misc Ag II, 257 ff.

II. AUGUSTINS TRINITÄTSLEHRE VOR UND AUSSERHALB DE TRINITATE

Vorbemerkung

Im folgenden wird der Begriff *Analogie* häufig verwendet werden, und zwar als Oberbegriff für die verschiedenen Bilder, Entsprechungen, Einteilungen, die Augustin verwendet, um die Erkenntnis der Trinität durch ihre verschiedenen Abspiegelungen in der Kreatur zu ermöglichen oder zu fördern. Es wird also oft nicht im strengen Sinne Analogie als Entsprechungsverhältnis verstanden, sondern als das Entsprechende, das analogatum, d. h. einfach als dasjenige, was in der Kreatur als im Verhältnis der Analogie zur Dreieinigkeit stehend angesehen wird. Die Wahl dieses Terminus geschieht im Interesse einer Abgrenzung gegen die von Augustin selbst verwendeten Begriffe „imago, similitudo, vestigium, trinitas"[1], denen gegenüber hier „Analogie" als Oberbegriff fungieren soll. Angesichts der Tatsache, daß die Analogie im eigentlichen Sinne ja stets mitzudenken ist, scheint diese etwas unkorrekte Verwendung gerechtfertigt[2].

Augustin selbst verwendet den Begriff sehr selten und lehnt seine Anwendung auf die Beziehung Geschöpf–Schöpfer sogar ausdrücklich ab, auch und gerade hinsichtlich der trinitarischen Analogie[3]. Er erscheint bei ihm gelegentlich im Sinne derjenigen Auslegungsmethode des Alten Testaments, die auf die Übereinstimmungen zwischen altem und neuem Bund achtet[4] oder auch im Sinne der proportionalen Entsprechung[5]. Er empfindet „analogia" offensichtlich als Fremdwort[6], verwendet es überhaupt nicht sehr

---

[1] Dieser letzte Begriff, der auch vor Augustin schon unspezifisch verwendet wird, ist gerade in De trin. sehr beliebt.

[2] Dieser Sprachgebrauch ist auch sonst üblich, vgl. z. B. Schmaus, Trinitätslehre, 191: „So muß man bei allen Analogien vorsichtig das Unvollkommene ausscheiden und das Vollkommene auf Gott übertragen."

[3] Sermo 52, 23 (ML 38, 364).

[4] De ut. cred. 5 (ML 42, 68/CSEL 25, 1, 7 f.), 7 f. (aaO, 69 f./9 f.), De gen. lib. impf. 5 (ML 34, 222/CSEL 28, 1, 461).

[5] De mus. VI, 57 (ML 32, 1192).

[6] Vgl. bes. De ut cred. 5 (aaO): Aug. entschuldigt sich, daß er den griechischen Ausdruck braucht, aber es fehle ein lateinisches „usitatum nomen".

gerne und übersetzt es mit „corrationalitas, ratio comparationis, congruentia"[7].

Im Rahmen dieser Arbeit ist es schlechterdings ausgeschlossen, den ganzen Komplex der Beziehung Augustins zum Neuplatonismus zu behandeln[8]. Es soll darum nur an einigen entscheidenden Punkten die komplizierte Abhängigkeitsfrage durchdiskutiert werden; ein allgemeiner Vergleich z. B. der Ontologie bei Augustin und Plotin muß von vornherein ausgeschlossen werden.

Augustins Selbstzeugnis

Es kann für unsere ganze Untersuchung nicht bedeutungslos sein, wie Augustin seine eigene Entwicklung hinsichtlich der Trinitätslehre beurteilt, auch wenn dieses Selbstzeugnis der kritischen Prüfung anhand der trinitarischen Stellen, besonders seines Frühwerks, unterworfen werden muß. Von Interesse sind für uns einmal die Confessiones für die Darstellung seines Wegs, und dann die Retractationes für die Kritik der ersten Schaffensperiode.

In den autobiographischen Büchern der *Confessiones* berührt eigentlich nur jenes bekannte Kapitel über die Entdeckung der „libri Platonicorum"[9] die trinitarischen Probleme. Augustin schildert, wie er zu einem Zeitpunkt, als die „Bekehrung" noch nicht geschehen war, ja, als er noch in schweren Irrtümern hinsichtlich des fleischgewordenen Wortes befangen war[10], in neuplatonischen Werken das dargelegt fand, was der Johannesprolog über das ewige — nicht, was er über das fleischgewordene — Wort sagt. Was er da las, schildert er u. a. mit folgenden, für die Trinitätslehre nicht unbedeutenden Worten: . . . quia deus verbum . . . ex deo natus est . . . , quod sit filius in forma patris . . . quia naturaliter idipsum est . . . , quod ante omnia tempora et supra omnia tempora incommutabiliter manet unigenitus filius tuus coaeternus tibi. . . Augustin ist also der Ansicht, er habe seinerzeit eine Lehre über Gott und das ewige Wort in heidnischen Büchern gefunden, und diese Lehre habe er auch mit der Zeit angenommen[11], wobei nach ihm kein Anlaß besteht, die Übereinstimmung jener Lehre mit der rechtgläubigen

---

[7] Zum Analogieproblem im allgemeinen vgl. das Vorwort.

[8] Gute Orientierung bei O'MEARA, RA I, 91 ff.

[9] Conf. VII, 13—15 (ML 32, 740 ff./L I, 158 ff.). Welche Schriften dies waren, kann hier unberücksichtigt bleiben, s. aber u. S. 48 ff. Vgl. COURCELLE, Litiges sur la lecture des „Libri Platonicorum" . . .

[10] AaO, 25 (746/168 f.): Er war, ohne es zu wissen, Photinianer, aber nur „in eo, quod verbum caro factum est".

[11] AaO: . . . incommutabilitatem verbi tui, quam ego iam noveram, quantum poteram, nec omnino quicquam inde dubitabam.

Lehre von Vater und Sohn zu bezweifeln. So urteilt Augustin also noch als Bischof[12]. Und im Prinzip widerruft er diese Beurteilung der Neuplatoniker auch später nicht, obschon er zugeben muß, daß die Philosophen sich einer unbefangenen und für „fromme Ohren" oft verletzenden Sprache bedienen können — nicht dürfen[13]. Dabei traut er den Platonikern, insbesondere Porphyrios, nicht nur die Kenntnis des Verhältnisses Vater—Sohn, sondern auch eine Ahnung des Heiligen Geistes zu[14]. Natürlich setzt er bei ihnen nicht die volle und irrtumslose Kenntnis der Trinitätslehre voraus, hält ihre Einsicht aber doch für so weit ausreichend und zutreffend, daß er ihnen vorwerfen kann: Itaque videtis utcumque, etsi de longinquo, etsi acie caligante, patriam, in qua manendum est, sed viam, qua eundum est, non tenetis (nämlich durch das menschgewordene verbum)[15].

Welche Konsequenzen diese Voraussetzung für Augustins Trinitätslehre hat oder wenigstens in der Frühzeit haben mußte, wird die Untersuchung der betreffenden Texte zeigen. Es erscheint aber als unwahrscheinlich, daß Augustin von allem Anfang an die Homousie der göttlichen Personen und die große Vorsicht gegenüber jeder Veranschaulichung der Trinität in Analogien vertreten hat, wie wir es beim späteren Augustin feststellen können. Es bedarf hier keiner weiteren Begründung für die Feststellung, daß sowohl die Homousie als auch die seit Athanasius immer wieder betonte, radikale Trennung von Schöpfer und Geschöpf dem Neuplatonismus fremde Vorstellungen sind[16]. Vielmehr ist auf Grund des Selbstzeugnisses Augustins zu erwarten, daß neben den Vorstellungsformen und der Terminologie der jungnizänischen Trinitätslehre[17] in der Frühzeit noch durchaus unorthodoxe Momente mitwirken, deren teilweise Herkunft aus dem Neuplatonismus von vornherein wahrscheinlich ist.

Darauf weisen auch die Bemerkungen in den *Retractationes* hin, die frühe Äußerungen über trinitarische Fragen betreffen. In den Soliloquien sagt Augustin noch: ... unus deus tu, ... una aeterna vera substantia ..., ubi qui gignit et quem gignit *unum est*[18]. Diesen Singular, der auch mit Joh. 10, 30 nicht übereinstimmt, bezeichnet er in De trin. V, 10 (918) als sabellianisch und möchte das „unum" auf die eine Substanz, das „sumus"

---

[12] AaO, 13 (740/158): Et ibi legi non quidem his verbis, sed *hoc idem omnino*... suaderi ..., quod in principio erat verbum ...

[13] De civ. dei X, c. 23 (ML 41, 300). Daß mit Änderung weniger Worte und Ansichten die Neuplatoniker Christen würden, meint er auch De vera rel. 7 (ML 34, 126/CSEL 77, 2, 9), Ep. 118, 21 (ML 33, 442/CSEL 34, 2, 685).

[14] De civ. dei X, c. 23 (ML 41, 300) u. c. 29, 1 (aaO, 307).

[15] AaO, c. 29, 1.

[16] Zur grundsätzlichen Differenz vgl. u. a. RITTER, Mundus Intelligibilis.

[17] S. u. S. 126 f.

[18] Solil. I, 4 (ML 32, 871).

auf die Personen beziehen[19]. Demgemäß kritisiert er sich selbst in der Retractatio der Soliloquien[20]: dicendum fuit: *unum sunt.* — In der Sammelschrift De diversis quaestionibus LXXXIII spricht er in quaestio XXIII von der Partizipation der Schöpfung an den Ideen und schließt für Gott solche Partizipation aus. Gott ist nicht „participatione sapientiae sapiens". Dennoch kann er sagen: . . . cum sapiens deus dicitur, . . . non participatione . . . dicitur, . . . sed quod ipse eam genuerit, qua sapiens dicitur, sapientiam[21]. Damit schließt er wohl die der Kreatur eigene Gottesbeziehung der Teilhabe von Gott aus, behält aber ganz offensichtlich die Bezeichnung der „sapientia" der zweiten Person der Trinität vor. Die damit verbundene quasi-Partizipation wird in Buch VI und VII von De trinitate mit größter Ausführlichkeit behandelt und abgewiesen, so daß Augustin die Retractatio dieses Irrtums durch einen Hinweis auf De trinitate ersetzen kann[22]. So unbedeutend diese zwei Hinweise an und für sich sind, sie zeigen doch, daß sich Augustin einer gewissen Wandlung bewußt war und also keinesfalls von Anfang an die „reine" Trinitätslehre vertreten hat, auch nach seiner eigenen Auffassung nicht. Wie weit die begeisterte Aufnahme des Neuplatonismus mit den widerrufenen Stellen zusammenhängt, soll die Untersuchung der frühen Trinitätstexte zeigen.

Die frühe Trinitätslehre

Die früheste Äußerung Augustins zur Trinität findet sich in dem Cassiciacum-Dialog *De beata vita*, der im Jahre 386, also noch vor Augustins Taufe entstanden ist. Die betreffende Partie schließt an die Feststellung: „Habet ergo modum suum, id est sapientiam, quisquis beatus est", an, die den Abschluß der vorangehenden Diskussion bedeutet. Dieser Schlußsatz will besagen, daß derjenige glückselig ist, der keinen Mangel leidet, was bei dem der Fall ist, der weise und mäßig bleibt. Dies beides hängt zusammen; denn die sapientia ist der modus animi, d. h. Weisheit ist das Maß und damit auch die Mäßigkeit der Seele[23]. An diese Gedankengänge schließt Augustin eine Reflexion an, die für seine frühe Trinitätstheologie äußerst bezeichnend ist[24]: Zunächst verankert er die sapientia in der göttlichen Sphäre, da ja der Sohn Weisheit und zugleich wahrer Gott sei, woraus sich

---

[19] De trin. VII, 12 (945), aber schon De fide et symb. (vom Jahre 393) 18 (ML 40, 190/CSEL 41, 21).
[20] Retr. I, c. 4, 3 (ML 32, 590/CSEL 36, 23).
[21] De div. qu. 83, qu. 23 (ML 40, 16).
[22] Retr. I, c. 26 (ML 32, 625/CSEL 36, 118).
[23] De beata vita 32 f. (ML 32, 975/CSEL 63, 113 f.).
[24] AaO, 34 (975 f./114 f.). Eine interessante Andeutung auch C. Acad. III, 42 (ML 32, 956/CSEL 63, 79).

ergibt: Deum habet igitur, quisquis beatus est[25]. In einem weiteren Gedankengang identifiziert Augustin diese göttliche Weisheit mit der Wahrheit
nach Johannes 14, 6[26]. Und nun überträgt er die Relation Weisheit—Maß
bzw. hier Wahrheit—Maß in Gott, und zwar in drei Schritten: 1. Die Wahrheit tritt aus dem summus modus hervor und wendet sich in ihrer Vollendung zu ihm zurück, 2. der summus modus ist unabgeleitet, a se, 3. er ist
notwendig stets bezogen auf die Wahrheit, insofern er selbst wahr und
durch die Wahrheit erkennbar ist[27]. Die Schlußfolgerung von vorhin (s. b.
Anm. 25) kann somit „trinitarisch" erweitert werden: Quisquis igitur ad
summum modum per veritatem venerit, beatus est.

Obschon sich Augustin bemüht, immer auch die Elemente der kirchlichen
Trinitätslehre mit zu berücksichtigen[28], erweckt doch die eigentliche Entfaltung der modus-veritas-Spekulation den Eindruck starker neuplatonischer
Beeinflussung. Die Bezeichnung Gottes als höchstes Maß könnte unter Umständen von Plotin stammen[29], die Erwähnung der processio und conversio
der zweiten Hypostase verrät ihre Verwandtschaft mit der neuplatonischen
πρόοδος und ἐπιστροφή[30], die Aseität der obersten Hypostase bedarf keiner
weiteren Begründung innerhalb des philosophisch-theologischen Raumes,
in dem Augustin lebt, und was schließlich die Untrennbarkeit von modus
und veritas anbelangt, so erinnert sie zugleich an die kirchliche Trinitätslehre und an die ewige Zeugung bei Plotin[31]. Eng verbunden damit ist die
direkte Hineinnahme der göttlichen Prozession in den Vorgang der Gotteserkenntnis: man erkennt den modus und gelangt zu ihm durch die veritas.
In diesen Aussagen verbindet sich die Auffassung, daß der ewige Hervorgang des Sohnes selbst schon Offenbarung sei[32], mit dem Glauben, daß der

---

[25] Quae est autem dicenda sapientia, nisi quae dei sapientia est? Accepimus
autem etiam auctoritate divina, dei filium nihil esse aliud quam dei sapientiam,
et est dei filius profecto deus. Deum habet igitur . . .

[26] Sed quid putatis esse sapientiam, nisi veritatem? Etiam hoc enim dictum est:
Ego sum veritas. Zu veritas-sapientia vgl. C. Acad. I, 14 (ML 32, 913/CSEL 63,
14 f.).

[27] Veritas autem ut sit, fit per aliquem summum modum, a quo procedit et in
quem se perfecta convertit. Ipsi autem summo modo nullus alius modus imponi-
tur; si enim summus modus per summum modum modus est, per se ipsum modus
est. Sed etiam summus modus necesse est ut verus modus sit. Ut igitur veritas modo
gignitur, ita modus veritate cognoscitur. Neque igitur veritas sine modo neque
modus sine veritate umquam fuit. Anschließend nochmals eine Bestätigung, daß
wirklich Gott Vater und Sohn gemeint sind.

[28] Bes. aaO, 35 (ML 32, 976/CSEL 63, 115).

[29] Enn. I, 2, 2 (HARDER 19, 11): τὸ ἐκεῖ μέτρον, und I, 8, 2 (HARDER 51, 6).

[30] Plotin, Enn. V, 1, 6 f. (HARDER 10, 34 ff.); 2, 1 (11, 2 f.). Enn. V, 1 war Aug.
z. Zt. von De civ. dei bekannt, vgl. HENRY, Plotin 127 ff., wahrscheinlich aber schon
zur Zeit von De beata vita, aaO, 128.

[31] Enn. V, 1, 6 (HARDER 10, 34.36) u. V, 2, 1 (HARDER 11, 2.5.7).

[32] Vgl. das Zitat auf dieser Seite, Z. 10 f. der Anmerkungen.

Weise schon in diesem Leben zum modus, zur wahren Glückseligkeit gelangen könne — per veritatem[33]. Die Distanz von Schöpfer und Geschöpf, die ganz deutlich wird, wenn Augustin gut 12 Jahre später wieder über den summus modus spricht[34], ist hier praktisch nicht berücksichtigt, ja, man gewinnt überhaupt den Eindruck, Augustin suche einen Zugang zur kirchlichen Trinitätslehre nur über ihre Wirkung und zugleich Analogie in der Kreatur, wobei die strenge Unanschaulichkeit seiner späteren Position und vor allem der später übliche Ansatz bei der Offenbarung noch fast ganz fehlen. Mit andern Worten: Schon diese frühe Äußerung in De beata vita läßt vermuten, daß Augustin zwischen der Trinität und der Kreatur Analogien annimmt, die durchaus nicht nur Illustrationen des unenthüllbaren Geheimnisses für den bereits Glaubenden darstellen, sondern triadische Wirkungen und Spuren im geschaffenen Seienden unmittelbar selbst sind. Dazu gehört auch, daß die später unerschütterlich festgehaltene Lehre von der operatio inseparabilis ad extra trotz theoretischer Anerkennung (s. u. S. 23, Anm. 74) de facto nicht beachtet wird und die Trinität sozusagen ausschließlich unter dem Aspekt einer dreifachen, differenzierten Wirkung auf die Kreatur erscheint. Damit ist wiederum aufs engste verknüpft, daß die göttlichen Personen, deren Gleichheit und Göttlichkeit natürlich nicht bestritten wird, verschiedene Funktionen erhalten und somit wesentlich, nicht nur relativ, voneinander unterschieden werden. In unserem Text z. B. ist der Vater modus, der Sohn veritas, und diese Differenzierung ist klar durchgehalten, der Vater ist nicht veritas, sondern verus[35]. All dies bestätigt sich erneut bei der Durchsicht der einschlägigen Texte bis ungefähr zum Jahre 393[36]:

Der zeitlich De beata vita ganz nahe stehende Abschnitt aus *De ordine*[37], in dem Augustin wiederum die Trinität verständlich zu machen sucht, zeigt neben De beata vita die genannten Eigentümlichkeiten vielleicht am deutlichsten, während sie bei den etwas später liegenden Stellen, soweit sie nicht

---

[33] De beata vita 35 (ML 32, 976/CSEL 63, 115): . . . quamdiu quaerimus . . . nondum ad nostrum modum nos pervenisse fateamur. Somers, L'image comme sagesse 408, spricht mit Recht von einer „certaine confusion de l'homme et de dieu".

[34] In De nat. boni, c. 22 (ML 42, 558/CSEL 25, 2, 864 f.) vom Jahre 399 sagt Aug. zunächst, Gott habe natürlich keinen modus, da er nicht bemessen sei, aber natürlich sei er auch nicht immoderatus. Wenn man aber unter summus modus summum bonum verstehe, dann könne man es von Gott sagen. Verstehe man aber unter modus finis, so habe Gott keinen modus. Diese Vorsicht ist um so bedeutsamer, als die Triade modus-species-ordo in der Schöpfung in De nat. boni oft erscheint: c. 3—9, 13, 22 f. Frühe Zeugnisse noch De div. qu. 83, qu. 6 (ML 40, 13) u. De ver. rel. 81 (ML 34, 159/CSEL 77, 2, 59).

[35] Vgl. o. S. 16, Z. 10 der Anm.

[36] D. h. bis zu De fide et symbolo. Dankenswerte Zusammenstellung der Texte bis zum Beginn der Arbeit an De trinitate bei Cavallera, Les premières formules.

[37] De ordine II, 16 (ML 32, 1102/CSEL 63, 157 f.).

18

ausdrücklich an Analogien interessiert sind, bereits mehr in den Hintergrund treten. Die echte und wahre Philosophie, sagt Augustin, soll lehren: quod sit omnium rerum principium sine principio, quantusque in eo maneat intellectus, quidve inde in nostram salutem sine ulla degeneratione manaverit. Diese Charakterisierung der drei göttlichen Personen sagt wiederum, wenn auch nicht ausdrücklich, eine gewisse Verschiedenheit aus, wobei beim Vater die Anfangslosigkeit, beim Sohn das Im-Vater-Bleiben als die Vernunftfunktion und vor allem beim Geist das Herabfließen darauf hindeuten, daß die Erscheinungsweisen und Funktionen der drei Personen stärker mit Proprietäten innerhalb der Trinität verbunden sind, als dies Augustin später zulassen wird. Zu diesem Verdacht gibt auch die folgende Fortsetzung Anlaß: quem unum deum omnipotentem eumque *tripotentem*, patrem etc. . . , docent veneranda mysteria. . . Es dürfte nicht bedeutungslos sein, daß hier ein Terminus auftaucht, den Marius Victorinus verschiedentlich verwendet[38], der aber in der Folge von Augustin nicht mehr gebraucht wird, soweit ich sehe. Er würde sich jedenfalls nur schwer mit der streng durchgeführten Lehre von der operatio inseparabilis vertragen.

Hierher gehört nun auch jene quaestio XXIII aus den gesammelten 83 Fragen[39], die Augustin wegen der ausschließlichen Zueignung der sapientia an den Sohn in den Retractationes kritisiert. Andere quaestiones geben zu ähnlichen Bedenken Anlaß, so die sechzehnte, die davon ausgeht, daß Gott(!) die causa seiner sapientia sei. Da aber Gott nie ohne seine Weisheit gewesen sein kann, sind Vater und Sohn gleich ewig — ein Argument, das Augustin mutatis mutandis in De trinitate zurückweisen wird[40]. Weitere Äußerungen, die wenigstens den Verdacht aufsteigen lassen könnten, Augustin lasse bei den Appropriationen nicht die nötige Vorsicht walten, die wir später feststellen, lauten z. B.: (caritas dei) inspirata spiritu sancto perducit ad filium, id est ad sapientiam dei, per quam pater ipse cognoscitur[41]. Oder: de patre *deo* et sapientia eius et munere divino[42]. Oder: patrem et veritatem, id est lucem interiorem, per quam illum intellegimus[43]. Daneben gibt es freilich zahlreiche Wendungen und Formulierungen, die in keiner Weise anfechtbar sind; denn in einer Charakterisierung der Trinität mit den Begriffen principium, sapientia, caritas und in vielen ähnlichen Tria-

---

[38] Adv. Ar. (ed. HENRY) I, 50 (Z. 4), 52 (Z. 4), 56 (Z. 5), IV, 21 (Z. 26). Der Begriff ist gnostisch. Im Lateinischen offenbar nur bei Victorinus und Augustin, vgl. SOUTER, Glossary s. v. tripotens. KNÖLL (CSEL 63, 157, Z. 24 f.) liest anstatt „eumque" „cum quo"; ob da aber nicht doch die alten Ausgaben richtig konjiziert haben?
[39] S. o. S. 15.
[40] De div. qu. 83, qu. 16 (ML 40, 15), vgl. De trin. VI, 1 (923) u. XV, 38 (1087).
[41] De mor. I, 31 (ML 32, 1324).
[42] De vera rel. 8 (ML 34, 126/CSEL 77, 2, 9).
[43] AaO, 113 (172/80). Vgl. auch aaO, 81 (159/59): pater suae sapientiae.

den[44], die auch später bei Augustin immer wieder auftauchen, ist kaum etwas von der Entwicklung seiner Trinitätslehre zu spüren. Zudem bringt er schon früh immer wieder Begriffe und Wendungen ins Spiel, die die abendländische Orthodoxie in reiner Form widerspiegeln[45].

Wir fragten uns angesichts der Äußerungen über den Neuplatonismus in den Confessiones, ob diese freundliche Einstellung nicht ihre Wirkung auf Augustins frühe Trinitätslehre geübt habe. Bei De beata vita fiel es bereits leicht, neuplatonische Hintergründe aufzuzeigen, und wir gehen wohl nicht fehl, wenn wir hinter der ausschließlichen Zueignung der sapientia an den Sohn eine Nachwirkung der neuplatonischen Lehre vom Nus bzw. vom κόσμος νοητός sehen[46]. Bei den im folgenden zu behandelnden Analogien, die Augustin für die Trinität sucht und findet, ist der neuplatonische Hintergrund ebensowenig zu leugnen. Auch bei Plotin finden wir verschiedene Versuche, Vorgänge oder Verhältnisse „jener" Welt durch solche in „dieser" Welt verständlich zu machen[47]. Dabei ist aber gleich auf eine in der Folge immer deutlicher werdende Differenz hinzuweisen: Augustin übernimmt (trotz aller Entsprechungen bei den Neuplatonikern) die kirchliche Trinitätslehre als geltendes und geoffenbartes Mysterium[48]. Bei Plotin dagegen liegt die göttliche Welt nicht jenseits einer z. T. durch Offenbarung erst überwundenen Schranke, die ursprünglich durch den Schöpfungsakt gesetzt ist, sondern ihn bewegt vornehmlich die in der Emanationslehre explizierte „Einheit alles Seienden auf Grund der Allgegenwart des Einen"[49]. Differenzen gerade hinsichtlich der Analogienbildung sind also durchaus zu erwarten.

---

[44] De quant. an. 77 (ML 32, 1077), De mor. I, 25 (ML 32, 1322), 44 (1330), De vera rel. 24 (ML 34, 132/CSEL 77, 2, 18), 112 f. (171 f./79 ff.).
[45] De mus. VI, 59 (ML 32, 1193 f.) u. a. consubstantialis (= ὁμοούσιος), De lib. arb. III, 60 (ML 32, 1300/CSEL 74, 139), De mor. I, 24 (ML 32, 1321), De div. qu. 83, qu. 67, 1 (ML 40, 66) et passim.
[46] Zur Frage, wie weit Augustin in der Identifikation mit dem neupl. Nus geht, vgl. HARNACK, DG III, 118 f. mit Auseinandersetzung mit SCHEEL. Er weist mit Recht die Identifikationsthese ab, er empfinde vielmehr ein „Oscilliren und Schwanken" (119). In der Frühzeit ist die Identifikation jedoch eindeutig vollzogen.
[47] Vgl. besonders die Vergleiche für die Zeugung des Nus durch das Eine in Enn. V, 1, 6, aber eigentlich ist Plotins Sprache im ganzen ein bildhaftes Umkreisen des Ursprungs aller Bilder. Vgl. WAGNER zur Frage der vielen Metaphern.
[48] Vgl. schon De ord. II, 16 (ML 32, 1002/CSEL 63, 157): Die Trinität wird gelehrt von den veneranda mysteria, quae fide sincera . . . populos liberant.
[49] RITTER, Mundus 33, auch sonst zur Bestimmung der Differenzen zwischen Aug. und dem Neuplatonismus sehr hilfreich.

Die frühen Analogiebildungen

Für unseren Zusammenhang besonders interessant und für Augustins frühe Trinitätslehre sehr kennzeichnend ist die quaestio XVIII in der Sammlung der 83 Fragen, die zwar nicht sicher datierbar ist[50], aber wegen der Parallele zu Ep. 11 ungefähr auf das Jahr 390 zu datieren sein dürfte (s. u. S. 23, Anm. 73). Hier wird, scheinbar unbekümmert um Offenbarung und Geheimnischarakter der Trinität, eine Analogie postuliert, die zugleich als eine unmittelbare Auswirkung und Ausstrahlung der Trinität erscheint:

Omne, quod est, aliud est, quo constat, aliud, quo discernitur, aliud, quo congruit. Universa igitur creatura, si et est quoquo modo et ab eo, quod omnino nihil est, plurimum distat et suis partibus sibimet congruit, causam quoque eius trinam esse oportet: qua sit, qua hoc sit, qua sibi amica sit. Creaturae autem causam, id est auctorem, deum dicimus. Oportet ergo esse trinitatem, qua nihil praestantius, intellegentius et beatius invenire perfecta ratio[51] potest. Ideoque etiam cum veritas quaeritur, plus quam tria genera quaestionum esse non possunt: utrum omnino sit, utrum hoc an aliud sit, utrum approbandum improbandumve sit.

Alles Seiende ist unter drei Aspekten zu betrachten, nämlich insofern es überhaupt besteht, insofern es sich von anderem unterscheidet und insofern es sich zu anderem in gewissen Beziehungen und Übereinstimmungen befindet. Deshalb muß die Schöpfung als ganze, da sie ja irgendwie ist[52], sich vor allem vom Nichtseienden unterscheidet und in sich selbst geordnet ist, eine dreifache Ursache haben: nämlich für ihr Sein, für ihr Geformtsein[53] und für ihre Harmonie. Die Ursache des Geschaffenen aber, d. h. seinen Urheber, nennen wir Gott. Es muß also eine Trinität geben, über der auch die vollkommene Vernunft nichts Vortrefflicheres, nichts Vernünftigeres und nichts Glückseligeres finden kann. Darum kann es ja auch, wenn nach der Wahrheit gefragt wird, nicht mehr als drei Arten von Fragen geben: nämlich ob etwas überhaupt sei, was es sei und ob es zu billigen oder zu verwerfen sei.

Der Form nach handelt es sich hier ganz offensichtlich um einen richtigen Trinitätsbeweis, der zwar innerhalb der oft äußerst syllogistisch aufgebauten 83 Fragen, die auch ungescheut Probleme der Trinitätslehre aufnehmen[54], nicht weiter verwunderlich ist, aber doch auf die frühe Trinitätstheologie Augustins ein erstaunlich deutliches Licht wirft. Er hält es, ungeachtet

---

[50] De div. qu. 83, qu. 18 (ML 40, 15). Die 83 Fragen entstammen dem Zeitraum von 388–396.

[51] „Perfecta ratio" öfter, z. B. Solil. I, 13 (ML 32, 876).

[52] „Modus" hier nicht im qualifizierten Sinne wie oben, sondern „in was für einem Maße auch immer" wie De civ. dei XI, c. 28 (ML 41, 342): aliquo modo, d. h. je in dem Maße, als die Kreatur überhaupt ist. Gegen THEILER, Porphyrios 34.

[53] So ist zu verstehen, vgl. die analogen Formeln u. S. 22.

[54] Vgl. oben S. 18 und bes. qu. 50 (ML 40, 31 f.): *Beweis* dafür, daß Gott einen aequalis filius zeugen *mußte*.

der Offenbarung, die er nicht bestreiten würde, für möglich, „puris naturalibus" die Dreiheit in Gott zu beweisen. Die höchste causa alles Seienden, die er wie die Theologen vor ihm mit dem christlichen Schöpfergott identifiziert, ist nicht nur Grund und Ursache der dreifach bestimmten Kreatur, sondern schließt dieses Dreifache ganz analog selbst in sich. Natürlich ist damit nicht im entferntesten ein Tritheismus gemeint, aber wir erhalten hier doch eine recht aufschlußreiche Erklärung für das, was der eine deus *tripotens* ist: Der in sich als principium, sapientia und caritas differenzierte und *in dieser Differenzierung* auch nach außen wirkende eine Gott. Dabei entsprechen sich die Differenzierungen „hier" und „dort" nicht nur wie Bild und zufälliges Abbild, sondern ebensosehr wie dreifache Ursache und dreifache Wirkung.

Wiederum scheinen Elemente der neuplatonischen Ontologie durch, und es dürfte nicht abwegig sein, auf die Plotinische Kategorienlehre hinzuweisen, die, in ausdrücklicher Abhebung gegen die zehn Kategorien des Aristoteles, für die intelligible Welt in Anlehnung an Platon (Soph. 254 d) fünf πρῶτα γένη und fünf für die Sinnenwelt annimmt[55], wobei allerdings die beiden Gruppen verschieden sind. Eine gewisse Verwandtschaft der fünf „Kategorien" der oberen Welt mit Augustins drei „Kategorien" ist, vor allem wenn man die Parallelstellen bei Augustin beizieht, kaum von der Hand zu weisen[56]. Außerdem ist an die Dreizahl der drei ursprünglichen Hypostasen bei Plotin zu erinnern, die sich im „inneren Menschen" wiederholen[57], wobei eine entfernte Ähnlichkeit von Einem, Geist und Seele mit den drei Größen bei Augustin unbestreitbar ist. Für den an unserer Stelle (qu. 18) zwar nicht ausdrücklich genannten, aber im dritten Glied sachlich eingeschlossenen ordo-Begriff sind gleichfalls zahlreiche neuplatonische Zeugnisse erhalten[58]. Ganz abgesehen von den tatsächlichen Einflüssen, die auf Augustin eingewirkt haben (dazu s. u. S. 43 ff.), lagen jedenfalls im Neuplatonismus Ansätze und Elemente bereit, die auch in quaestio XVIII wirksam sind.

Fragt man, welche Art von „Bestimmungen" denn Augustin eigentlich genau meine, wenn er in Sein, Formsein und Ordnung aufteilt, so ist eine

---

[55] Über die Kategorien Plotin, Enn. VI, 1—3. Die „oberen" bes. VI, 2, 7 f. (HARDER 43, 49 ff.), auch V, 1, 4 (10, 26). Sie sind im Nus beheimatet. Die „unteren" VI, 3, 3 (HARDER 44, 24 f.). Vgl. RUTTEN, Catégories 43 ff.

[56] Dem ὄν entspräche — natürlich nur entfernt — hier das „qua sit", der ταὐτότης und ἑτερότης das „ut hoc vel illud sit" (in Ep. 11, s. u. S. 22) und der στάσις und κίνησις (die Enn. VI, 3, 2 [HARDER 44, 12] mit der Form verbunden ist) u. a. die „manentia", die Ep. 11 anstatt „ordo" oder „congruentia" erscheint.

[57] Enn. V, 1, 10 (HARDER 10, 55).

[58] Zus. gest. bei THEILER, Porphyrios 18 f., dazu Plotin II, 9, 7 (HARDER 33, 60 ff.) u. III, 2, 4 (47, 33 ff.).

Antwort kaum zu geben, jedenfalls gibt sie Augustin selbst nicht[59]. Kategorien im eigentlichen Sinne sind es nicht, obschon diese Bezeichnung vom Neuplatonismus her vielleicht eine gewisse Berechtigung hat. Eine eigene Kategorienlehre hat Augustin jedenfalls nicht entfaltet, und wenn er in De trinitate sich der aristotelischen Kategorien bedient, so jedenfalls nicht in der Weise, daß man diese einfach als Augustins eigene, feststehende Kategorienlehre bezeichnen dürfte[60]. Man könnte die drei „Bestimmungen" auch, in Anlehnung an die scholastische Terminologie, Transzendentien nennen[61], doch entspricht es Augustins Denk- und Schreibstil aufs beste, daß er selbst keinen Terminus einführt[62] und die Bildung entbehrlicher Abstrakta, wie sie bei Marius Victorinus auf Schritt und Tritt anzutreffen sind[63], meidet. Hinzu kommt freilich auch, daß diese drei „Kategorien" nicht eine Grundvoraussetzung des augustinischen Denkens an und für sich sind, sondern stets stark von der Absicht geprägt bleiben, eine Entsprechung zur Trinität vorzustellen. Allerdings tauchen sie auch gelegentlich mehr oder weniger unabhängig von trinitäts-theologischen Interessen auf und wiederholen sich verhältnismäßig oft unter verschiedenen Begriffen, aber in sachlicher Übereinstimmung: ut sit, ut hoc vel illud sit, ut in eo, quod est, maneat; causa, species, manentia[64]; esse, species, ordo[65]; moderata, formata, ordinata (sc. natura)[66]; quod est, quod intellegitur, (quod cetera facit intellegi)[67]; modus, species, ordo[68]. Daß hierin eine deutlich wahrnehmbare Kontinuität besteht, rührt davon her, daß die einzelnen Faktoren je für sich wesentliche Grundpfeiler der augustinischen Ontologie verkörpern: das Sein Gottes und der Kreatur, die Form in Gott und in der Kreatur, die Ordnung, durch die „aguntur omnia, quae deus constituit"[69].

---

[59] Die Bezeichnung „tamquam generalia bona" in De nat. *boni* c. Man., c. 3 (ML 42, 553/CSEL 25, 2, 856) ist in diesem Falle kein Ersatz.
[60] De trin. V, 2 ff. (912 ff.), vgl. die Bemerkung über die Kategorien des Aristoteles in Conf. IV, 28 f. (ML 32, 704 f./L I, 86 f.). Sie bildeten aber auch einen Bestandteil der Schuldialektik.
[61] Vgl. Schneider, Seele und Sein 33.
[62] So fehlt auch in De trin. für die Elemente der Seelentrinität memoria-intellegentia-voluntas ein Oberbegriff.
[63] Vgl. seine begrifflichen Neubildungen bei Benz, Mar. Vict. 20.
[64] Ep. 11, 3 (ML 33, 76/CSEL 34, 1, 26 f.).
[65] De ver. rel. 13 (ML 34, 129/CSEL 77, 2, 13).
[66] De lib. arb. III, 35 (ML 32, 1288/CSEL 74, 120).
[67] Solil. I, 15 (ML 32, 877).
[68] De nat. boni passim, s. o. S. 17, Anm. 34.
[69] De ord. I, 28 (ML 32, 991/CSEL 63, 140). Vgl. die bekannte Definition De civ. dei IX, c. 13, 1 (ML 41, 640); zum ordo-Begriff überhaupt vgl. die Diss. von Rief. Der Sohn als vorbildliche forma oft, vgl. De vera rel. 21 (ML 34, 131/CSEL 77, 2, 17), 35 f. (137/25), 113 (172/80), Ep. 11, 4; 12 (ML 33, 76 f./CSEL 34, 1, 27 ff.); 14, 4 (80/34).

Schließlich ist noch auf die zwei Worte der Heiligen Schrift aufmerksam zu machen, die auf die trinitarische Spekulation immer wieder anregend wirkten, einmal Sapientia 11, 21 d: omnia in mensura et numero et pondere disposuisti, und Römer 11, 36: quoniam ex ipso et per ipsum et in ipso sunt omnia... Beim ersten Zitat hört Augustin im dritten Glied den „ordo" angetönt, in der zweiten Stelle sieht er ein direktes Zeugnis für die Trinität[70]. Außerdem schätzt er die Dreizahl als symbolische Zahl hoch ein[71], ganz abgesehen von den Dreiergruppen, die man allenthalben, auch als rein stilistische Form, finden kann[72]. — Man wird also nicht sagen können, die Analogie Sein-Gestalt-Ordnung sei nur zufällig und an den Haaren herbeigezogen, andrerseits wird man sich aber hüten müssen, dem, was besonders in der quaestio XVIII als ganz zentrale Dreierunterscheidung hingestellt wird, eine wesentliche Bedeutung außerhalb der Trinitätsspekulation zuzumessen. — Wir wenden uns noch einigen frühen Analogiebildungen zu, die auf ähnliche Weise wie die quaestio XVIII analogans und analogatum kausal verknüpfen.

In einem Brief an Nebridius, der ungefähr aus dem Jahr 389 oder 390 stammt[73], versucht Augustin eine Begründung dafür zu geben, daß einerseits die Untrennbarkeit der Trinität und andrerseits der Glaube an die Inkarnation nur des Sohnes zum katholischen Glauben gehören[74]. Wie ist beides vereinbar? Augustin sucht die Antwort wieder mit Hilfe der drei „Kategorien" und setzt mit der allgemeinen Feststellung ein: Jede Substanz ist in dieser dreifachen Hinsicht bestimmt, und wenn es irgendeine Substanz gäbe, die nur in einer Hinsicht bestimmt wäre, also z. B. nur seiend und nicht dies oder das wäre und keine „manentia" aufwiese, so könnte auch in der Trinität eine Person ohne die andern etwas tun. Da jedoch die drei Bestimmungen stets zusammen auftreten, tun auch die göttlichen Personen alles gemeinsam[75]. Ist an dieser Argumentation schon erstaunlich, mit welcher Unbefangenheit die ontologische Gesetzmäßigkeit per analogiam auf die Trinität übertragen wird, so wird es desto weniger verwundern, wenn Augustin bei der genaueren Explikation wiederum wie in quaestio XVIII

---

[70] De gen. c. Man. 26 (ML 34, 185 f.) ordo parallel zu pondus, spätere Verbindung beider in Conf. XIII, 10 (ML 32, 848 f./L II, 372 f.); De div. qu. 83, qu. 81, 1 (ML 40, 96) Zitat von Röm. 11, 36 und anschließend: et *ideo* trinitas...

[71] De div. qu. 83, qu. 57, 3 (ML 40, 41), De doctr. chr. II, 25 (ML 34, 48) Sermo 252, 10 f. (ML 38, 1177 f.).

[72] Zu esse, vivere, intellegere vgl. u. S. 46 f. Stilistisch-Triadisches vgl. z. B. Solil. I, 2—6 (ML 32, 869—872).

[73] Vgl. GOLDBACHER, CSEL 58, 12, zur Datierung.

[74] Ep. 11, 2 (ML 33, 75/CSEL 34, 1, 26). Die operatio inseparabilis ist Aug. also zu dieser Zeit prinzipiell bekannt, wie weit er theologisch ihre Konsequenzen zieht, ist eine ganz andere Frage, vgl. auch De ver. rel. 13 (s. u. S. 25).

[75] Bis hier Ep. 11, 3 (ML 33, 76/CSEL 34, 1, 26 f.).

das rein Analogische z. T. verläßt und zu einer unmittelbaren Begründung der dem Sohn allein zugeschriebenen Inkarnation vordringt. Da ja dem Sohn die „species" eigentümlich ist, die mit „disciplina, ars, intellegentia" zu tun hat, und da doch die Inkarnation bewirken wollte, „ut quaedam nobis disciplina vivendi et exemplum praecepti . . . insinuaretur", wird nicht ohne Grund die Inkarnation dem Sohn zugeschrieben. Damit wäre unter Beiseitelassung der Wesenseinheit der Trinität die Proprietät des Sohnes mit der Zielsetzung der Inkarnation verbunden. Und nun ermöglicht es das Schema der drei „Kategorien", Vater und Heiligen Geist unlösbar mit dieser disciplina-Offenbarung zu verbinden; denn wie die Frage „quid sit" die Frage „an sit" und „quale sit" unvermeidlich einschließt, so hat die *Belehrung*, die vom Sohne ausgeht, ja auch ein *Sein*, und sie ist erstrebenswert, so daß ein *Bleiben* in ihr berechtigt ist. Aber den noetischen Vorrang hat die „disciplina" bzw. das einfache *Wissen* um das, was da *ist* und *erstrebenswert* ist. „Demonstranda igitur prius erat quaedam norma et regula disciplinae, quod factum est per illam suscepti hominis dispensationem[76], quae proprie filio tribuenda est." Aus dieser *Offenbarung* folgt dann die Erkenntnis des *Vaters* und der *Wille*, in der offenbarten Wahrheit zu verharren. Die Trinität wirkt also gemeinsam, und die Trennung erfolgte nur im Interesse der Offenbarung an unsere ins Viele aus der Einheit abgeglittene Natur[77].

Wir erkennen auch in diesem Text die Eigentümlichkeiten der frühen Trinitätslehre Augustins, besonders die ausschließliche Appropriation der Form und Weisheit an den Sohn[78]. Die Untrennbarkeit der drei Fragen „an sit, quid sit, quale sit" bzw. der drei „Kategorien" dient zudem nicht nur als veranschaulichendes Bild der Trinität, sondern bedeutet ein ontologisches Grundgesetz, aus dem heraus auch die Trinität und ihre Beziehung zur Inkarnation erklärbar wird. Es ist daher nicht wahrscheinlich, daß die Lehre von der operatio inseparabilis hier bereits im späteren Sinne Augustins gemeint ist, vielmehr werden den einzelnen Personen verschiedene Tätigkeiten bei der Offenbarung zugeschrieben, diese Tätigkeiten allerdings als voneinander unlösbar geschildert. Jede Person wirkt das Ihre, das die anderen Personen nicht ebensosehr wirken, sondern nur insofern auch mitbewirken, als keine jemals für sich allein wirkt und so alle drei stets gemeinsam tätig sind. Sie wirken wohl alle drei bei und in der Inkarnation mit, aber sie bewirken sie nicht gleichsam „in geschlossener Front"

---

[76] „Dispensatio" hier im Sinne der οἰκονομία.

[77] Bis hier Ep. 11, 4 (aaO, 76 f./27 f.).

[78] Dem entspricht die Definition des Vaters als „unum principium, ex quo sunt *omnia*", ebenfalls in n. 4.

als der eine Gott[79]. Diese letzte Folgerung läßt allerdings den Wortlaut Augustins hinter sich und stellt eine Vermutung dar, die ihre Berechtigung aus dem Gesamtbild der frühen augustinischen Trinitätslehre und aus dem Gegensatz zur Lehre von De trinitate bezieht.

Auch eine wohl etwas später liegende Äußerung über die Erkenntnis der Trinität in der Kreatur vermag hier keine bessere Klärung zu bringen, indem auch da, d. h. in De vera religione[80], die Abspiegelung der einmal geglaubten[81] Trinität in der Kreatur in esse, species, ordo für sicher angenommen, der Irrtum jedoch abgewiesen wird, als ob je eine Person einen Teil der Schöpfung gemacht hätte. Immerhin dürfte hier ein weiterer kleiner Schritt auf die veränderte Situation hin vollzogen sein, die wir in De fide et symbolo und erst recht in De trinitate antreffen werden. — Erwähnenswert ist in diesem Zusammenhang noch ein Passus aus der sehr frühen Schrift Soliloquia[82], der aber weder ausdrücklich die Trinität nennt, noch auch die bisher zusammengestellten Eigentümlichkeiten der frühen augustinischen Lehre ergänzt. Er verdient aber deshalb ein gewisses Interesse, weil er die Illumination und d. h. einen Erkenntnisvorgang mit einer Dreiheit in Gott, die er sehr wahrscheinlich trinitarisch auffaßt, analog setzt und also die Erkenntnis, die in den späteren Analogiebildungen eine so zentrale Rolle spielen wird, bereits hier in verwandtem Zusammenhang mit ins Spiel bringt.

Eine wesentlich interessantere Antizipation späterer Analogiebildungen bietet die quaestio XXXVIII in der Sammlung der 83 Fragen[83]. Hier wird die Einheit der Seele offensichtlich als Analogie zur Einheit der göttlichen Substanz verwendet, wobei — wiederum sehr ähnlich wie esse, species, ordo — die drei Komponenten natura, disciplina, usus bzw. ingenium, virtus, tranquillitas offenbar als Analogie zu den göttlichen Personen genannt werden. Der Rückschluß auf die Trinität wird leider nicht ausdrücklich vollzogen, sondern nur mittels dreier Zitate aus dem Johannesevangelium angedeutet. Daß es sich hier aber unzweifelhaft um ein erstes Aufleuchten späterer psychologischer Analogien handelt, geht daraus hervor, daß in Buch X von De trinitate, wo die nachmals dominierende Analogie memoria-intellegentia-voluntas eingeführt wird, eben diese andere Triade ingenium-doctrina-usus wieder erscheint — wenn auch nur in subsidiärer Funktion, so

---

[79] Vgl. De trin. IV, 30 (909 f.) als Gegenbeispiel: Trennung *nur* als demonstratio per visibilem creaturam.

[80] N. 13 (ML 34, 128 f./CSEL 77, 2, 13) von 391.

[81] Es sei hier nochmals nachdrücklich betont, daß die Trinität von Anfang an geglaubtes Mysterium ist, auch Ep. 11, 2 f. (75 f./26 f.).

[82] Solil. I, 15 (ML 32, 877): quomodo in hoc sole tria quaedam licet animadvertere: quod est, quod fulget, quod illuminat, ita in illo secretissimo deo . . . tria quaedam sunt: quod est, quod intellegitur, et quod cetera facit intellegi.

[83] De div. qu. 83, qu. 38 (ML 40, 27).

doch an zentraler Stelle[84]. Da die Datierung der einzelnen quaestiones ungewiß bleibt (s. o. S. 20, Anm. 50) und da es sich bei der quaestio XXXVIII
um eine reine Analogie ohne den Versuch verbindlicher Rückschlüsse zu
handeln scheint, ist als Abfassungszeit evtl. ein später Zeitpunkt, z. B. 395,
denkbar. Weshalb, wird aus dem Folgenden klar werden.

Wir haben nunmehr die vor dem Jahre 393 liegenden Analogiebildungen Augustins sowie seine sonstigen trinitarischen Formeln untersucht und
festgestellt, daß sozusagen nirgends „bloße" Analogien gebildet werden,
sondern fast jedesmal das Analoge in irgendeiner Weise in die Trinitätstheologie direkt eingreift, daß also nicht nur das geoffenbarte Mysterium
illustriert, sondern auf verschiedene Weise erklärt und — in quaestio XVIII
— sogar bewiesen wird.

De fide et symbolo und die Frage nach dem Neuplatonismus

Am 3. Oktober 393 hielt Augustin als Presbyter vor dem Konzil in Hippo
Regius einen Vortrag, der uns unter dem Titel „De fide et symbolo" überliefert ist[85]. Gegenüber allem bisher Dargestellten ist die Struktur der in
diesem Vortrag dargelegten Analogien fast grundsätzlich verschieden. Augustin nennt fons—fluvius—potio und radix—robur—rami. Die drei sind un-
verwechselbar, der Fluß kann nicht Quelle, der Trunk nicht Quelle und nicht
Fluß sein, und doch sind alle ein Wasser, nicht drei Wässer. Dasselbe gilt
für Wurzel, Stamm und Äste, die ein Holz sind. Und wenn jemand dennoch
von drei Hölzern sprechen wollte, so könnte er nicht bestreiten, daß drei
Becher Wasser nicht drei, sondern ein Wasser sind[86]. Augustin bemüht sich
aber zu betonen, daß selbstverständlich diese materiellen Vergleiche nicht
in Gott übertragen werden dürfen. Der Sinn dieser Analogien liegt für ihn
nur darin, zu zeigen, „fieri posse, ut aliqua tria non tantum singillatim,
sed etiam simul unum singulare nomen obtineant"[87]. Die Differenz gegenüber den früheren Analogiebildungen ist klar: Die Herkunft aus dem materiellen Bereich schließt von vornherein eine viel einschneidendere Distanz
zu Gott in sich. Die Trinität wird also in keiner Weise mehr erklärt, sondern
unerschütterlich vorausgesetzt und in z. T. paradoxen Formeln verbindlich
fixiert[88]. Die Analogien haben bloß noch die Aufgabe, die Begrifflichkeit der

---

[84] De trin. X, 17 (982). Zum Sinn dieser Begriffe s. u. S. 59 f.

[85] Vgl. Retr. I, c. 17 (ML 32, 612/CSEL 36, 84), zur Datierung ZARB, Angelicum
10, 1933, 392. Der einschlägige Paragraph ist n. 17 (ML 40, 189 f./CSEL 41,
18—20).

[86] AaO. Zudem heißen Quelle, Fluß und Trunk je für sich „aqua".

[87] AaO (190/20).

[88] AaO, 16 (ML 40, 189/CSEL 41, 18): quia ista trinitas unus est deus, non ut
idem sit pater, qui est filius et spiritus sanctus, sed ut pater sit pater, et filius sit

Trinitätstheologie als sinnvoll zu erweisen, d. h. eben dieses „fieri posse" klarzumachen, ja, man kann sich fragen, ob überhaupt ein Kausalzusammenhang zwischen analogatum und analogans gedacht werden darf, wie dies später bei der Kombination mit der imago-dei-Lehre der Fall sein wird. Natürlich besteht zwischen Gott und der Schöpfung und innerhalb derselben auch mit Fluß und Quelle ein Kausalnexus, aber wenn *ein* Wasser in Quelle, Fluß und Trunk zufällig der *einen* Substanz in Vater, Sohn und Geist entspricht, so nicht deshalb, weil die Trinität darin ein Denkmal ihrer selbst setzen wollte, sondern weil die Gott unendlich unangemessene Sprache ihm doch so weit angemessen ist, daß nichts Widervernünftiges von ihm ausgesagt werden muß. Die Homousielehre ist daher nicht ein irrationales Mysterium, sondern findet ihre Entsprechung in einer schon vorgegebenen sprachlichen und logischen Möglichkeit, ohne daß damit die Notwendigkeit der Offenbarung bestritten oder gar die restlose Adäquatheit der trinitarischen Begriffe behauptet würde. Die Analogie ist also nicht gänzlich aufgehoben, aber während die früheren Analogien einer reinen „analogia entis uni et trini" nahe kamen, präsentiert Augustin hier eine analogia proportionalitatis, die — im Gegensatz zur Spekulation in De trinitate — kaum den Namen einer analogia attributionis verdient.

Woher diese Wandlung? Die Beantwortung dieser Frage dürfte für den Gesamtentwurf der augustinischen Trinitätslehre nicht ohne Bedeutung sein. Zunächst ist zu bedenken, daß der junge Presbyter vor den versammelten Bischöfen auf jeden Fall kirchlicher sprechen wollte und mußte, als er dies z. B. in den Briefen an seine engeren Freunde tat. Sollte diese Anpassung nicht nur äußerlich sein, sondern wohlbegründet, so lag es für Augustin ja wohl nahe, einige der rechtgläubigen und in Handschriften erreichbaren Kirchenväter zu lesen, um so mit Gewißheit auf dem Boden des katholischen Glaubens zu stehen. Er hat dies zweifellos getan. Schon das Proömium seiner Ansprache erwähnt die „spiritales viri, qui catholicam fidem non tantum in illis verbis (sc. symboli) accipere et credere, sed etiam domino revelante intellegere atque cognoscere meruerunt"[89]. Bei dieser Lektüre erfolgte wohl auch eine intensivere Beschäftigung mit den trinitarischen Häresien auf literarisch-theologischer Ebene[90]. Jedenfalls begegnet

---

filius, et spiritus sanctus sit spiritus sanctus, sed haec trinitas unus deus ... Tamen si interrogemur de singulis et dicatur nobis: deus est pater? respondebimus: deus. Si quaeratur, utrum deus sit filius, hoc respondebimus. Nec, si fuerit de spiritu sancto talis interrogatio, aliud eum esse debemus respondere quam deum ... Quamquam ergo de singulis interrogati respondeamus deum esse, de quo quaeritur, sive patrem, sive filium, sive spiritum sanctum, non tamen tres deos a nobis coli quisquam existimaverit.

[89] De fide et symb. 1 (ML 40, 181/CSEL 41, 4).

[90] Antihäretisch schon z. B. De ord. II, 16 (ML 32, 1002/CSEL 63, 157 f.): ... nec confuse ut quidam, nec contumeliose ut multi praedicant.

uns eine relativ ausführliche Abweisung u. a. der Sabellianer und Arianer im Lauf der Abhandlung[91]. Augustin läßt sich aber noch mehr über die kirchlichen Schriftsteller aus, und zwar im unmittelbaren Anschluß an jene Trinitätsanalogien. Er kennt offenbar eine beträchtliche Anzahl Schriften, die über Vater und Sohn handeln[92], wenige dagegen, die das Thema des Heiligen Geistes aufgreifen[93]. Es scheint demnach äußerst wahrscheinlich, daß er die Lektüre, die er offenbar betrieben hat, in der Abhandlung auch fruchtbar gemacht hat.

Die Wirkung solcher Lektüre ist bei den Trinitätsanalogien stark zu spüren. Gewinnt man aus den früheren Analogiebildungen den Eindruck, er versuche die ihm grundsätzlich bekannte Trinitätslehre mit den ihm zur Verfügung stehenden philosophischen und dialektischen Mitteln auf eigene Faust plastisch zu machen, so wirkt in dem ganzen Vortrag de fide et symbolo spürbar die kirchlich-theologische Tradition, die es ihm auch gestattet, breit und unter Benützung eines relativ umfangreichen Begriffs- und Gedankenapparates über die trinitarischen und verwandte Probleme zu sprechen. Insbesondere gehen die beiden Analogien Quelle—Fluß—Trunk und Wurzel—Stamm—Äste auf Augustins Vorgänger zurück[94]. Es ist allerdings kaum möglich zu bestimmen, welche kirchlichen Schriftsteller Augustin tatsächlich gelesen hat; einige, wie z. B. Hilarius, liegen im Bereich des Wahrscheinlichen[95], andere können nur vermutet werden[96]. Doch spielt

---

[91] N. 5 (184/5 f.).   [92] N. 18 (190/20 f.).   [93] N. 19 (191/22).

[94] Die Paarung, und zwar in der Reihenfolge Augustins, erscheint bei Hilarius, De trin. IX, 37 (ML 10, 308 f.): fons-rivus und ramus-arbor-caudex; Plotin, Enn. III, 8, 10 (HARDER 30, 70 f.), aber natürlich untrinitarisch; vgl. auch Synesios, Hymn. 5, 25 ff. (ed. TERZAGHI 44). In umgekehrter Reihenfolge Tertullian, Adv. Prax. c. 8, 5 ff., bes. 7 (CC II, 1167 f.): radix-frutex-fructus und fons-flumen-rivus. Das Bild von der Quelle ist weit verbreitet, z. B. Athanasius, or. c. Ar. I, 19 (MG 26, 52) et passim, Gregor v. Naz., or 31, 31 (ed. MASON 186 f.), aber schon Philo, De somniis II, 242 (ed. COHN-WENDLAND III, 297), Quod deterius 83 (aaO, I, 277). Beide Vergleiche auch bei Marius Victorinus, Hymn. III, 30—32 (ed. HENRY): fons-flumen-irrigatio, vgl. auch Adv. Ar. IV, 31 (ed. HENRY, Z. 33 ff.), und Hymn. III, 87—89 (ed. HENRY): semen-arbor-fructus. Erstaunlich ist, daß bei Augustin hier die Licht-Analogie nicht erscheint, die an den meisten zitierten Stellen zu finden ist. Vgl. aber Solil. I, 15 (s. o. S. 25) und bes. De mor. I, 28 (ML 32, 1323) mit wörtlicher Entsprechung bei Plotin, Enn. V, 1, 6 (HARDER 10, 35). Zu Ambrosius s. u. S. 32, Anm. 111. Zur Kenntnis lateinischer und griechischer Väter überhaupt durch Augustin s. u. S. 127 ff.

[95] Hilarius kennt er eindeutig zur Zeit von De trin., während die Frage für diese Frühzeit wesentlich schwieriger zu beantworten ist. Zudem ist Augustins Beziehung zu den lateinischen Vätern noch nicht so sorgfältig untersucht wie zu den griechischen durch ALTANER u. a. (Bibliographie: Patrologie 383). Für Kenntnis von Hilarius' De trinitate bereits zu dieser Zeit spricht evtl.: Die Analogien (s. letzte Anm.), die Betonung der Ungleichheit des menschlichen und göttlichen verbum: De fide et symb. 3 (ML 40, 183/CSEL 41, 6)/Hil., De trin. II, 15 (ML 10, 61), VII, 11 (208), X, 21 (358). Die Niedrigkeitsaussagen sind auf die menschliche Natur

dies für unseren Zusammenhang keine wesentliche Rolle. Entscheidend wichtig ist, *daß* Augustin unter dem Einfluß der kirchlich-theologischen Literatur zu einer profilierteren und in der Analogiefrage unvergleichlich viel vorsichtigeren Haltung gelangt ist.

Was von nun an über die Trinität gesagt wird[97], bewegt sich in den durch De fide et symbolo geprägten Bahnen und wird ausfürlich in De trinitate zur Darstellung kommen. Die Frage ist nur, ob das Interesse, das Augustin bei der Bildung der frühen Analogien bewegte, einfach erledigt sein oder ob es in anderer Form und unter vorsichtigerer Analogieanwendung erneut zum Zuge kommen wird. Es wird in der Folge klar werden, daß das zweite der Fall ist. Das Bestreben, die Trinität nicht als fernes und bloß ehrwürdiges Dogma zu tradieren, dringt beim frühen Augustin so stark und verbunden mit so reicher spekulativer Phantasie durch, daß es für ihn einer Verleugnung seiner selbst gleichkäme, wenn er sich in der Folgezeit auf die bloße Paraphrase und Ausfeilung der orthodox gewordenen Lehre und auf ein paar letztlich unverbindliche Analogien beschränken und in dieser Hinsicht lediglich die Arbeiten des Hilarius und Ambrosius etwas weiterführen würde. Die Frage, die uns im Fortgang unserer Untersuchung begleiten muß, lautet: Wie modifiziert Augustin nach der Rezeption der theologischen Tradition seinen ursprünglichen trinitätstheologischen Ansatz,

---

Christi zu beziehen: De fide 18 (190 f./21 f.)/Hil. IX, 6 (285) et passim. Der Hl. Geist als donum dei: De fide 19 (191/22 ff.)/Hil. II, 1 (50) — auctor, unigenitus, donum —, II, 29 (70), 34 f. (73 f.) et passim. Im einzelnen ließe sich noch viel zeigen, aber gemeinsame Tradition ist wahrscheinlicher als direkte Bekanntschaft.

[96] So Marius Victorinus für De fide et symbolo 19 f. (ML 40, 191 f./CSEL 41, 22 ff.), wo der Geist als communio, deitas und dilectio patris et filii bezeichnet wird, vgl. bes. Hymn. III, 242—246 (ed. HENRY): conexio und complexio, I, 4: copula, aber auch Epiphanius, Panarion 62, 4, 2 (ed. HOLL, GCS 31, S. 392, Z. 27), Ancoratus 7, 1 (ed. HOLL, GCS 25, S. 13, Z. 20). Die Pneumatomachen als solche, die den Geist = deitas setzen, weist Aug. De haer. 52 (ML 42, 39) ab. Für De fide 3 f. (183 f./7 f.) — das Wort wird so genannt, weil es offenbart — wären zu nennen: Origenes, De princ. I, 2, 3 (ed. KOETSCHAU, GCS 22, 30); Laktanz, Inst. IV, 8 (CSEL 19, 296 f.), 29 (392); Athanasius, or. c. gent. 45 (MG 25, 89 A); Gregor v. Naz., or. 30, 20 (ed. MASON 139); Basilius, hom. 16, 3 (MG 31, 477 BC). Die Regel für die Niedrigkeitsaussagen (vgl. letzte Anm.) auch bei Athanasius, or. c. Ar. I, 54 (MG 26, 124 f.), II, 10 (168 BC), Gregor v. Naz., or. 29, 18 (ed. MASON 101), 30, 6 (115 f.). Beachtenswert ist, daß die meisten der genannten Ansichten von Augustin ausdrücklich als solche anderer, aber ohne Namensnennung, dargestellt werden.

[97] Sermo 214, 10 (ML 38, 1071); De gen. ad litt. imp. lib. 2 (ML 34, 221/CSEL 28, 1, 459 f.); C. Adim., c. 1 (ML 42, 130 f./CSEL 25, 1, 115 f.); Ep. ad Rom. inch. exp. 11—13. 15. (ML 35, 2095 f., 2098 f.); De doctr. chr. I, 5 (ML 34, 21); De agone chr. 15—19 (ML 40, 299 f./CSEL 41, 118 ff.); De cat. rud. 47 (ML 40, 343); C. Faust. Man. XVI, c. 13 u. XX, c. 6, (ML 42, 322 f. u. 372/CSEL 25, 1, 452 f. u. 541). De cons. ev. IV, 19 (ML 34, 1227/CSEL 43, 414 f.). Nirgends vor De trinitate sehr ausführlich, soweit ich sehe.

und wie wird es ihm möglich sein, die das Dogma ungemein belebende Einbeziehung in die Ontologie und z. T. Anthropologie unter den veränderten Voraussetzungen aufrechtzuerhalten?

Wir fragten uns anfangs (S. 14), ob die große Sympathie gegenüber den Neuplatonikern, wie wir sie besonders in den Confessiones feststellten, nicht ihre Wirkung auf Augustins frühe Trinitätslehre ausgeübt habe. Im Laufe der Untersuchung zeigten sich zahlreiche Parallelen und Ähnlichkeiten, und die Abweichungen von der „reinen" Trinitätslehre sind ohne Zweifel unter anderem der neuplatonischen Differenzierung der drei ursprünglichen Hypostasen zuzuschreiben. Diese Erkenntnis ist nicht neu und bedarf hier keiner ausführlichen Begründung[98], dagegen ist für uns die Frage von Interesse, ob die Analogiebildungen der frühen Zeit neuplatonischen Charakter tragen. Wir machten bereits darauf aufmerksam, daß das Suchen nach Entsprechungen für das geoffenbarte Mysterium insofern nichts spezifisch Christliches ist, als auch Plotin zur Veranschaulichung des Unanschaulichen nach Bildern sucht. Dabei ist die Nähe zum Christentum in einzelnen Punkten[99] oft kaum noch zu übertreffen. Es läge nun zweifellos nahe, die frühen Analogiebildungen als dem Neuplatonismus nahestehend und die späteren, also z. B. von De fide et symbolo an, als spezifisch christlich geprägt zu bezeichnen. Dies wäre jedoch ein Irrtum. Jene späteren Bilder, die ausschließlich illustrieren und begreiflich machen, nicht aber wirklich erklären wollen und für Augustins früheste Zeit untypisch, aber ungefähr von De fide et symbolo an eher anzutreffen sind[100], sind gerade diejenigen Bilder, die im Neuplatonismus die auffälligsten Parallelen haben[101]. Das deutet natürlich nicht auf ein „Platonischerwerden" seiner Theologie hin, sondern zeigt nur, wie er offenbar schon vor der spürbaren Aufnahme der Kirchenväter-Tradition beträchtliche Korrekturen des neuplatonischen Ansatzes vornahm, während andrerseits mit der kirchlich-theologischen Überlieferung Elemente einströmen konnten, die der christlichen und der neuplatonischen Theologie gemeinsam waren.

Was nun das Interesse anbetrifft, das Augustin z. B. in der besprochenen quaestio XVIII zeigt, nämlich die Triplizität der Welturache in einer dreifachen Bestimmtheit der Welt zu finden, so ist es deutlich vom Trinitätsdog-

---

[98] SCHEEL, Anschauung 36 ff., ALFARIC, Evolution 525, PERLER, Nus 106 f., HARNACK s. o. S. 19, Anm. 46.

[99] Vgl. o. S. 28, Anm. 94: Fluß und Baum, Lichtvergleich, sowie die Vergleiche für die Zeugung des Nus in V, 1, 6 f.

[100] Der Vergleich mit dem Licht: Sermo 117, 11 (ML 38, 667); 118, 2 (672 f.), In Io. ev. tr. 20, 8 (ML 35, 1560) u. 13 (1530), Ep. 170, 4 (ML 33, 749/CSEL 44, 625); 238, 24 (1047/57, 552), C. serm. Ar. 4 (ML 42, 685 f.) u. 32 (706), Sermo Denis 11, 4 (ed. MORIN 46), Liveriani 8, 5 (ed. MORIN 393 f.). Ähnliches: Sermo 117, 12 (ML 38, 667 f.); 139, 2 (770), En. in ps. 68, 5 (ML 36, 844 f.).

[101] Vgl. Anm. 99.

ma geprägt, und zwar nicht nur hinsichtlich der Dreizahl wie z. B. die Fluß- und Baumvergleiche[102], sondern hinsichtlich des Grundansatzes: Im Neuplatonismus ist das „Werden" der drei Hypostasen zugleich das Werden der Welt, innergöttliche Zeugung und „außergöttliche" Schöpfung sind grundsätzlich nicht zu unterscheiden[103]. Es besteht deshalb durchaus ein Interesse, Vorgänge der höheren Stufen durch Vorgänge der niedrigeren zu erläutern, es besteht aber kein Interesse daran, die Relation und Komposition der Hypostasen selbst in einem grundsätzlich anderen Wirklichkeitsbereich abgespiegelt zu finden[104]; denn „diese" Welt ist ja von „jener" nicht dadurch unterschieden, daß dort mehrere Hypostasen wären und hier der von ihnen grundsätzlich getrennte, aber doch von ihnen geschaffene Bereich menschlicher Erfahrung, sondern dieser Erfahrungsbereich schließt selbst unmittelbar an die Hypostasen an, ja ist überhaupt in seiner Erfahrbarkeit durch die Emanation der Hypostasen erst konstituiert. Die geistige und körperliche Wirklichkeit ist für den Neuplatoniker nicht als ganze selbst wieder Abbild, sondern ewiges Überfließen des Einen; sie entfaltet sich allerdings in zahllosen Abbild-Beziehungen[105], ist aber als ganze gerade nicht Bild von. . . Deshalb schwingt in Augustins Argumentation „*Omne* quod est . . ." usw. (quaestio XVIII) bereits sehr stark der christliche Gottes- bzw. Schöpfungsgedanke mit, der es ihm erst ermöglicht, im menschlichen Erfahrungsbereich geistiger und körperlicher Natur von drei Bestimmungen zu sprechen, die den drei Bestimmungen in dem hinter „allem" stehenden göttlichen Bereich entsprechen und von jenen bewirkt sind. Der Sachverhalt läßt sich auch so ausdrücken: Wäre der dreieinige Gott Augustins mit dem Einen zu identifizieren, so müßte jede Analogie, besonders jede triadische Analogie hinfällig werden, wäre er aber mit dem Nus gleichzusetzen, so wäre er nicht mehr Schöpfer in radikaler Abgrenzung gegen die Schöpfung, und das Schema „dort drei — hier drei" wäre gegenstandslos, wäre er schließlich mit allen drei Hypostasen identisch, so würden erst recht Dort und Hier ineinanderfließen[106].

Es zeigt sich also, daß gerade der Versuch des jungen Augustin, die Trinität ontologisch zu bewältigen und irgendwie dreifach wirksam zu zeigen, wenn auch ohne strenge Wahrung der operatio inseparabilis, dem Bestreben entsprach, die Dreipersönlichkeit Gottes als wahr erscheinen zu lassen

---

[102] S. o. S. 28, Anm. 94.

[103] Hätte Benz mit seiner Interpretation von Enn. VI, 8 recht, so wäre auch da schon ein „inneres Leben in Gott" angenommen, vgl. Benz, Mar. Vict. 289 ff., aber dagegen Theiler, Gnomon 10, 1934, 498, und Schwyzer, RE, 41. Hbbd., 561 f.

[104] Die Analogie im inneren Menschen (s. o. S. 21, Anm. 57) bildet in dieser Hinsicht keine Ausnahme.

[105] Z. B. Enn. V, 1, 7 (Harder 10, 38).

[106] Dazu vgl. Dahl, bes. 38.

und sie weder durch eine Emanationstheorie noch durch bloße Übernahme der nizänischen Formeln faktisch zu eliminieren. Der Ernst und die Tragweite, die seine Analogien über bloße Vergleiche erheben, damit verbunden aber auch die Häufigkeit ihres Auftretens und die Kontinuität der drei Grundbestimmungen — trotz terminologischer Variationsbreite — zeigen unverkennbar den Einschlag des christlichen Denkers, der sich bemüht, im Raum der Kirche mit den ihm zur Verfügung stehenden Mitteln zu denken. Ließe sich zeigen, daß die drei Komponenten oder „Kategorien" nicht dem Neuplatonismus entstammen[107], sondern im wesentlichen aus einem andern Traditionsstrom bis zu Augustin gelangt sind, so wäre nicht mehr zu bestreiten, daß der Einfluß des Neuplatonismus auf die frühen Analogiespekulationen Augustins jedenfalls nur *ein* Faktor neben andern und natürlich neben der kirchlichen Lehre war.

Wenn wir zusammenfassend zu formulieren versuchen, in welchem Verhältnis Christentum und Neuplatonismus — evtl. noch andere Geistesströmungen — beim frühen Augustin standen, so ergreifen wir in einer etliche Jahrzehnte dauernden Diskussion das Wort[108]. Nach allem Gesagten dürfte klar sein, daß ein Überwiegen des Neuplatonismus gegenüber dem Christlichen ausgeschlossen, daß vielmehr das christliche Interesse auch bei den Trinitäts-Analogiespekulationen von entscheidender Bedeutung ist. Man wird niemals sagen können, jedenfalls in dieser Hinsicht nicht, daß Augustin die christliche Tradition zwar angenommen, sie aber nur für eine popularisierende Anpassung der neuplatonischen Weisheit angesehen habe, wie dies ALFARIC behauptete[109]. Ebensowenig wird man sich mit der vereinfachenden These zufrieden geben können, daß er als Christ aus dem Neuplatonismus einfach das genommen habe, was er dort als wahr entdeckte, wie BOYER meint[110]. Seit den bedeutenden Forschungen COURCELLES ist kaum mehr zu bestreiten, daß Augustin, wenn auch vielleicht in anderer Form als COURCELLE annimmt[111], Christentum und Neuplatonismus in Mailand gleichzeitig und in einem aufnahm. Diese enge Verbindung beider

---

[107] Dazu s. u. den Schlußabschnitt dieses Kapitels.

[108] Es handelt sich um die Diskussion über die Bekehrung Augustins und die Wahrheit der Darstellung der Confessiones. Knappe Übersicht bei O'MEARA, Augustine and Neo-platonism.

[109] Evolution, S. VIII. ALFARIC führt dabei die Thesen HARNACKS, LOOFS' u. a. fort.

[110] Vgl. Christianisme et Néoplatonisme . . . und die Äußerung in AM III, 97, die O'MEARA aaO, 95 zitiert.

[111] Recherches . . . 138: Ambroise l'initiait en même temps au spiritualisme chrétien et aux doctrines plotiniennes. DERS., Les Confessions 59 ff. In unserem Falle ist allerdings der Einfluß des Ambrosius verschwindend, da ja die in Frage kommenden Werke spätere Kompilationen sind (vgl. SCHMAUS, Psych. Trinitätslehre 30). Er kennt den Vater als fons und radix (De fide IV, 132/CSEL 78, 204) und den Lichtvergleich (aaO, 108/195 f.).

Größen wird ja auch in den behandelten Texten klar: einerseits bemüht er sich schon in De beata vita um ein Verständnis der *Trinität*, andrerseits aber baut er sie so gut als möglich in seine *Metaphysik* ein, womit er sich zugleich als wahrer Philosoph und wahrer Christ weiß[112]. Die Darstellung der Confessiones, die wir allem voranstellten, besagt also sowohl ihrer Intention nach als auch in Übereinstimmung mit Augustins Biographie „erstens, daß Augustin auf die christliche Wahrheit gerichtet die Platoniker hörte, zweitens, daß er sie christlich verstand, und drittens, daß für ihn von Anbeginn an das Christentum die Möglichkeit bot, von hier aus verstanden und ergriffen zu werden" gemäß der alten Verbindung von Platonismus und christlicher Theologie[113].

Confessiones und De civitate dei

Bis zu den *Confessiones*, d. h. also von 393 bis zum Ende des 4. Jahrhunderts bieten die trinitarischen Texte[114] wenig Interessantes, und vor allem scheint in dieser Zeit die Analogienbildung, vielleicht unter dem Einfluß der kirchlichen Tradition, zurückgegangen zu sein. Wenn die „Bekenntnisse" in ihrem Gesamtaufbau triadisch angeordnet wären, wie vermutet wurde, so würden sie allerdings als ganzes eine Analogie verkörpern, doch ruht die betreffende These[115] auf einem ungenügenden Fundament und versucht gewaltsam, Triaden zu sehen, wo keine sind, so daß wir uns auf *einen*, allerdings zentralen Text in Buch XIII beschränken können[116]. Die Abfassungszeit der Confessiones fällt in die Jahre 397 bis 401, also in eine Zeit, als Augustin eben mit der Arbeit an De trinitate begann[117]. Insbesondere dürfte Buch XIII nach dem Anfang der Arbeit an De trinitate zu datieren sein und das darin bekundete Interesse an einem Trinitätsbild ein fernes Echo der Beschäftigung mit den Trinitätsproblemen darstellen, ganz abgesehen davon, daß in diesem Buch die Trinität überhaupt eine größere Rolle spielt als in den vorangehenden. So steht der betreffende Text im Zusammenhang der Auslegung von Genesis, Kapitel 1, Vers 2. Augustin sieht in den zwei ersten Versen der Genesis die ganze Trinität angedeutet: In principio (= filius) fecit deus (= pater) etc. . . et spiritus (= spiritus sanctus) superferebatur super aquas. Mit der Erwähnung des Heiligen Geistes

[112] Vgl. De ordine II, 16 o. S. 18: die „vera et germana philosophia" lehrt über die Trinität.
[113] So RITTER, Mundus 23 (i. J. 1937).
[114] Vgl. die Zusammenstellung o. S. 29, Anm. 97.
[115] KUSCH, Trinitarisches . . . Der Vf. ist geleitet vom Interesse, für alle 13 Bücher eine einheitliche Komposition zu beweisen.
[116] Conf. XIII, 12 (ML 32, 849 f./L II, 374 f.).
[117] Vgl. die Einleitung der Ed. LABRIOLLE, I, V f.

ist also die ganze Trinität genannt[118]. Bevor Augustin das Trinitätsthema wieder verläßt, schiebt er, anknüpfend an eine Verstehensschwierigkeit, einen kleinen Exkurs[119] folgenden Wortlauts ein:

Trinitatem omnipotentem quis intellegit? Et quis non loquitur eam, si tamen eam? Rara anima, quae, cum[120] de illa loquitur, scit, quod loquitur. Et contendunt et dimicant, et nemo sine pace videt istam visionem. Vellem, ut haec tria cogitarent homines in se ipsis. Longe aliud sunt ista tria quam illa trinitas, sed dico, ubi se exerceant et probent et sentiant, quam longe sunt. Dico autem haec tria: esse, nosse, velle. Sum enim et novi[121] et volo, sum sciens et volens, et scio esse me et velle, et volo esse et scire. In his igitur tribus quam sit inseparabilis vita et una vita et una mens et una essentia, quam denique inseparabilis distinctio et tamen distinctio, videat, qui potest! Certe coram se est. Attendat in se et videat et dicat mihi. Sed cum invenerit in his aliquid et dixerit, non iam se putet invenisse illud, quod supra ista est incommutabile, quod est incommutabiliter et scit incommutabiliter et vult incommutabiliter; et utrum propter tria haec et ibi trinitas, an in singulis haec tria, ut terna singulorum sint, an utrumque miris modis simpliciter et multipliciter, infinito in se sibi fine, quo est et sibi notum est et sibi sufficit, incommutabiliter id ipsum copiosa unitatis magnitudine — quis facile cogitaverit, quis ullo modo dixerit, quis quolibet modo temere pronuntiaverit?

Die allmächtige Trinität — wer erkennt sie? Und wer redet nicht von ihr, vorausgesetzt, daß es tatsächlich sie ist, die er nennt? Wer von ihr spricht und auch weiß, wovon er spricht, ist eine Ausnahme. Und da streitet und kämpft man um sie, und doch gelangt niemand, dem der Friede fehlt, zu dieser Schau. Ich möchte, daß die Menschen folgende drei Dinge in sich selbst bedächten — sie sind zwar bei weitem verschieden von jener wahren Trinität, aber ich gebe damit an, wo man sich übe, wo man prüfen und spüren möge, wie weit man von ihr entfernt ist. Ich meine folgende drei Dinge: Sein, Wissen, Wollen. Denn ich bin, ich weiß und ich will; ich bin ein Wissender und Wollender, ich weiß, daß ich bin und will, und ich will sein und wissen. Welch untrennbares Leben deshalb in diesen dreien ist, wie sehr sie ein Leben, einen Geist und eine Wesenheit bilden, und schließlich wie untrennbar unterschieden und doch unterschieden sie untereinander sind — das verstehe, wer kann! Sicherlich ist er sich selbst gegenwärtig. Er richte also den Blick auf sich und beobachte und sage mir, was er sieht. Aber wenn er in diesen dreien etwas (von einer Ähnlichkeit) findet und es ausspricht, so darf er nicht glauben, er habe schon jenes Unveränderliche gefunden, das über dem allem unveränderlich ist, unveränderlich weiß und unveränderlich will. Und ob diesen drei Funktionen hier die drei Personen in der Trinität entsprechen, oder ob sich in den einzelnen Personen diese drei Komponenten finden, so daß je einer alle drei zu-

---

[118] Conf. XIII, 6 ff. (ML 32, 847 ff./L II, 369 ff.). Verwandte Auslegung auch Ambrosius, Hex. I, 29 (CSEL 32, 1, 28), Zur Exegese von Gen. 1, 1 vgl. die Diss. von BERNARDI.
[119] Daß es ein Exkurs ist, zeigt auch die Fortsetzung in 13: Procede in confessione, fides mea ... Ab n. 15 wird das Thema Trinität verlassen.
[120] L II, 374: quaecumque.
[121] AaO: scio.

kommen, oder ob auf Grund einer wunderbaren Einheit und zugleich Vielheit beides zutrifft, indem die Personen unter sich[122] abgegrenzt und doch unbegrenzt sind und deshalb die Trinität ist und sich erkennt und sich selbst in ihrer Unwandelbarkeit genügt dank der überschwänglichen Größe der göttlichen Einheit — wer könnte das ohne Schwierigkeiten denken, wer irgendwie sagen und wer in irgendeiner Weise leichthin aussprechen?

Die Grundunterscheidung, die in diesem Text geboten wird, esse, nosse, velle, entspricht offensichtlich jenen drei „Kategorien", die wir in Augustins Frühzeit antrafen. Für die ersten beiden Glieder ist die Entsprechung klar; denn wo in der Frühzeit beim ersten Glied nicht als vom modus die Rede ist, da wird das Sein oder die Ursache des Seins genannt[123], und für die Unlösbarkeit der Erkenntnisfunktion von der sapientia und forma spricht schon der neuplatonische Hintergrund, aber auch wiederum etliche jener frühen Texte, die die zweite Person mit der Erkenntnis verbinden[124]. Daß Augustin den ordo mit pondus in Sapientia 11, 21 in Verbindung brachte, haben wir schon gesehen. Einige der frühen Texte verbinden auch die Liebe mit der dritten Person und ihren Analogien[125], so daß das Auftreten des Willens als dritten Gliedes hier nicht verwundern kann, um so weniger, als kurz vor unserem Abschnitt pondus und amor in engste Beziehung gesetzt und zudem mit dem ordo verknüpft werden[126]. Es ist die Aufgabe der Liebe, sich innerhalb der Ordnung alles Seienden richtig einzustufen und auszurichten. Solche caritas ordinata ist jedoch nichts anderes als die bona voluntas[127], d. h. zur Einordnung des Menschen gehört außer seinem Sein und seiner Erkenntnis vornehmlich der Wille bzw. die angemessene Ausrichtung desselben. Die Triade esse-nosse-velle ist somit nichts anderes als die ins menschliche Innere übersetzte, aber sachlich in jeder Beziehung mit den frühen „drei Kategorien" übereinstimmende Trinitätsanalogie; die Kombi-

---

[122] Daß „infinito in se sibi fine" den paradoxen Sachverhalt ausdrücken will, daß die Personen ja irgendwie untereinander abgegrenzt sind und doch jede einzelne und alle zusammen unbegrenzt sind, geht aus De trin. VI, 12 (932) hervor: Itaque illa tria (sc. summa origo, perfectissima pulchritudo, beatissima delectatio) et ad se invicem determinari videntur et in se infinita sunt. Also: infinito in se/sibi fine.

[123] S. o. S. 22.

[124] Modus veritate cognoscitur, s. o. S. 16, Anm. 27; veritas, id est lux interior, per quam . . . intellegimus, s. o. S. 18, Anm. 43; Ep. 11, wo dem Sohn disciplina und intellegentia zugeeignet werden, so S. 24; und der Sohn als „quod intellegitur", s. o. S. 25, Anm. 82, um nur die offensichtlichsten zu nennen.

[125] Vgl. die Formeln, o. S. 19, Anm. 44, dann bes. in qu. 18 „qua sibi amica sit" (o. S. 20) sowie die Beziehung zum approbare und improbare daselbst und in Ep. 11, s. S. 24.

[126] Conf. XIII, 10 (ML 32, 849/L II, 373): pondus meum amor meus.

[127] Voluntas ebenfalls in XIII, 10. Bezeichnend ist De trin. XV, 38 (1087): quid est aliud caritas quam voluntas?

nation beider vollzieht Augustin, wie noch gezeigt werden wird, in De civitate dei.

Was nun den auffallendsten Unterschied gegenüber den frühen Analogien anbetrifft, nämlich die Wendung von außen nach innen, also die Transposition aus der Gesamtheit des Seienden in die mens, so haben wir ja bereits festgestellt, daß in den 83 Fragen ein ähnlicher Ansatz aus früherer Zeit vorliegt (s. o. S. 25). Dennoch erscheint die Frage berechtigt, was zu dieser Wendung Anlaß gegeben haben könnte. Die Antwort liegt nahe: Wie in dem ganzen Paragraphen 12 der Stil der Confessiones deutlich spürbar ist, besonders am Anfang und Ende in den halb rhetorischen, halb hymnischen Fragen, und wie aus dem vorangehenden Text die Beziehung von pondus, ordo, amor und voluntas klar wird, so bieten auch für die Wendung nach innen die Confessiones selbst die beste Erklärung. An sich ist der Weg nach innen als Weg zu Gott natürlich weder eine Besonderheit der Confessiones noch auch eine bloß augustinische Eigentümlichkeit[128], aber die Confessiones sind doch wohl innerhalb der gesamten antiken Literatur und innerhalb Augustins eigenem Werk das einzige Dokument, in dem mit solcher Konsequenz und solcher Breite die Schau nach innen entfaltet wird. Dies gilt nicht nur oder sogar weniger[129] von den eigentlichen Bekenntnissen von Buch I bis IX, als vielmehr für die Bücher X und XI, die ein unerhörtes Maß an Introspektion und Introspektionsfähigkeit offenbaren. Geradezu programmatisch klingt die Eröffnung der großen memoria-Partie in Buch X, wo die gesamte Schöpfung spricht: Non sumus deus tuus. Der homo interior aber, dem solche Erkenntnis möglich ist, ist „besser", und deshalb ist der Weg, den es zu gehen gilt, klar: Per ipsam animam meam ascendam ad illum (deum)[130]. Von diesen Voraussetzungen her beurteilt, wäre es geradezu erstaunlich, wenn Augustin eine „äußere" Trinitätsanalogie darstellen würde; daß er demgegenüber eine „innere" darlegt, entspricht der Intention der Confessiones aufs beste. Es ist somit nicht erforderlich, einen besonderen äußeren Einfluß auf Augustin anzunehmen, um die Einführung dieser Triade zu erklären. Jedenfalls ist es sehr wohl denkbar, daß er esse-nosse-velle völlig selbständig gefunden hat. Die Frage der möglichen Einflüsse wird später behandelt (s. u. S. 43 ff.).

Obschon diese Triade des inneren Menschen nicht mit der imago-dei-Lehre verbunden ist, die im weiteren Verlauf das Buches XIII ohne Bezug-

[128] Vgl. die Soliloquien nach Form und Inhalt, dazu VERBEKE, Connaissance de soi . . . (auch allgem. zu Aug.), frühe Zeugnisse auch De mus. VI, 40. 48 (ML 32, 1184 f. 1188). Außerdem Plotin V, 1, 3 (HARDER 10, 14) und I, 6, 8 f. (HARDER 1, bes. 41 f.). Die nachweisbaren Parallelen zw. Enn. I, 6 und Conf., bes. VIII, 19 und VII, 16 (Weg nach innen) bei HENRY, Plotin . . . bes. 107 u. 112.

[129] Vgl. aber III, 11 (ML 32, 687 f./L I, 53 f.), VII, 12 (740/157 f.). 23 (744 f./ 166 f.) sowie die Stellen in Anm. 128.

[130] Conf. X, 8—12 (782 ff./II, 245 ff.), Zitat in n. 11.

nahme auf das trinitarische Bild berührt wird[131], ist doch kaum zweifelhaft, daß Augustin diese drei Komponenten nicht für ebenso neutral und schlechthin unübertragbar auf Gott ansieht wie jene materiellen Vergleiche in De fide et symbolo. Die große Vorsicht, die bei den frühen Analogien weitgehend fehlt, ist hier allerdings mit Nachdruck geltend gemacht: Wer das analogatum erkannt hat, glaube nicht, er habe auch schon das analogans erkannt. Aber da der innere Mensch ja Gott doch am weitaus nächsten steht und in ihm eine triadische Struktur vorliegt, ist doch wohl eine Abstrahlung irgendwelcher Art anzunehmen. Welchen Sinn hätte es sonst, die Perichorese der göttlichen Personen im psychologischen Abbild nachzuziehen (sum sciens et volens, scio esse me etc.) und zu fragen, ob wohl in der eigentlichen Trinität die drei Funktionen gleich oder ähnlich oder sonstwie verteilt seien? Zugleich soll das Abbild der Trinität im Inneren der Einübung und Betrachtung des Gläubigen dienen, so daß eine ähnliche, wenn auch ungleich differenziertere Verbindung der innermenschlichen und der innertrinitarischen Vorgänge wie in De beata vita erreicht wird.

Bedeutsam an unserem Text ist also nicht nur, was über die Analogie als begrenztes Entsprechungsverhältnis gesagt wird, sondern auch *was* alles in Analogie gesetzt wird. Die innertrinitarischen Verhältnisse sind hier auch in der Analogie nicht bloß als Abgrenzung und gegenseitige Bedingtheit gewisser Proprietäten, sondern als unlösbares Aufeinanderbezogensein aller drei im Selbstbewußtsein dargestellt. Natürlich spielt die Abgrenzung nach Proprietäten noch eine entscheidende Rolle, aber nicht weil eine die andere mit logischer Notwendigkeit forderte (wie die drei Fragen an sit, quid sit, quale sit je nicht eine ohne die andere denkbar sind, s. o. S. 23), sondern weil jede „in" jeder ist und die Selbstreflexion alle drei unlösbar zusammenbindet. Diese Selbstbezogenheit oder eben: Perichorese sowie das Sein, das Sichkennen und das Wollen, bestehen auch in der Trinität, und diese Einheit und zugleich Vielheit ist Abbild und Vorbild gemeinsam. Dagegen ist die Verteilung von Sein, Wissen und Wollen auf die drei Personen der Gottheit durchaus keine Selbstverständlichkeit mehr, und insofern ist die Analogie nur eine sehr ferne Abschattung der Trinität. Hinzu kommt, daß schon das Bild selbst schwer erkennbar und z. T. rätselhaft ist. Gerade deshalb aber bietet es die ideale Gelegenheit, sich in der Erkenntnis der letzten Wahrheit zu üben und sich der gewaltigen Distanz bewußt zu werden, bedeutet es doch selbst auch eine Stufe auf der Bahn der Gotteserkenntnis.

Zusammenfassend läßt sich sagen:

1. Grundsätzlich werden die drei ursprünglichen „Kategorien" beibehalten.

---

[131] Conf. XIII, 32 (ML 32, 858 f./L II, 390 f.); dort ist auf andere Weise die Erkenntnis der Trinität mit der imago verbunden.

2. Sie werden aus der Gesamtheit der Erscheinungen in den inneren Menschen zurückgenommen, daher der terminologische Wechsel.

3. Diese Zurücknahme bewirkt ein Hervortreten des Selbstbewußtseins im Bild bzw. des Abbilds der innertrinitarischen Beziehungen.

4. Der innere Mensch ist sich selbst rätselhaft, und die Bemühung um seine Erkenntnis ist daher bereits eine exercitatio auf dem Wege zu Gott, der notwendig durch die mens führt.

5. Obschon die direkte Übertragung der Analogie auf Gott scharf abgelehnt wird, ist die Triade nicht total unangemessen und zeigt sich bereits offen für die spätere Kombination mit der imago-dei-Lehre.

Eine Verbindung der in der Frühzeit gefundenen Trinitätsanalogien und der Erkenntnisse in den Confessiones vollzieht die große diesem Thema gewidmete Partie in Buch XI von *De civitate dei.* Dieses elfte Buch über den Gottesstaat liegt mitten in der Entstehungszeit des zweiten Teils von De trinitate. Es ist 417/418 entstanden (s. o. S. 8) und liegt wegen des betreffenden Zitats in De trinitate XIII mit Sicherheit vor der Abfassung dieses und vor allem der Bücher XIV und XV der Trinitätsschrift, die ja den eigentlichen Ausbau der Analogienlehre bieten. Dagegen hat Augustin zur Zeit von De civitate dei XI bereits die Exposition der Analogien in Buch IX und X von De trinitate hinter sich. Man würde also irgendein Echo jener Arbeiten in De civitate dei erwarten. Es fehlt jedoch[132], was sich zum Teil vom Kontext her, bzw. aus der Zielsetzung des betreffenden Abschnitts im „Gottesstaat" erklärt:

In Buch XI beginnt der zweite, der Geschichte des Gottesstaates gewidmete Teil des Gesamtwerks. Augustin spricht zuerst über die Schöpfung der Engel und behandelt in diesem Zusammenhang auch die Trinität[133], jedoch ohne Bezugnahme auf irgendwelche Analogien. Im Zusammenhang der Angelologie und Dämonologie kommt Augustin dann auch auf die Güte der Schöpfung zu sprechen und wendet sich gegen die Häresie des Origenes, der die Schöpfung mit dem Fall der Engel und Seelen verbindet und so die Welt geschaffen sein läßt, „non ut conderentur bona, sed ut mala cohiberentur"[134]. Hier schließt sich der Abschnitt über die Ausstrahlungen der Trinität in die Schöpfung an, der demzufolge vornehmlich die Güte und Ordnung der Schöpfung hervorheben will[135]. Augustin geht wiederum, ähnlich wie in den Confessiones, von den ersten Worten der Genesis aus, indem er sich fragt, ob wohl in dem dritten und vierten Vers — 3: Et dixit (= verbum) deus (= pater) 4: et vidit . . . , quia bona est (= spiritus sanctus) —,

---

[132] Vgl. immerhin u. S. 39 f., Anm. 139 u. 140 u. De civ. dei XI, c. 26 (ML 41, 339): cogitatione versamus, memoria tenemus et per ipsas in istorum desideria concitamur, und die Unterscheidung von vestigia und imago aaO, c. 28 (342).

[133] De civ. dei XI, c. 10 (ML 41, 325—327).

[134] C. 23 (336 f.).   [135] C. 24—28 (337—342).

die auf die drei Fragen „quis, per quid" und „quare fecit?" antworten, die Trinität angedeutet werde[136]. Er hält die Antwort auf diese Frage zurück und klärt zuerst die andere Frage, ob der Heilige Geist zu Recht die bonitas der zwei andern Personen genannt werden könne. Da dies, wie Augustin nach Analogie der sanctitas consubstantialis schließt, erlaubt ist und somit die Güte und die Frage „quare fecit?" auf die dritte Person der Trinität bezogen werden dürfen, ist also tatsächlich in den drei Fragen bzw. in jenen Versen 3 und 4 von Genesis 1 die Trinität angedeutet[137]. Die Behutsamkeit, mit welcher hier die ehemals unbedenklich angenommenen Analogien eingeführt werden, ist für die hier bereits seit über 20 Jahren erreichte Stufe von Augustins theologischer Entwicklung bezeichnend, und geradezu symptomatisch ist es, wenn er im selben Kapitel[138] unter deutlicher Bezugnahme auf die drei Fragen von der civitas dei ohne Differenzierung der göttlichen Personen sagt: *deus* eam conditit, *a deo* illuminatur, *deo* fruitur. Die unerhörte Vorsicht, mit der er zu solcher Analogiebildung vorgestoßen ist, erlaubt es ihm andererseits auch, viel großzügiger mit den Spuren der Trinität zu verfahren:

In der Dreiteilung der Philosophie, in der Beurteilung eines Menschen nach natura, doctrina, usus, kommen die drei Grundfragen zum Zug[139], aber auch in uns, die wir Bild Gottes sind, erscheint die Trinität, da wir ja sind, wissen und lieben und diese drei Dinge uns stets so gewiß sind, daß kein Zweifel ihr Vorhandensein erschüttern kann[140]. Augustin behauptet also in diesen Abschnitten einerseits die Universalität der drei Fragen, die den Philosophen und den Menschen überhaupt auch ohne Erkenntnis der Trinität im Grunde genommen klar sei, und andererseits vollzieht er die in den Confessiones erwartete Verflechtung der drei Größen im Menschen mit der imago dei. Bei alledem hütet er sich jedoch, verbindliche Rückschlüsse auf die Trinität zu ziehen, und vermeidet es wiederum, etwa dem Vater die Existenz, dem Sohn die Gestalt und dem Geist die Güte der Schöpfung als Kausaleffekt zuzuordnen[141]. Er redet praktisch nur über die „trinitarische" Struktur der Wirklichkeit und nicht über die Trinität.

---

[136] C. 23 extr. (337) mit Rückbezug auf c. 21 (334). Für „andeuten" stehen hier und in De trin. oft die Verben intimare und insinuare, das erste ein Wort der späteren Latinität (ab Tertullian), das zweite in dieser Bedeutung ebenfalls ab 3. Jh. Gemeint ist ein eigentliches Mitteilen, bei Aug. schon kaum mehr mit dem Beiklang von „einsenken" usw., vgl. Thes Lat VII, 1, 1914 ff.; VII, 2, 17 ff.

[137] C. 24 (337 f.). [138] S. Anm. 137.

[139] C. 25 (338 f.) In „natura, doctrina, usus" ist die Beziehung zu De trin. spürbar, vgl. S. 26, bes. Anm. 84, und u. S. 59 f.

[140] C. 26 (339 f.). Auch hier ist natürlich zw. Conf. und De civ. die Kombination in De trin. einzuordnen, bes. Buch IX und X.

[141] C. 25 (339) endet wieder mit *deus* auctor, *ipse* doctor, *ipse*, ut beati simus..., nicht pater, filius etc.

40

In der Folge unternimmt er es, die drei Faktoren durch alle Schichten des Seienden hindurch zu zeigen und nachzuweisen, wie alles, das Belebte und Unbelebte, nach Sein und nach Erkennen bzw. (das Unbelebte) nach Erkanntwerden strebt[142] und wie in allem die Liebe oder Begierde bzw. Bewegung und Gewicht wirksam sind[143].

Damit erreicht der Abschnitt über die Analogien sein Ende. Die zusammenfassenden Bemerkungen, die Augustin anfügt, beschränken sich auf die allgemein gehaltene Aufforderung: tamquam per omnia, quae fecit mirabili stabilitate, currentes quasi quaedam eius alibi magis, alibi minus impressa vestigia colligamus; in nobis autem ipsis eius imaginem contuentes... ad nosmet ipsos reversi surgamus et ad illum redeamus[144]. Weder über die Trinität noch über das Gottesbild in uns ist mehr zu erfahren, und wenn er später nochmals die imago dei behandelt, verlautet, wieder ähnlich wie in den Confessiones, nichts mehr vom Trinitätsbild[145].

Alle wesentlichen Erkenntnisse von De trinitate scheinen hier wie vergessen. Das ist jedoch, wie bereits angedeutet, aus der vollkommen verschiedenen Zielsetzung sehr wohl verständlich. In De trinitate ist alles auf die Erkenntnis der Trinität ausgerichtet, hier jedoch ist alles auf die wohlgeordnete Welt hin orientiert. Dem entspricht die durchgehend festzustellende Zurückhaltung, aus den drei „Kategorien" in irgendeiner Weise zurückzuschließen, ja überhaupt auch nur mit einem Wort über das bloße Vorhandensein der drei Aspekte hinauszugehen. Daß durch sie die Trinität angezeigt wird, daß es sich um vestigia trinitatis handelt, ist alles, was man erfährt. Zusätzlich zur verschiedenen Zielsetzung gegenüber De trinitate ist aber dieses Schweigen auch noch darin begründet, daß Augustin dort den Weg zur Erkenntnis der Trinität über die mens bereits ein Stück weit ausgebaut hat und — dies schon im Sinne der Confessiones — der Weg über die Triplizität der gesamten Kreatur für ihn unter diesen Umständen kaum mehr gangbar ist. Den inneren Weg aufzuzeigen, wäre jedoch im Gesamtzusammenhang von De civitate dei XI nicht angebracht gewesen, ganz abgesehen davon, daß er, nachdem er im Interesse des Gesamtentwurfs esse, nosse, diligere gewählt hatte, eine Transposition zu mens, notitia, amor wie in De trinitate nur unter Schwierigkeiten hätte vornehmen können[146]. Kurz: Nachdem De trinitate bereits so weit niedergeschrieben war, mußte es Augustin ratsamer erscheinen, jenen subtilen Bau unangetastet zu lassen und sich in dem völlig anderen Zusammenhang des „Gottesstaates" anderer Be-

---

[142] C. 27, 1 f. (340 f.).   [143] C. 28 (341 f.).   [144] C. 28 (342).
[145] De civ. dei XII, c. 23 (ML 41, 373).
[146] Er konnte ja nicht wohl wieder auf die Position der Confessiones zurückgreifen und den innern Weg wie dort beschreiben, nachdem er in De trin. die Sache so sorgfältig anders aufgebaut hatte. Auch ist De civ. dei XI kein Parallelfall von Conf. XIII.

griffe zu bedienen und vor allem große Vorsicht walten zu lassen, um nirgends mit De trinitate zu kollidieren. In unserem Text ist also De trinitate nicht vergessen, sondern gleichsam umgangen, anwesend „per modum privationis".

Freilich spielt hier auch die verschiedene Zielsetzung der beiden Werke als ganze oder vielmehr das verschiedene Publikum[147], an das sich beide wenden, eine Rolle. Während De trinitate von Augustin zwanzig Jahre zurückgehalten wurde, war das Werk über den Gottesstaat zu rascher Verbreitung auch im unvollendeten Zustand bestimmt. Jenes ist eine Analyse für einen kleinen Kreis, dieses eine Apologie an alle Welt.

Analogien in De trinitate I bis VII

Wenn die Beziehungen zwischen De civitate dei und De trinitate tatsächlich von der beschriebenen Art sind, so hat man wohl überhaupt Vorsicht gegenüber scheinbaren Popularisierungen von De trinitate walten zu lassen. Dies gilt ganz besonders bei der Triade in diesem Werk, memoria, intellegentia, voluntas, die einige Male außerhalb seiner auftaucht und auf den ersten Blick an den betreffenden Stellen bloß etwas popularisiert zu sein scheint. Chronologisch sind die Stellen folgendermaßen zu ordnen:

Sermo 288, 3 (ML 38, 1304) vom 24. VI. 401 (aber Datum nur wahrscheinlich, nicht sicher[148]).

Sermo 52, 19—23 (ML 38, 362—364) von 410—412 (nur auf Grund der „Parallele" zu De trin. X datiert[149]).

Ep. 169, 2 u. 6 (ML 33, 743 ff./CSEL 44, 612 u. 615 f.) von 415[150] sicher.

C. serm. Arrianorum, c. 16 (ML 42, 695) von 418/419[151] sicher.

De anima et eius origine IV, 9—11 (ML 44, 529 f./CSEL 60, 389 ff.) um 420.

Die erste Stelle steht nicht direkt, die letzte überhaupt nicht in trinitarischem Zusammenhang. Die entsprechenden Stellen in De trinitate liegen mit Buch X und den folgenden höchstwahrscheinlich nach 410, der eine Beleg daselbst in Buch IV, 30 (909 f.) jedoch wohl um 405, also in obiger Liste zwischen Sermo 288 und 52[152].

Diese Zusammenstellung scheint zunächst höchstens insofern von Interesse zu sein, als unter Umständen die Triade nicht ursprünglich aus De tri-

---

[147] So vermutet CAYRÉ, BA 16, 588.   [148] KUNZELMANN, Misc Ag II, 497.

[149] KUNZELMANN, aaO, 485. VERBRAKEN hat diesen Sermo neuerdings in RB 74, 1964, 9—35, kritisch ediert, aber ohne neuen Datierungsversuch (aaO, 10).

[150] CSEL 58, 44 Begründung.

[151] ZARB, Angelicum 10, 1933, 507 ff.

[152] Vgl. die Datierung in Kap. I (bes. S. 10).

nitate stammen, sondern schon vorher vorgelegen haben könnte. Von größerer Bedeutung sind nun aber folgende zwei Beobachtungen: Sämtliche Stellen außerhalb De trinitate, die untrinitarischen natürlich ausgenommen, und die eine aus Buch IV verwenden die Analogie memoria-intellegentia-voluntas zur Erläuterung der operatio inseparabilis, indem sie zeigen, wie alle drei im Menschen zusammenwirken, wenn jeweils nur eins der drei lautlich ausgesprochen wird. Dies Interesse fehlt jedoch völlig im ganzen zweiten Teil von De trinitate, selbst da, wo man es eigentlich erwarten würde[153]. Weiter ist folgende terminologische Differenz interessant: Das zweite Glied in der Triade heißt im Normalfall von De trinitate X bis XV intelle*gentia*, gelegentlich intelle*ctus*[154], die beiden Termini werden aber ohne inhaltliche Differenzen gebraucht[155]. Die restlichen Belege ergeben in dieser Beziehung folgendes Bild: Sermo 288: intellectus, De trin. IV: intellectus, Sermo 52: intellectus, Ep. 169: intellectus und -egentia promiscue, C. serm. Ar.: intellegentia, De anima: intellegentia. Der Einfluß des zweiten Teils von De trinitate macht sich also in den übrigen Texten bemerkbar. Es darf somit praktisch als erwiesen gelten, daß die zwei Predigten und De trinitate IV noch vor der „intellegentia-Phase" liegen, und es erscheint wenigstens als sehr wahrscheinlich, daß Sermo 52 nicht ein Parallelstück zu De trinitate X, sondern zu De trinitate IV bildet und früher, also vielleicht ungefähr auf 405 zu datieren wäre, verwendet doch gerade jene lange Partie in Sermo 52 ausschließlich intelle*ctus* und De trinitate X nur intelle*gentia*; zudem redet De trinitate IV von der operatio inseparabilis mit Bezug auf die Erzählung von Jesu Taufe, genau wie jener Sermo 52[156]. Sermo 288 wäre unter diesen Umständen vielleicht einige Jahre später zu datieren; denn es scheint eher wahrscheinlich, daß Augustin die drei Größen erstmals zur Veranschaulichung der operatio inseparabilis eingeführt hat, als daß er sie in Sermo 288 ohne diese spezifische Abzweckung und doch in ähnlichem Kontext erstmals verwendet hätte. Die mit De trinitate gleichzeitigen Stellen führen diese Tradition einfach fort und sind somit nicht Popularisierungen der zentralen Spekulation in De trinitate, sondern höchstens der in Buch IV rasch auftauchenden Analogie. Die „Entdeckung" der Triade als solcher jedoch liegt eindeutig vor De trinitate X[157].

Wie in De civitate dei nur Spuren und keinerlei ausdrückliche Aufnahme dessen zu finden ist, was die zweite Hälfte von De trinitate hinsichtlich

---

[153] De trin. XV, 20 (1073).

[154] XIV, 8–10 (1041–1044) und XV, 42 (1089) promiscue, „-us" noch XIV, 19 (1050 f.).

[155] So auch SCHMAUS, Psych. Trinitätslehre, 266.

[156] Hier wäre also KUNZELMANN zu korrigieren (vgl. o. S. 41, Anm. 149).

[157] Wären die terminologischen und inhaltlichen Kriterien nicht vorhanden, so wäre man versucht, die Triade in IV, 30 der späteren Redaktion zuzuschreiben, was allerdings im Text selbst keinerlei Anhalt hätte.

der Trinitätsanalogien erarbeitet, so verschwinden ihrerseits die allgemein-
ontologischen Triaden in diesem zweiten Teil von De trinitate fast völlig[158].
Im ersten Teil des Werks sind sie dagegen hie und da anzutreffen und zeigen, daß Augustin zwischen den Confessiones und De civitate dei XI immer
wieder auf solche Vorstellungen zurückgreifen konnte. Der traditionelle
Lichtvergleich erscheint zweimal[159], die Anleihen bei Sap. 11, 21 und Röm.
11, 36 fehlen nicht[160]. Etwas breiter kommen die drei Bestimmungen des
Seienden am Ende des sechsten Buches zur Sprache, wo Augustin im Zusammenhang mit der Proprietätenfrage auf eine Formulierung des Hilarius eingeht, die ihn veranlaßt, einiges über den Sohn als species und über
den Geist als complexus zu sagen[161], womit er überleitet zu unitas, species
und ordo in der gesamten Kreatur auf allen Stufen. Durch diese Trinitätsspur gilt es auch den dreieinigen Schöpfer zu erkennen, in welchem allerdings die summa origo, perfectissima pulchritudo und beatissima delectatio
nicht nebeneinander liegen, sondern je in sich selbst unbegrenzt und jede in
allen und alle in jeder sind[162]. Dieser Passus bleibt jedoch innerhalb von De
trinitate isoliert und ohne Wirkung, er scheint eher ein Parallelfall zu jenem Abschnitt in den Confessiones zu sein, der — trotz aller Vorsicht — wie
De trinitate VI ebenfalls noch nicht mit aller Schärfe erkennen läßt, daß
esse-nosse-velle bzw. unitas-species-ordo allen drei Personen zukommen,
nicht nur per modum circuminsessionis, sondern qua unus deus et una
essentia.

Die Quellen der Augustinischen Trinitätsanalogien

Es ist im Rahmen dieser Arbeit unmöglich, die komplizierten, mit den
möglichen und wahrscheinlichen Quellen der augustinischen Spekulation
zusammenhängenden Fragen vollständig aufzurollen und zu diskutieren.

---

[158] Memoria-visio-voluntas werden der Dreiheit von mensura-numerus-pondus
in Sap. 11, 21 in Buch XI, 18 (998) parallel gesetzt. Gott ist in XIV, 20 (1051) mit
natura-veritas-beatitudo charakterisiert.

[159] IV, 27 (906) und VI, 1 (923).

[160] Sap. 11, 21: III, 15 f., 18 (877 f.). Röm. 11, 36: I, 12 (827), II, 25 (862), V, 9
(917), bes. VI, 7 (928): Ita sunt illa tria, deus unus, solus, magnus, sapiens, sanctus,
beatus. Nos autem ex ipso et per ipsum et in ipso beati; und VI, 12 (932).

[161] VI, 11 (931 f.).

[162] VI, 12 (932). Dieser Abschnitt formuliert teilweise etwas ungeschützt — im
Unterschied zu De civ. dei! — und widerspricht gerade deshalb den Intentionen
von De trin. einigermaßen, so daß sich die Vermutung nahelegt, er sei später am
Ende von Buch VI angehängt worden. Es ist aber aus den angegebenen Gründen
nicht wahrscheinlich, daß er später verfaßt wurde, sondern eher, daß er früher
entstand und — vielleicht als Einzelblatt — sich nirgends einfügen ließ, so daß
Augustin ihn schließlich dem Buch über die Appropriationen anhängte, dem er
thematisch am ehesten entspricht.

Wie im übernächsten Kapitel hinsichtlich der Logos-Spekulation soll auch hier der Gesichtskreis im großen und ganzen auf diejenige Literatur beschränkt bleiben, von der es erwiesen oder wenigstens möglich ist, daß Augustin sie kannte. Was dagegen schlechterdings unmöglich ist, ist eine Ausweitung in die allgemeine Entwicklung der Trinitäts- und Logostheologie überhaupt. Hier sowohl als auch in dem Exkurs über die Hintergründe der verbum-Spekulation werden zudem sämtliche Stellen Augustins zusammengenommen. Es werden also die Analogie der drei Bestimmungen der Wirklichkeit und die psychologischen Analogien in diesem Exkurs zusammen behandelt. Die Trennung des Trinitätsthemas vom Logosproblem ist zwar nicht ideal, aber in unserem Falle möglich, wie das Folgende zeigen wird.

Obschon uns also hier die ganze Breite der kirchlichen Überlieferung nicht zu beschäftigen hat, ist doch auch für uns von Interesse, daß im Bereich der *griechischen christlichen Schriftsteller* ein Vorbild für die Trinitätsanalogien Augustins offenbar nicht zu finden ist, wenn man die ganz äußerlichen Vergleiche ausschließt und die speziell auf den Logosbegriff ausgerichteten Spekulationen ausklammert. Diese nämlich weiten sich in der Regel nicht oder jedenfalls im Zusammenhang mit Analogiespekulationen[163] nicht auf die Dreiheit aus[164], jene hingegen bleiben im Unverbindlichen und erlangen bei Augustin keine zentrale Bedeutung[165]. Eine Ausnahme bildet das kleine, unter dem Namen Gregors von Nyssa überlieferte opus: De eo, quid sit „ad imaginem dei et ad similitudinem"[166], das mit Sicherheit nicht ein Werk Gregors ist[167] und deshalb auch äußerst schwer datiert werden kann. Es ist nicht ausgeschlossen, daß seine Abfassung ins 4. Jahrhundert fällt[168], doch verdient die Zuschreibung von Anastasios vom Sinai ebenfalls Wahrscheinlichkeit[169], so daß auf äußere Kriterien keine Hypothese aufgebaut werden kann. Innere Kriterien lassen allerdings eine Abhängigkeit Augustins von dieser Schrift oder dieser Schrift von Augustin möglich erscheinen: Die Got-

---

[163] Die Analogie von νοῦς, λόγος, πνεῦμα bei Gregor v. Naz., or. 23, 11 (MG 35, 1161 C), ist für unsere Frage praktisch ohne Bedeutung, da keine Kenntnis Aug.s dieser Stelle anzunehmen und außerdem der Unterschied zu den Augustinischen Analogien erheblich ist. Dasselbe gilt für Gregor v. Nyssa, or. cat. 1 f. (MG 45, 13—17).

[164] Das ist der Eindruck, den man auch von der sehr sorgfältigen und möglichst vollständigen Übersicht bei SCHMAUS, Psychol. Trinitätslehre, 22—76 erhält, der aber neuerdings bestätigt wird durch MERKI, RAC IV, 475 u. 780.

[165] Vgl. o. S. 28, Anm. 94 u. S. 30, Anm. 100, SCHMAUS, aaO, 24—26.

[166] MG 44, 1327—1346 (unter den Werken Gregors v. Nyssa) und ein Fragment daraus MG 89, 1143—1150 (unter den Werken des Anastasios Sinaita). Den Hinweis auf das Schriftchen verdanke ich SCHMAUS, aaO, 63 f.

[167] So umfassend begründet bei MERKI, Ὁμοίωσις θεῷ 174 f.

[168] So BARDENHEWER, Gesch. III, 195 f., weil die Häretiker, die angegriffen werden, die Arianer und Mazedonianer sind.

[169] F. DIEKAMP, Die Gotteslehre ... 41, Anm. 3, und ALTANER, Patrologie 487.

tesebenbildlichkeit des Menschen wird trinitarisch aufgefaßt; die drei ersten Menschen sind Bild der Trinität[170] — bei Augustin ausdrücklich abgelehnt[171] —; das Analogon im inneren Menschen ist Psyche-Logos-Nus; der Logos wird unter dem Aspekt des inneren Gezeugtseins bzw. des ewigen Gezeugtseins und des Ausgesprochenwerdens bzw. der Inkarnation betrachtet[172]; als trinitarisches Gottesbild kann auch gelten die seit Platon unendlich oft wiederholte Triade der Seelenteile oder -vermögen: ἐπιθυμητικόν, λογιστικόν, θυμικόν[173]; auch die operatio inseparabilis läßt sich durch diese Analogie zeigen[174]. Die Abweichung in den entscheidenden Begriffen der inneren Analogie ist jedoch nicht die einzige, wie schon die gegensätzliche Beurteilung der Familien-Analogie gezeigt hat, wie weiterhin die Analogie mit der fortschreitenden Entwicklung des Menschen[175] sowie grundsätzlich die große Unbefangenheit zeigt, mit der Analogien auf Analogien verschiedenster Art gehäuft werden, in der etwas naiven Meinung, auf diese Weise seien die Häretiker zu schlagen und die Trinität sozusagen beweisbar[176]. Die Schrift kann also kaum als Quelle für Augustins genauere Bestimmung der einzelnen Glieder der Analogie in Frage kommen, dagegen sehr wohl als entscheidender Anstoß zur Bildung innerer Analogien und zur Kombination mit der Wortspekulation.

In Ermangelung einer erschöpfenden Einzeluntersuchung zu dieser seltsamen kleinen Schrift ist ein Entscheid schwierig zu fällen. Es muß aber als sehr unwahrscheinlich gelten, daß Augustin sie wirklich benützt hat. Denn selbst wenn es sich nicht um ein sehr spätes Erzeugnis handeln würde, wäre doch die Leichtigkeit und Unbefangenheit, mit der die Analogien gehandhabt werden, ein Zeichen für eine etwas vorgerückte Phase der theologischen Entwicklung, die bestenfalls gleichzeitig mit Augustin, aber doch wohl eher später denkbar ist[177]. Außerdem ist nicht einzusehen, wie einige Fragmente der Schrift mit den Werken des Anastasios vom Sinai überliefert werden konnten[178], wenn dieser damit gar nichts zu tun hat, während umgekehrt aus dem Inhalt bei nicht sehr detaillierter Kenntnis Gregors von Nyssa eine Zuschreibung an diesen sich nahelegen konnte[179]. War also kein Anlaß gegeben, die Schrift Anastasios nachträglich und irrtümlich zuzu-

---

[170] MG 44, 1329—1332.
[171] De trin. XII, 5 ff. (1000 ff.).
[172] MG 44, 1333 CD.   [173] MG 44, 1336 BC.   [174] MG 44, 1344 AB.
[175] MG 44, 1337.
[176] MG 44, 1340 f., vgl. z. B. 1341 C: Εἰ τὸ κατ' εἰκόνα ἑαυτοῦ ἔμαθεν Ἄρειος, οὐκ ἂν ἑτεροούσιον τοῦ πατρὸς τὸν λόγον ἐδίδαξεν.
[177] Der Verfasser betrachtet sich selbst unter Anspielung auf 1. Kor. 15, 8 als einen Spätling (MG 44, 1329).
[178] Dazu MG 89, 1151 f.
[179] Die Zuschreibung basiert auf zwei Handschriften, laut MG 44, 1407.

schreiben, so ist andrerseits seine Verfasserschaft durchaus denkbar[180]. In jedem Falle aber ist die Frage nach der Quelle für Augustins Trinitätsanalogien noch nicht beantwortet.

Ein weiterer kirchlicher Schriftsteller, der entscheidend auf Augustin eingewirkt haben könnte, ist *Marius Victorinus,* dessen Übersetzungen der Neuplatoniker Augustin kannte. Ob er auch Victorins eigene Schriften kannte, ist ein umstrittenes Problem. Es ist aber von vornherein denkbar, daß, wie die Bekehrung des erfolgreichen Rhetors stark auf Augustins Bekehrung einwirkte[181], so auch seine denkerische Leistung und die Auseinandersetzung zwischen christlichem Dogma und Neuplatonismus in seinem Adversus Arrium Augustin entscheidende Denkanstöße gegeben hat. Erstaunlich ist nur, daß er vom einen so ausführlich redet und das andere nirgends erwähnt, hält er doch durchaus nicht zurück mit der Schilderung seines neuplatonischen Erlebnisses, wie wir sahen. Augustin empfindet keine Hemmungen, auch literarische Einflüsse unkirchlicher Art — z. B. auch Cicero! — zu „bekennen". Das Argumentum e silentio wiegt um so schwerer, als auch sonst trotz mannigfacher Berührungsstellen zwischen beiden Denkern[182] von einem unzweifelhaften Einfluß nirgends die Rede sein kann. Es wäre freilich irrig, wenn man die Lektüre von Victorins antiarianischem Werk mit Entschiedenheit bestreiten wollte, doch läßt es die erstaunliche Nähe und zugleich Ferne der beiden zueinander, die auf einen gemeinsamen Einfluß weisen könnte[183], wenig ratsam erscheinen, mit einem Einfluß zu *rechnen.*

Im Falle der Analogien sind die Beziehungen typisch:

1. *esse, vivere, intellegere.* Diese Begriffstriade, die oft bei Plotin verwendet wird[184], stellt Victorinus in den Dienst seiner trinitarischen Spekulationen, und zwar darum, weil sie auch in der Seele als dem Bild der Trinität — und des Logos — vorliege[185]. In ähnlicher Weise wie bei Augustin wird zudem die Implikation aller drei je in jedem einzelnen betont[186] — in triplici

---

[180] Vgl. die Parallelen Quaest. 24 (MG 89, 545 A), u. bes. In Hex. VI (MG 89, 931 AB).

[181] Conf. VIII, 3–5 (ML 32749–32751/L I, 177–180). Auf diese Parallele weist HENRY, The Adversus Arium . . . 55 hin, der im übrigen für Kenntnis durch Aug. und entsprechenden Einfluß eintritt (daselbst), wie schon HARNACK (vgl. die folgende Anm.).

[182] Herausgestellt schon bei SCHMID 71 f. (zu De trin.), HARNACK, DG III, 33 ff., HENRY, aaO, 52 ff. und HADOT, L'image 424 ff.

[183] HADOT sagt: . . . je penserais plus volontiers à une commune influence du néoplatonisme sur Victorinus et sur Augustin (aaO, 433). Diese Abhandlung ist m. E. die beste zu unserer Frage.

[184] Enn. I, 6, 7 (HARDER 1, 33), V, 6, 6 (24, 26), V, 4, 2, (7, 16), VI, 6, 18 (34, 146 u. 148). Vgl. HADOT, La trias être, vie, pensée.

[185] Adv. Ar. I, 63 et passim (vgl. den Index von HADOT zur Edition HENRY, SChr 69).

[186] Adv. Ar. IV, 5 (ed. HENRY, Z. 40 ff.), 21 (Z. 26 ff.).

simplicitate. Dabei ist zu beachten, daß das erste und letzte Glied nicht den augustinischen zwei Gliedern esse—nosse oder memoria—intellegentia gleichgesetzt und vivere an die dritte Stelle versetzt werden darf, so daß dann „bloß noch" vivere zu velle „werden" müßte, um aus der victorinischen die augustinische Analogie abzuleiten[187]. Vielmehr kommt die vita vornehmlich dem Sohn und die intellegentia wesentlich dem Geist zu, so daß, wenn ein Glied der Trinität das Attribut „voluntas" verdient, dies der Sohn ist[188]. Es ist jedenfalls auffallend, daß Augustin diese Triade an und für sich auch kennt und sogar gerade im Zusammenhang mit Trinitätsanalogien verwendet, aber eindeutig *nie* als Trinitätsanalogie, sondern als knappe Formel, um die drei Stufen des Seienden vom Materiellen bis zum Intelligiblen zu kennzeichnen oder um das der intellektuellen Kreatur unmittelbar Gewisse zu charakterisieren[189].

2. *visio—videre—discernere.* Diese Triade, die Marius Victorinus zur Veranschaulichung der zuvor genannten von esse—vivere—intellegere heranzieht, entspricht seiner Trinitätslehre und besagt: Der visus potentialiter existens — hoc est eius esse — entläßt aus sich — progressione — den Akt des Sehens, dem notwendigerweise auch das Erkennen bzw. Beurteilen innewohnt[190]. Auch hier ist wiederum die Annäherung an Augustin erstaunlich, der in Buch XI von De trinitate den Sehakt als vestigium trinitatis heranzieht und dabei die Gestalt des gesehenen Gegenstandes, die visio formata und den beides zusammenführenden Willen[191] sowie das Bild in der Erinnerung und die „acies animi" mit dem verbindenden Willen als Analogien der Trinität anführt[192]. Der Unterschied darf wiederum nicht übersehen werden: Bei Augustin ist von dem Potenz-Akt-Schema keine Spur zu finden, bei Marius Victorinus ist vom äußeren Objekt und vom Willen keine Rede.

Diese beiden Analogien der Trinität, die zugleich Analogien zwischen Victorinus und Augustin sind, fallen für unsere Frage am meisten ins Gewicht[193], und die Ähnlichkeiten sind nicht zu bestreiten. In beiden Fällen

---

[187] Vgl. Benz, Mar. Vict. 378 f. Vor allem erscheint nicht in den Conf. *diese* Dreiheit „als eine Dreifaltigkeit von esse—nosse—velle" (aaO, 379), und der Willensbegriff hat nicht einfach die „vita" „verdrängt" (aaO).

[188] Adv. Ar. I, 31 (ed. Henry, Z. 22 ff.).

[189] Solil. II, 1 (ML 32, 885), De lib. arb. II, 7 (ML 32, 1243 f./CSEL 74, 42 f.), De div. qu. 83, qu. 51, 2 (ML 40, 52 f.) u. 67, 5 (68) und die Stellen, wo zugleich Trinitätsanalogien behandelt sind: Conf. XIII (S. 34, Z. 10 f.), De trin. VI, 11 (931) u. X, 13 ff., s. u. S. 199 ff.

[190] Adv. Ar. III, 5, vgl. den Kommentar in der Ed. Henry-Hadot, SChr 69, 944 f.

[191] De trin. XI, 2—5 (985—988).   [192] AaO, 6 ff. (988 ff.).

[193] Eine weitere für das verbum s. u. S. 117 f., eine weitere zitiert Henry, The Adversus . . . 54 aus In Eph. I, 1 (ML 8, 1236 C), wo ähnlich wie z. B. De trin. IX, 13 f. (968) Wollen und Denken unter dem Gesichtspunkt von partus und conceptio be-

illustrieren beide die trinitarischen Beziehungen auf derselben Ebene, d. h. mittels der triadischen Struktur der Seele bzw. des Sehaktes. Dabei werden die grundlegenden Unterschiede der beiden Trinitätstheologen sichtbar: Victorinus sieht eine progressio und eine conversio im neuplatonischen Sinne, während Augustin gerade daran wenig interessiert ist und sein Augenmerk hauptsächlich auf die Relationen der drei schon immer subsistierenden Komponenten richtet[194].

Haben wir hier die Vorlage der augustinischen Trinitätsanalogien vor uns? Wären diese auf keine andere Weise erklärbar, so müßte man allerdings Victorinus als Vorlage für sehr wahrscheinlich halten. Wir sahen aber schon, daß die Triade esse—nosse—velle ohne weiteres als Weiterentwicklung der älteren esse—species—ordo verstanden werden kann. Diese ältere jedoch läßt sich nicht von Marius Victorinus ableiten, sondern stammt aus andern Quellen (s. u.). Die visio-Analogie bei Augustin ist ihrerseits aufs engste mit dem gesamten Untersuchungsgang in De trinitate verknüpft, ergibt sich dort fast von selbst aus dem Zusammenhang und lebt eigentlich ganz von der ebenfalls bei Victorinus nicht nachweisbaren Analogie memoria—intellegentia—voluntas. Zudem lassen sich in beiden Fällen Vorstufen bei Plotin nachweisen[195], d. h. der neuplatonische Hintergrund, verbunden mit den von der Trinitätslehre bedingten Übereinstimmungen hinsichtlich der Dreizahl u. a., ergibt eine genügende Erklärung für Augustins Parallelen zu Marius Victorinus[196]. Dies alles schließt natürlich Kenntnis Victorins durch Augustin nicht aus, erlaubt uns aber auf keinen Fall, hier nun haltzumachen und diesen Einfluß für entscheidend und als geeigneten Ausgangspunkt für weitere Vermutungen zu halten.

Nach allem Gesagten muß es äußerst unwahrscheinlich erscheinen, daß im Gegensatz zu Marius Victorinus *Plotin* als Quelle der augustinischen Spekulation anzusprechen wäre[197]; denn wie soll Marius Victorinus, der Plotin näher steht als Augustin, etwas diesbezüglich Interessantes übergangen haben? Aber die Frage kann in Anbetracht einer möglichen Unkenntnis der Werke Victorins durch Augustin dennoch gestellt werden, ist doch Augustins Plotinkenntnis andrerseits mit großer Sicherheit erwiesen. Wir gehen im folgenden diejenigen Schriften kurz durch, deren Kenntnis PAUL HENRY nachgewiesen hat[198]:

---

trachtet werden. Vgl. auch Adv. Ar. I, 31. Diese Parallele hat gegenüber den andern wenig Bedeutung.

[194] So HADOT, L'image 429, sehr treffend.

[195] Seelentriade vgl. HADOT, L'image 433 f. mit Hinweis auf Enn. VI, 2, 6 (HARDER 43, 45 ff.), s. auch o. S. 21, Anm. 57 und zur visio-Trinität BENZ, Mar. Vict. 222 ff., dazu aber u. S. 208.

[196] S. o. S. 46, Anm. 183.

[197] Zu den Beziehungen Plotins zu Victorinus vgl. HENRY, Plotin 44—62.

[198] AaO, 63—145.

Die Abhandlung über das Schöne (Enn. I, 6) und diejenige über die Vorsehung (Enn. III, 2)[199] ergeben für unsere Fragestellung nichts. Mehr Interesse verdient die dritte Schrift in der Psyche-Enneade (IV, 3)[200], die im Zusammenhang des Problems der Erinnerung über das Verhältnis von Begehren und Wahrnehmen Dinge sagt, die sich gelegentlich mit De trinitate berühren. Als Beispiel folge ein kleiner Passus aus dem 28. Kapitel in der Übersetzung Harders:

De trin. XI, 12 (994):
Unde intellegi potest, voluntatem reminiscendi ab iis quidem rebus, quae memoria continentur, procedere, adiunctis simul eis, quae inde per recordationem cernendo exprimuntur, id est, ex copulatione rei cuiusdam, quam recordati sumus, et visionis, quae inde facta est in acie cogitantis, cum recordati sumus.
. . . Tot igitur huius generis trinitates, quot recordationes, quia nulla est earum, ubi non haec tria sint. . .

Enn. IV, 3, 28, 10—19 (Harder 27, 147 f.)
. . . es sieht das Gesicht, nicht das Begehrende, das Begehrende aber wird erregt von der Wahrnehmung gleichsam durch Weitergabe . . . es genoß das Begehrende, und trägt in sich die Spur des Geschehens, aber nicht als Erinnerung, sondern als Zustand und Affektion; von ihm zu unterscheiden ist aber das, welches das Genießen gesehen hat und die Erinnerung an das Geschehene in sich trägt.

Die Nebeneinanderstellung bezweckt alles andere als den Nachweis einer Quelle. Vielmehr soll an dem mehr oder weniger zufällig gewählten Beispiel klarwerden, wie bei ähnlichen Problemen doch die Grundintention, die bei Augustin in dem zitierten Abschnitt durch und durch trinitarisch geprägt ist, eine völlig verschiedene bleibt. — Die Schrift über das Denken der drei Hypostasen (Enn. V, 6), die Augustin kannte[201], redet zwar auch gelegentlich von der engen Verbundenheit der ἔφεσις und der νόησις[202], aber nicht um die Entfaltung der Hypostasen zu begründen, sondern um die Verschiedenheit des Denkens auf den drei hypostatischen Stufen zu zeigen: Das Eine denkt nicht, der Geist denkt primär, die Seele sekundär[203]. Von einer Triade der Selbstreflexion ist keine Rede. Im Gegenteil: Das Denken ist wesentlich geprägt durch die *Zwei*heit, welche dem höchsten Einen gerade fehlt[204].

---

[199] AaO, 105—119 u. 122 f.
[200] AaO, 123 ff.
[201] AaO, 199 ff.
[202] V, 6, 5 (Harder 24, 19): Das Trachten hat das Denken erzeugt.
[203] V, 6, 2 (Harder 24, 8).
[204] Der Nus als Zweiheit (die aber nicht etwa zum Einen addiert und somit Dreiheit wird!): V, 3, 10 (Harder 49, 91), V, 4, 2 (7, 10): ἔστι . . . νοητόν, ἀλλὰ καὶ νοῶν, διὸ δύο ἤδη. Die Abhandlung über die Zahlen ergibt auch nichts für die Trias (VI, 6).

Etwas anders steht es allerdings bei der berühmten Abhandlung über die drei ursprünglichen Hypostasen (Enn. V, 1)[205], auf die wir bereits mehrfach hingewiesen haben, einmal bei der Behandlung des frühesten Trinitätstextes in De beata vita (S. 16), der ja ungeniert von processio und conversio spricht, und dann anläßlich der Analogien (S. 21), da ja in dieser Plotinischen Abhandlung die Abspiegelung der drei Hypostasen im Menschen erwähnt wird[206]. Und wenn man will, kann man noch in De trinitate Spuren der Plotinischen Hypostasierung durch Reflexion finden: et ita videt filius patrem, ut, quo eum videt, hoc ipso sit filius; und Plotin: Wie erzeugt das Eine den Geist? „Nun, in dem Gerichtetsein auf sich selbst erblickte es sich selbst, und dies Erblicken ist der Geist (Nus)[207]." Es muß aber auffallen, daß gerade an diesen Stellen, wo die Anklänge an den Neuplatonismus deutlich werden, nicht die Trinität, sondern nur das Vater-Sohn-Verhältnis beschrieben wird. Besonders ist jene Stelle in De beata vita beachtenswert; denn gerade da hätte es wahrhaftig in Augustins Absicht gelegen, auch den Geist in jenen Entfaltungsprozeß einzubeziehen — es bleibt aber bei modus und veritas, und der Heilige Geist wird als die Kraft geschildert, die uns zur Wahrheit und zu Gott-Vater hinaufzieht[208]. Das ist kein Zufall, sondern entspricht der Darstellungsweise bei Plotin, die von einem „triadischen" Prozeß der Selbsthypostasierung nichts weiß[209]. Dessen ist sich Augustin auch völlig bewußt, und er sagt ausdrücklich, Plotin habe im Unterschied zu Porphyrios eine unkorrekte Trinitätslehre vertreten und den Geist subordiniert[210]. Es dürfte danach klar sein, daß Plotin zwar wohl auf Augustin gewirkt hat, daß aber ein triadisches Vorbild, welches auf die Analogien der Selbsterkenntnis einen entscheidenden Einfluß hätte ausüben können, bei

---

[205] Kenntnis unzweifelhaft, HENRY, aaO, 127 f. und COURCELLE, Les lettres 162 f.

[206] V, 1, 10 (HARDER 10, 55).

[207] Hinweis von DAHL (40), De trin. II, 3 (846)/Enn. V, 1, 7 (HARDER 10, 38). Ich halte diese Entsprechung für zufällig, bei Augustin nur von Joh. 5, 19 veranlaßt, aber Plotin-Reminiszenz ist denkbar.

[208] De beata vita 35 (ML 32, 976/CSEL 63, 115). Auch wenn LORENZ, ZKG 64, 1952/53, 48 f., die innergöttliche perfruitio in De trin. VI, 11 (932) von Enn. V, 1, 7 (HARDER 10, 45) herleiten will, zeigt sich wieder der typische Unterschied, daß bei Plotin wohl ein ἀπολαύειν zwischen Logos und Nus angenommen, jedoch nicht zur selbständigen Hypostase erhoben wird, während Augustin gerade an der caritas als „dritter Person" der Trinität interessiert ist. Auch hier, meine ich, ist Herleitung von Plotin kaum notwendig und die Anregung Augustins durch das Stichwort „usus" eine genügende Erklärung.

[209] BENZ, Mar. Vict., bedient sich dieses Terminus bei Plotin zu Unrecht, z. B. 223, obschon natürlich Marius Victorinus z. B. daraus einen solchen triadischen Prozeß machen konnte. HADOT in der Edition des Marius Victorinus, SChr 69, 1070, bemerkt mit Recht, daß die neuplatonische Trias μονή, πρόοδος, ἐπιστροφή bei Plotin „implicitement" gebraucht werde.

[210] De civ. dei X, c. 23 (ML 41, 300) unter ausdrücklicher Bezugnahme auf Enn. V, 1 (HARDER 10).

Plotin nicht existiert. Wie schon beim Vergleich mit Marius Victorinus (S. 48) bemerkt, spielt aber die progressio und conversio bei Augustin überhaupt eine untergeordnete Rolle, so daß, wenn man ein Beispiel dafür sucht, wie die plotinischen Ansätze trinitarisch verarbeitet wurden, Victorinus einen unvergleichlich viel deutlicheren Fall darstellt.

Hinsichtlich der bei Plotin selbst entwickelten Analogie im inneren Menschen (s. o. S. 21) ist zu sagen, daß Augustin, im Bewußtsein der unrichtigen Subordination, sie ohnehin nicht so, wie sie war, übernehmen konnte und auch nicht übernommen hat. Eine gewisse Ähnlichkeit ist freilich nicht zu bestreiten, und es dürfte nicht zu viel gesagt sein, wenn man in dieser Hinsicht und überhaupt bezüglich Plotins von einer bedeutsamen Anregung für Augustin spricht. Auch die visio-Analogie hat bei Plotin ihr Vorbild, doch wiederum nicht so, daß ein Einfluß auf Augustin angenommen werden müßte, während allerdings die Verwandtschaft Plotins mit Marius Victorinus klar ist: In der Abhandlung über die erkennenden Wesenheiten, die Augustin vermutlich nicht bekannt war[211], wird gleichsam ein ausführlicher Kommentar zu jenem Passus gegeben, der in De trinitate II, 3 nachgewirkt haben könnte (S. 50) und der den Übergang der potentiellen Schau zur aktuellen als den Akt der Hypostasierung des Geistes beschreibt. Die Entfernung zu Augustins visio-Analogie in De trinitate XI ist jedoch noch größer als bei Victorinus, und zudem liegt bei Plotin auch hier wieder keine Spur einer triadischen Gliederung vor, obschon dies behauptet wurde[212]. Daß natürlich auch hier entsprechende Ansätze bestehen und ausgebaut werden konnten und daß zudem das Verhältnis von Begehren und Erkennen wie bei Plotin so auch bei Augustin immer wieder ins Blickfeld rückte, soll damit nicht bestritten werden[213]. Es bleibt jedoch dabei, daß, wenn eine Begriffstriade bei Plotin und Augustin gemeinsam auftritt, es nur die von esse—vivere—intellegere ist, die weder beim einen noch beim andern Denker trinitarische Bedeutung hat[214]. — Mit all dem soll selbstverständlich die große Menge der Gemeinsamkeiten zwischen Plotin und Augustin, auf die schon früher hingewiesen wurde, nicht in Abrede gestellt werden, und es ist im Prinzip auch nicht zu bestreiten, daß Augustin auf Grund des bei Plotin bereitliegenden Begriffsmaterials seine eigenen Trini-

---

[211] V, 3. Nach Henry, Plotin, s. Index daselbst.

[212] Benz, Mar. Vict., 221 ff. Das triadische Schema täuscht darüber hinweg, daß der dazu verwendete Text (V, 3, 11, Harder 49, 98 ff.) davon nichts weiß. Zu Benz vgl. u. a. die Rezension Theilers in Gnomon 10, 1934, 493—499. Vgl. auch S. 31, Anm. 103 hier.

[213] Zur letztgenannten Stelle könnte man auch z. B. De trin. IX, 18 (971 f.) (der appetitus geht der Erkenntnis voraus) anführen.

[214] Zu Plotin-Augustin vgl. auch den Hinweis auf S. 48, Anm. 195. Auch Dahls Hinweis (70 ff.) auf Enn. V, 3, 5 (Harder 49, 42) νοῦς, νόησις, τὸ νοητόν u. a. führt hier nicht weiter.

tätsanalogien hätte entwerfen können. Es bleibt die Frage, ob nicht ein anderer Einfluß, der deutlicher als solcher erkennbar ist, gefunden werden kann.

Seitdem THEILER versucht hat, den neuplatonischen Einfluß, den Augustin erfahren hat, sozusagen ausschließlich *Porphyrios* zuzuschreiben, und vor allem nachdem seine Thesen, allerdings mit beträchtlichen Einschränkungen, von maßgebenden Gelehrten aufgenommen worden sind, können wir an der Möglichkeit, daß Augustin in seiner Analogiespekulation entscheidend von Porphyrios beeinflußt wurde, nicht stillschweigend vorbeigehen[215]. Daß nur Porphyrios als Vermittler zu betrachten sei, ist eine inzwischen durchgehend abgelehnte These und wird nur von Theiler selbst aufrechterhalten. Dagegen ist HENRYS extreme Skepsis gegenüber dem Einfluß des Porphyrios gleichfalls fragwürdig[216], und es besteht kein Grund, sich nicht auf die von Theiler vertretenen Thesen einzulassen. Augustins z. T. günstiges Zeugnis über Porphyrios (s. o. S. 14) kann einen in diesem Bestreben nur bestärken, insbesondere an der schon herangezogenen Stelle, De civitate dei X, c. 23, aus der man geschlossen hat, daß Porphyrios Platon eine Trinität, bestehend aus Gott, dem πατρικὸς νοῦς und einer vermittelnden Hypostase, zugeschrieben habe[217]. Jedenfalls ist auch sonst für Porphyrios eine Art Trinität deutlich bezeugt[218]. Damit ist für unsere Frage leider wenig gewonnen, aber die Möglichkeit eines positiven Einflusses ist auf jeden Fall nicht ausgeschlossen.

Theiler möchte die Dreiheit der frühen drei „Kategorien" aus den drei „Grundpfeilern der porphyrischen Seinslehre"[219] οὐσία, εἶδος, τάξις ableiten. Daß es sich dabei wirklich um drei Grundpfeiler handelt, erscheint als wahrscheinlich, da Theiler nach ihnen einen beträchtlichen Teil seiner Abhandlung unterteilt[220]. Leider vermag er aber für das tatsächliche Vorkommen dieser Dreiheit bei Porphyrios keinen einzigen wirklichen Beleg beizubringen[221], so daß es äußerst gewagt wäre, Augustins frühe Analogien von

---

[215] W. THEILER, Porphyrios und Augustin. Er möchte den direkten Einfluß Plotins ausschalten.

[216] HENRY, Plotin . . . 20 f., 67—77, 100, 140, 222 und die Äußerung in AM III, 98. Modifikationen brachten vor allem COURCELLE, Les lettres 167, 170 ff., 226 ff. und die div. Publikationen von O'MEARA. Da die Porphyriosüberlieferung überwiegend fragmentarisch ist (BEUTLER, RE., 43. Hbbd., s. v. Porph.), gilt für THEILERS Thesen, daß sie weder beweisbar noch widerlegbar sind (so SCHWYZER, RE., 41. Hbbd., 586).

[217] COURCELLE, Les lettres 227, vgl. noch De civ. dei X, c. 28 u. 29, 1 (ML 41, 307).

[218] Damaskios (6. Jh.) ed. RUELLE, Bd. I, S. 86, Z. 9 f.

[219] THEILER, aaO, 32.

[220] AaO, 11—32, aber als Interpretation von Aug.s De vera religione!

[221] AaO, 15 (auch 17, Anm. 2). Es entscheidet sich einiges an seiner Proklosinterpretation, die jedoch einen sehr einseitigen (zu seinen Gunsten) Eindruck er-

Porphyrios abzuleiten, obschon wiederum die Möglichkeit, ja Wahrscheinlichkeit einer allgemeineren Anregung nicht abgestritten werden soll. Gleichfalls wäre es für uns von Interesse, wenn die *Dreiheit* des Hervortretens aus der Monade, des Gestaltgewinnens und der Rückkehr bei Porphyrios eindeutig bezeugt wäre. Dies ist jedoch leider ebensowenig wie bei Plotin der Fall. Die wichtige Stelle im dritten Trinitätshymnus des Marius Victorinus — status, progressio, regressus (v. 71—73) — zeigt, daß man diesen Kreislauf damals schon trinitarisch auswerten konnte[222], besagt aber nichts für Porphyrios und wäre auch für Augustin, wie mehrfach betont, nicht von unmittelbarer Bedeutung. Theiler versucht außerdem, ein Stück aus den Sentenzen des Porphyrios als Hintergrund für De trinitate X und XIV, allerdings nicht für die Analogie-Abschnitte, nachzuweisen, doch leider sind die Anklänge so allgemeiner Natur, daß sie bloß interessante Beobachtungen über die Gemeinsamkeiten beider Denker möglich machen[223]. Ob das Sein, die Selbsterkenntnis und die Selbstliebe an und für sich bei Porphyrios vorkommen oder ob man aus diesen dreien eine feste Triade bildet wie Augustin, ist doch zweierlei, so daß zwar wiederum Anregung, aber kein nachweisbarer Einfluß angenommen werden muß[224]. Auch was Theiler durch Rekonstruktion aus den „Chaldäischen Orakeln“, die Porphyrios kommentiert hat, ableitet, erscheint doch als sehr spärlich[225], wie übrigens auch die weiteren Vermutungen, die P. Hadot im Anschluß an Theiler aufgestellt hat[226].

---

weckt. Die Trias erscheint so, wie er sie will, nirgends, ähnliches wohl bei Proklos, aber ob da porphyrisch beeinflußt? Leider stimmt Schwyzers Bemerkung (Anm. 216).

[222] Vgl. Theiler, aaO, 33 (und: Orakel 14 f.), der von Marius Victorinus her Porphyrios rekonstruieren will, wie es seinem Hauptinteresse (S. 4 f.) entspricht. Die triadische Struktur dieses processio-conversio-Vorgangs, die bei Proklos offensichtlich ist, stammt wohl von Jamblichos (Prokl., In Plat. Tim., ed. Diehl, I, 308 u. II, 215), den Augustin kaum kannte (vgl. Courcelle, Lettres 180 f.), und Syrian (5. Jh.), vgl. Beutler, aaO, 215, E. R. Dodds, Ausg. der Stoicheiosis des Proklos 221, Bréhier, Histoire . . . 474 ff.

[223] Theiler, aaO, 43 ff.

[224] Die drei Begriffe kommen zwar relativ nahe beieinander vor (Zitat bei Theiler, aaO, 43: die zwei ersten Sent. 38, Z. 7 ff., der dritte, die φιλία, Z. 20 f.), aber durchaus nicht als Triade.

[225] Theiler 52, positiv aufgenommen bei Hadot, L'image . . . 436, aber die „genaue“ Übereinstimmung mit mens, notitia, amor wird nur durch eine Konjektur erreicht an Lydos (6. Jh.), De mens., ed. Wünsch, S. 3, Z. 14 f. Vgl. auch Theiler, Die chaldäischen Orakel und die Hymnen des Synesios 9. Zur Frage vgl. auch das Folgende.

[226] AaO, 237—240 mit einem Rekurs auf die Nikomachische Ethik, doch sind das alles mehr geistesgeschichtlich interessante Anklänge als ernstlich in Frage kommende Quellen.

Obschon also eine wirkliche Entsprechung zu Augustins Analogien nicht zu finden ist, muß hier doch die Frage der „*Chaldäischen Orakel*" noch kurz gestreift werden. Wenn auch diese „Bibel der Neuplatoniker" nur aus ihren Kommentaren rekonstruiert werden kann[227], wird doch ziemlich deutlich, daß diese Schrift mit einer gewissen Häufigkeit von Triaden sprach[228], ja vielleicht sogar eine Enneade im Blick hatte[229]. Diese Triaden können u. a. gelautet haben: Vater—Kraft—Geist oder Vater—Geist—Wille[230], d. h. es ist jedenfalls nicht ausgeschlossen, daß die Chaldäischen Orakel eine Dreiheit kannten, die den Ursprung, die Erkenntnis und den Willen umfaßte. Irgendwie wird wohl auch jene Dreiheit bei Porphyrios, auf die Augustin anspielt (s. o. S. 14), mit den Chaldäischen Orakeln in Beziehung stehen[231]. Zudem kennt Augustin offenbar sowohl die Schrift des Porphyrios über die Philosophie aus den Orakeln als auch die Schrift De regressu animae[232], die beide die Chaldäischen Orakel verwenden[233]. Die Möglichkeit eines Einflusses wäre also nicht ausgeschlossen, aber wenn man sieht, daß Porphyrios bei Augustin nur ausnahmsweise im Zusammenhang der Trinitätslehre erscheint und sonst in ganz anderen Zusammenhängen und vor allem nie im Umkreis der Trinitätsanalogien[234], so ist man zu der Folgerung gedrängt, daß natürlich Beziehungen denkbar sind, daß sich aber nichts nachweisen läßt, was die Bezeichnung „Quelle" oder auch nur „deutlicher Einfluß" verdiente[235].

Überblicken wir alles bisher zur Frage der Einflüsse Gesagte, so ist der Gesamtbefund ziemlich eindeutig, und zwar von Marius Victorinus, der

---

[227] Rekonstruktion durch W. Kroll, De Oraculis Chaldaicis, Breslau 1894, Ergänzungen bei H. Lewy, Chaldaean Oracles und theurgy, Kairo 1956.

[228] Lewy, aaO, 105—117.

[229] So Lydos, De mens., ed. Wünsch, S. 159, Z. 5, dazu Lewy, aaO, 117, Anm. 197.

[230] Proklos, Theol. Plat., ed. A. Portus, S. 365, Z. 2: δύναμις, νοῦς, erstere *mit* dem Vater, zweiter *von* ihm, und ders., In Plat. Parm., ed. Cousin, Sp. 1091, Z. 6 f.: νοῦς, θέλειν. Vgl. auch die Lydos-Stelle in Anm. 225.

[231] Vgl. Theiler, Orakel 7, Lewy, aaO, 455.

[232] Letztere De civ. dei X, c. 29, 2 (ML 41, 308), erstere aaO, XIX, c. 23, 1 (ML 41, 650), zum ganzen Problem der Porphyrioskenntnis vgl. Courcelle, Lettres 166 ff., 226 ff. und Les Confessions, bes. 33 ff., und O'Meara, Porphyrs philosophy . . .

[233] Beutler, RE., 43. Hbbd., 295, 297, Lewy, aaO, 449 ff.

[234] Tabellarische Zusammenstellung des Vorkommens bei O'Meara, Augustine and Neoplatonism . . . 104 ff.

[235] Die Probleme sind dadurch so unerhört kompliziert, daß alles auf hypothetischen Rekonstruktionen beruht und sowohl die einschlägigen Schriften des Porphyrios als auch die Orakel selbst nicht erhalten sind. Daß die Orakel von τριάδες reden, ist nicht zweifelhaft, ob aber z. B. die genannte aus Proklos, Theol. Plat. 365 wirklich triadisch aufzufassen ist, ist nicht unbestritten, vgl. Theiler, Orakel 5. Eine Art triadische Ausstrahlung in den Kosmos ist bezeugt an der andern genannten Proklosstelle (Parm.) und bei Damaskios, ed. Ruelle, Bd. I, S. 87, Z. 3.

Augustin in manchem wirklich sehr nahesteht, dessen Kenntnis aber zweifelhaft ist, bis zu Porphyrios, den er zwar in irgendeiner Weise kannte, dessen eigene Lehre aber nur schwer rekonstruiert werden kann: Es bestehen
zahllose Beziehungen, die für die geistesgeschichtliche Einordnung Augustins von Bedeutung sind, aber es fehlen wirkliche Entsprechungen, die auf
direkte Abhängigkeit weisen. Es mag freilich, in einem weiteren Horizont
betrachtet, pedantisch scheinen, nach genauen Entsprechungen zu fragen,
zeigt doch das Beispiel Victorins, daß die Denkstrukturen des Neuplatonismus auch ohne genaue Vorbilder in den Dienst der orthodoxen Trinitätslehre und der Analogienbildung gestellt werden konnten. Hier ist allerdings nochmals mit Nachdruck auf den Unterschied zwischen Victorinus
und Augustin hinzuweisen: Für Augustin ist das Prozessions-Konversions-
Schema nicht entfernt von der Bedeutung, die es bei Victorinus gewinnt.
Für Augustin — natürlich jenen Passus in De beata vita ausgenommen! —
ist sowohl die Trinität in ihrer Dreiheit als auch die Analogie in ihrer Dreiheit vorgegeben, und nachträglich wird dann die Frage akut, wie die generatio und processio zu verstehen seien; Augustin entwickelt aber nicht die
Personen auseinander, so daß die Trinität als Entfaltungsprozeß verständlich würde. Gerade das Vorgehen in De trinitate ist bezeichnend: Die wich-
tigste Triade (memoria—intellegentia—voluntas) wird zuerst hingestellt (dazu s. u. S. 201) und hernach erst die verschiedenen trinitarischen Relationen
exemplifiziert — worunter natürlich auch Zeugung und Hervorgang —, aber
stets so, daß die vorgegebene Trinitätstheologie und Augustins psychologische Analysiergabe eine genügende Erklärung abgeben könnten, ganz im
Unterschied zu Marius Victorinus, der schon in der Trinitätslehre selbst nur
vom Neuplatonismus her verständlich ist.
Die scheinbare Pedanterie, mit der unsere bisherigen Vergleiche betrieben wurden, könnte sich allerdings als sinnvoll erweisen, wenn es möglich
wäre, eine Triade in irgendeinem geistigen Bereich, der Augustin vertraut
war, zu finden, die mit größter Wahrscheinlichkeit als Vorbild für die Augustinischen Triaden oder wenigstens für einen Teil derselben gewirkt haben könnte. Wäre dies möglich, so würde vermutlich auch klar, daß die
ungefähren Vorbilder, die wir bisher untersuchten, gleichsam als Neben-
ströme in den Hauptstrom einfließen, und die Beschränkung der bisherigen
Untersuchung auf die Frage nach direkten Einflüssen mit ihrem negativen
Ergebnis würde der Bekräftigung jener einen Hauptlinie dienen. Zugleich
ließe sich der eben nochmals angedeutete Unterschied zu Marius Victorinus
historisch besser erfassen, d. h. die drei Komponenten bei Augustin wären,
wenn sie auf einen eindeutigen Einfluß zurückzuführen wären, nicht nur
als eine augustinische Abwandlung auf dem Hintergrund des Neuplatonismus zu verstehen, sondern auch als eine Prägung dieses neuplatonischen
Einflusses mit von einer andern Seite her. Welche Seite dies sein könnte,
gibt Augustin wenigstens in Andeutungen selbst an, in Andeutungen, de-

ren Bedeutung m. W. in der Forschung bisher nicht genügend beachtet wurde[236]. Es ist jedenfalls zu erwarten, daß, wenn Augustin selbst auf gewisse
Einflüsse hindeutet, diese ernster genommen werden müssen als jene Fülle
anderer, zweifellos möglicher Einflüsse, über die er im Zusammenhang mit
den Trinitätsanalogien nie spricht.

Der deutlichste Hinweis, der allerdings nicht unmittelbar als ein solcher
zu erkennen ist, aber doch unmißverständlich auf die maßgebende Quelle
hinweist, ist der letzte Satz der quaestio XVIII, die wir oben (S. 20) im Wortlaut wiedergegeben haben. Die Unterscheidung alles Seienden nach Sein,
Unterschiedensein und Einordnung ins Ganze wird im Schlußsatz bekräf-
tigt durch die Wendung: Ideoque etiam *cum veritas quaeritur,* plus quam
tria genera quaestionum esse non possunt: utrum omnino sit, utrum hoc
an aliud sit, utrum approbandum improbandumve sit. Was für ein „veritatem quaerere" ist da gemeint? Augustin gibt selbst den Hinweis, wenn er
in Confessiones X, 17 von den „tria genera quaestionum" spricht, die seinem
Gedächtnis eingepflanzt sind und die er mit „an sit, quid sit, quale sit" bezeichnet. Aus dem in den Confessiones unmittelbar vorangehenden Paragraphen geht eindeutig hervor, daß die drei Fragen den doctrinae liberales
angehören, und zwar der Rhetorik[237]. Daß es sich um dieselben drei Fragen handelt, die in der quaestio XVIII mit etwas andern Wendungen bezeichnet sind, ergibt sich ebenso eindeutig aus der oben behandelten Stelle
in Ep. 11[238]. Das „veritatem quaerere" in quaestio XVIII bezieht sich also
auf die *Rhetorik.*

Dieser Hinweis findet seine volle Bestätigung, wenn man auf Cicero zurückgreift, dessen „Orator" Augustin besonders in De doctrina christiana
mehrfach benützt[239] und in dem Cicero, nicht etwa hinsichtlich philosophischer Probleme, sondern unter Abzielung auf die gerichtliche Praxis sagt:
. . . quicquid est, quod in controversia aut in contentione versetur, in eo aut
sitne aut quid sit aut quale sit quaeritur[240]. Die wahre Bedeutung dieser Unterscheidung für Augustin läßt sich allerdings auf Grund dieser Cicero-Stelle

---

[236] Hinweise, die aber in der hier eingeschlagenen Richtung nicht ausgewertet
werden, bei Lorenz, ZKG 67, 1956, 240 und Strauss, Schriftgebrauch 106, Anm.
88.

[237] Conf. X, 16 (ML 32, 786/L II, 251): litteratura = Grammatik (vgl. De ordine
II, 37, ML 32, 1012/CSEL 63, 173, C. Cresc. I, 17, ML 43, 356/CSEL 52, 340, und
Mart. Cap., De nuptiis III, 229 [ed. Dick 84 f.], 231 [86]), peritia disputandi =
Dialektik (vgl. C. Cresc. I, 16, 455/339, Princ. dial. I, ML 32, 1409) und als drittes
im Sinne der enkyklios paideia die Rhetorik, wofür die drei Fragen repräsentativ
sind.

[238] Ep. 11, 3 f. (ML 33, 76/CSEL 34, 1, 26 ff.) werden „an sit, quid sit, quale sit"
und die Formulierungen der qu. 18 promiscue gebracht. Nachwirkung der drei
Fragen in De civ. dei XI, c. 23 (s. o. S. 39).

[239] Testard II, 28 f.

[240] Orator, ed. Wilkins 14, 45.

nicht ermessen und wäre auch als einziger Grund für die repräsentative Stellung, die die drei Fragen als Inbegriff der Rhetorik in jener Confessiones-Stelle einnehmen, unzureichend. Bestimmend wirkte vielmehr die mit diesen Fragen auf eine knappe Formel gebrachte Lehre von den „status", die in der Schulrhetorik einen ziemlich breiten Raum einnahm. Es handelt sich dabei um eine Lehre, die im 2. Jh. v. Chr. von dem Rhetor Hermagoras aufgestellt worden war und bei ihm vier στάσεις umfaßte. Unter den status verstand man zur Zeit Augustins die quaestiones principales, die es dem Redner im Rahmen der inventio gestatteten, die in einem Streitfall eigentlich vorliegende Streitfrage zu erfassen[241]. Dabei vertrat eine dominierende Gruppe, zu der auch Quintilian und Martianus Capella zu zählen sind, also der Klassiker der lateinischen Erziehungslehre und Rhetorik und der afrikanische Zeitgenosse Augustins, die Ansicht, es seien *drei* status bzw. drei quaestiones principales[242] anzunehmen, nämlich eben „an sit" (Tatfrage: Ist dies oder das geschehen?), „quid sit" (Definitionsfrage: Was ist eigentlich geschehen?) und „quale sit" (Bewertungsfrage: Ist das Getane gut oder schlecht?). Die Abzweckung dieser drei Fragen auf die gerichtliche Praxis läßt es zunächst unwahrscheinlich erscheinen, daß sie bei Augustin ein derartiges ontologisches Gewicht bekommen konnten. Verfolgt man jedoch die Abhandlung Quintilians über die status (Inst. or. III, 6), so bemerkt man in seinem historischen Exkurs, daß er bei Aristoteles anknüpft und offensichtlich die Kategorienlehre in Verbindung bringt mit der Anzahl der möglichen Fragen[243]. Wenn er schließlich selbst seinen Entscheid trifft und die Annahme von drei quaestiones für richtig erklärt, beansprucht er wiederum eine Allgemeingültigkeit, die einer Ausweitung ins Ontologische nicht mehr fern ist:

Credendum est igitur iis, quorum auctoritatem secutus est Cicero, tria esse, quae in omni disputatione quaerantur: an sit, quid sit, quale sit; *quod ipsa nobis etiam natura praescribit.* Nam primum oportet subesse aliquid, de quo ambigitur, quod, quid et quale sit, certe non potest aestimari, nisi prius esse constiterit, ideoque ea prima quaestio. Sed non statim, quod esse manifestum est, etiam quid sit apparet. Hoc quoque constituto novissima qualitas superest *neque his exploratis aliud est ultra*[244].

---

[241] Vgl. Quintilian, Inst. or. III, 6, 1 ff. (ed. RADERMACHER I, 140 ff.) über die Definition des status. Vgl. dazu VOLKMANN, Rhetorik 38 ff., KROLL, RESuppl. VII, 1091 ff., LAUSBERG, Handbuch 64—85.
[242] Mart. Cap. V, 444 (ed. DICK 218), Quint. III, 6, 80 (ed. RADERMACHER I, 154 f.). Anders das Rhetorikfragment in Augustins Werken (unecht), doch auch da: De quarta magna contentio est . . . Plerique enim negant esse eam . . . (ML 32, 1443).
[243] III, 6, 23 (ed. RADERMACHER I, 144): Ac primum Aristoteles elementa decem constituit, circa quae versari videatur omnis quaestio. . . Daher auch die Berechtigung, die „drei" Kategorien zu nennen.
[244] III, 6, 80 f. (aaO, 154 f.).

58

Die Ausweitung über das rein Rhetorische hinaus[245], die Behauptung, mehr als drei gebe es nicht[246], sowie die gegenseitige Bedingtheit der drei Fragen[247], also alles Faktoren, die bei Augustin zentral werden, zeigen sich hier schon, und wenn auch Augustin Quintilian nicht nachweislich gekannt hat[248], so dürfte die hier feststellbare Tendenz doch zeigen, daß es nicht mehr sehr viel brauchte, um bei entsprechenden ontologisch-theologischen Interessen eine „kategoriale" Allgemeinheit und sogar eine entsprechende dreifache Bestimmtheit Gottes aus der Statuslehre zu entwickeln.

Da es also möglich ist, eine bei Augustin angedeutete und formal genau übereinstimmende Triade in einem geistigen Bereich zu finden, der dem ehemaligen Lehrer der Rhetorik alles andere als fremd sein konnte, und da, wie wir nachgewiesen haben, eine ähnliche formale Übereinstimmung sonst nirgends bisher entdeckt worden ist, müssen wir im Rahmen der historischen Wahrscheinlichkeit schließen, daß die Statuslehre für Augustin den entscheidenden Anstoß gegeben hat, am Leitfaden der drei Fragen die ontologische Unterscheidung von Sein, Form und Ordnung zu konstruieren. Dabei ist natürlich die Füllung der drei Fragen vom Ontologischen und Theologischen her nicht aus der Rhetorik abzuleiten, sondern, wie gezeigt, zu einem guten Teil aus dem Neuplatonismus. Auch wird dadurch Augustins eigene und eigenartige Denkleistung nicht eingeschränkt, war es doch durchaus seine eigene Wahl, die ihn gerade diese Triade trinitarisch verwerten und im zweiten Glied die forma und im dritten den Willen sehen ließ. Daß er zu solchen rhetorischen Dreiergruppen eine gewisse Sympathie zeigte und sie sehr stark in sein eigenes Denken hineinzuverarbeiten wußte, ist in Anbetracht z. B. der Verwertung ciceronianischer Dreiheiten in seiner Homiletik weiter nicht erstaunlich[249].

Wie schon gezeigt (S. 35), ist die innere Dreiheit von esse, nosse, velle und wohl auch von mens, notitia, amor ohne große Schwierigkeiten aus der frühen Analogie der drei „Kategorien" zu erklären. Somit wären also auch die wichtigen Analogien in den Confessiones, in De civitate dei und in Buch IX von De trinitate letztlich aus der Statuslehre abzuleiten. Wie steht es aber mit der zuletzt doch dominierenden Triade memoria—intellegentia—voluntas? Das Erstaunliche ist, daß auch hier ein Einfluß der Rhetorik bemerkbar ist. Wir sahen, daß Augustin schon in den 83 Fragen die Unter-

---

[245] Vgl. auch Pseudo-Cassiodor, Inst. II.: qui (sc. status) quidem dividuntur ita, ut rerum quoque natura divisa est (ML 70, 1196 D, spätere Interpolation).

[246] Vgl. den Schlußsatz der qu. 18 bei Aug.

[247] Besonders in dem mehrfach genannten 11. Brief Augustins deutlich.

[248] KESELING, AM I, 201—204. Der fehlende Beweis ist hier noch weniger als bei Marius Victorinus ein schlüssiger Gegenbeweis, war doch Quint.s Institutio ein hochgeschätztes Lehrbuch.

[249] Vgl. TESTARD, s. o. S. 56, Anm. 239; z. B. docere, delectare, flectere oder submisse, temperate, granditer.

scheidung natura, disciplina, usus andeutungsweise mit der Trinität in Beziehung setzt[250]. Deutlich wird dies in De civitate dei XI[251] und vor allem
in De trinitate X, 17 (982), wo Augustin, kaum hat er die entscheidende
Dreiheit memoria—intellegentia—voluntas eingeführt, auch schon von jener
andern redet, die hier mit derselben Bedeutung[252] ingenium—doctrina—usus
heißt. Ja, noch mehr. In De civitate dei bezeichnet er diese drei Größen als
das, was zur Beurteilung eines Menschen beachtet werden muß, d. h. seine
Naturbegabung, sein Wissen und der Gebrauch, den er davon macht. So
verwertet er die drei auch in De trinitate, weitet aber die Möglichkeit, einen
Menschen zu beurteilen, auch auf die Dreiheit memoria, intellegentia, voluntas aus: In his enim tribus inspici solent etiam ingenia parvulorum,
cuiusmodi praeferant indolem. In der Folge versucht er dann die beiden
Triaden so miteinander zu verbinden, daß er sagt: Die natürliche Begabung
des *ingenium* wird danach beurteilt, wie scharf einer sich erinnert und versteht und wie kräftig er will, die Kenntnisse *(doctrina)* danach, *woran* er sich
erinnert und *was* er versteht, und den Gebrauch, den einer davon macht
(usus), beurteilt man nach dem Woraufhin und Wieviel seines Willens. In
diesem letzten Glied fallen Willen und usus fast zusammen, aber auch in
den andern Gliedern ist die Kombination übers Kreuz[253], die Augustin versucht, eher etwas künstlich, besonders hinsichtlich doctrina-intellegentia,
die — man denke nur an Ep. 11! — eindeutig zusammengehören; doch auch
memoria und ingenium wurden wohl in der rhetorischen Erziehung oft
aufeinander bezogen[254]. Es ist also nicht möglich, die Dreiheit memoria—
intellegentia—voluntas[255] aus der Unterscheidung ingenium—doctrina—usus
ganz direkt abzuleiten, aber die Nähe beider zueinander zeigt auch hier den
im Formalen unerhört starken Einfluß der rhetorisch-pädagogischen Tradition.

---

[250] S. o. S. 25.

[251] De civ. dei XI, c. 25 (ML 41, 339) natura, *doctrina*, usus.

[252] Ingenium hier=natura (Naturanlage, Begabung), schon alternativ gebraucht
bei Quintilian: z. B. VII, 10, 14/XII, 1, 9 (ed. RADERMACHER II, 63/368).

[253] Der Sachverhalt läßt sich schematisch so darstellen:

ingenium:quid possit quisque   memoria, intellegentia,   voluntate.
doctrina: quid habeat quisque in memoria et intellegentia   (quo voluntate
                                                         pervenerit).
usus: (pertractante
       voluntate illa, quae in   memoria et intellegentia sunt) in voluntate est.

[254] Vgl. Quint I, 3, 1 (ed. RADERMACHER I, 19): Tradito sibi puero docendi peri-
tus ingenium eius in primis naturamque perspiciet. ingenii signum in parvis
praecipuum *memoria* est. . .

[255] Unmöglich ist es natürlich, aus Ciceros Aufteilung der prudentia in memoria, intellegentia, providentia etwas ableiten zu wollen (De inv. II, 53, 160, ed.
FRIEDRICH 230), vgl. immerhin De trin. XIV, 14 (1047 f.).

60

Daß hier wirklich diese Tradition von Einfluß ist, deutet Augustin ja an und bestätigt sich auch bei der Durchsicht Ciceros und Quintilians²⁵⁶, wobei wiederum bemerkenswert ist, daß schon da die drei als wirkliche Dreiheit auftauchen und somit die Dreiheit gerade dieser „Seelenvermögen" einigermaßen präformiert war, bevor Augustin die Sache aufgriff. Bezeichnend ist ebenfalls, daß im dritten Glied, beim usus, Augustin den Willen und die Willensrichtung mit ins Spiel bringt und sein uti-frui-Schema in Erinnerung ruft, während dieser Terminus bei Quintilian z. B. nicht den Gebrauch zum Guten oder Bösen meint, sondern die Übung, die zu Naturanlage und Wissen hinzutreten muß²⁵⁷. Was schon für das Schema der drei Fragen galt, gilt hier natürlich noch mehr: das vorgegebene Schema wird von Augustin mit fast völlig neuem Inhalt gefüllt, und es fließen nicht nur typisch augustinische, sondern auch weitergehende geistesgeschichtliche Ströme in das Flußbett der rhetorischen Formeln, die Augustin dazu erwählt hat, einer weit über solche Traditionen hinausdrängenden geistigen Bemühung zu dienen.

²⁵⁶ De or. (ed. WILKINS) I, 4, 15; II, 35, 147—150 (acumen-ratio-diligentia). Quint. VI, 2, 3 (ed. RADERMACHER I, 322; ingenium-doctrina-usus); VII, 10, 14 (aaO, II, 63; natura-doctrina-studium, vis-usus-ratio); XII, 1, 9 f. (aaO, II, 368; ingenium-studium-doctrina). Natura-doctrina Quint. II, 19 (aaO, I, 120), usus-doctrina XII, 6, 4 (aaO, II, 389 f.). Vgl. dazu LORENZ, ZKG 64, 1952/53, 39 f., der auf Varro als mögliche Quelle hinweist, sowie PINBORG, ClMed 23, 1962, 152 ff. (Stoa).
²⁵⁷ XII, 6, 4 (aaO, II, 389 f.): plus . . . usus sine doctrina quam citra usum doctrina valeat. *Diese* Verwendung von usus ist Aug. auch bekannt, vgl. De trin. (aaO, II, 63; natura-doctrina-studium, vis-usus-ratio); XII, 1, 9 f. (aaO, II, 368; schon theologisch verwendet haben, ist mir nicht bekannt. Die drei Fragen, aber ohne theologisches Gewicht, z. B. bei Tert., Adv. Prax. c. 5, 1 (CC II, 1163).

III. DIE IMAGO DEI VOR UND AUSSERHALB
DE TRINITATE

Von der Frühzeit bis zum letzten Werk Augustins finden sich immer wieder Äußerungen zum Bild Gottes im Menschen[1]. Wie nicht anders zu er-

---

[1] Die hier beigezogenen Texte sind (ohne De trinitate):

386/387	Solil. I, 4 (ML 32, 871).
388	De mor. I, 20—23 (ML 32, 1320 f.).
	De quant. an. 55 (ML 32, 1067).
388/390	De gen. c. Man. I, 27 ff. (ML 34, 186 ff.).
388/396	De div. qu. 83, qu. 51 (ML 40, 32—34), 67, 4 (67 f.), 74 (85 f.).
391	De vera rel. 82, 85, 88 (ML 34, 159 ff./CSEL 77, 2, 60, 62 f.), 113 (172/80 f.).
393	De gen. ad litt. lib. imp. 57—60 (ML 34, 242—244/CSEL 28, 1, 497 bis 501).
	Sermo 259, 2 (ML 38, 1197 f.).
394	C. Adim. Man. c. 5, 1f. (ML 42, 135 f./CSEL 25, 1, 124 f.).
ca. 395	En. in ps. 4, 8 (ML 36, 81), 94, 2 (ML 37, 1217 f.).
396	De doctr. chr. I, 20 (ML 34, 26).
397/398	C. Faustum Man. XXII, c. 27 (ML 42, 418 f./CSEL 25, 1, 621), XXIV, c. 2 (475 f./721 ff.).
397/401	Conf. III, 12 (ML 32, 688/L I, 54 f.), VI, 4 (721/121 f.), XIII, 32 (858 ff./II, 390 f.), 47 u. 49 (866 f./404 ff.).
399/400	De cat. rud. 29 (ML 40, 332).
401/414	De gen. ad litt. III, 20 (ML 34, 287/CSEL 28, 1, 78), 29 ff. (291 ff./84 ff.), V, 30 (331/156), VI, 20 ff. (347 ff./185 ff.), VII, 40 (370/220), XII, 18 (460/389).
ca. 403	En. in ps. 32, s. 2, 16 (ML 36, 293 f.), 42, 6 (480).
ca. 405	Sermo 52, 18 (ML 38, 361 f.).
410	Ep. 120, 12 (ML 33, 458/CSEL 34, 2, 715).
	Sermo Denis 24, 7 f. (ed. MORIN 148 f.).
411/412	De pecc. mer. et rem. I, 58 (ML 44, 142 f./CSEL 60, 57 f.), II, 9 (156/79).
412	De spir. et litt. 37 (ML 44, 223/CSEL 60, 191), 47 ff. (229 ff./201 ff.).
	De gratia novi test. (Ep. 140) 57 (ML 33, 562/CSEL 44, 203).
412/416	Sermo 90, 10 (ML 38, 566).
413/414	Ep. 147, 44 (ML 33, 616/CSEL 44, 318).
ab 413	In Io. ev tr. I, 18 (ML 35, 1388); 3, 4 (1398); 18, 10 (1541 f.); 20, 2 (1557); 23, 10 f. (1588 ff.); 40, 9 (1691); 41, 2 (1693).
	In Io. ep. tr. 4, 9 (ML 35, 2010 f.); 9, 3 (2047).
ab 416	De civ. dei VIII, c. 10, 2 (ML 41, 235), XI, c. 26 (339), c. 28 (342), XII, c. 23 (373), XXII, c. 16 (778), c. 24, 2 (789).

warten, sieht er die Gottebenbildlichkeit des Menschen in seiner geistigen Seite, in dem, was ihn von den Tieren unterscheidet. Wenn die Alternative aufgestellt wird, entweder sei der innere Mensch imago dei oder der äußere, so gibt es für Augustin kein Zögern: selbstverständlich ist der innere Bild Gottes[2]. Das schließt nicht aus, daß auch der äußere Mensch bis zu einem gewissen Grade an dieser Ebenbildlichkeit teilhat. Seine aufgerichtete Gestalt[3] ist Anzeichen und Zeugnis für seine alle andere Kreatur überragende Vortrefflichkeit, die ihm auch das Recht auf die Macht über alle Geschöpfe gibt, wie es Genesis 1 dargestellt wird[4] und worin ebenfalls eine Art Ähnlichkeit mit Gott sichtbar wird[5]. Gelegentlich kann die Ähnlichkeit mit Gott auch in der Feindesliebe gesehen werden, da ja auch Gott über Gute und Böse regnen läßt[6]. Diese Gottähnlichkeit so gut wie die des aufgerichteten

---

418/419   C. serm. Ar. c. 16 (ML 42, 695).

419/420   Loc. in Hept. I (ML 34, 485 f./CSEL 28, 1, 507).

           Quaest. in Hept. V, 4 (ML 34, 749 f./CSEL 28, 2, 371 f.).

419/420   De an. et eius or. IV, 20 (ML 44, 536 f./CSEL 60, 400 f.).

421   C. Iul. VI, 26 (ML 44, 838).

426/427   De gr. et lib. arb. 25 (ML 44, 896).

           De gen. ad litt. lib. imp. 61 f. (ML 34, 244 ff./CSEL 28, 1, 501 ff.).

           Retr. I, c. 26 (ML 32, 626 u. 628/CSEL 36, 122 u. 126), II, c. 24,
2 (640/160).

429/430   C. Iul. op. imp. I, 39 (ML 45, 1065), 63 (1082), 136 (1136), II, 30 (1154), III, 9 (1251), 44 f. (1268), 82 (1280), VI, 20 (1547), 26 (1561 ff.), 39 f. (1598 ff.).

           Über die angebenen Datierungen kann hier nicht diskutiert werden. Zu den Sermones vgl. KUNZELMANN, Chronologie, zu den Johannestraktaten und Psalmenauslegungen LE LANDAIS, Deux années, und ZARB, Angelicum 10 u. 12 ff., sowie RONDET, BLE 61, 1960, 111—127; 258—286, vgl. auch die Liste bei ANDRESEN, Zum Augustingespräch 575 ff.

Weitere Texte (mit minder sicherer Datierbarkeit):

           Sermo 9, 9 (ML 38, 82) u. 15 (86); 43, 4 (255); Denis 11, 7 (ed. MORIN 48); Frangipane 1, 8 (aaO, 176).

           En. in ps. 29, s. 2, 2 (ML 36, 218); 38, 11 (421); 48, s. 1, 16 (554); 48, s. 2, 11 (564); 54, 3 (629); 57, 11 (683); 66, 4 (806); 70, s. 2, 6 (895 f.); 72, 26 (925 f.); 75, 3 (959); 99, 5 f. (ML 37, 1273 ff.); 101, s. 1, 11 (1302); 102, 3 (1318); 103, s. 4, 2 (1378 f.); 146, 18 (1911).

Diese Liste erhebt nicht Anspruch auf Vollständigkeit.

[2] De div. qu. 83, qu. 51, 1 (ML und CSEL werden in diesem Kapitel bei den in Anm. 1 genannten Stellen weggelassen): quaeri potest, utrum unus horum (sc. interioris et exterioris hominis) factus sit ad imaginem et similitudinem dei. Nam illud stultum est quaerere, si unus, quis horum? Vgl. noch De haer. 76 (ML 42, 45).

[3] De gen. c. Man. I, 28, De div. qu. 83, qu. 51, 3, De gen. lib. imp. 60, De gen. ad litt. VI, 22, En. in ps. 101, s. 1, 11.

[4] De gen. c. Man. I, 28, De cat. rud. 29.

[5] De cat. rud. 29.

[6] C. Adim., 5, 2, In Io. ep. tr. 9, 3, En. in ps. 70, s. 2, 6; 75, 3; 94, 2; 99, 5. Zur Herkunft dieses Gedankens vgl. MERKI, Ὁμοίωσις θεῷ 1, 38 f., 55 f.

Körpers ist natürlich nur darum möglich, weil der Mensch in seinem Geist die imago trägt. In einem weniger übertragenen Sinne kann der äußere Mensch im Hinblick auf die Auferstehung und zukünftige Herrlichkeit Bild Gottes genannt werden; denn dann werden wir dem verklärten Leib Christi gleich bzw. ähnlich sein[7]. Doch spielen solche Erwägungen gegenüber der großen Zahl der Äußerungen über die geistige imago eine verschwindend kleine Rolle. Wir beschäftigen uns im weiteren Verlauf dieses Kapitels deshalb mit der imago im inneren Menschen.

Zunächst ist die Frage zu stellen, ob Augustin durchgehend die imago im *Menschen* sieht oder ob aus der Wendung „*ad* imaginem . . .“ in Genesis 1, 26 in irgendeiner Weise gefolgert wird, der Mensch sei nicht selbst Bild, sondern bloß zum Bild hin oder gemäß dem Bild geschaffen. Etliche frühe Stellen lassen eine solche Auffassung sichtbar werden. So De vera religione 81 f., wo der Sohn similitudo und imago genannt wird. Durch diese similitudo und imago ist alles geworden, teils so, daß es auch *ad* imaginem und similitudinem ist, d. h. daß es sich zurückwendet zum Schöpfer, teils so, daß es wohl „per“, aber nicht „ad“ genannt werden kann. Die erste Bestimmung bezieht sich auf die vernünftigen Geschöpfe, die zweite auf die restliche Kreatur. In diesem Zusammenhang ist also der Mensch „ad imaginem“ nicht im Sinne des Bild-*Seins*, sondern im Sinne der ἐπιστροφή und des „fecisti nos *ad* te“ der Confessiones[8]. Diese Auffassung des „ad“ scheint Augustin auch in der Sammlung der 83 Fragen zu vertreten[9] und vor allem in der Fragment gebliebenen Genesisauslegung „ad litteram“, wo das Nebeneinander von imago und similitudo in Genesis 1, 26 so ausgelegt wird, daß die christologische Auffassung mit aller Deutlichkeit hervortritt: „similitudo“ besage in diesem Zusammenhang, daß es sich um dasjenige Bild handle, welches nicht bloß wie jedes Bild similis, sondern die similitudo selbst sei, durch die alles Geschaffene „per modum participationis“ irgendwie ähnlich sei[10]. Das similis-Sein ist aber die Bedingung des Seins überhaupt wie auch diejenige des Schönseins[11]. Somit ist alles durch jene höchste simi-

---

[7] De trin. XIV, 24 (1055), De gen. ad litt. VI, 30, C. Iul. VI, 26, C. Iul. op. imp. VI, 40, vgl. auch De div. qu. 83, qu. 51, 1.

[8] Vgl. den Hinweis Theilers, Porph. und Aug. 33. Die Verwandtschaft mit dem neuplatonischen Kreislauf ist kaum zu leugnen: Rückwendung zum Einen. Für einen „Dreitakt“ ist hier nichts zu holen. Vgl. zur imago noch De ver. rel. 85 u. 88, auch 113, die das Gesagte bestätigen.

[9] De div. qu. 83, qu. 51, 4. Die Abwehr dieser Auffassung in der dazugehörigen Retr. I, 26 spricht dafür, daß er tatsächlich so dachte.

[10] De gen. lib. imp. 57—59. Historischer Exkurs zu imago-filius in BA 15, 589 ff. (Lit.).

[11] Vgl. De vera rel. 66 (ML 34, 151 f.), De div. qu. 83, qu. 23 (ML 40, 16 f.), qu. 51, 2, Solil. I, 4 (ML 32, 871), De mor. II, 8 (ML 32, 1348) und die folgende Anm. zur similitudo-Metaphysik.

litudo geworden, *ad* similitudinem jedoch ist nur die vernünftige Substanz. Die Stelle Genesis 1, 26 wird so für Augustin zu einem Anlaß, die besondere Hinordnung des Menschen auf den Ursprung zu zeigen, auf jenen Ursprung, der die vollkommene Ähnlichkeit gezeugt hat und durch Ähnlichkeit allein zu erreichen ist. Solche Ähnlichkeit bedeutet aber zugleich Sein; denn alles Unähnliche und Uneinige ist weniger seiend, und wo vollkommene Gleichheit und Einheit ist, ist auch vollkommenes Sein[12]. Auf dem Hintergrunde einer solchen Ähnlichkeits-Metaphysik ist es nun allerdings kaum denkbar, daß der Mensch nicht auch selbst als imago Gottes betrachtet wird. Sofern er überhaupt ist — und er *ist* ja in einem ausgezeichneten Sinne als rationalis creatura —, ist er auch jenem Ursprung irgendwie ähnlich.

Es ist daher durchaus nicht erstaunlich, daß neben solchen Auslegungen von Genesis 1, 26 auch Äußerungen vorkommen, die vom Gottesbild im Menschen reden: Es ist „pretiosissimum quiddam et carissimum"[13], ein sorgsam zu hütender Schatz, etwas, über dem nur Gott steht, während alles andere Geschaffene darunter liegt, und das nur von ratio und intellectus und vom homo interior ausgesagt wird[14]. Durch diese Deutung wird jedoch die andere, die das „ad" im Sinne einer Hinordnung auf ein Ziel auffaßt, nicht aufgehoben, vielmehr können sich beide aufs beste verbinden; denn der Mensch ist ja nicht vollkommene und wesensgleiche imago und similitudo, vielmehr war jeder Mensch, auch als in der Seele die Ähnlichkeit und Ebenbildlichkeit ursprünglich makellos war, und ist erst recht jetzt, da sie verdorben ist[15], jeder Mensch nur „ad", also nur bestimmt, sich jenem vollen Ebenbilde möglichst zu nähern, aber nie ihm ebenbürtig oder gar identisch mit ihm. Jedenfalls definiert Augustin später das richtige Verständnis des „ad" so, daß dem Sohne allein die bloße Bezeichnung „imago" zukomme, dem Menschen dagegen sowohl die Bezeichnung „imago" als auch „ad imaginem", womit angedeutet werde, daß der Mensch sich Gott nur durch Ähnlichkeit nähere, nicht aber die völlige und vollkommene imago sei[16]. Er hält damit die ursprüngliche Auffassung jener frühen Zeugnisse aufrecht

[12] Ep. 18, 2 (ML 33, 85/CSEL 34, 1, 45): Cum autem omne, quod esse dicimus, in quantum manet dicamus et in quantum unum est, omnis porro pulchritudinis forma unitas sit. . .

[13] De quant. an. 55. Diese Stelle läßt die These von MARKUS (REA 10, 1964, 125 bis 143), daß Aug. erst seit Mitte der neunziger Jahre auf Grund seiner Pauluslektüre den Menschen für das Bild Gottes gehalten habe, fragwürdig erscheinen, obschon er sicher recht hat, wenn er das bloße *ad* imaginem als Charakteristikum der frühen Zeit ansieht.

[14] De gen. c. Man. I, 28.

[15] En. in ps. 94, 2 mehrfach mit „ad" für die Erneuerung der imago. Hier verbindet sich dieses Problem mit dem später zu behandelnden, ob durch den Sündenfall die imago getilgt sei.

[16] De trin. VII, 12 (946), De gen. lib. imp. 61, Retr. I, 26 (626/122).

und verbindet sie zugleich mit der Auffassung, die imago bestehe immer im Menschen. Dagegen lehnt er eine Auffassung von Genesis 1, 26, die das gr. κατά ... mit „secundum" wiedergibt, völlig ab[17], und das heißt, daß er eine Übersetzung und ein Verständnis, die der menschlichen imago von vornherein nur ein Dem-Bild-gemäß-Sein zuschreiben, nicht in Betracht zieht, was auch die genannten frühen Texte bestätigen, so daß bei ihm Probleme, wie sie Marius Victorinus zu lösen versucht[18], gar nicht auftreten können.

Nachdem es sich also gezeigt hat, daß das „ad" von Genesis 1, 26 Augustin nicht daran hindert, das Gottesbild auch im Menschen zu sehen, ist als zweites zu fragen, ob und in welcher Weise er imago und similitudo unterscheidet. Zu dieser Frage äußert er sich in der 74. der 83 Fragen, allerdings nicht zu Genesis 1, 26, aber zu Kolosser 1, 14 f. Die Begriffsanalyse führt zum Ergebnis, daß imago notwendigerweise similitudo einschließe, similitudo jedoch nicht notwendig imago. Was etwas Ähnliches zu einem Bild macht, ist, daß es ein anderes „ausdrückt" (exprimere), d. h. daß die Ähnlichkeit weder eine zufällige ist, noch auch bloß von einer beiden gemeinsamen Ursache herrührt, sondern auf der Kausalität beruht, durch die das eine Ähnliche vom andern abhängig ist: der Sohn ist Bild des Vaters, dagegen ist ein Hühnerei einem Rebhuhnei nur ähnlich[19]. Kurz: Similitudo ist der allgemeinere Begriff, imago der speziellere. Ein weiterer Unterschied der zwei Begriffe, der aber eigentlich nur in De genesi ad litteram liber imperfectus zum Zuge kommt, besteht darin, daß „similitudo" eine Relation, „imago" dagegen ein Subjekt meint, das sich in der genannten similitudo-Relation zu einem anderen befindet[20].

Diese begrifflichen Unterscheidungen sind auch kennzeichnend für den sonstigen Gebrauch der beiden Begriffe bei Augustin: imago und similitudo können synonym auftreten, und das ist bei Augustin der Normalfall, soweit er sich nicht, wie oft, mit dem imago-Begriff allein begnügt oder nur im allgemeineren Sinne von similitudo spricht. Similitudo kann auch einen weiteren Bereich umfassen, gelegentlich aber auch einen engeren, d. h. eine genauere Bestimmung der imago bezeichnen. Augustin ist zwar gegenüber einer ausdrücklichen Zuteilung der imago an den geistigen und der similitu-

---

[17] Loc. in Hept. I: „sec. imaginem" wird genau wie „sec. firmamentum" und „sec. orientem" als Gräzismus abgetan. Das „secundum" von Kol. 3, 10 versteht er als „ad", C. Adim., c. 5, 2, C. Faust. XXIV, 2, anders De trin. XIV, 22 (1050).

[18] Adv. Ar. I, 61—64, wo er mit „iuxta" übersetzt. I, 62 (ed. HENRY, Z. 2 f.) fragt er, warum der Mensch „iuxta" imaginem und nicht imago heiße. Daß sachlich dann doch sehr ähnliche Probleme bei Aug. und Victorin behandelt werden, hat mit der Auslegung von Gen. 1, 26 nichts zu tun.

[19] De div. qu. 83, qu. 74. Im Hinblick auf den Sohn vorgenommene Analyse von imago, similitudo und aequalitas. Vgl. auch Qu. in Hept. V, 4.

[20] De gen. lib. imp. 57.

do an den leiblichen Bereich mißtrauisch[21], kommt aber selbst einer solchen Unterscheidung doch recht nahe, wenn er über die Ähnlichkeit im leiblichen Bereich spricht[22]. Das ist ja auch weiter nicht erstaunlich, wenn man die umfassende ontologische Bedeutung des similitudo-Begriffs für Augustin bedenkt[23]. Er verhält sich auch der umgekehrten Auffassung gegenüber sehr zurückhaltend, also derjenigen, die die similitudo als das im Urstand und im Endzustand zur „natürlichen" imago hinzukommende „Übernatürliche" auffaßt[24], obschon andrerseits das Grundgesetz, daß die Annäherung zu Gott nicht räumlich, sondern „per similitudinem" erfolge, ihn doch zu solchen Formulierungen veranlassen kann[25]. Das Motiv der Ähnlichkeit mit Gott tritt deshalb auch gerne unabhängig von Genesis 1, 26 auf oder zieht dieses Schriftwort gleichsam hinter sich her[26], ist doch „similitudo" derjenige Begriff, der die Annäherung und Entfernung von Gott (als dissimilitudo) zu umfassen vermag und deshalb handlicher erscheint als der etwas statische Begriff der imago, der sich zu einer dynamischen oder gar allgemein ontologischen Verwendung schlechter eignet[27]. Hingegen ist „imago" bestens geeignet, einen bestimmten Status des Menschen zu bezeichnen, und gewinnt daher in der Diskussion um den Urstand und den Sündenfall eine Bedeutung, die im folgenden zu betrachten ist. Zusammenfassend kann zum Unterschied von imago und similitudo gesagt werden, daß er nicht theologisch relevant wird, wie dies auf Grund der Tradition möglich wäre[28], sondern daß beide Begriffe, besonders da, wo sie gemeinsam auftreten, dasselbe bedeuten und die Bedeutungsdifferenz, die natürlich immer irgendwie mitschwingt, nicht ausgewertet wird, um ein „einerseits—andrerseits" in der Gottebenbildlichkeit des Menschen auszudrücken. Von der Möglichkeit, die bei Augustin potentiell angelegt wäre, nämlich die similitudo auf den Dauerzustand des Menschen und die imago auf den verlierbaren Gnaden-, Ur- oder Endzustand zu beziehen, macht er keinen ausdrücklichen Gebrauch.

Wie steht es nun aber mit dem Verlust oder der Trübung der imago dei (und der similitudo) durch die Sünde? Der similitudo-Begriff vermag zwar

---

[21] De div. qu. 83, qu. 51, 4.   [22] In derselben qu. 51, De gen. lib. imp. 60.
[23] S. o. S. 63, Anm. 11.   [24] Qu. in Hept. V, 4, De gen. lib. imp. 62.
[25] Bes. De civ. dei XI, c. 26: (imaginem) . . . adhuc reformationem perficiendam, ut sit *etiam similitudine proxima.* Evtl. auch Sermo 9, 9.
[26] Ohne imago z. B. De mor. I, 20, Ep. 187, 17 (ML 33, 838/CSEL 57, 95 f.), En. in ps. 34, s. 2, 6 (ML 36, 337), mit imago: En. in ps. 70, s. 2, 6; 75, 3; 94, 2; 99, 5.
[27] Dennoch unter Bezugnahme auf Platon C. Acad. III, 37 (ML 32, 954/CSEL 63, 76) und Ep. 3, 3 (ML 33, 65/CSEL 34, 1, 7) die Welt als imago der intelligiblen Welt.
[28] Seit Irenäus, zur Geschichte der imago-dei Lehre vgl. bes. STRUKER, Die Gottebenbildlichkeit . . ., und MERKI, Ὁμοίωσις. Die Unterscheidung von imago und similitudo behandelt MARKUS, aaO, bes. 128 ff.

auch diesen Aspekt auszudrücken, einmal durch die dissimilitudo und dann auch durch die hybride similitudo[29], die der Mensch anstatt durch Unterwerfung unter Gott durch Hochmut erlangen will. Aber die Frage nach dem Verlust des ursprünglichen imago-Geschenks läßt sich doch nur beim imago-Begriff in aller Schärfe stellen. Die früheste Äußerung zur imago scheint anzunehmen, daß der Mensch als vernünftige Kreatur in jedem Falle im Besitz der imago und similitudo sei[30]. Aber schon in De quantitate animae 55 wird nicht nur von dem sorgsam zu hütenden Schatz der imago geredet, sondern auch von der unbedingt notwendigen reformatio, die nur durch die Barmherzigkeit dessen möglich ist, der die ursprüngliche formatio vollzogen hat. Ob damit ein völliger Verlust der imago gemeint ist, kann schwerlich restlos entschieden werden, aber der Text neigt eher zu einer solchen Auffassung.

Besonders deutlich wird die Lehre von der verlorenen imago in der frühen Genesisauslegung gegen die Manichäer, wo die imago und similitudo auf die Herrschaft über die Kreatur bezogen wird (n. 28). Der manichäische Einwand (n. 29) darauf lautet, wie es denn komme, daß gewisse Tiere dem Menschen schaden können. Darauf erwidert Augustin, es sei ein Fehler, die Stelle Genesis 1, 26 auf den Menschen nach dem Sündenfall zu beziehen, denn: „amisit perfectionem illam, qua factus est ad imaginem dei." Wiederum ist nicht deutlich, ob die imago als gänzlich verschwunden zu denken ist, das Gefälle des Textes jedoch spricht für diese Auffassung. Unmißverständlich spricht Augustin sich aber in der 67. Frage aus der Sammlung der 83 aus: ipse homo, cum, iam signaculo imaginis propter peccatum amisso, remansit tantummodo creatura . . .[31]. Auch spricht Sermo 259, 2 von einem „recipere imaginem", nachdem die Bildung des Menschen nach Gottes Bild am sechsten Schöpfungstag erwähnt wurde und die jetzige Zeit als „sextus dies totius saeculi" mit der Erneuerung in der Taufe charakterisiert wurde[32].

Die beiden sicher früh zu datierenden Psalmenauslegungen bestätigen das bisher Gesagte mittels eines auch später[33] wiederkehrenden Bildes: Das Jesuswort „Gebt dem Kaiser, was des Kaisers ist . . ." bezieht sich auf das

---

[29] De mor. I, 20, En. in ps. 70, s. 2, 6.

[30] Solil. I, 4: Qui fecisti hominem ad imaginem et similitudinem tuam, quod, qui se ipse novit, agnoscit.

[31] Daß der Sinn für den späteren Augustin anstößig war, zeigt Retr. I, 26 (628/126). Man darf nicht verstehen: signaculum imaginis = Zeichen für das auch sonst vorhandene Bild.

[32] Die Stellen in De gen. lib. imp. und De vera rel. fallen naturgemäß für unsere Frage außer Betracht, da sie die imago ja aus dem Menschen hinausverlegen, vgl. aber De vera rel. 88: in praeceptis et *imagine* für den status integritatis, der verloren ist.

[33] Vgl. die beiden Sermones Denis 11, 7 (wahrsch. v. 411) und 24, 7 f.

Bild in uns, das wir Gott zurückgeben sollen, wie wir dem Kaiser sein Bild
auf der Münze zurückgeben sollen. Dabei erscheinen Wendungen wie: cor-
rumpere imaginem, renascendo signari, resculpatur in nummo imago u.
dgl.[34].

In der kleinen Schrift gegen Adimantus verteidigt sich Augustin gegenüber dem manichäischen Einwand gegen die imago, der sich auf das Wort
Joh. 8, 44 stützt, wo die Juden Söhne des Teufels genannt werden. Dem
stellt Augustin entgegen, daß dieses Scheltwort sich auf die Sünder beziehe, während Genesis 1, 26 sich auf den Menschen vor dem Sündenfall
beziehe. Ebenso gelte diese Ebenbildlichkeit auch von der neuen conforma-
tio spiritalis, von der renovatio ad imaginem[35]. Daß sie damit für die Zeit
der Sünde praktisch ausgeschlossen ist, wird nicht gesagt, liegt aber sehr
nahe. Dem entspricht auch die Argumentation gegen Faustus, der im Sinne
des manichäischen Dualismus die Ebenbildlichkeit für den ersten, fleischlichen Menschen ablehnt und ausschließlich dem neuen, allein von Gott geschaffenen Menschen vorbehalten möchte. Augustin beharrt darauf, daß der
innere und äußere Mensch zuerst gut geschaffen sei, dann aber der ganze
— der innere und äußere — Mensch durch die Sünde verdorben worden sei
und nunmehr der innere zum Gottesbild erneuert werde[36]. Es ist demnach
klar, daß es ihm gegenüber den Manichäern nicht auf die Verteidigung
einer dauernden imago ankam, sondern vielmehr auf die ursprüngliche
Integrität des leiblichen und seelischen Menschen und natürlich auf die Erneuerung beider, des leiblichen freilich erst im Zustand der Vollendung.

Während die Äußerungen in den Confessiones deshalb nicht eine unmiß-
verständliche Auskunft über den Verlust der imago geben, weil sie sich alle
auf den status integritatis beziehen können[37], spricht die große Genesisauslegung eine recht deutliche Sprache. Da, wo Genesis 1, 26 dem Verlauf der
Auslegung nach behandelt wird, bewegen sich die Aussagen allerdings stets
auf einer Mittellinie, die an die unverlierbare geistige Natur des Menschen,
aber doch auch an jene besondere „forma intelligibilis" denken läßt, die
mit dem Sündenfall verlorenging[38]. Daß man aber wirklich an einen Verlust denken darf, geht aus den Betrachtungen in Buch VI deutlich hervor:
Adam hatte im Paradies, und zwar während seines ganzen Aufenthalts
daselbst, einen fleischlichen, auf Ernährung angewiesenen Leib und lebte
nach seinem inneren Menschen im Stande der Einheit mit dem Schöpfer.
In dieser Hinsicht war er auch nach dem Bilde Gottes gestaltet. Durch die
Sünde verlor er diesen Zustand und wurde des leiblichen Todes schuldig,
während er, wenn er nicht gesündigt hätte, nach einer gewissen Zeit zu

---

[34] En. in ps. 4, 8 u. 94, 2.   [35] C. Adim., c. 5, 2 (und 1).

[36] C. Faust. XXIV, 2, Faustus: aaO, 1, vgl. auch XXII, 27.

[37] Vgl. die Stellen auf S. 61, Anm. 1, s. aber auch u. S. 69 f., Anm. 44, 46 ff.

[38] De gen. ad litt. III, 30, 32, 34.

einem geistlichen Leib umgewandelt worden, d. h. gleichsam auferstanden wäre[39]. Der Verlust des Urstandes wird u. a. mit folgenden Wendungen beschrieben: . . . secundum imaginem eius, qui creavit nos, quam peccando Adam perdidit[40]; hanc imaginem in spiritu mentis impressam perdidit Adam per peccatum, quam recipimus per gratiam iustitiae[41]; quamvis in interiore homine fuerit spiritalis secundum imaginem eius, qui creavit eum, quod amisit peccando . . .[42].

Die stattliche Zahl von Texten[43], die von einem Verlust der Gottebenbildlichkeit mehr oder weniger deutlich sprechen, läßt den Schluß zu, daß bis vor De spiritu et littera (dazu unten) Augustin, wenn er im Zusammenhang mit Urstand und Sünde über die imago dei sprach, mit einem Verlust derselben rechnete und auf das Problem des imago-Rests nicht aufmerksam wurde. Es wäre nun freilich verfehlt, wenn man sämtliche Zeugnisse dieser Zeit streng auf diese Linie hin interpretieren und jene Aussagen, die nun doch mehr oder minder deutlich von der imago im menschlichen Geiste ohne Rücksicht auf Urstand und Fall sprechen, diesem Grundsatz unterordnen wollte. Es ist Augustin mindestens ebensoviel daran gelegen, daß die Verbindung von imago und spezifisch Menschlichem genügend berücksichtigt wird, wie daß die formatio, deformatio und reformatio der Ebenbildlichkeit bedacht werde. Wir sahen schon, daß das früheste Zeugnis, in den Soliloquien, offenbar nicht an den Verlust denkt. Im Verlauf der Untersuchung zeigte sich auch immer wieder, daß sich gewisse Texte mit der Verlust-Vorstellung zwar harmonisieren lassen, daß sie aber faktisch in dieser Hinsicht wenig deutliche Auskunft geben. Hinzu kommen etliche, die überhaupt von einem Verlust nichts wissen, ähnlich dem Passus in den Soliloquien[44]. Der allgemeine Eindruck, den man aus den Texten gewinnt, ist, daß Augustin da, wo er über die Schöpfung und das den Menschen vor aller Kreatur Auszeichnende spricht, die imago sozusagen für allgemeingültig betrachtet, daß er jedoch dann, wenn es sich um Sünde und Erlösung handelt, von einem Verlust spricht, ohne dabei eine systematische Harmonisierung beider Gedanken anzustreben. Solche Widersprüche, die allerdings nur der nachträglichen Systematisierung als Widersprüche erscheinen, sind bei Augustin keine ungewohnte Erscheinung[45].

---

[39] De gen. ad litt. VI, 39.   [40] AaO, 35. [41] AaO, 38, korrigiert in Retr. II, c. 24, 2.
[42] AaO, 39. Vgl. noch En. in ps. 32, s. 2, 16: mens capit imaginem . . . decoloravit eam . . . venit reformator . . . qui ante formator. . .
[43] Von den schwer datierbaren siehe noch Ps. 75, 3: exterminasti in te imaginem. . .
[44] So Conf. III, 12 (bes. wenn man „recte" statt „quid" liest), auch XIII, 47, De gen. ad litt. VI, 21, Serm. 52, 17 (ML 38, 361).
[45] Vgl. z. B. die zwei sich eigentlich widersprechenden Zeitauffassungen in Conf. XI. Auf die Unausgeglichenheit im Sprachgebrauch der imago-Stellen macht auch Markus, aaO, 142, aufmerksam.

Das ausgesprochene Interesse daran, die imago dei im geistigen Menschen zu sehen, geht weit zurück in Augustins eigene Entwicklung. Einer der Einwände der Manichäer gegen die Heilige Schrift leuchtete ihm, als er selbst noch zu ihnen gehörte, durchaus ein. Sie fragten, ob denn Gott leibliche Gestalt habe, wenn doch das Alte Testament sage, der Mensch sei nach Gottes Bild geschaffen[46]. Als Augustin in Mailand die Predigten des Ambrosius zum Alten Testament hörte, widerfuhr ihm eine Art Offenbarung, indem er dessen „geistliche" Auslegung als die treffliche Auflösung der manichäischen Kritik erfuhr[47]. In diesem Zusammenhang dürfte die imago-Lehre eine gewisse Rolle gespielt haben[48], spricht doch Augustin auch bei der Darstellung der Wirkung, die die Predigt des Ambrosius auf ihn ausübte, davon, wie er damals erst begriffen habe, daß sich die imago-Lehre nicht auf den Körper, sondern auf die geistige Seite des Menschen beziehe[49]. Es ist denkbar, daß uns in der Hexaemeron-Auslegung des Ambrosius im wesentlichen das erhalten ist, was Augustin als Predigt in Mailand hörte[50]. Jedenfalls wird damals, als Augustin eine neue Sicht des Alten Testaments kennenlernte, Ambrosius ähnlich gesprochen haben, und was bei ihm im sechsten Buch des Hexaemeron von der imago gesagt ist, ist ein rhetorisches Musterbeispiel dafür, wie man seinen Zuhörern die Vorstellung austreibt, die imago sei körperlich zu verstehen[51]. Augustins frühe Genesisauslegung gegen die Manichäer nimmt denn auch genau diese manichäischen Einwände auf und hält ihnen mit denselben Wendungen wie bei der Darstellung der Wirkung des Ambrosius[52] entgegen, die imago sei nicht leiblich zu verstehen. Neben dieses zentrale Motiv tritt nun aber schon bei Ambrosius das andere: der Verlust der imago bzw. ihre Beeinträchtigung[53].

Schon da, wo Augustin von seiner völligen Befangenheit in den manichäischen Irrtümern spricht, deutet er neben dem Vorwurf der Leiblichkeit Gottes auch den andern an, daß man doch die Menschen des Alten Testamentes nicht für gerecht halten könne[54]. In der Sache stimmt dieser Ein-

---

[46] Conf. III, 12.
[47] Conf. V, 24 (ML 32, 717 f./L I, 113).
[48] Die Beziehung Ambrosius–Aug. bezügl. der imago behandelt McCool, mit bes. Berücksichtigung der verwandten Stelle in De beata vita 4 (ML 32, 961/ CSEL 63, 92) und der historischen (platonischen) Hintergründe.
[49] Conf. VI, 4 f.
[50] So Courcelle, Recherches 96–102.
[51] Bes. Hex. VI, 44–46 (CSEL 32, 1, 235–238).
[52] De gen. c. Man. I, 27 f./Conf. III, 12. Zudem „spiritales" in gen. I, 28/ Conf. VI, 4.
[53] Hex. VI, 42 (CSEL 32, 1, 234), 47 (238), 50 (241), De fuga saeculi 17 (CSEL 32, 2, 178) und Exh. virg. 68 (ML 16, 372), wo aber wohl kein Totalverlust in Betracht gezogen wird (imagini, quam a Christo accepisti, similitudini, ad quam factus es).
[54] Conf. III, 12.

wand mit demjenigen überein, den er später gegen Adimantus, wieder im Zusammenhang der imago-Lehre, zu widerlegen versucht (s. o. S. 68), nämlich daß die Ebenbildlichkeit sich schlecht mit der Sündhaftigkeit der Juden vertrage[55]. Wenn er darauf antwortet, die imago sei auf den Urstand bzw. den Erlösungsstand zu beziehen, so zeigt er nur, was ihm von der manichäischen Argumentation her fast ebenso naheliegen mußte wie die Behauptung der rein geistigen imago, nämlich die Berücksichtigung ihrer Trübung oder Zerstörung. Ja, man darf wohl sagen, daß Augustins manichäische Vergangenheit oder vielmehr der Kampf gegen die Manichäer seine imago-Lehre nach beiden Seiten hin aufs stärkste beeinflußt hat. Wollte er seine Erkenntnis der reinen Spiritualität Gottes durchhalten, so konnte er die imago nur geistig auffassen. Wollte er die substantielle Auffassung des Bösen — in Verbindung mit der Entstehung der Protoplasten aus den bösen Elementen — bekämpfen, so mußte er die ursprüngliche Güte des Menschen und somit die ursprünglich ungetrübte imago behaupten. Das Maß der Zerstörung dieser ursprünglichen Ebenbildlichkeit hingegen brauchte ihn in dieser ganzen Auseinandersetzung nicht zu kümmern, war er doch mit den Manichäern darin einig, daß von einer imago ernstlich erst wieder im Zusammenhang mit der Erlösung die Rede sein könne.

Was bis ins erste Jahrzehnt des 5. Jahrhunderts[56] bei Augustin mehr oder weniger unausgeglichen nebeneinander steht und auch so stehen kann im Gegenüber zu den Manichäern, wird im Kampf gegen die Pelagianer zu einer Synthese. In einem der ersten Werke gegen diese neue häretische Front, in De spiritu et littera, gibt Augustin eine ziemlich detaillierte Lehre von der imago dei: Er hat sich mit der Frage auseinanderzusetzen, ob nicht Paulus in Röm. 2, 14 f. (das Gesetz ist den Heiden ins Herz geschrieben) die Heiden den Gläubigen des Neuen Testamentes gleichstelle[57]. Er antwortet u. a. in folgender Weise: Der Mensch ist „naturaliter factus in imagine dei". Die Sünde ist somit ein Abfall von der Natur, die, im Urstand, nicht sündigt. Wenn der Sünder und Ungläubige äußerlich Werke tut, die gerecht und lobenswert erscheinen, so ist doch der letzte Beweggrund solchen Handelns zweifellos schlecht, solange nicht der Heilige Geist im Innern ausgegossen ist und die Freude am Guten bzw. die Liebe bewirkt[58]. Dies gute Handeln des Bösen ist möglich, weil die imago doch noch umrißhaft im Menschen geblieben ist und von der Sünde nicht total zerstört wurde[59].

---

[55] C. Adim., c. 5, 1, ähnlich De gen c. Man I, 29.

[56] Vgl. aus späterer Zeit noch sehr „unvorsichtige" Formulierungen: In Io.tr. 20, 2: perdere similitudinem, Sermo 90, 10: imago resculpatur.

[57] De spir. et litt. 43 (ML 44, 226 f./CSEL 60, 196 f.).

[58] So hier n. 48, aber im Prinzip die ganze Schrift.

[59] N. 48: Verumtamen quia non usque adeo in anima humana imago dei . . . detrita est, ut nulla in ea velut lineamenta extrema remanserint . . .

72

Was als dieser Rest der imago zu betrachten ist[60], wird ebenfalls klar: es ist
die Vernünftigkeit, ohne die die menschliche Natur nicht sein kann, und in
der auch eine rudimentäre Kenntnis des göttlichen Gesetzes ruht[61]. Diese
Position wird Augustin grundsätzlich nicht mehr verlassen, und er wiederholt sie in späterer Zeit mehrfach mit ähnlichen Worten[62]. Man wird nicht
sagen können, daß damit etwas ganz grundsätzlich Neues gegenüber früher
erreicht sei, aber das, was potentiell schon in den vorhergehenden Äußerungen angelegt war, ist nunmehr harmonisiert. Der Grund ist einleuchtend:
Gegenüber der pelagianischen Argumentation, daß nicht nur das Gesetz,
sondern auch die natürliche Beschaffenheit des Menschen und d. h. die erste
imago dei schon die Gnade sei[63], galt es die Art und Weise des Verlusts der
imago zu präzisieren. War den Manichäern gegenüber die Art und Ur-
sprünglichkeit der imago strittig gewesen, die Zeit unter der Sünde dagegen nicht in dieser Weise ins Blickfeld der imago-Problematik getreten, so
verhielt es sich jetzt gegenüber den Pelagianern gerade umgekehrt: Daß
der Mensch ursprünglich gut war und also imago dei im vollen Sinne, stand
außer Diskussion, was aber zum Streitpunkt wurde, war die Möglichkeit des
Guten und der Erlösung, die notwendigerweise den Stand des Menschen
nach dem Fall und vor der Gnade mitbetreffen mußte. Hätte Augustin den
Totalverlust der imago behauptet, so wäre er nicht nur in Widerspruch mit
seiner gesamten Theologie und Metaphysik geraten, sondern er hätte sich
z. T. mit Recht dem Vorwurf des Manichäismus ausgesetzt.

Der Zielsetzung dieses Kapitels gemäß lassen wir hier De trinitate weg
und wenden uns noch einem Text zu, der nun tatsächlich stark unter dem
Vorwurf des Manichäismus von seiten der Pelagianer steht[64]. Julian von
Aeclanum wirft Augustin vor[65], er hebe die imago dei im Menschen auf,
wenn er ihn von Anfang an — gemeint ist hier: von Geburt an — unter der
Herrschaft des Teufels sein lasse, ja, er rede praktisch von einer „natura
diabolica". Auf diesen Vorwurf, der insofern den Vorwurf des Manichäismus enthält, als darin die Substantialität des Bösen im Menschen als Augustins Meinung angenommen wird, erwidert Augustin: Jeder Mensch ist

---

[60] Reliquiae imaginis n. 49.
[61] Fortsetzg. Zitat Anm. 59: unde merito dici possit, etiam in ipsa impietate vi-
tae suae facere aliqua legis vel sapere, etc.
[62] Retr. I, 26 (628/126), und bes. II, c. 24, 2, und De civ. dei XI, c. 26, XXII,
c. 24, 2.
[63] De gratia et lib. arb. 25.
[64] Schon im ersten Werk gegen Julian wird das deutlich. Hier, in C. Iul. op.
impf., beginnt die im Wortlaut wiedergegebene Replik Julians, auf die Aug. antwortet, gleich mit dem Vorwurf des Manichäismus wegen des angeblichen malum
naturale, I, 1 (ML 45, 1051). Dasselbe unmittelbar vor unserem Text: I, 59 (ML
45, 1080), unmittelbar nachher: I, 64 (1083).
[65] C. Iul. op. imp. I, 63.

imago dei, und diese imago hat der Teufel in Besitz genommen, jedoch nicht „per substantiam", vielmehr sei das Verderben durch die Sünde zu der von Gott gut geschaffenen Natur hinzugekommen: accidit ex conditione peccati. Dieses Substanz-Akzidens-Schema ermöglicht die Formulierung: Vitiata est enim natura, non vitium est. Es ist bemerkenswert, daß Augustin hier nicht mehr von einem imago-Rest spricht, sondern die imago direkt mit der menschlichen Natur oder Seele identifiziert[66] und ihr die Sünde bloß akzidentiell zukommen läßt. Die heftigen, mit dem Vorwurf des Manichäismus verbundenen pelagianischen Angriffe lassen es ihm offenbar nicht ratsam erscheinen, die Frage des imago-Verlusts hier mit in die Diskussion zu bringen[67]. Am Ende seines Wirkens dominiert bei Augustin also wiederum jener stets durchgehaltene imago-Begriff, der die menschliche Natur in ihrer Besonderheit gegenüber aller Kreatur meint.

Überblickt man alle die verschiedenen Äußerungen Augustins zu unserem Thema, so kommt man zum Schluß, daß er eigentlich die imago-dei-Lehre nirgends zu einem zentralen und breit behandelten Lehrgegenstand macht, sondern diesen „locus" immer wieder *auch* berücksichtigt — natürlich besonders im Zusammenhang mit den Genesisauslegungen —, ihn jedoch eher zur Illustration des mit andern Begriffen Ausgedrückten heranzieht. Daher ist es auch verständlich, daß in der ersten Periode bis zu De spiritu et littera zwei unharmonisierte Vorstellungen nebeneinanderher gehen und daß in der pelagianischen Periode der Restgedanke nicht mit systematischer Konsequenz durchgehalten ist, sondern — in De trinitate und Contra Iulianum — verschiedenen Abwandlungen unterliegt. Zu einem beherrschenden Thema wird die imago dei eigentlich nur im zweiten Teil von De trinitate.

Schließlich ist noch zu fragen, wie es mit der trinitarischen Struktur der imago dei außerhalb De trinitate stehe. Wie die Durchsicht der trinitarischen Analogien im letzten Kapitel bereits zeigte, finden sich zwar gelegentlich Ansätze zu einer solchen Analogiebildung in Verbindung mit der imago[68], aber erst in den Confessiones ist eine echte Möglichkeit geschaffen, beides zu vereinigen, weil ja erst da die Analogie in den inneren Menschen verlegt wird. Diese Möglichkeit wird aber dort nicht ausgenützt (s. o. S. 36 f.), sondern erst etliche Jahre später im Zusammenhang mit De trinitate IV, 30 in Sermo 52 (s. o. S. 41 f.). In offensichtlicher Anlehnung an De trinitate ist der 23. Johannestraktat entstanden[69], ebenso die Schrift gegen den Sermo

---

[66] Cum ergo sit imago dei omnis homo vivens . . . I, 63 (daselbst alles Vorherige). Imago = Seele: III, 44 f.; VI, 39.

[67] Vgl. aaO, VI, 20 über die Neugeborenen:... innumerabiles imagines dei...(!), VI, 26: poena imaginis dei . . .

[68] Bes. De div. qu. 83, qu. 38 (s. o. S. 25).

[69] In Io. ev. tr. 23, 10 f., wo aber beide Motive, das trinitarische und die imago, nur anklingen.

Arrianorum (s. o. S. 3). Die Briefe, die sich um die Entstehung von De trinitate gruppieren, sprechen den Zusammenhang von imago und trinitarischer Analogie nicht deutlich aus, obschon er kaum zweifelhaft scheint[70]. Ein Bezug zwischen Trinität und imago liegt auch in De civitate dei XI vor[71]. Daß die imago eine imago nicht des Sohnes, sondern der ganzen Trinität sei, sagt auch der späte Schluß von De genesi liber imperfectus (n. 61), ohne jedoch die trinitarische imago genauer zu beschreiben. Im ganzen sind es also nur unbedeutende und im Zusammenhang mit De trinitate stehende oder später entstandene Äußerungen, die ausdrücklich von einer trinitarischen imago sprechen[72]. Wirklich durchgeführt ist der Gedanke nur in De trinitate selbst; denn er legte sich von der imago-Problematik her gar nicht nahe, sondern drängte sich vom Trinitätsproblem her auf.

---

[70] Ep. 120, 12 nur imago, Ep. 169 (s. o. S. 41 f.) nur die Triade.

[71] XI, c. 26 u. 28, nur implizit XII, c. 23.

[72] Wie HEIJKE, Bijdragen 1955, 365, und SOMERS, AM I, 456, die trinitarische imago auf Grund der hier behandelten Texte viel früher ansetzen können, ist mir unbegreiflich, es sei denn, man gehe über den Wortlaut der Texte hinaus und lese spätere Positionen Augustins in sie hinein. Die Sekundärliteratur ist in diesem Kapitel überhaupt wenig zitiert. Ich verdanke viele Einzelhinweise den verschiedenen Aufsätzen zum Thema, nicht aber die Substanz des Gesagten, für die sie wenig hilfreich waren. Vgl. bes. unter BRAEM, HEIJKE, HENDRIKX (Mystik 82 ff.), HUIJBERS, LADNER, NÉDONCELLE, PAULEY, SOMERS, TURRADO im Literaturverzeichnis.

IV. MENSCHLICHES UND GÖTTLICHES VERBUM AUSSERHALB DE TRINITATE

Die Kapitelüberschrift soll anzeigen, daß im folgenden nicht die Sprache überhaupt, wie sie Augustin auffaßt[1], also auch nicht alles, was wir im Deutschen mit „Wort" bezeichnen können, behandelt werden soll, sondern der für Augustin zentrale Begriff „verbum", der ja auch in De trinitate als Hauptbegriff für die sprachlichen Phänomene fungiert. Zugleich ist für uns dieser Begriff hinsichtlich des Analogieproblems von Bedeutung; denn an ihm muß die Beziehung des menschlichen und göttlichen Wortes einige Klärung erfahren, wird doch sowohl von der zweiten Person der Trinität als auch vom menschlichen dictum gesagt, es sei „verbum" — mit welchem Recht, das zu klären ist eine der theologischen Aufgaben, die sich Augustin immer wieder stellt. Auf diesen Punkt muß sich unser Interesse daher ganz besonders richten, wenn das Problem „Wort und Analogie" geklärt werden soll. Es könnte verwundern, daß die Analogien der Trinität und das verbum so scharf getrennt werden. Die Berechtigung zu dieser Trennung geben die Texte Augustins selbst, wie das Folgende zeigen wird. Eine systematische Verbindung beider Analogien erfolgt erst in De trinitate.

Mit Rücksicht auf die Entwicklung der Übersetzung von λόγος im christlich-lateinischen Sprachraum[2] ist immerhin die Abgrenzung des Begriffs „verbum" gegenüber dem ursprünglich gleichwertigen „sermo" von Interesse: Augustin weiß, daß es Handschriften gibt, die im Johannesprolog „sermo" übersetzen[3], er selbst jedoch verwendet sozusagen immer „verbum", und es ist als eine sehr große Ausnahme zu betrachten, wenn er den Gott-Logos als „sermo" bezeichnet[4]. Unter „sermo dei" versteht er das Wort Gottes, Gottes Spruch im üblichen Sinne, so daß er sogar nebeneinander vom verbum und vom sermo sprechen kann: Si sermo dei factus est ad homines, ut dicerentur dii (nach Joh. 10, 34 ff.), ipsum verbum dei, quod est apud deum, quomodo non est deus?[5] Er hält auch „verbum" für die richtige Über-

---

[1] Zu diesem Problem wesentlich breiter die ausgezeichnete Abhandlung von Duchrow, Sprachverständnis und biblisches Hören.

[2] Darüber s. u. S. 115 ff.

[3] In Io. ev. tr. 108, 3 (ML 35, 1915 f.).

[4] Wie Sermo 117, 4 (ML 38, 663), viell. auch Sermo 174, 1 (aaO, 940).

[5] In Io. ev. tr. 48, 9 (ML 35, 1745).

setzung von λόγος in Johannes 1, da im Gegensatz zu „ratio" im Begriff „verbum" nicht allein die Relation zum Vater eingeschlossen sei, sondern auch diejenige zur Schöpfung zum Ausdruck komme[6]. Doch ist es ganz offensichtlich, daß Augustin hier schon nicht mehr frei ist, sondern sich dem üblichen Sprachgebrauch in Kirche und Theologie anpaßt[7].

Der explizite verbum-Begriff

Es wäre kaum sinnvoll, die Beziehungen zwischen göttlichem und menschlichem verbum zu untersuchen, ohne vorher die verbum-Definitionen aus Augustins Frühzeit wenigstens kurz behandelt zu haben. Wenn, wie meist angenommen[8], die Schrift *Principia dialecticae*[9] wirklich von Augustin stammt, und es spricht vieles dafür[10], so finden wir bereits in der Mailänder Zeit einen Begriff von „verbum", der sich im wesentlichen durchhalten wird und dessen stoische Prägung mit Sicherheit feststeht[11]. Danach ist „verbum" das Äquivalent des griechischen φωνή, d. h. nach stoischer Sprachlehre der reine Klangkörper[12]. Daß dies der eigentliche Sinn von „verbum" ist, wird besonders da deutlich, wo Augustin die Begriffe „verbum, dicibile, dictio, res" voneinander abhebt. Über das dicibile, das dem stoischen σημαινόμενον oder λεκτόν entspricht und das bedeutet „quod animo tenetur", kann er sagen: Quod dixi dicibile, verbum est, *nec tamen verbum*, sed quod in verbo intellegitur et in animo continetur, significat[13]. An dieser Definition ist bezeichnend, daß die Bedeutung (significatio) des äußeren Klangkörpers zwar zum verbum gehört, zugleich aber die Neigung besteht, das verbum in der strengen Definition noch weiter zu „erniedrigen" zum bloßen Klang, zur vox articulata. Derselbe Vorgang wiederholt sich anschlie-

---

[6] De div. qu. 83, qu. 63 (ML 40, 54). Sachlich dazu s. u. S. 86.

[7] Vgl. De haer. 30 (ML 42, 31) und u. S. 117.

[8] Ausführlich schon PRANTL, Gesch. d. Logik I, 666 f., MARROU, S. Aug. 576—578 mit Lit., LORENZ, ThR 25, 1959, 25, PINBORG, ClMed 23, 1962, 149—151.

[9] ML 32, 1409—1420, krit. ed. v. W. CRECELIUS, Elberfeld 1857. Bezeugt bei Aug., Retr. I, c. 6 (ML 32, 591/CSEL 36, 28), aber ohne initium, da er kein Exemplar mehr besaß. Eine eingehende Interpretation dieser Schrift bei DUCHROW aaO, S. 42 ff.

[10] Vgl. bes. die Verwandtschaft mit De doctr. chr. in der Zeichendefinition: De doctr. chr. II, 1 (ML 34, 35) und Princ. dial., c. 5 (ML 32, 1410), auch obscurum—ambiguum in De doctr. chr. II, 15 (aaO, 42) u. Princ. dial., c. 8 (aaO, 1414), worauf MARROU 557 hinweist. Auch das Beispiel „temetum" in De trin. X, 2 (972 f.) u. Princ. dial., c. 8 (aaO, 1415).

[11] BARWICK, Probleme . . . ., bes. Kap. I u. II. Schon FISCHER, De Augustini . . . 32 ff.

[12] BARWICK aaO, 12.

[13] Princ. dial., c. 5 (ML 32, 1411), Hinweise auf Stoa BARWICK aaO.

ßend bei der Definition der dictio (ungefähr = λέξις), die zunächst auch als verbum bezeichnet wird, dann aber präziser in „ipsum verbum" und „quod fit in animo per verbum" zerlegt wird[14]. Dementsprechend kann die vis verbi ebenfalls zerlegt werden in die Kraft, einen andern „secundum se" oder „secundum id, quod significat" zu bewegen, d. h. die Wirkung des verbum durch sich selbst ist die Wirkung des bloßen Klangs, während die eigentliche Kraft der Worte dieselben übersteigt und der significatio zugehört[15]. Das hindert freilich nicht, daß der die Bedeutung einschließende verbum-Begriff in offensichtlicher Parallele zum stoischen λεκτόν (also eigentlich = dicibile) dennoch immer wieder verwendet wird[16].

Weiter führt der ebenfalls frühe Dialog *De magistro*[17], dessen Zielsetzung ausdrücklich ist, den Sinn des Redens herauszufinden[18]. Die Grundthese, die am Schluß auch zur Beantwortung der Eingangsfrage führt, lautet wie in Principia dialecticae bzw. in der Stoa[19]: Constat ergo inter nos, *verba signa esse*, und zwar bestimmte Zeichen: quae voce articulata cum aliquo significatu proferuntur[20]. Das Wort erscheint also dem Zeichenbegriff, der in dieser Schrift auf die Mitteilungszeichen beschränkt bleibt[21], einerseits und dem „gegliederten Laut" andrerseits untergeordnet. Wiederum erfolgt aber eine gewisse Abwertung des verbum-Begriffs, wenn er dem Begriff „nomen" gegenüber abgehoben wird; denn was „cum aliquo significatu articulata voce profertur", das trifft einerseits das Ohr und wird andrerseits durch die Vermittlung des Gedächtnisses verstanden[22]. Diese beiden Teile des Sprachvorgangs lassen sich aber sehr gut auf „verbum" und „nomen" verteilen, besonders wenn man „verbum" von „verberare" etymologisch ableitet[23] und „nomen" von „noscere"[24]. Das ist durchaus kein bloßes Wortspiel, sondern hat im Verlauf des Dialogs die Konsequenz, daß Augustin zu beweisen sucht, man könne alle verba auch nomina nennen. Obschon der Beweis relativ einfach zu erbringen ist, wenn man die Verwendung von „nomen" derjenigen von „nominare", das natürlich von je-

---

[14] Princ. dial., c. 5 (aaO).
[15] AaO, c. 7 (ML 32, 1413 f.).
[16] So bes. am Anfang von Princ. dial., c. 1 f. (ML 32, 1409 f.): verba simplicia — verba coniuncta, vgl. dazu BARWICK 8 f.
[17] ML 32, 1193–1220, CSEL 77, 1 (ed. WEIGEL 1961), verf. 389/390.
[18] De mag. 1 (aaO 1193/3): Quid tibi videmur efficere velle, cum loquimur?
[19] De mag. 3 (1196/6), vgl. Princ. dial., c. 5 (ML 32, 1410) und BARWICK 11 bzw. SVF II, 167: φωνὴ σημαντική.
[20] De mag. 12 (1201 f./17 f.).
[21] Im Gegensatz zu De doctr. chr.
[22] Zur Vermittlung des Gedächtnisses vgl. De mus. VI, 21 (ML 32, 1174 f.).
[23] Diese Etymologie schon Princ. dial., c. 6 (ML 32, 1411), sie ist traditionell, vgl. Quint. I, 6, 34 (ed. RADERMACHER I, 45), andeutungsweise auch De doctr. chr. II, 5 (ML 34, 38).
[24] Dies alles De mag. 12 (1201 f./17 f.).

78

dem beliebigen bedeutungshaltigen Laut ausgesagt werden kann, angleicht[25], so mutet es doch seltsam an, wenn schließlich „est" als *nomen* ausgegeben wird[26]. Wir stellen also hier in De magistro wiederum die Tendenz fest, einerseits „verbum" durchaus verbunden mit der Signifikation zu denken und doch andrerseits eher zum bloßen Laut zu erniedrigen, was jedoch auch vom unreflektierten Wortgebrauch wieder rückgängig gemacht wird[27].

Diese etymologisch begründete Abwertung des verbum wird jedoch bei weitem übertroffen durch die Abwertung, die als das Ergebnis des ganzen Dialogs betrachtet werden muß und knapp zusammengefaßt heißt: per ea signa, quae verba appellantur, nos *nihil discere*[28]. Diese negative These hängt mit der verberare-Definition von „verbum" insofern zusammen, als das Hören des artikulierten Lauts ein bloßes äußeres Hören bleibt, solange das, was er bedeutet, nicht schon bekannt ist. Die Signifikation ist nicht durch das Wort und Zeichen zugänglich, sondern nur durch die Sache selbst[29]. Das Wort lehrt darum überhaupt nicht; denn wenn es das bedeutet, was ich schon kenne, so lerne ich ja nichts, und wenn es etwas bedeutet, das mir unbekannt ist, so lerne ich das Gemeinte durch das Wort nicht kennen, sondern allein durch die Sache selbst, deren Kenntnis mir dann auch die Bedeutung des Wortes offenbart[30]. Nicht das Wort offenbart die Sache, sondern die Sache offenbart den Wortsinn.

Was sollen dann aber die Worte, wenn sie nichts zu lehren vermögen? Sie haben einzig die Aufgabe, zum Aufsuchen der Dinge selbst anzuregen: admonent, ut quaeramus res[31]. Alles lernen wir durch Erkenntnis der Dinge selbst, teils durch die Sinne, teils durch die mens. Dies gilt selbst für Geschichtliches: Die Erzählung von den drei Männern im Feuerofen macht mir ja nichts Neues bekannt, indem ich bereits weiß, was drei, was Männer,

---

[25] De mag. 13—16 sowie die Zusammenfassungen in 17 und 20 (1202—1204, 1206 f./18—25, 28 f.).
[26] N. 14 (1203/21), wobei sich Aug. der Abnormität sehr wohl bewußt ist: (ita) vocare *convincimur!*
[27] So schon die Definition von verbum als Zeichen. Die Definition des Zeichens: Signum est enim res praeter speciem, quam ingerit sensibus, aliud aliquid ex se faciens in cogitationem venire (De doctr. chr. II, 1, ML 34, 35), s. auch o. S. 76, Anm. 10.
[28] N. 34 (1215/44 f.).
[29] N. 33 ff. (1214 ff./43 ff.), bes. 36 (1215/45 f.): Verbis igitur nisi verba non discimus, immo sonitum strepitumque verborum . . . verissime dicitur, cum verba proferuntur, aut scire nos, quid significent, aut nescire; si scimus, commemorari potius quam discere, si autem nescimus, ne commemorari quidem, sed fortasse ad quaerendum admoneri.
[30] S. vorige Anm. und n. 33 (1214/43 f.): magis signum re cognita, quam signo dato ipsa res discitur.
[31] N. 36 (1215/45), auch 38 u. 45 (1216, 1220/47, 53 f.).

was ein Ofen ist. Die Tatsächlichkeit der Geschichte muß ich allerdings glauben, aber auch dieser Glaube gründet auf dem Wissen von der Nützlichkeit des Glaubens[32]. Das Ziel dieser Abwertung der Worte ist nun allerdings kein radikaler Agnostizismus, wie dies aus dem Duktus der Argumentation heraus durchaus möglich wäre[33], sondern der Hinweis auf den inneren Lehrer, auf Christus, der im inneren Menschen waltet und um Rat gefragt wird. Dieser innere Lehrer ist die rationale Wahrheit, die jede vernünftige Kreatur konsultiert, wenn sie sich über die bloße Sinneserkenntnis erheben will[34]. Daher kommt es, daß jeder im Innern ein Schüler der Wahrheit, außen aber ein Richter des Gesagten ist[35]. Wahr können deshalb auch Worte sein, die ohne Verstand nur mechanisch gesprochen sind[36], denn im letzten Grunde kann nicht einer dem andern eine Wahrheit weitergeben, sondern jeder muß in sich selbst die Wahrheit finden[37]. So ist denn schließlich die Aufgabe des Lehrers keine andere, als durch Worte zum inneren Lehrer der Wahrheit hinzuführen. Die Schüler lernen nicht vom menschlichen Lehrer, sondern alle sind vom göttlichen Lehrer unterrichtet[38], womit die Abwertung der Worte eine vollkommene zu sein scheint.

In Wirklichkeit sagt Augustin am Schluß des Dialogs, er werde an anderer Stelle über die „utilitas verborum, quae . . . non parva est" sprechen[39], ohne allerdings damit an der Position von De magistro etwas abzustreichen, wollte er doch damit zeigen, wie viel bzw. wenig an Erkenntnisvermittlung man den Worten zuschreiben dürfe, womit über ihre Nützlichkeit noch nichts ausgemacht ist.

Man wird kaum bestreiten können, daß die Thesen von De magistro dem Phänomen der Sprache nicht ganz gerecht werden. Die lautliche, einem Volk eigentümliche Sprache und der Vorgang des Sprechens selbst sind mit der Wahrheits- und Wesenserkenntnis ungleich stärker verknüpft, als dies Augustin wahrhaben möchte. Sieht man aber einmal von dieser zu unsprachlichen Konzeption der Sacherkenntnis und von der zu „unsachlichen" Auffassung des verbum ab, so läßt sich immerhin positiv werten, daß er Zeichen und Bezeichnetes viel weniger voneinander trennt, als es zunächst

---

[32] N. 37 (1215 f. 46 f.).
[33] Daß durch Zeichen keine Erkenntnis vermittelt werde, kann auch ein Skeptiker wie Sext. Emp., Adv. Math. VIII, 274 f. (ed. MUTSCHMANN II, 165) sagen. Seine Intention ist aber noch grundsätzlicher: Er leugnet überhaupt, daß es wirkliche Zeichen gibt.
[34] N. 38 ff. (1216 ff./47 ff.).
[35] N. 41 (1218/50).
[36] AaO.
[37] N. 45 (1219/53 f.). Ich kann nur wissen, daß der Redende wohl an das gedacht hat, was die Worte bedeuten.
[38] N. 45 (1219 f./53 f.).
[39] N. 46 (1220/54). Vielleicht ist der Plan in De doctr. chr. verwirklicht, wie MARKUS, Phronesis 2, 1957, 71 vermutet (eher negativ LORENZ, ZKG 67, 1956, 237).

80

den Anschein haben könnte. Augustin lehnt es ja offensichtlich ab, eine hinweisende Ebene von der Sachebene wirklich zu unterscheiden, vielmehr zieht er die Wort*bedeutung* schon vollständig ins Sachwissen hinein. Ein Wortverständnis ohne Sachverständnis, ein Wissen vom Zeichen ohne Wissen vom Bezeichneten ist a priori ausgeschlossen. Es ist auch nicht möglich zu wissen, *daß* ein Laut ein Zeichen ist, solange das Bezeichnete nicht ebenfalls klar ist[40]. Die totale Abwertung des verbum könnte darum insofern eine relative Berechtigung beanspruchen, als „verbum" ja faktisch nur noch den Laut bedeuten soll, wie wir zeigten; die wirkliche, eigentliche Sprache aber ist tatsächlich auch gegenwärtig ohne äußere Verlautbarung. Dies kann natürlich nur gesagt werden, wenn man davon ausgeht, daß die „eigentliche" Sprache und das Denken in Wahrheit eins sind. Obschon dies eine Voraussetzung ist, die Augustin ganz eindeutig nicht teilt, dürfte die geäußerte Vermutung nicht ganz grundlos sein; denn eine ähnliche Beobachtung wird sich da wiederum nahelegen, wo „verbum" im umgekehrten Sinne extrem definiert ist: bei der Lehre vom inneren Wort, das mit äußerer Verlautbarung schlechterdings gar nichts zu tun haben soll. Kommt Augustin vielleicht dort wie hier dem ursprünglichen Phänomen Sprache näher als da, wo er, wie in De doctrina christiana, verba bzw. signa und res gesondert behandelt?

Wir fahren in der Darlegung von Augustins Sprachauffassung weiter. Wenn die Worte wirklich so wenig vermögen, wäre es da nicht viel einfacher, wortlos zu existieren? Wozu denn überhaupt Worte? Es ist die menschliche Gemeinschaft, welche die Verständigung durch Worte verlangt; denn die vernünftigen Geschöpfe könnten untereinander keine richtige Gemeinschaft haben, wenn nicht den Dingen significantes soni zugelegt wären, durch die die Menschen ihre Gedanken austauschen können[41]. Daher ist die Lüge, die die Übereinstimmung zwischen Gedanken und Worten bewußt aufhebt, ein Verstoß gegen die vom Schöpfer verfügte Einrichtung der Sprache[42]. Die frühe Schrift De genesi contra Manichaeos sieht, darin ganz in Übereinstimmung mit De magistro, in dem Angewiesensein auf Sprache eine Folge des Sündenfalls[43]. Vor dem Fall redete Gott im Geist zum Menschen, und dieser lebte ganz aus der Wahrheit im Innern. Die Belehrung durch äußere Worte, z. B. der Propheten, hat der Mensch erst

---

[40] De mag. 34 (1214/44): memento nos non rei, quae significatur, sed ipsius signi velle habere notitiam, qua caremus profecto, quamdiu, cuius signum est, ignoramus. N. 36 (1215/45): quamvis iam auditum verbum nescio tamen verbum esse, donec, quid significet, sciam.
[41] De ordine II, 35 (ML 32, 1012/CSEL 63, 177). Vgl. auch die Schilderung der Erlernung der Sprache Conf. I, 13 (ML 32, 666 f./L I, 12).
[42] Ench., c. 22 (ML 40, 243), vgl. De mend. 3 (ML 40, 488 f./CSEL 41, 414 ff.).
[43] De gen. c. Man. II, 5 f. (ML 34, 198 f.). Hinweis auf diesen Zusammenhang bei Duchrow, Signum und superbia.

seit dem Sündenfall nötig. Das Kommen Christi im Fleisch bedeutete eine neue Eröffnung der inneren Wahrheitsquelle, die allerdings erst in der Vollendung für uns so reichlich fließen wird, daß mit der Befreiung von allem Materiellen auch die Erkenntnis ohne Zeichen von Angesicht zu Angesicht wieder möglich sein wird[44]. Obschon also hier die Worte als etwas zu Überwindendes auf die Seite der Sünde gestellt werden, zeigt doch die Notwendigkeit der doctrina de humanis verbis zum Zwecke der inneren Erweckung[45], daß den Worten eine gewisse Heilsbedeutung zukommt.

Von dem für das Heil bedeutsamen Wort, d. h. vom Wort der Heiligen Schrift spricht Augustin in seinem hermeneutischen Hauptwerk, in *De doctrina christiana*, wo sich naturgemäß Äußerungen zum Wesen des verbum finden. Der Prolog, der sich gegen Leute verteidigt, die seine „praecepta tractandarum scripturarum" für nutzlos halten und sich lieber auf die direkte Inspiration verlassen, ist wohl erst später verfaßt und richtet sich vermutlich gegen monastische Kreise, denen auch Johannes Cassian angehört haben dürfte[46]. Die in diesem Prolog maßgebende Einschätzung des Wortes kommt an zwei Stellen recht deutlich heraus: Augustin will anhand verschiedener Schriftstellen beweisen, daß der normale, der conditio humana angemessene Weg stets durch das menschliche Wort gehe — humanis verbis et lingua[47] — und daß Gott sein Wort — verbum hier wohl = seine Weisung, seinen Spruch[48] — den Menschen durch Menschen zukommen lassen wolle. Auch hier klingt noch ferne jene durch den Sündenfall notwendig gewordene Verständigung durch die Worte nach, aber ein Übersteigen derselben wird ausdrücklich abgelehnt, ja, das in De magistro für unmöglich erklärte Lehren eines Menschen erscheint nun plötzlich als eine Notwendigkeit, weil sonst die Liebe, in der die Menschen durch geistigen Austausch verbunden sein sollen, nicht zum Zuge käme[49]. Obschon gewisse Differenzen zwischen dem Prolog und den drei ersten Büchern bestehen, ist doch gerade die entscheidende Bedeutung der Zeichen auch in ihnen völlig anerkannt: Omnis doctrina vel rerum est vel signorum, sed res per signa discuntur[50].

---

[44] AaO, vgl. noch daselbst n. 30 (211 f.) und De mus. VI, 41 (ML 32, 1185).

[45] De gen. c. Man. II, 6 (199) und 5 (198): (sc. scripturae prophetarum et apostolorum) recte autem appellantur nubes, quia verba ista, quae sonant et percusso aere transeunt . . . velut nubes fiunt, quae, dum tractando exprimuntur, bene intellegentibus tamquam imber veritatis infunditur.

[46] Vgl. Joh. Cassian, Inst. V, c. 33 f. (ML 49, 249 ff.) und Coll. 3 14; 14, 10 (CSEL 13, 86, 411). Diese Beziehung, die ich durch Zufall entdeckte, sowie andere Probleme des Prologs (u. a. spätere Abfassung) werden ausführlich behandelt von Duchrow, VC 17, 1963, 165—172.

[47] De doctr. chr., Prol. 7 (ML 34, 18).   [48] AaO, 6 (18).

[49] AaO: Deinde ipsa caritas . . . non haberet aditum refundendorum et quasi miscendorum sibimet animorum, si homines per homines nihil discerent.

[50] De doctr. chr. I, 2 (ML 34, 19).

Der Widerspruch zu De magistro scheint auf den ersten Blick geradezu total zu sein, heißt es doch dort, „nos per signa ... *nihil* discere" (s. o. S. 78). In Anbetracht der verschiedenen Horizonte in beiden Schriften dürfte der Gegensatz tatsächlich weniger groß sein. In De magistro geht es darum, zu zeigen, daß durch die äußeren Wortklänge keine neuen Bewußtseinsinhalte geschaffen werden, diese vielmehr nur durch eigene geistige oder materielle Anschauung entstehen. Das ist eine Position, die Augustin im Prinzip bei-behält[51]. In De doctrina christiana geht es hingegen um die Heilsgüter (res) und um die Schrift (signa), die nicht nur ein äußerliches admonere vollzieht, sondern auch gewichtige Dinge mitteilt[52]. Der entscheidende Unterschied beider Schriften besteht also darin, daß in De magistro das Wort weitge-hend als äußerer Klang behandelt und der Bezug dieses Klanges zur Vor-stellung im Geist untersucht wird, während hier bei der Lehre von den Zei-chen und Worten (Buch II und III) eine inhaltliche Füllung fast stets mit gemeint ist. Die Zeichen bzw. Worte vermögen demgemäß auch auf bisher Unbekanntes hinzuführen — nicht auf zuvor gänzlich unbekannte Vor-stellungen und Inhalte, wohl aber auf zuvor nicht gekannte Heilsgüter und deren zentrale Bedeutung. Die obscuritas scripturae stellt ja im großen ganzen auch ein anderes Erkenntnisproblem dar als das Erklingen eines beliebigen unbekannten (Wort-)Lautes. So behandelt denn De magistro die Sprache „an sich", grundsätzlich, sprachphilosophisch, und De doctrina christiana gibt Anweisungen, wie ein bestimmter sprachlicher Zusammen-hang (die Heilige Schrift), der im Sinne von De magistro bereits „verstan-den" sein mag, adäquat verstanden werden kann.

Die Neigung, das verbum als bloßen Klang zu betrachten, besteht des-halb in De doctrina christiana nicht mehr. „Verbum" kann mit „signum" abwechseln, ein Wortgebrauch, der auch systematisch begründet wird: Der Gesamtaufriß des Werkes ist bezeichnenderweise ein rhetorischer, doch ist die Aufteilung auf inventio und elocutio, die derjenigen auf res und verba entsprechen würde[53], durchbrochen, was schon an der Disposition sichtbar wird: Das erste Buch behandelt die res und ist dem inventio-Teil unterge-ordnet, das letzte Buch bespricht die elocutio und handelt demgemäß natür-lich von Worten. Bereits hier erscheint aber gegenüber der Rhetorik eine Differenz, da das erste Buch durchaus nicht von inventio spricht, sondern die kirchliche Lehre als feststehende, zu glaubende res entwickelt. Erst die zwei folgenden Bücher handeln ungefähr von dem, was man „inventio"

---

[51] Vgl. dazu auch unten zu De trin. VIII: Ich kann Paulus nur lieben, wenn eine mir innewohnende Anschauung mit ins Spiel kommt.

[52] LORENZ, ZKG 67, 1956, 238 f., harmonisiert diesen Satz „omnis doctrina ..." (s. S. 81 u.) aus De doctr. chr. m. E. zu schnell mit De magistro, d. h. ohne genü-gende Berücksichtigung der hier genannten Differenzen.

[53] Vgl. Quint. VIII, Prooem. 6 (ed. RADERMACHER II, 65).

nennen könnte, d. h. von der Art und Weise, wie in der Schrift die Wahrheit zu finden ist. Dieser Teil des Gesamtwerks ist aber ausdrücklich den signa gewidmet, die in der Rhetorik keine zentrale Rolle spielen[54], hier jedoch als Inbegriff dessen, was die Schrift ist bzw. beinhaltet, im Mittelpunkt des Interesses stehen. Am Anfang des zweiten Buches steht daher auch die allgemeine Lehre von den Zeichen. Sie zerfallen in naturalia und data, die data wiederum umfassen alle möglichen Zeichen, die sich Lebewesen untereinander geben können, und als Inbegriff der Zeichen überhaupt die verba[55]. Dieses Zeichen umfaßt alle andern, während es selbst von den andern nicht bezeichnet werden kann. Daher ist es durchaus sachgemäß, wenn im folgenden „signa" und „verba" promiscue verwendet werden[56].

Aber es geht Augustin nicht ausschließlich um Worte, sondern auch um bedeutungsgeladene Dinge, deren Erkenntnis für die richtige Schriftauslegung von großer Wichtigkeit ist, sobald ein verbum translatum auftaucht. Wer ein Wort, das translate zu verstehen ist, auf die unmittelbar gemeinte Sache als auf die eigentliche res bezieht und in ihr nicht wiederum ein signum erkennt, der begibt sich unter die Knechtschaft des tötenden Buchstabens[57]. „Signum" ist deshalb nicht etwa Synonym von „verbum", sondern ist, wie die oben umrissene systematische Exposition bereits zeigte, der weitere Begriff[58]. Das bedeutet jedoch nicht, daß einfach die Schöpfung als ganze Zeichen sei — obschon Augustin diesen Gedanken auch kennt[59] —, vielmehr ist hier immer nur die spezielle Zeichenbeziehung gemeint, also diejenige einer Sache, die als Zeichen gegeben ist und herangezogen wird (adhibetur[60]), auf eine bestimmte andere Sache, nicht jedoch die Zeichenhaftigkeit, die allem Seienden und besonders allem Gut- und Schönseienden auf den Schöpfer hin innewohnt. Jedes Zeichen ist auch eine Sache, nicht jede Sache ein Zeichen[61]. Das Zeichen ist instrumental vorgestellt, es ist ein Lernmittel, das auf die unerschütterliche Wahrheit hinleiten soll.

Was besagt der Gesamtentwurf von De doctrina christiana für die Auffassung des verbum? Daß die abwertenden Äußerungen von De magistro durch positive ergänzt sind, wurde gesagt. Wir lernen nicht nichts durch die

---

[54] Quint. V, 9 De signis, unter vielem anderen.
[55] De doctr. chr. II, 1—4 (ML 34, 35—38). Was historisch zur Zeichenlehre zu sagen ist, findet sich bei LORENZ, ZKG 67, 1956, 229—232, und bei MARKUS, aaO.
[56] Vgl. z. B. II, 21 (45): De ambiguis *signis* post (d. h. in Buch III) loquemur . . ., III, 2 (65): Sed cum *verba* propria faciunt ambiguam scripturam. . .
[57] De doctr. chr. III, 9 (68 f.).
[58] Vgl. z. B. II, 21 (45): nunc de incognitis (sc. signis) agimus, quorum duae formae sunt, *quantum ad verba pertinet.*
[59] Vgl. z. B. De libero arbitrio II, 43 (ML 32, 1264/CSEL 74, 78 f.) und En. in ps. 142, 10 (ML 37, 1851).
[60] De doctr. chr. I, 2 (19 f.).
[61] AaO.

Worte, sondern sogar alles: res per signa discuntur. Es fragt sich aber, ob damit wirklich das Wort so stark aufgewertet ist, wie man es nach dem Prolog vermuten könnte. Wenn die „Sachen" für sich abgehandelt werden können, so können sie doch wohl auch für sich gekannt werden? Sind unter gewissen besonders günstigen Umständen nicht die signa — und das heißt nun: die Schrift — überflüssig? Diese Konsequenz, die dem Prolog fast diametral widerspricht, zieht Augustin tatsächlich: Homo itaque fide, spe et caritate subnixus eaque inconcusse retinens *non indiget scripturis*, nisi ad alios instruendos[62]. Das ganze Gewicht der Bücher II und III ist damit in Frage gestellt. Obschon also das verbum gegenüber De magistro deutlich höher eingeschätzt wird und so in Verbindung mit der geschichtlichen Offenbarung und ihrem Niederschlag in der Schrift eine entscheidende Mittlerstellung erhält, kann es im Letzten doch wieder relativiert werden. Die signum-Ebene ist übersteigbar zur Sachebene hin.

Damit hängt aufs engste zusammen, daß trotz all der zahlreichen nützlichen hermeneutischen Regeln, die das Werk bietet, eine zentrale hermeneutische Richtlinie fehlt — außer derjenigen, daß der herausgearbeitete Sinn der Wahrheit bzw. dem wahren Glauben nicht widersprechen dürfe[63]. Das ist die notwendige Konsequenz aus dem Ansatz, der a priori die „Sachen" voraussetzt und sich daher auch nicht unbedingt darum zu bekümmern braucht, was der Autor bei der Niederschrift dachte[64]. So sind denn auch, im vierten Teil des Werks, die Worte des Predigers Instrumente der Hinführung auf die Wahrheit, deren Beschaffenheit völlig gleichgültig ist, sobald der Hörer den „Sprung" in die Sache selbst vollzogen hat[65].

Aus dieser Sprachauffassung folgt, daß das Übergeben eines Gedankens an die Sprache ihn in Gefahr bringt und das kostbare Gut einer Erkenntnis dabei eine gewagte Fahrt durchs Materielle antritt[66]. Der Gedanke vermag

---

[62] De doctr. chr. I, 43 (ML 34, 36), wo bes. die Fortsetzung dem Prolog fast diametral widerspricht.

[63] II, 6 (38); III, 38 f. (80) aus dem später angefügten Teil, aber schon Conf. XII, 32 ff. (ML 32, 838 ff.), De gen. ad litt. I, 38 ff. (ML 34, 260 ff./CSEL 28, 1, 27 ff.). Vgl. STRAUSS, Schriftgebrauch 143.

[64] S. letzte Anm.

[65] De doctr. chr. IV, 26 (100): Die Beredsamkeit soll erscheinen lassen, was verborgen war. Geschieht es „insuaviter", so werden nur wenige, besonders Gebildete die Sache erfassen. Quod cum adepti fuerint, ipsa delectabiliter veritate pascuntur, bonorumque ingeniorum insignis est indoles, in verbis verum amare, non verba. Wenn ein hölzerner Schlüssel die Tür aufschließt, ist er besser als ein goldener, der sie nicht aufschließt.

[66] C. Acad. I, 15 (ML 32, 914/CSEL 63, 15): cum mentis nostrae veluti portum notio ipsa reliquerit et verborum sibi quasi vela tetenderit, occurrent statim calumniarum mille naufragia. Ähnliche Bilder immer wieder in Verbindung mit dem inneren Wort (s. u.). Zur Gefährlichkeit des Hinaustretens ins Wort vgl. auch En. in ps. 139, 15 (ML 37, 1813).

viel mehr zu fassen als die Sprache, es kann etwas unaussprechlich erkannt und in der zeitlichen Entfaltung beim Reden nur sehr ungenügend ausgedrückt werden[67]. Darum ist ein Streit um Sachen, nicht aber um Worte sinnvoll, und wo man sich in der Sache einig ist, muß man sich vor leerem Wortgezänk hüten[68]. Auch das Übersetzen ist weitgehend ein Auswechseln der Wortlaute, und wenn man nur recht auf die Sache achtet, bemerkt man auch bei heidnischen Philosophen, daß sie gelegentlich unter einer unkirchlichen Sprache eigentlich dasselbe wie die Christen meinen, z. B. Platon den mundus intellegibilis, der dem Gottesreich entspricht[69]. Die Unangemessenheit der heidnischen Ausdrücke ist darin begründet, daß sie im Raum der Kirche mißverständlich sind.

Was die Sprachentstehungslehre anbetrifft, so neigt Augustin der konventionalistischen zu, kennt aber auch die Ableitung der Worte aus der Ähnlichkeit mit den Sachen, die jedoch auf viele Worte nicht anwendbar ist[70]. Die Sprache ist daher notfalls entbehrlich und ganz durch Gesten ersetzbar[71]; denn auch das Sprechenlernen des Kindes ist nur ein Erlernen von Zeichen für Dinge, die es schon zuvor kennt oder will[72].

Abschließend sei noch anhand des verbum-Artikels in FORCELLINIS Lexicon totius Latinitatis (IV, 946 f.) kurz aufgezeigt, daß bei Augustin sämtliche üblichen Bedeutungen von „verbum" vorliegen[73]:

A. I. Vox seiuncta a ceteris, unde oratio constat.
    1. Generatim: „Si dicas ‚homo', verbum est" (Sermo 288, 4, ML 38, 1304). „Verba" für einen Satz: „istorum verborum inquisitio" (bezogen auf einen Bibelvers, C. epist. Parm. II, 22, ML 43, 65/CSEL 51, 71).
    2. Speciatim: „Verbum" als Tätigkeitswort: „At si ex te quaererem, quae sit pars orationis ‚est', non, opinor, nomen, sed verbum esse diceres" (De mag. 14, ML 32, 1203/CSEL 77, 1, 21).

---

[67] Bes. Serm. 117, 3 u. 7 (ML 38, 662 u. 665), aber immer wieder (En. in ps. 94, 3, ML 37, 1218).

[68] C. Acad. II, 27 (ML 32, 932/CSEL 63, 42), De gen. ad litt. IV, 11 (ML 34, 300/CSEL 28, 1, 101) et passim.

[69] Retr. I, c. 3, 2 (ML 32, 588 f./CSEL 36, 20 f.). Zum Übersetzungsproblem De doctr. chr. II, 16 ff. (ML 34, 42 ff.), Loc. in Hept. I, 184 zu 44, 6 f. (ML 34, 499/CSEL 28, 1, 535).

[70] Princ. dial., c. 6 (ML 32, 1411—1413), bes. 1413: Innumerabilia enim sunt verba, quorum ratio reddi non possit. Aut non est, ut ego arbitror, aut latet, ut Stoici contendunt. De mus. III, 3, VI, 24 u. 41 (ML 32, 1116, 1176, 1185), an der zweiten Stelle ausdrücklich: (vocabula) placito enim, non natura imponuntur. Vgl. noch De beata vita 30 (ML 32, 974/CSEL 63, 111), De ordine II, 35 (aaO 1012/172), Epist. 102, 10 (ML 33, 374/CSEL 34, 2, 553), De doctr. chr. II, 37 f. (ML 34, 53 f.).

[71] Vgl. das Beispiel der stummen Familie, De quant. an. 31 (ML 32, 1052 f.).

[72] So ganz eindeutig Conf. I, 13 (ML 32, 666 f./L I, 11 f.).

[73] Die Beispiele entstammen nicht FORCELLINIS Lexikon.

II. Zusammenhängende Rede: „Ecce, auditis me, verbum facio. Si quis hinc exeat et interrogetur foris: quid hic agitur?, respondet: verbum episcopus facit" (= Predigt, Sermo 120, 3, ML 38, 677), vgl. auch Sermo 71, 22 (aaO, 457).

B. Unter dem Einfluß des hebr. dabar = res, factum: Nur in Anlehnung an die Schrift und unter ausdrücklicher Anmerkung des außergewöhnlichen Sprachgebrauchs: Loc. in Hept. II, 6 zu 2, 14 (ML 34, 503/CSEL 28, 1, 542) und Qu. in Hept. VII, 20 (aaO, 800/ 28, 2, 463), vgl. auch Sermo 71, 22 (ML 38, 456 f.).

C. Filius dei (versteht sich von selbst).

Gottes Wort und Menschenwort

Nachdem die Auffassung vom verbum im Rahmen der Augustinischen Sprachphilosophie kurz umrissen wurde, kann nun weitergeschritten werden zur Frage nach dem Verhältnis des göttlichen Wortes zum menschlichen Wort, unter vorläufigem Ausschluß des „inneren Wortes". Es ist für Augustins metaphysische Grundkonzeption bezeichnend, daß sozusagen nirgends Zweifel darüber besteht, ob er vom göttlich-ewigen oder vom zeitlichen verbum spricht, d. h. ob man, wenn man das göttliche mit großer Initiale schreibt, „verbum" oder „Verbum" zu setzen hat[74]. Das ist für die Beziehung der beiden zueinander insofern typisch, als sie tatsächlich immer scharf auseinandergehalten werden. Das signum im vergänglichen Laut und der Sohn in der göttlichen Substanz bleiben stets aufs deutlichste getrennt, auch da, wo vom menschgewordenen Wort die Rede ist.

Warum heißt der Sohn Gottes „verbum"? Selbstverständlich nicht, weil er irgendwie etwas von äußerem Laut und von Vergänglichkeit an sich hätte[75]. Dagegen deutet dieser Name auf die Offenbarungsfunktion hin, die dem Sohn Gottes als der sapientia zukommt. Diese Auslegung, die entweder auf die Gotteserkenntnis im Innern[76] oder auf die Offenbarung in der Schöpfung als ganzer[77] bezogen werden kann, zeigt eine gewisse Neigung, dem Sohn eine besondere Proprietät zuzuschreiben, und weicht daher spä-

---

[74] Ein Zweifelsfall scheint mir De nat. boni, c. 26 (ML 42, 560/CSEL 25, 2, 867 f.): in verbo atque imperio. Sonst läßt sich aber stets bei genauer Interpretation entscheiden, ob das eine oder andere gemeint ist, auch wo die alten Ausgaben „Verbum" schreiben, vgl. Ep. 232, 5 (ML 33, 1028/CSEL 57, 515).

[75] De fide et symb. 3 (ML 40, 183/CSEL 41, 6), ein traditioneller Topos, z. B. auch Sermo 214, 5 (ML 38, 1068).

[76] So De fide et symb. aaO, wohl auch Ep. 232 aaO, De vera rel. 66 (ML 34, 151/ CSEL 77, 2, 48).

[77] De div. qu. 83, qu. 63 (ML 40, 54), En. in ps. 44, 4 f. (ML 36, 496 f.), bes. 5: Quicquid enim facturus erat deus in creatura, iam in verbo erat, nec esset in rebus, nisi esset in verbo, quomodo et in te non esset (in) fabrica, nisi esset in consilio.

ter dem Vergleich mit dem inneren Wort, der zum Schluß behandelt werden soll. Doch werden die nicht sehr zahlreichen ausdrücklichen Erklärungen des Titels „verbum" durch mannigfache Umschreibungen reichlich aufgewogen.

Sehr nahe der eben erwähnten Erklärung stehen jene Stellen, wo vom „Sagen der Welt" gesprochen wird. Insofern das verbum die vorbildliche Ursache der Welt ist, ist sein Gesagtwerden ein Gesagtwerden alles Geschaffenen, so daß es heißen kann: verbo dicis omnia simul[78]. Solches Sagen ist freilich völlig außerhalb aller Zeit und umfaßt virtuell alles, was in der Zeit geschehen wird. Es ist nicht das Weltgeschehen als Sprache Gottes, (dazu u. S. 90), sondern das absolute Wissen Gottes, dessen „Sagen" mit der Zeugung des Sohnes identisch ist. Im Gegensatz zu den vorhin erwähnten Analogiebildungen, die die Wahl von „verbum" erklären sollten, handelt es sich hier zwar ebenfalls um analoge Bildungen — z. B.: Wie der Mensch etwas Beabsichtigtes ausspricht, so Gott . . . —, diese werden aber nicht ausdrücklich genannt, sondern das Ganze als uneigentliche Rede aufgefaßt: . . . patre loquente dicitur verbum, quod filius est, aeterno more, si more dicendum est, loquente deo verbum coaeternum[79]. Diese „Ausmalung" der generatio verbi gründet genausosehr wie die bewußten Analogiebildungen auf einer zunächst nicht sichtbaren Analogie des Seins, deren theologische Ausarbeitung in De trinitate erfolgt. Aber schon hier ist klar: Obgleich alles dem Wort anhaftende Veränderliche und Vielfache in Gott wegfällt, kann es ja doch wiederum nicht ganz sinnlos sein, von einem verbum in oder bei Gott zu sprechen. Eine ähnliche Bildung, aber eher unter dem Aspekt der Normativität der sapientia, findet sich da, wo der Sohn mandatum oder doctrina patris heißt[80].

Welche Bereicherung erfährt die Beziehung des menschlichen zum göttlichen Wort durch die Inkarnation? Das verbum in seiner göttlichen Natur ist an und für sich wie Gott selbst unaussprechbar[81]. Nun ist es aber durch

---

De gen. c. Man. I, 15 (ML 34, 180) dreht das „vocare" Gottes zu „vocari facere" um (Metonymie).

[78] In verschiedenen Abwandlungen Conf. XI, 9 (ML 32, 813/L II, 303), De gen. ad litt. I, 9 u. 11 (ML 34, 249 f./CSEL 28, 1, 7 u. 9), II, 13 (268/41), En. in ps. 44, 5 (ML 36, 496 f.), 61, 18 (742), In Io. ev. tr. 106, 7 (ML 35, 1912). Noch unentschieden De gen. imp. lib. 19 (ML 34, 227/CSEL 28, 1, 471): magis *filio* dictum est hoc verbum quam ipsum est filius!

[79] De gen. ad litt. I, 11 (s. letzte Anm.).

[80] Sermo 140, 6 (ML 38, 775), In Io. ev. tr. 29, 3 f. (ML 35, 1629 f.), C. serm. Ar. 4 (ML 42, 685) u. 32 (706). Vgl. dazu auch De gen. ad litt. I, 17 (ML 34, 252 f./CSEL 28, 1, 13).

[81] Dieser Topos tritt oft dialektisch gewendet auf, wegen der *Erkenntnis* der Unerkenntlichkeit bzw. der *Aussage* der Unaussagbarkeit: De ord. II, 44 (ML 32, 1015/CSEL 63, 177): scitur melius nesciendo; Ep. 242, 5 (ML 33, 1054/CSEL 57,

seine Menschwerdung sagbar geworden: Verbum eius, quo dicti sumus, filius eius est. Ut a nobis utcumque infirmis diceretur, factus est infirmus[82]. Zugleich bedeutet die Inkarnation auch das Verständlichwerden des verborgenen Wortes: ideo suscepit infirmitatem nostram, ut possis firmam locutionem capere dei portantis infirmitatem tuam[83]. In einem Bild kann es Augustin mehrfach so ausdrücken: Das ewige verbum ist Brot der Engel. Damit auch die Menschen es zu essen vermögen, wurde es Fleisch, Predigt dieses Fleisches selbst und von diesem Fleisch[84]. Die besondere Würde Jesu besteht darin, daß er als das verbum selbst zu uns verba gesprochen hat[85], die demgemäß unerschütterliche Geltung haben. Allerdings kann das Herabsteigen des Wortes in menschliche Worte auch von der Heiligen Schrift als ganzer gesagt werden: . . . sapientia, cum descensura esset usque ad corpus humanum, prius usque ad humana verba descendit[86]. Von hier aus erhält die an sich leere Aussage, Gott sei unaussprechlich, wolle aber doch, daß von ihm gesprochen werde[87], ein gewisses Profil — ja, sogar ein sehr bestimmtes Profil: denn diejenigen Worte, die, wenn auch unangemessen, so doch richtig sind, sind die Worte der Schrift. So ist es denn möglich, von Gott richtig zu sprechen und dies auch zu begründen, zugleich aber zuzugeben, daß nichts Würdiges über ihn gesagt werden kann, ja, daß alles Gesagte *eo ipso* seiner unwürdig ist[88].

Was besagt denn nun also die Inkarnation für das Wesen des Wortes? Sie hebt die Bedeutung der Schriftworte und läßt sie zu verbindlichen Zeichen werden[89]. Mehr als Zeichen sind sie aber nicht, da sie wie alle Worte an der vergänglichen Welt teilhaben. Sie sind allerdings heilsnotwendig wie die Inkarnation selbst, aber zu ihrem Ziel kommen sie erst, wenn sie nach

---

567): . . . ut illis dictis illa dici non posse intellegatur; Sermo 117, 7 (ML 38, 665): Silebimus? Utinam liceret!

[82] En. in ps. 99, 6 (ML 37, 1275), En. 2 in ps. 30, s. 1, 3 (ML 36, 231), Sermo 188, 2 (ML 38, 1003 f.).

[83] Sermo 117, 16 (ML 38, 670 f.), En. in ps. 142, 15 (ML 37, 1853 f.).

[84] Sermo 126, 6 f. (ML 38, 701), 59, 6 (401), 225, 3 (1097), En. in ps. 77, 17 (ML 36, 995), In Io. ev. tr. 13, 4 f. (ML 35, 1494), 41, 1 (1692). Das verbum als Brot der Seele: En. in ps. 101, s. 1, 5 (ML 37, 1297).

[85] Sermo 126, 7 u. 10 (ML 38, 701, 703), In Io. ev. tr. 24, 2 (ML 35, 1593).

[86] C. Adim. Man., c. 13, 2 (ML 42, 147/CSEL 25, 1, 145), En. in ps. 103, s. 4, 1 (ML 37, 1378).

[87] De doctr. chr. I, 6 (ML 34, 21).

[88] C. Adim. Man., c. 13, 2 (aaO): Potest ergo reddi ratio, quare ita dictum sit; non tamen potest aliquid de deo digne dici, quod ideo iam indignum est, quia potuit dici. Daß auch die Worte der Schrift diesem Vorbehalt unterliegen, vgl. In Io. ev. tr. I, 1 (ML 35, 1379 f.).

[89] Dazu bes. C. Adim. Man., c. 13, 2 (aaO): Quomodo hic erat et quomodo venit, nisi quia illa sublimitas ineffabilis, ut hominibus congruat, humanis sonis significanda est?

innen und nach oben zum ewigen Wort geführt haben: per Christum hominem ad Christum deum, per verbum carnem factum ad verbum, quod in
principio erat deus apud deum[90]. Was wir schon bei De doctrina christiana
beobachten konnten, gilt im wesentlichen auch von der Beziehung des
ewigen Wortes zu seinen zeitlichen Worten: Sie sind trotz aller Verbindlichkeit im letzten Grunde unverbindlich. Immerhin darf ihre relative Verbindlichkeit nicht unterschätzt werden: An den Schriftworten orientiert sich
das theologische Denken und darf sich, solange es in enger Fühlung mit
ihnen (und der kirchlichen Tradition[91]) bleibt, ohne tiefergehende Reflexion
auf das Wesen der theologischen Sprache sicher fühlen; denn die Sprache
der Schrift ist garantiert richtig, auch wenn sie nicht adäquat ist.

All dies vermag nicht zu erklären, warum denn eigentlich der Sohn
Gottes „Wort" Gottes heißt. Die sich nahelegende Erklärung: weil er als der
Offenbarer zu uns gekommen ist und uns durch Worte gelehrt hat, legt
sich für Augustin deshalb nicht nahe[92], weil damit die Schranke zwischen
Gott und Kreatur aufgehoben wäre; denn wie könnte der von Ewigkeit
verbum Seiende nach den verflatternden Zeichen genannt werden? Das
ewige und das zeitliche Wort lassen sich nicht so miteinander kombinieren.
Erst die Lehre vom inneren und äußeren Wort wird die Möglichkeit schaffen, zugleich die Göttlichkeit und die Menschlichkeit in dem einen verbum
deutlich zu machen und per analogiam zu erklären.

Gott redet jedoch nicht nur in einer übersinnlichen Weise in seinem ewigen verbum und auch nicht nur in Jesus bzw. in Jesu Worten und in denen
der Schrift, sondern noch auf mannigfache andere Weise: durch ein elementum mundi wie durch den Stern zu den Magiern, durch ein Los wie bei der
Wahl des Matthias, durch eine menschliche Seele wie die der Propheten,
durch einen Engel wie zu den Patriarchen, durch irgendeine Töne erzeu-
gende Kreatur als Stimme vom Himmel, innerlich durch Träume wie zum
Pharao, in Ekstasen wie zu Petrus in der Vision von den unreinen Tieren,
durch einfache Einsicht in seinen Willen und durch das Gewissen[93]. Alle
diese Weisen des Redens Gottes spielen für Augustin eine mehr oder minder große Rolle und sind, stets unter Beachtung des verbum-Begriffs, sofern
er überhaupt Bedeutung erlangt, im einzelnen durchzugehen. Bei diesen

---

[90] In Io. ev. tr. 13, 4 (ML 35, 1494). Man wird im großen ganzen SCHEEL, Anschauung 252, zustimmen müssen, daß die menschliche Natur nur „als Offenba-
rungsform des Logos in Betracht komme" — vom verbum-Begriff her durchaus
konsequent.

[91] Vgl. STRAUSS, Schriftgebrauch 44 ff. Diesem wichtigen Punkt entspricht Buch I
von De doctr. chr.

[92] Dies gilt auf jeden Fall, auch wenn mir eine derartige Stelle entgangen sein
sollte.

[93] Diese Aufzählung entspricht derjenigen in Sermo 12, 4 (ML 38, 102).

Arten des „Redens" ist allerdings von vornherein klar, daß es sich in Wirklichkeit um „significatio voluntatis" handelt[94], daß es also wohl irrig wäre, in der „unsprachlichen Sprache" mehr als wiederum eine Menge von Zeichen zu erwarten.

Was die äußeren Vorgänge anbelangt, so kann auch von den Taten Jesu gesagt werden, sie seien verba: Ea quippe, quae fecit dominus noster Iesus Christus stupenda atque miranda, et opera et verba sunt: opera, quia facta sunt, verba, quia signa sunt[95]. Hier anstatt „signum" „verbum" zu verwenden, liegt natürlich nahe, wenn schon Jesus das verbum incarnatum ist[96], doch gilt hier für die Beziehung der zwei verba untereinander dasselbe, was schon bezüglich der Aussprüche Jesu gesagt wurde. Für einen größeren Geschehenszusammenhang erweist sich „elocutio" oder ähnliches als geeigneter. Das trifft auf die Taten Jesu[97] zu sowie überhaupt auf die Wunder, von denen die Schrift berichtet: . . . in factis mirabilibus congruenter aliquid significantibus quodam modo luculentior est divina eloquentia[98]. Eine weitere Möglichkeit, von einer Rede Gottes zu sprechen, zeigt sich dann, wenn die ganze Weltordnung[99] nach dem Bild des Sprechens verstanden wird. Doch stoßen wir damit, wie gesagt, an die Grenze des verbum-Begriffs, der für größere Ereignisfolgen wenig geeignet scheint und, da er primär das einzelne Ausgesprochene bedeutet, als Veranschaulichung des einen alles umfassenden verbum (= sapientia) besser geeignet ist denn als Veranschaulichung eines längeren Nacheinanders. Ähnliches gilt für jene Aussagen, die den Hinweis aller Kreatur auf ihren Schöpfer als ein Rufen „Ipse fecit nos" darstellen[100]: Die Schöpfung bezeugt[101], lobt[102] und „sagt" also durch ihre Güte und Schönheit den Schöpfer, so daß ein Verfallen an die Kreaturen und ihre Schönheit ebenso verwerflich ist wie das Wohlgefal-

---

[94] AaO.

[95] In Io. ev. tr. 44, 1 (ML 35, 1713), 25, 2 (1596). Dasselbe nur mit „signum" In Io. ev. tr. 49, 2 (1747).

[96] In Io. ev. tr. 24, 2 (1593). [97] In Io. ev. tr. 25, 5 (1598).

[98] Ep. 102, 33 (ML 33, 383/CSEL 34, 2, 573), vgl. auch De vera rel. 98 (ML 34, 165/CSEL 77, 2, 70), De civ. dei XXII, c. 8, 22 (ML 41, 770): opus divinum = dei eloquentia.

[99] De ordine I, 18 (ML 32, 986/CSEL 63, 133), De musica VI, 29 (ML 32, 1179): carmen universitatis, De lib. arb. III, 42 (ML 32, 1292/CSEL 74, 125 f.), De civ. dei XI, c. 18 (ML 41, 332) unter Bezugnahme auf die Antithese. Stets waltet hier das Interesse vor, die Mannigfaltigkeit der Welt einheitlich zu verstehen.

[100] Conf. IX, 25 u. bes. X, 9 f. (ML 32, 774 u. 783/L II, 229 u. 246 f.), En. in ps. 26, 2, 12; 144, 13 f.; 148, 15 (ML 36, 205 f., 37, 1877 ff., 1946 f.): immer sind die species als voces bzw. responsiones aufgefaßt.

[101] En. in ps. 118, s. 27, 1 (ML 37, 1580).

[102] En. in ps. 128, 5 (ML 37, 1691), s. auch oben Anm. 100. Buch der Natur: C. Faust. XXXII, c. 20 (ML 42, 509/CSEL 25, 1, 782), Kreatur als spectaculum En. in ps. 142, 10 (ML 37, 1851).

len an den bloßen Worten, wenn einer etwas Kluges auch schön sagt[103]. Doch auch in diesen Zusammenhängen begegnet für jene Stimme der Schöpfung nicht „verbum", dagegen „vox" und verschiedene andere sprachliche Begriffe. Daraus läßt sich schließen — was ja auch per definitionem seit De doctrina christiana klar ist —, daß „verbum" als das Wort der vernünftigen Kreatur und als signum datum verstanden wird, nicht als bloßer Laut und auch nicht allgemein als Zeichen. Zeichen jedoch ist die Kreatur als ganze und im einzelnen deshalb, weil ihre Gestalt — species = vox — und Ordnung dem Menschen mit unüberhörbarer Deutlichkeit sagt, daß sie nicht aus sich selbst, sondern durch ein Urbild und eine Ursache, d. h. durch Gott so wurde, wie sie ist[104].

Während in diesen Zusammenhängen die Sprache eher als Vergleich und also uneigentlich mit ins Spiel kommt, aber auch dann dem Zeichencharakter der ganzen Wirklichkeit untergeordnet bleibt, so ist gelegentlich eine Überschreitung des bloß zeichenhaften Charakters von „verbum" da zu verspüren, wo Augustin über die menschlichen Worte als Gottes Wort redet, d. h. über Predigt, Sakrament u. dgl. Dabei ist es weiter nicht von Interesse, daß von Worten Christi und Gottes geredet werden kann, sofern sie ihren Niederschlag in der Schrift gefunden haben[105]. Insofern spricht natürlich auch der Prediger verba und legt jene verba dei bzw. Christi aus, doch ist es unmöglich, daß er selbst im Vollzug der Predigt verba dei bzw. Christi spricht, außer wo er zitiert. „Verba" bleibt durchaus äußerlich und zeichenhaft vorgestellt.

Von größerem Interesse ist der singularische Wortgebrauch. Hier wird die biblisch-christliche Sprachtradition recht stark spürbar. Augustin ist sich darüber mehr oder weniger im klaren, da er weiß, daß die Schrift auch für *viele* Worte „verbum" sagen kann[106] und das im profan-lateinischen Sprachraum ungewohnte Reden von einem praedicator verbi bzw. auditor verbi als fremd empfindet[107]. Darum ist auch die „Definition", die er für „verbum dei" in dieser Verwendung einmal gibt, nämlich: id est evangelium[108], eine bloße Identifikation mit einem andern, noch stärker von der biblischen Sprache geprägten Begriff. Diese Identifikation ist aber durchaus sachgemäß; denn es ist sozusagen in keinem Falle mit letzter Sicherheit zu entscheiden, ob nun „verbum dei" die Predigt, das einzelne Schriftwort[109] oder

---

[103] De lib. arb. II, 43 (ML 32, 1264/CSEL 74, 79).
[104] Diese Erklärung am ausführlichsten En. in ps. 144, 13 f. (ML 37, 1878 f.).
[105] Verba dei En. in ps. 142, 15 (ML 37, 1854), verba Christi In Io. ev. tr. 82, 4; 106, 6 (ML 35, 1842; 1911) et passim.
[106] Sermo 71, 22 (ML 38, 456).   [107] AaO, (457).
[108] C. litt. Pet, II, 11 (ML 43, 260/CSEL 52, 25).
[109] Soweit ich sehe, besteht bei Augustin kein Gebrauch von „verbum dei" für die Schrift als ganze. Vgl. aber u. Anm. 116 f.

den Inhalt der Schrift bzw. der christlichen Verkündigung überhaupt bedeuten soll. In den meisten Fällen nimmt man am besten ein Zusammenklingen aller drei Bedeutungen an. Daß das verbum dei im Normalfall durch Prediger verkündet wird, ist durchgehend klar[110]. Augustin kann eine Predigt anfangen: Advertat prudentia vestra et adsit intentio christiana: sonet verbum dei volentibus, nolentibus, opportune, importune . . .[111]. Er vollzieht aber dennoch keine Identifikation von Predigt und verbum dei, vielmehr bleibt der Prediger durchaus Hörer des Wortes wie sein Hörer, ja, auch ein ungläubiger Prediger kann das verbum dei verkünden[112]. Entscheidend ist, daß das Wort auf fruchtbaren Boden fällt und Früchte trägt[113], daß es im Herzen aufbewahrt wird und in Notzeiten Trost und Hilfe zu geben vermag[114]. Es ist heilbringendes Wort, und der Überdruß oder Ekel ihm gegenüber ist todbringend, so daß auch der Prediger ihn bei seinen Hörern möglichst verhindern muß[115]. Das verbum dei erklingt selbstverständlich auch, wenn nur aus der Schrift vorgelesen wird[116], und auch die Seelsorge geschieht „de verbo dei"[117]. Andrerseits kann das Wort Gottes zu Spaltungen unter den Menschen führen oder kann ein springender Quell im Menschen sein[118]. Hier löst sich die Bedeutung unter deutlicher Beeinflussung durch die biblische Sprache von der Bindung an das einzelne Schriftwort ab und nähert sich einem allgemeineren Begriff, z. B. lex[119].

Aufs Ganze gesehen ist das verbum dei der in der Schrift lautwerdende Wille Gottes, sein an uns gerichtetes Wort — Wort nun so verstanden, wie es in der deutschen kirchlichen Sprache üblich ist. Daß die Heilswirksamkeit

---

[110] Sermo 179, 1 (ML 38, 966): (deus), cuius verbum . . . per quem dicitur . . . ; 125, 8 (aaO 695): (caro nostra), per quam vobis exhibetur . . ., sehr oft erscheint „v. d." in dieser Verwendung im Zusammenhang mit Anklängen an das Säemannsgleichnis, und überhaupt in Predigten, vgl. die folgenden Anm.

[111] En. in ps. 128, 1 (ML 37, 1689).

[112] Sermo 179 (aaO). Die antidonatistische Abwertung der inneren Verfassung des Predigers: C. litt. Pet. I, 8 (ML 43, 249/CSEL 52, 8).

[113] Sermo 4, 31 (ML 38, 48), C. litt. Pet. aaO und II, 11 (260 f./25 f.), En in ps. 128, 1 (ML 37, 1688 f.).

[114] En. in ps. 36, s. 2, 11 (ML 36, 369 ff.), als Stärkung gegen Versuchungen Sermo 134, 1f. (ML 38, 742 f.), En. in ps. 73, 17 (ML 36, 939).

[115] En. in ps. 106, 6 f. (ML 37, 1422).

[116] Sermo 32, 23 (ML 38, 204): Si non fuit qui daret, excusabis te. Si autem sonant lectores, etiam quando tacent tractatores, et ubique verbum dei praedicatur, et vere dictum est: In omnem terram exiit sonus illorum, et calor verbi dei ubique diffunditur. . .

[117] En. in ps. 36, s. 2, 11 (ML 36, 369 f.): Tentavimus eum consolari de verbo dei, vielleicht „aus der Schrift", vgl. auch die seelsorgerlichen Bemühungen mit „verbum dei" in De op. mon. 2 u. 20 (ML 40, 550 u. 564/CSEL 41, 533 f. u. 564).

[118] En. in ps. 44, 11 (aaO, 500): das Wort = das Schwert von Mt. 10, 34; En. in ps. 73, 17 (ML 36, 939): fons aquae salientis (Joh. 4, 14).

[119] En. in ps. 36, s. 3, 12 (ML 36, 390) lex in corde = verbum in corde.

dieses Wortes für Augustin nicht grundsätzlich von der aufs Jenseitige weisenden Zeichenvorstellung ausgenommen ist, deutet eine Wendung wie die folgende an: Unusquisque vestrum . . . totus sit in verbo dei, quod sonat in terra, ut ab eo exaltetur et non sit in terra[120]. Wo die Wirksamkeit dieses verbum erklärt wird, erfolgt also sogleich wieder die Zerlegung in äußeres Hören des Lauts und inneres Hören der Wahrheit[121]. Wie das verbum dei incarnatum ist also auch das verbum dei praedicatum grundsätzlich auf dem Hintergrund dieser fundamentalen Zweiteilung zu sehen.

Beim Sakrament spielt das Wort eine entscheidende Rolle. Das bloße Element ohne das Wort ist nichts, das Sakrament ist konstituiert durch das Wort[122]. Daß dabei die Würde des Sakramentsspenders keine Rolle spielt, wenn sie schon, wie gezeigt, für die Wortverkündigung keine entscheidende Rolle spielt, ist weiter nicht verwunderlich[123]. Wie ist nun aber die Heilswirksamkeit des bei der Taufe gesprochenen Wortes gedacht? Ist es das Wort als solches, das von der Erbsünde befreit? Augustin steht solchen Formulierungen nicht fern, und wenn man Aussagen sucht, die auf die Vorstellung eines „signum efficax" weisen könnten, so kann man solche wohl finden[124]. Die Frage ist aber, ob Augustin tatsächlich an eine Heilswirksamkeit des *gesprochenen* Wortes und des *gespendeten* Sakraments gedacht hat. Die Begründung der Kindertaufe nimmt den Gedanken des stellvertretenden Glaubens zu Hilfe[125], was nicht erforderlich wäre, wenn eine unmittelbare Wirkung der sakramentalen Handlung vorausgesetzt würde. Die Wirkung ist vielmehr so gedacht, daß äußerlich die Handlung vollzogen wird und innerlich Gottes Gnade wirkt, nicht mit Notwendigkeit allerdings, sondern so, daß das Sakrament auch ohne innere Bestätigung bleiben kann[126]. Hier wird nun, genau wie beim Verkündigungswort,

---

[120] En. in ps. 145, 1 (ML 37, 1884).

[121] In Io. ev. tr. 40, 5; 57, 3 (ML 35, 1688 f.; 1791).

[122] Vgl. die bekannte Stelle In Io. ev. tr. 80, 3 (ML 35, 1840): Accedit verbum ad elementum, et fit sacramentum, etiam ipsum tamquam visibile verbum.

[123] C. litt. Pet. I, 7; II, 15 (ML 43, 249; 262/CSEL 52, 7; 28), zu berücksichtigen ist hier der ganze Streit gegen die Donatisten.

[124] Vgl. In Io. ev. tr. 80, 3 (aaO): Hier wird das Wort als das Reinigende mit aller Energie herausgestellt. Auch kann von einem „Bleiben" der Sakramente zur Verdammnis in den Unwürdigen geredet werden, In ep. Io. ad Parth. tr. 2, 9 (ML 35, 1994). Überhaupt bot der Streit gegen die Pelagianer Anlaß, die Vernichtung der Erbsünde durch die Taufe zu betonen, Ep. 157, 18 (ML 33, 682 f./CSEL 44, 466) et passim.

[125] De bapt. IV, 31 (ML 43, 175/CSEL 51, 260), De gen. ad litt. X, 25 (ML 34, 418 f./CSEL 28, 1, 313), Sermo 294, 12 (ML 38, 1342). Auch die in Ep. 98, 9 f. (ML 33, 363 f./CSEL 34, 530 ff.) geäußerte Begründung führt hinsichtlich des Wortverständnisses (bes. n. 9!) nicht weiter.

[126] De bapt. IV, 32 (ML 43, 176/CSEL 51, 260). Innen-außen z. B. Ep. 98, 2 (ML 33, 360/CSEL 34, 521).

wiederum das Signifikationsschema deutlich, das ein Denken auf der Sachebene getrennt von der Zeichenebene möglich macht und so — wenigstens
in der theoretischen Entfaltung — ein „wirkendes Wort" ausschließt[127].

Obschon also hier beim sakramentalen Wort, ähnlich wie beim Predigt-
bzw. Schriftwort, die Heilswirksamkeit des Wortes betont wird, kann es
im letzten Grunde nicht von der bloß hinweisenden Funktion gelöst werden
und trifft erst da den Hörer, wo zugleich im Inneren Gott zu ihm spricht.
Dies ist ja auch eine Art des Redens Gottes, wie wir oben (S. 89) sahen. Sie
wird gern als ein inneres Rufen der Wahrheit bezeichnet[128]. Es handelt sich
um den inneren Lehrer von De magistro, um Gott, der im Innern über dem
Gewissen thront[129] und dort die intelligible Sprache mit dem Menschen
spricht[130]. Diese Sprache ist sozusagen identisch mit der Erleuchtung[131] und
insofern weder Sprache noch Erleuchtung, sondern jenes eine Innere, das
äußerlich in Licht und Laut zerfällt, in Wahrheit aber eins ist[132]. Die
Erleuchtung oder Einsprechung erreicht ihren Höhepunkt, wenn es dem
Menschen für Augenblicke möglich ist, den reinen Anblick zu genießen oder
das *eine* Wort schlechthin zu hören[133]. Unvermeidlich bleibt in diesem Leben, daß wir sogleich wieder zurückfallen müssen ins Viele und jene eksta-
tische Vision bzw. Audition erst in der glückseligen Vollendung zum dauernden Zustand werden wird. Es ist aber zu beachten, daß die akustische Schilderung solcher Entrückung selten ist und zudem für den Vorgang jenes
inneren Rufens nicht „verbum" verwendet wird, sondern „vox, clamor" u.

---

[127] KORNYLIAK, De efficacitate 75 sagt: „S. Aug. concrete et practice efficientiam
sacramentorum asserit, abstracte autem et theoretice notionem causae non ponit in
sacramenti definitione", was stimmt, wenn man daraus nicht die Konsequenz zieht,
also sei er doch zu Recht im scholastischen Sinn zu interpretieren. Vgl. schon SEE-
BERG II, 460 gegen ADAM, der ein signum efficax sehen will.

[128] So in Sermo 12, 4 (s. o. S. 89, Anm. 93): ... apud se intus sonante quodam tacito
clamore veritatis agnoscere; Ep. 147, 53 (ML 33, 621/CSEL 44, 329); vgl. De lib.
arb. II, 38 (ML 32, 1262/74, 75): intus docet; ebenso In Io. ev. tr. 20, 3 (ML 35,
1557), Conf. XI, 10 (ML 32, 813/L II, 303): vox; In Io. ev. tr. 54, 8 (ML 35, 1784):
loqui (neben lux!); auch De vera rel. 110 (ML 34, 170/CSEL 77, 2, 77).

[129] In Io. ev. tr. I, 7; 33, 5 (ML 35, 1382; 1649).

[130] De gen. ad litt. VIII, 49 (ML 34, 392/CSEL 28, 1, 266): certissime tamen
tenere debemus, deum aut per suam substantiam loqui aut per sibi subditam
creaturam, sed per substantiam suam non loqui nisi ad creandas omnes naturas,
ad spiritales vero atque intellectuales non solum creandas, sed etiam illuminandas,
cum iam possunt capere locutionem eius, qualis est in verbo eius ..., vgl. De gen.
c. Man. II, 5 (ML 34, 198 f.).

[131] Zu diesem Problemkomplex vgl. die Auseinandersetzung mit WARNACH u.
S. 233 ff.

[132] In Io. ev. tr. 18, 10 (ML 35, 1541 f.), s. u. S. 217 f.

[133] Vgl. die Vision in Ostia, Conf. IX, 25 (ML 32, 774/L II, 229), wo das Hören
des Wortes dem parallel steht, was aaO, VII, 16 u. 23 (742 u. 745/I, 161 u. 166 f.)
mit visuellen Ausdrücken gesagt wird.

dgl., obschon es natürlich klar ist, daß derjenige, der da ruft, derselbe ist, der auch „verbum" heißt[134]. Ein „verbum internum", das der Mensch *empfängt,* ist Augustin unbekannt. Die Illumination läßt sich wohl mit sprachlichen Metaphern wiedergeben, aber offenbar schlecht mit dem verbum-Begriff.

Eine weitere Möglichkeit, deren sich Gott bedienen kann, um mit den Menschen zu sprechen, läßt sich unter dem Stichwort „visiones" zusammenfassen[135]. Die höchste Form der visio, die „visio intellectualis", ist praktisch identisch mit dem, was vorhin das Hören der Wahrheit im Innern genannt wurde: es ist die visio veritatis[136], die frei von allem Gestalthaften die Tugenden und ewigen Wahrheiten „sieht". Die nächste Stufe ist die „visio spiritalis", d. h. jene Art des Sehens, die zwar nicht materiell, aber doch gestalthaft ist und bei der Erinnerung an Äußeres, bei Visionen, bei Traumgesichten und bei allen Formen des Sehens von nicht materiell Gegenwärtigem mitspielt[137]. Die unterste Form ist schließlich die „visio corporalis", die nicht nur beim Sehen von äußeren Gegenständen, sondern auch beim Hören von erklingenden Tönen anzunehmen ist, dann natürlich als auditio corporalis[138]. Unter diese Kategorie fallen nun auch die Stimmen vom Himmel, die selbstverständlich nie ein direktes Reden Gottes sind, sondern zeichenhafte Dienstleistungen von Geschöpflichem, entweder von einer beseelten Kreatur oder von einem unbestimmten Etwas, das zum Zweck der Hervorbringung gerade dieser Stimme geschaffen wurde[139]. Deshalb sind solche Stimmen und Visionen auch stets Werk der ganzen Trinität, selbst wenn sie „in persona patris" sprechen oder auch wenn z. B. die Taube den Heiligen Geist bedeutet[140]. Andrerseits kann das Schöpfungswort nicht klingender Laut gewesen sein, da sonst eine Kreatur vor der Kreatur angenommen werden müßte[141]. Daß hier die hinweisende Ebene und die Ebene, auf die hingewiesen wird, scharf getrennt sind, dürfte klar sein.

---

[134] Daß das ewige verbum spricht (Conf. XI, 10, ML 32, 813/L II, 303) oder ruft (Sermo 142, 7, ML 38, 782), kann er wohl sagen, bedeutsam aber ist, daß das ewige verbum und der innere Ruf, soweit ich sehe, nirgends so parallelisiert werden, daß der Rufende und der Ruf unter den einen verbum-Begriff subsumiert würden.

[135] Vgl. wieder Sermo 12, 4 (s. o. S. 89, Anm. 93). Über die drei genera visionis bes. De gen. ad litt. XII.

[136] AaO, XII, 52 u. 54 (ML 34, 476/CSEL 28, 1, 418 ff.).

[137] AaO, 19; 25 ff. (ML 34, 460 f., 463 f., 466 ff./CSEL 28, 1, 390, 395 ff., 401 ff.).

[138] AaO, passim.

[139] C. Adim. c. 9, 1 (ML 42, 140/CSEL 25, 1, 132): sive loquendo, sive apparendo, vel per angelicam aliquam potestatem, vel per quamlibet creaturam. Ausführl. Ep. 169, 10 f. (ML 33, 746 f./CSEL 44, 618 ff.).

[140] Ep. 169, 9 (746/618), Sermo 121, 27 (ML 38, 460).

[141] De gen. ad litt. I, 15—17 (ML 34, 251—253/CSEL 28, 1, 11 ff.). Die drei

Die hauptsächlichen Formen, in denen Augustin die Beziehung von göttlichem und menschlichem Wort behandelt, dürften damit angedeutet sein[142]. Keine der genannten Formen wird aber unter dem einheitlichen Begriff „verbum" der Eigentümlichkeit des Sohnes Gottes und zugleich der Besonderheit menschlicher Worte ganz gerecht. Entweder stehen sich die beiden verba mehr zufällig und fast wie in einem Wortspiel gegenüber — Verbum nobis verba fecit —, oder aber es sind nicht die zwei grundverschiedenen verba, die in ein Verhältnis gesetzt werden, sondern es wird das eine oder das andere „Wort Gottes" behandelt. Eine formal befriedigende Beziehung kann Augustin nur mittels der Analogie des innern Wortes herstellen. Doch bevor wir zu dieser Gestalt weiterschreiten, sei auf einige Äußerungen hingewiesen, die Augustins Verhältnis zum Wort noch etwas mehr erhellen können:

In De doctrina christiana lobt er die Beredsamkeit der biblischen Schriftsteller und macht dabei die interessante Feststellung: tales res dicuntur, ut verba, quibus dicuntur, non a dicente adhibita, sed ipsis rebus velut sponte subiuncta videantur[143]. Dies ist deshalb erstaunlich, weil hier offenbar das instrumentale Wortverständnis übersprungen — non . . . adhibita[144] — und die Einheit von Wort und Sache derart deutlich empfunden wird, daß „wie von selbst" die Worte zu den Sachen gesellt zu sein scheinen — scheinen; denn Augustins Sprachtheorie gestattet es ihm nicht, hier von einer Tatsache zu sprechen. Das hindert aber nicht, daß er die ursprünglichere Einheit von Denken und Sprache deutlich spürte, ohne sie allerdings theoretisch erfassen zu können.

Wo Augustin seine eigene Erfahrung mit dem Predigen und Unterrichten schildert, da zeigt er sich zunächst wiederum völlig von der Zeichentheorie abhängig[145]. Er schildert, wie das, was er den Hörern sagen will, ihn als blitzartige Erkenntnis durchzuckt und sogleich wieder verschwindet, so daß die zeitraubenden Silben der Sprache es niemals gleich schnell und umfassend wiedergeben können. Zwischen den Wortzeichen und der blitzartigen Einsicht vermitteln die vestigia, die jener Blitz in der memoria zurückläßt und

---

genera visionis in ihrer stufenweisen Überordnung lassen sich an der Petrusvision, Acta 10, deutlich machen: Das Tuch mit den Tieren war eine spiritalis visio, das Kommen der Boten von Cornelius eine corporalis und das Verständnis des ganzen Vorgangs eine intellectualis visio, vgl. De gen. ad litt. XII, 24 (462 f./394 f.).

[142] Eine weitere, nicht ausgenützte Analogie zwischen dem göttlichen und dem menschlichen verbum, die sich auf das Sichselbstbedeuten von „verbum" bzw. auf das Sichselbstverkündigen stützt, wird In Io. ev. tr. 47, 3 (ML 35, 1734) erwähnt.

[143] De doctr. chr. IV, 10 (ML 34, 93), Fortsetzg.: quasi sapientiam de domo sua, id est pectore sapientis, procedere intellegas, et tamquam inseparabilem famulam etiam non vocatam sequi eloquentiam. Hier spürt man die Nähe zum Prolog.

[144] Vgl. die Verwendung von adhibere in De doctr. chr. I, 2 (19 f.).

[145] De cat. rudibus 3 (ML 40, 311 f.).

die von jener Erkenntnis ebensosehr wie von den äußeren Worten, die irgendeiner empirischen Sprache angehören können, zu unterscheiden sind[146]. Aber dieses Hinaustreten des vermeintlich sprachlosen Gedankens in die Predigt- oder Unterrichtsworte ist in Wahrheit nicht so sehr ein Prozeß vom Geistigen ins Materielle, wie ihn Augustin primär sprachtheoretisch erfaßt[147], sondern ein Hinuntersteigen zu den Hörern, ein Teilnehmen an ihrer Sprachwelt, das als Parallele zum Herabsteigen des Sohnes Gottes ins Fleisch aufzufassen ist[148]. Von da her wird es so stark aufgewertet, daß dem ontologischen Abstieg vom Gedanken in die klingenden Worte eine ethisch-soteriologische Aufwertung des gesprochenen Wortes gegenübersteht. Es wird hier offensichtlich, daß der Glaube an die Inkarnation eine den metaphysischen Voraussetzungen zuwiderlaufende Hochschätzung der Sprache mit sich bringen kann und z. T. bringt — ein Vorgang, der nur an wenigen Stellen bewußt wird und auch dann keine Aufhebung der Signifikationsvorstellung bedeutet.

Das „innere Wort"

Was nun die Vorstellung des inneren Wortes anbetrifft[149], so sind im Hinblick auf De trinitate zunächst einige Datierungsfragen abzuklären. In der zwar nachweislich echten[150], aber von den Retractationes nicht erwähnten Predigt De continentia[151] kommt Augustin, ohne theologische Anregung durch den Johannesprolog oder die Trinitätslehre, auf das innere Wort zu reden, das den Anfang jedes menschlichen Tuns bedeute. Es ist der Entschluß zu einer Tat und schließt schon die Sünde in sich, sofern die Tat sündig ist, auch wenn sie noch nicht geschehen ist. Die Gedankensünde ist so Quelle aller Sünde, und der Mensch wird schuldig durch den „in cogitatione consensus, id est oris interioris *verbum malignum*", d. h. durch das

---

[146] AaO, (311) . . . ille intellectus quasi rapida coruscatione perfundit animum, illa autem locutio tarda et longa est . . . tamen quia vestigia quaedam miro modo impressit (sc. intellectus) memoriae, perdurant illa cum syllabarum morulis. Atque ex eisdem vestigiis sonantia signa peragimus . . . cum illa vestigia nec Latina nec Graeca . . . sint.

[147] AaO, 15 (322).

[148] AaO: Quantumvis enim differat articulata vox nostra ab intellegentiae nostrae vivacitate, longe differentior est mortalitas carnis ab aequalitate dei. Et tamen, cum in eadem forma esset . . . (Phil. 2, 7 f.) Si enim intellectus delectat in penetralibus sincerissimis, hoc etiam intellegere delectet, quomodo caritas, quanto officiosius descendit in infima, tanto robustius recurrit in intima per bonam conscientiam nihil quaerendi ab eis, ad quos descendit, praeter eorum sempiternam salutem.

[149] Vgl. zum Ganzen Anhang II, S. 250.

[150] Auf Grund u. a. der Erwähnung in Ep. 231, 7 (ML 33, 1026/CSEL 57, 510).

[151] ML 40, 349–372/CSEL 41, 141–183.

98

innere Wort, das mit der Zustimmung zu einer versuchlichen Vorstellung identisch ist[152]. Wäre nun De continentia, wie bisher meist angenommen, ungefähr ins Jahr 495 zu datieren[153], so könnte man sagen: Die Vorstellung des inneren Wortes ist Augustin am ethischen Phänomen gleichsam aufgegangen und entstand nicht ursprünglich als Analogiebildung zum „verbum" von Johannes 1. Das wäre erstaunlich, weil, wie nachher gezeigt werden soll, der Begriff auf dem Wege über die theologische Tradition Augustin bekannt geworden sein dürfte, während die Anwendung auf den ethischen Akt sonst eigentlich erst in einer Weiterspinnung der Gedanken von De trinitate, Buch IX und XV, begegnet. Zudem fehlt in der Schrift De mendacio, die nach gewöhnlicher Ansicht gleichzeitig mit De continentia wäre, unbegreiflicherweise „verbum cordis", obschon daselbst vom „os cordis" die Rede ist[154].

Auf Grund sorgfältiger Vergleiche der Schriftzitate sowie unter Hinweis auf die antipelagianische Tendenz von De continentia ist es gelungen, die spätere Abfassung der Schrift, d. h. nach 412, zu erweisen[155]. Ein weiterer Versuch, die Datierung noch später zu legen, muß als weniger überzeugend angesehen werden[156]. Für unseren Zusammenhang kann eigentlich nur von Interesse sein, daß demnach Augustin die verbum-cordis-Lehre nicht aus der Beobachtung der „continentia", sondern offenbar doch aus der Logoslehre gewonnen hat. Damit soll nicht bestritten werden, daß gewisse Traditionen bei Augustin nachwirken, die völlig unabhängig von der Logostheologie auch die Vorstellung eines inneren Wortes hätten nahelegen können. Im Zusammenhang mit den Fragen der Lüge redet Augustin ja schon in frühen Schriften vom „inneren Sprechen", und es ist kaum zweifelhaft, daß die ethischen Aspekte, die die Lehre vom inneren Wort später, in De trinitate und eben in De continentia, bereichern, mit von da abzuleiten sind[157]. Man muß jedoch unterscheiden zwischen dem inneren *Sprechen* im allgemeinen und den theologisch geprägten Begriffen „inneres" und „äußeres *Wort*". Diese Termini sind bei Augustin eindeutig im theologischen Zusammenhang und nicht im ethischen beheimatet[158]. Die

---

[152] De cont. 2—4 (349—352/142—146), 3 (350/142): Nondum enim dixit, quisquis in corde occurrentibus suggestionibus quorumque visorum nulla cordis declinatione consensit.

[153] ZARB, Angelicum 11, 1934, 79.

[154] De mend. 31 ff. (ML 40, 508 ff./CSEL 41, 450 ff.).

[155] A.-M. LA BONNARDIÈRE, La date du De cont., nimmt 416—418 als am wahrscheinlichsten an.

[156] D. O'B. FAUL, Studia Patristica VI, 374—382.

[157] Diese Traditionslinie ist bei DUCHROW, Sprachverständnis 127 ff., sehr schön herausgearbeitet.

[158] Dies ist wohl bei DUCHROW, aaO, etwas zu wenig berücksichtigt. Seine entscheidende, frühe Belegstelle für das „ethische innere Wort" (aaO, S. 127 f., dazu

beiden einzigen Stellen über das innere Wort, die mit einiger Sicherheit[159] noch ins vierte Jahrhundert fallen, nehmen jedenfalls eindeutig unter dem Einfluß spezifisch theologischer, „logologischer" Gedankengänge ein inneres Wort an. In De doctrina christiana[160] wird die Inkarnation mit der Lautwerdung des inneren Wortes folgendermaßen verglichen:

Quomodo venit (sc. sapientia), nisi quod verbum caro factum est et habitavit in nobis? Sicuti cum loquimur, ut id, quod animo gerimus, in audientis animum per aures carneas illabatur, fit sonus verbum, quod corde gestamus, et locutio vocatur, nec tamen in eundem sonum cogitatio nostra convertitur, sed apud se manens integra formam vocis, qua se insinuet auribus, sine aliqua labe suae mutationis assumit, ita verbum dei non commutatum, caro tamen factum est, ut habitaret in nobis.

Die Weisheit kam zu uns, indem das Wort Fleisch ward und unter uns wohnte. So, wie beim Sprechen das Wort, das wir im Herzen tragen, zu einem Laut wird, damit das, was wir im Sinne haben, durch die körperlichen Ohren in den Sinn des Hörenden eindringe, — so wie dieses innere Wort Rede genannt und doch dabei unser Denken nicht in den Laut verwandelt wird, sondern völlig unversehrt bei sich selbst bleibt und nur die Lautgestalt ohne Befleckung durch eine Veränderung annimmt, so wurde das Wort Gottes ohne Veränderung seiner selbst Fleisch und wohnte unter uns.

Entscheidend ist hier die Verteilung auf zwei Ebenen, die eine Laut- bzw. Fleischwerdung ohne Veränderung der ursprünglichen Subsistenzweise trotz dem Eingehen ins Materielle erklärt. Diese Verwendung des verbum-cordis-Gedankens legt also, im Gegensatz zu De trinitate und den Johannestraktaten, kein Gewicht auf die Homousie[161], obschon freilich durch die scharfe Trennung des Geistigen vom Materiellen die Voraussetzungen geschaffen sind, auch zu diesem trinitätstheologischen Topos eine innermentale Analogie zu finden. Einen ähnlichen Fall wie der Abschnitt aus De doctrina christiana stellt die zwischen 396 und 399 datierbare Predigt Denis 2[162] dar, etwas später liegt wohl Sermo Frangipane 8[163], dann Sermo

---

s. hier S. 102, Anm. 185) vermag nicht zu beweisen, daß die *terminologische* Prägung bei Augustin aus dem ethischen Bereich stammt.

[159] Schwer datierbar sind En. in ps. 44, Sermones 28, 119, 225, Guelf. 22; Sermo 289: vor 410 (KUNZELMANN, Chronologie 455), Sermo 120: nach 396 (aaO, 491). Genaue Fundstellen in den folgenden Anmerkungen.

[160] De doctr. chr. I, 12 (ML 34, 24). Daß dies anläßlich der Ergänzung i. J. 426 eingefügt worden wäre, ist unwahrscheinlich: Aug. nimmt Retr. II, c. 4 (ML 32, 631 f./CSEL 36, 135 ff.) noch richtige Retraktationen vor, was gegen starke Eingriffe spricht. Zudem interessierte ihn diese ganze Spekulation damals kaum mehr (sie fehlt ja in der Auseinandersetzung mit Maximin).

[161] In Io. ev. tr. I, 8 f.; 14, 7; 37, 4 (ML 35, 1383 f., 1506, 1671 f.). Zu De trin. s. u. S. 220.

[162] Die nach den Maurinern entdeckten echten Predigten sind nach ihren ersten Herausgebern genannt und gesammelt von MORIN, Misc Ag I (z. T. auch schon ML 46). Denis 2 datiert bei KUNZELMANN, Misc Ag II, 494.

[163] Von 401 nach KUNZELMANN, aaO, 497.

7*

237[164] und der oben behandelte Sermo 288, den wir ungefähr ins Jahr 405 setzten[165]. Um 411/412 und also wohl in unmittelbarer Nähe zu De trinitate IX dürften Sermo 187 sowie die Johannestraktate liegen[166]. Was diese verschiedenen Texte sagen wollen — einschließlich der meisten nicht datierbaren (s. S. 99, Anm. 159) —, läßt sich vielleicht am besten anhand des längsten, d. h. anhand des Sermo 288[167] darstellen:

Johannes bezeichnet sich als „vox", Christus ist das „verbum"[168]. Welches ist der Unterschied zwischen diesen zweien? Das verbum ist eine vox significans[169], doch nun heißt es, im Unterschied vor allem zu De magistro, aber auch zur gängigen unspezifischen Verwendung von „verbum": *verbum valet plurimum et sine voce, vox inanis est sine verbo*[170]. Damit rückt „verbum" praktisch zur Bedeutung von „significatio" auf. Das ist natürlich nur verständlich, wenn nun gleich die Lehre vom inneren Wort folgt: Die res, die gesagt werden soll, ist unabhängig von irgendeiner empirischen Sprache im Herzen schon da, und zwar als verbum: Sic igitur, quomodo nota est ei, in cuius corde est, verbum est, iam notum dicturo, nondum audituro. Ecce ergo verbum iam formatum, iam integrum manet in corde[171]. Dieses „verbum in corde conceptum" sucht sich, wenn es hinaus und zu einem andern Menschen gelangen will, die entsprechende vox einer bestimmten Volkssprache, so daß dann die Vorstellung im Innern auch bei andern geweckt wird, die Vorstellung, die völlig unabhängig vom Wortklang ist[172]. Somit ergibt sich eine Priorität des verbum in dem, der spricht, eine Priorität der vox jedoch in dem, der hört. Daher ist es verständlich, daß Johannes bei Gott *nach* Christus ist, bei uns aber *vor* ihm und Christus erst nach ihm. Johannes wird so zum „sacramentum" aller Künder des göttlichen Wortes vor ihm, ja, das Verhältnis jeder „anima pia praedicatrix" zum ewigen verbum ist analog dem der Stimme zum inneren Wort[173]. Nicht nur die Propheten und Patriarchen und nicht nur jeder Verkünder ist aber vox, sondern auch das Fleisch Christi selbst, tamquam vehiculum[174].

Alle diese Gedanken, die ja weitgehend nur das entfalten, was schon in De doctrina christiana gesagt ist, finden sich mehrfach in den übrigen genannten Texten mit mehr oder weniger zufälligen Variationen. Der Begriff des inneren Wortes selbst kann gelegentlich fehlen, ist aber auch dann

[164] Von 402—404 nach Kunzelmann, aaO, 434.   [165] S. o. S. 41 f.

[166] Sermo 187 datiert nach Kunzelmann, aaO, 504, zu den Johannestraktaten s. o. S. 10.

[167] ML 38, 1302—1308.

[168] AaO, 2 (1304). Diese Exegese ist — unabhängig vom „inneren Wort" — traditionell, vgl. z. B. Orig., Hom. in Luc. 21 (GCS IX², ed. Rauer, 129 f.), Gregor v. Naz., or. 39, 15 (MG 35, 352 A).

[169] AaO, 3 (1304).   [170] AaO.   [171] AaO, (1304 f.).

[172] AaO, (1305).   [173] AaO, 4 (1306).   [174] AaO.

unausgesprochen gegenwärtig[175]. Die Ausweitung des verbum-vox-Schemas auf Jesus und Johannes kann, wie schon in De doctrina christiana, selbstverständlich wegfallen[176] oder auch die einzige Anwendung bleiben[177]. Die Anwendung auf die Inkarnation herrscht zwar vor, aber das Hinaustreten ins Materielle kann auch auf die Schöpfung bezogen werden[178] oder einfach die Omnipräsenz des ewigen Wortes analog der „Omnipräsenz" des Schalles beispielhaft darstellen[179], was natürlich auch von der „Omnipräsenz" des inneren Wortes gilt[180]. Daß dabei das innere Wort stets unverändert bleibt und das äußerlich klingende nur als „assumptum" gilt, ist wegen des göttlichen Wortes und seiner Unveränderlichkeit ein überall wiederkehrender Topos. Terminologisch ist interessant, daß nicht nur in Sermo 288, sondern ebenfalls fast durchgehend „verbum" von „vox" unterschieden wird und eben jenes innere Wort bedeutet, das unsprachlich, d. h. losgelöst von jeder konkreten Sprache vorgestellt wird. Es ist aber insofern nicht identisch mit dem Denken überhaupt, als es sich stets um ein bestimmtes Gedachtes handelt, um ein Etwas, das gesagt werden soll, um ein consilium oder eine conceptio[181].

---

[175] Serm. 28, 4 f. (ML 38, 184 f.): intellectus; Sermo 120, 2 f. (677) mit einer Andeutung (2: intellego et in corde meo de hac re verbum); En. in ps. 44, 4 f. (ML 36, 496 f.): consilium. In Sermo Frang. 7, 5 f. (MORIN 226) ist die Analogie übersprungen, muß aber zum Verständnis ergänzt werden.

[176] Nur vox=caro: Denis 2, 2 (MORIN 12 f.), Sermo 28, 5 (ML 38, 184 f.), 119, 7 (675), andeutungsweise Sermo 185, 1 (997), 187, 3 (1002), 225, 3 f. (1097 f.), In Io. ev. tr. 37, 4 (ML 35, 1671 f.). Vox=Johannes *und* = caro Christi: Sermo Guelferb. 22, 3 (MORIN 513).

[177] Sermo Frangipane 8, 2 (MORIN 227 ff.), Sermo 289, 3 (ML 38, 1309).

[178] In Io. ev. tr. 1, 9 (ML 35, 1383 f.), En. in ps. 44, 4 f. (ML 36, 496 f.).

[179] Gern verbunden mit dem Bild der Speisung, die aber im Falle des Wortes keine Teilung bedeutet; vgl. De div. qu. 83, qu. 42 f. (ML 40, 27 f.), Ep. 137, 7 (ML 33, 518/CSEL 44, 105 f.), Sermo 28, 4 (ML 38, 184), 120, 3 (677), 187, 2 (1001), 341, 2 (ML 39, 1494). Dieser Gedanke des überall klingenden Wortes, das die Omnipräsenz abbildet, ist im Grunde genommen nicht mit dem des inneren Wortes verbunden (daher schon in De div. qu. sowie De lib. arb. II, 38, ML 32, 1261/CSEL 74, 74, aber an dieser letzten Stelle nicht als Analogie zur Omnipräsenz), tritt aber gern in unmittelbarer Nähe auf, bes. Sermo 120, 2 f.; 187, 2 f.; er kann aber auch eine Verbindung eingehen, bes. Sermo 28, 4, wo „intellectus" erscheint (s. oben, Anm. 175), und Sermo 237, s. nächste Anm. Das Bild dient schon bei Plotin, Enn. VI, 4, 12 (HARDER 22, 89 ff.), zur analogen Illustration der „Omnipräsenz" der Seele.

[180] Sermo 237, 4 (ML 38, 1124). Das vox-verbum-Schema von Sermo 288 schließt den Gedanken insofern ein, als die materielle vox jeden auf das verbum stoßen muß, das so omnipräsent wird.

[181] „In corde conceptum" Denis 2, 2 (MORIN 12), „ipsa rei conceptio" In Io. ev. tr. 14, 7 (ML 35, 1506), „nascitur in corde" Frangip. 8, 2 (MORIN 227), res est quaedam, sententia quaedam, ratio corde concepta, Sermo 288, 3 (ML 38, 1304), quando ista cogitas, hoc est verbum, In Io. ev. tr., 1, 8 (ML 35, 1383), „consilium natum in mente" aaO, 9 (aaO).

Hinsichtlich dieses zuletzt genannten Begriffs und überhaupt hinsichtlich der immer wiederkehrenden Wendung „verbum in corde conceptum",
die durch die sachliche Verwandtschaft von „concipere" mit „nasci" und
„gignere" sich gut den trinitarischen Spekulationen einfügt und von Augustin faktisch auch eingefügt wird (s. u. zu De trinitate), ist ein erstaunliches
Zusammentreffen des lateinischen Sprachgebrauchs mit den Erfordernissen
der theologischen Spekulation festzustellen. Die übertragene Verwendung
von „concipere" im Sinne des Verstehens, des Meinens, des Beabsichtigens
und Wollens ist schon im klassischen Latein weitverbreitet[182], wobei der
Ort oder das Medium solchen „Empfangens" die mens, aber u. a. auch
„cor" sein kann[183]. Außerdem liegt die Wendung „verba concipere" ebenfalls bereits längst vor Augustin vor[184]. Obschon dies alles keine Erklärung
für die Entstehung der Lehre vom inneren Wort ist, wird doch hier eine in
der lateinischen Sprache selbst bereitliegende Möglichkeit sichtbar, die ohne
Zweifel bei der Wortspekulation Augustins befördernd wirkte und neben
der stoisch beeinflußten Sprachtheorie vielleicht den stärksten oder wenigstens deutlichsten außertheologischen Einfluß auf das „Wort im Herzen"
ausübte[185]. Die Sprache selbst bot so eine ganz entfernte Analogie für die
innertrinitarische Geburt des Sohnes, während die Zeichentheorie die Unterscheidung der zwei Naturen durch Abspaltung jedes volkssprachlichen
Elements vom eigentlichen, inneren Wort abzubilden vermochte.

Diese völlig lautfremde Bestimmung des verbum-Begriffs bedeutet nun
allerdings in keiner Weise, daß der Sprachgebrauch Augustins entscheidend beeinflußt worden wäre und daß er tatsächlich „verbum" von einem
bestimmten Zeitpunkt an nur noch für jene innere Größe verwendet hätte,
vielmehr zeigen die systematischen Darlegungen in De trinitate deutlich,
daß er mehrere verba unterscheidet, eine Tatsache, die in den bisher behan-

---

[182] Vgl. Thesaurus Latinus IV, Sp. 22 (conceptio), 24 (conceptus), aber vor allem
55, 59—62 (concipio, „translate").
[183] „Cor" bes. aaO, 60, Z. 5 ff.   [184] Bes. aaO, 55.
[185] Von da her möchte ich auch eine noch frühere Stelle (393/394), wo scheinbar
bereits das innere Wort, und zwar in einem untheologischen Zusammenhang, erscheint, verstehen: Ep. ad Rom. inchoata exp. 23 (ML 35, 2105): „Verbum" enim
„dicere" non ita videtur hic (näml. Mt. 12, 32 wider den Hl. Geist) positum, ut
tantummodo illud intellegatur, quod per linguam fabricamus, sed quod corde
conceptum etiam opere exprimimus. Die Fortsetzung zeigt, daß Augustin nicht
eigentlich an ein inneres Wort denkt, sondern auf das „factis dicere" zielt. Zudem
veranlaßt ihn auch später immer wieder die Auslegung jenes schwierigen Verses
über das Wort wider den Heiligen Geist zu Ausweitungen des verbum-Begriffes,
ohne daß er dabei, auch zur Zeit von De trinitate, auf den Begriff des inneren
Wortes käme, vgl. Sermo 71, 20 ff. (ML 38, 455 ff.), nach KUNZELMANN, MiscAg II,
473 auf 417 zu datieren, vgl. auch Ep. 185, 49 (ML 33, 814/CSEL 57, 42 f.). Daß
latent in dem Vers dennoch die Idee des inneren Wortes steckt, soll damit nicht bestritten sein.

delten Texten eher aus rhetorischen Gründen in den Hintergrund tritt[186], aber selbstverständlich nie in Frage gestellt wird. Die Grundbedeutung von „verbum" bleibt durchgehend „vox significans". Darum ist auch die Verwendung des verbum-cordis-Begriffs in rein psychologischem oder sprachphilosophischem Zusammenhang, ohne Bezug zum göttlichen verbum, so selten[187].

Zum Schluß noch ein Wort über die Trennung von Trinitätsanalogien, imago-Lehre und verbum-Spekulation, die sich in der Aufteilung auf drei Kapitel bereits zeigte. Eine sich anbahnende Beziehung zwischen den Trinitätsanalogien und der imago-Lehre konnte aufgezeigt werden, doch ist sie — außerhalb De trinitate — als äußerst schwach zu betrachten[188]. Bei der verbum-Spekulation wäre die Beziehung zur imago wie zur Trinität natürlich von der Sache her gegeben, ist aber in Wirklichkeit äußerst gering. Obschon ja das verbum als zweites Glied der Trinität behandelt wird, scheint doch die Trinitätsproblematik wie auf einem anderen Geleise daherzukommen. Es heißt darum auch nicht pater—verbum—spiritus, ja selbst in De trinitate kaum mens—verbum—amor[189], obschon dort, besonders in Buch XV, eine Synthese vollzogen wird. Die verbum-Problematik drängt sich außerhalb von De trinitate offensichtlich nicht von der Trinität her auf, sondern von der Schrift, deren verbum-Begriff für die zweite Person der Trinität einer Erläuterung bedarf. Auch die imago hat sachlich insofern mit dem innern Wort zu tun, als ja die geistige Seite des Menschen, in der es beheimatet ist, auch die „imago-Seite" ist. Dennoch ist außerhalb De trinitate — aber sogar teilweise innerhalb — kein diesbezüglicher Zusammenhang hergestellt, obschon er sich anläßlich des Vergleichs der zwei Worte bei uns und bei Gott nahelegen würde. Die imago-Probleme haben ihren Sitz, wie gezeigt, einerseits bei der Frage nach Sünde, Fall und Erneuerung, andrerseits bei der Konfrontation des Menschen mit der übrigen Kreatur. Die drei Gedankenströme fließen erst in De trinitate zusammen.

---

[186] Aber vgl. Sermo 225, 3 (ML 38, 1097): . . . Latinum tibi proferendum est verbum . . . Illud verbum in corde nec Latinum est . . . , vgl. auch In. Io. ev. tr. 1, 8 (ML 35, 1383).

[187] Vgl. bes. die Stelle in De cont. (s. o. S. 97 f.), In Io. ev. tr. 20, 10 (ML 35, 1561), wo zwar die Verwendung, aber natürlich nicht der Gesamtzusammenhang untheologisch ist; wo das theologische Interesse fehlt, liegt die Rede von einem inneren *Sprechen* näher (z. B. Sermo 71, 22, ML 38, 357: sola cogitatione locutus . . . corde impoenitenti . . .), soweit es sich vom inneren Vorstellen von Wortklängen unterscheidet (wie Sermo 214, 5, ML 38, 1068: verbum, cuius sonus et corde cogitari potest).

[188] S. o. S. 73 f.

[189] Bezeichnend ist die Zusammenfassung von Buch IX (n. 18, 972): ipsa mens, et notitia eius, quod est proles eius ac de se ipsa verbum eius, et amor tertius. Bei der Inhaltsübersicht in Buch XV (n. 5, 1060) fehlt das verbum gänzlich. Es ist da-

Wir stellen im folgenden anhangsweise noch zwei Fragen: einmal, auf welchem Wege die Unterscheidung des inneren vom äußeren Wort Augustin erreicht haben könnte. Im Anschluß daran wird die allgemeinere Frage behandelt, wie es im lateinischen Sprachbereich zu der Übersetzung „verbum" für λόγος gekommen sei.

Zur Herkunft der Unterscheidung von innerem und äußerem Wort

Die Unterscheidung des λόγος ἐνδιάθετος vom λόγος προφορικός geht möglicherweise auf die Stoa zurück. Jedenfalls wäre die stoische Logoslehre sowie die Einteilung der stoischen Dialektik in die Lehre vom Bezeichnenden und Bezeichneten[190] als Hintergrund der Unterscheidung der zwei λόγοι sehr wohl denkbar. Es ist jedoch auffallend, daß das Begriffspaar faktisch doch nicht im Rahmen eindeutig stoischer Überlieferungen erscheint, sondern erst bei Porphyrios ausdrücklich der Stoa zugeschrieben wird[191]. Das Begriffspaar selbst taucht erstmals bei Philo auf[192], also bereits in theologischem Zusammenhang, was natürlich, gerade bei Philo, stoische Herkunft keineswegs ausschließt.

Es wäre also nicht undenkbar, daß Augustin unter dem Einfluß stoischer Anschauungen wie verschiedene andere Vorstellungen[193] so auch die der beiden λόγοι übernommen hätte. Dabei müßte man nicht an genau bestimmbare Quellen denken, sondern an stoische Elemente im allgemeinen Bildungsgut seiner Zeit[194]. Diese Möglichkeit ist durchaus im Auge zu behalten und soll durch das Folgende nicht grundsätzlich ausgeschlossen werden. Es spricht aber gerade bei Augustin einiges *gegen* diese Herleitung aus stoischer Tradition. Das Fragment „Principia dialecticae", dessen verbum-Begriff wir oben kurz untersuchten, ist höchstwahrscheinlich weitgehend von Varros Dialektik gespeist, die ihrerseits die lateinische Bearbeitung eines Lehrbuchs der stoischen Dialektik gewesen sein dürfte. Jedenfalls hat BARWICK das Augustinische Dialektik-Fragment „im wesentlichen als stoisch" erwiesen[195]. Nun stellten wir aber fest, daß dort wohl Distink-

---

her erst recht unmöglich, die Trinitätsanalogien z. B. aus der Dreiheit von Nus, Logos und Pneuma bei Gregor von Nazianz abzuleiten. S. o. S. 44, Anm. 163.

[190] So mit einem gewissen Recht MÜHL, Archiv für Begriffsgesch., Bd. 7, 8—16, gegen POHLENZ, NGG, NF, Bd. 3, 1938/1939, 191 ff.

[191] De abst. III, 2 (ed. NAUCK 187), worauf POHLENZ, aaO, 192, 197 hinweist.

[192] De Abr. 83 (ed. COHN-WENDLAND IV, 20), De vita Mosis II, 127—130 (IV, 229 f.), De spec. leg. IV, 69 (V, 224), vgl. auch De migr. Abr. 71 u. 78 (II, 282 f.).

[193] Vgl. bes. VERBEKE, Aug. et le stoicisme, bes. 88 f., der aber die Lehre von den zwei Worten nicht erwähnt.

[194] So sicher richtig VERBEKE, aaO, 89, für die von ihm nachgewiesenen „doctrines" und „thèmes".

[195] BARWICK, Probleme 21, aber schon 8 ff.

tionen vorgenommen werden, die den Einbau einer Unterscheidung von innerem und äußerem Wort erlauben könnten, daß aber in Wirklichkeit der Begriff „verbum" dem äußerlich klingenden Laut vorbehalten wird, ganz in Übereinstimmung mit De magistro. Das ist im Rahmen stoischer Traditionen nichts Außergewöhnliches, kann doch z. B. auch Seneca die Dialektik in „verba et significationes" aufteilen[196]. Somit ist die Möglichkeit einer stoischen Beeinflussung Augustins — mindestens im Zusammenhang mit der Dialektik — für die Unterscheidung der zwei Worte äußerst gering[197].

Stoisches Gedankengut hätte Augustin auch durch die Hexaemeron-Homilien Basilius' des Großen vermittelt werden können. Augustin kannte sie in der Übersetzung des Eustathius[198]. Da die Genesisauslegung sich ja stets auch mit der Frage nach dem Schöpfungswort auseinandersetzen mußte und die Homilien des Basilius auch hinsichtlich der Sprachtheorie zahlreiche Gemeinsamkeiten mit der Stoa aufweisen[199], müßte man eigentlich in seiner oder in Augustins Genesisauslegung unser Begriffspaar wiederfinden. Dies ist jedoch nicht der Fall[200], so daß man sich nach anderen Bereichen wird umsehen müssen, aus denen die Unterscheidung der zwei Worte auf Augustin gekommen sein könnte.

Es wäre möglich, daß er sie in Schriften der Neuplatoniker kennenlernte[201], deren lateinische Übersetzung durch Marius Victorinus uns verlorengegangen ist, so daß die in diesem Falle recht wichtige Frage, welche lateinischen Termini Augustin vorfand, nicht beantwortet werden kann. Ebenso ist die lateinische Übersetzung von Philos „Quaestiones et solutiones in genesin", deren Benützung durch Augustin nicht ausgeschlossen ist[202],

---

[196] Ep. mor. 89, 17, nach BARWICK, aaO, 7. Es ist bezeichnend, daß BARWICK ebenfalls nirgends auf die zwei Worte zu sprechen kommt, soweit ich sehe.

[197] Vielleicht ist die stoisch-dialektische Unterscheidung von σημαινόμενον und σημαῖνον sogar mit der Lehre von den zwei λόγοι unvereinbar (so POHLENZ, aaO, 196). Im weiteren Sinne „dialektisch" ist der Zusammenhang der Erwähnung bei Porphyrios, In Cat. exp., ed. BUSSE, S. 64, Z. 28 f. Vgl. auch, was PRANTL, Gesch. d. Logik I, 636 über Boethius bzw. Porphyrios (drei Arten von oratio) sagt.

[198] Dazu ALTANER, Aug. und Basilius.   [199] Vgl. GRONAU, Poseidonios 69 ff.

[200] Zur Frage, wie Gott bei der Schöpfung geredet habe vgl. Basilius, In Hex. hom. III, 2 (MG 29, 53 u. 56) und Augustin, De gen. ad litt. I, 4—11 (ML 34, 248 bis 250/CSEL 28, 1, 5—10). Basilius lehnt die Übertragung der Unterscheidung von λόγος ἐνδιάθετος und προφορικός in Gott ab: Hom. 16, 3 (MG 31, 477 A), 24, 1 (MG 31, 601 A). Diese Stellen waren Aug. kaum bekannt. Vgl. noch MG 31, 197—199: Die φωνὴ σημαντική als Schiff der ἔννοια.

[201] Plotin, Enn. I, 2, 3 (HARDER 19, 16), V, 13 (10, 15), letztere Stelle war Aug. bekannt (HENRY, Plotin, . . . 127 ff.); Porphyrios, aaO (s. o. S. 104, Anm. 191); Jamblichos, Vita Pyth. 218 (ed. DEUBNER 118).

[202] ALTANER, Aug. und Philo; über die erhaltenen Fragmente 88 f. Bedenken gegen eine direkte Benützung durch Aug. macht COURCELLE, REAnc 63, 1961, 78 bis 85, geltend.

106

fast vollständig verloren. Allerdings wäre dieses Werk wohl keine ergiebige Quelle für Augustins Zwei-Worte-Lehre gewesen[203]. Daß er die Unterscheidung bei der Lektüre original griechischer Werke kennengelernt haben könnte, ist äußerst unwahrscheinlich, was nicht ausschließt, daß ihm die beiden Termini als solche griechisch bekannt waren[204].

Im ganzen bleibt es also unklar, ob und wie weit die philosophische Tradition auf Augustin eingewirkt hat. Ungleich wahrscheinlicher ist es, daß ihm das Begriffspaar aus der *theologischen* Diskussion um die zwei Worte bekannt war. Das schließt natürlich indirekten stoischen Einfluß nicht aus[205], doch kann dieser Aspekt in unserem Zusammenhang vernachlässigt werden. Daß die Herkunft des Begriffspaars bei Augustin in spezifisch theologischen Traditionen zu suchen sein dürfte, legt sich auch von der Beobachtung her nahe, daß bei ihm die Zwei-Worte-Lehre weitgehend auf theologische Gedankengänge beschränkt bleibt. Hinzu tritt nun aber folgende terminologische Beobachtung: Während auf lateinischem Sprachgebiet außerhalb des theologischen Schrifttums vor Augustin überhaupt nicht mit Sicherheit nachzuweisen ist, daß das Begriffspaar jemals übersetzt wurde[206], so ist in dem Bereich christlich-lateinischen Schrifttums, dem Augustin nahestand, von den beiden Worten ausdrücklich die Rede. Zwar findet sich das Begriffspaar verbum cogitativum—verbum prolativum in dieser Form sonst nirgends[207], wohl aber bei Hilarius verbum insitum—verbum prolativum[208], bei Ambrosius verbum endiatheton—verbum prolativum[209] sowie verschiedentlich andere Verbindungen, wobei besonders „prolativus, pro-

---

[203] Erhalten ist das Werk nur noch armenisch, in lat. Übersetzung hg. v. J. B. AUCHER, Venedig 1826. Zwei Stellen (AUCHER 310 u. 346) handeln vom verbum bzw. sermo prolatus.

[204] Zu Aug.s Kenntnis des Griechischen und griechischer Werke s. u. S. 128 f. Für Kenntnis der griech. Termini spricht, daß Aug. als einziger ἐνδιάθετος mit „cogitativus" übersetzt, s. u. Anm. 207.

[205] Vgl. Tertullian, Apol. c. 21, 10 f. (CC 1, 124), besonders wenn man c. 21, 11 (aaO, Z. 50) „etiam" anstatt „autem" liest. Doch ermöglicht auch diese Stelle keine Herleitung aus der Stoa, obschon der stoische Logos-Gedanke in nahe Berührung mit dem Drinsein und Heraustreten des sermo gebracht wird.

[206] Bei Cicero und Quintilian, bei den von KEIL gesammelten lateinischen Grammatikern und in der Sammlung der Fragmente derselben von FUNAIOLI findet sich nichts. Als Andeutung könnte man die Stelle bei Varro, De ling. lat. VIII, 40 (ed. SPENGEL 178) auffassen: Quaero enim, verbum utrum dicant vocem, quae ex syllabis est ficta, eam, quam audimus, an quod ea significat, quam intellegimus, an utrumque.

[207] „Cogitativus" *nur* bei Aug., De trin. XV, 20 (1072), nach Thes Lat III, 1457.

[208] Hilarius, De syn. 38 (Übersetzung der Anathematismen der 1. Synode von Sirmium), auch aaO, 46 (ML 10, 510 u. 515) und De trin. X, 21 (ML 10, 358).

[209] Ambrosius, De fide IV, 72 (CSEL 78, 182), vgl. auch aaO, I, 57 (25) u. Exp. ev. sec. Luc. II, 67 (CC 14, 60); „endiathetos" im lat. Text auch Irenäus, Adv. haer. II, c. 14, 1 (ed. HARVEY 278).

latio" und dgl. als Übersetzung der προφορά beliebt sind[210]. Einige der genannten Stellen waren Augustin wahrscheinlich bekannt[211].

Es ist aber nicht der terminologische Befund allein, der für die Herkunft
der Augustinischen Vorstellung vom inneren Wort aus theologischer Tradition spricht, und die Übersetzungen griechischer theologischer Werke, die er
kannte, können hier ebenfalls nicht als entscheidender Faktor eingesetzt
werden[212]. Viel wichtiger ist, daß auf Augustin ein Strom trinitarischer
Theologie eingewirkt haben muß, für den die Unterscheidung der zwei
Worte äußerst typisch war. Dieser Traditionsstrom läßt sich von Anfang an
in der lateinischen christlichen Literatur nachweisen, und da Augustin
fast nur lateinische Werke las, ist es äußerst wahrscheinlich, daß Vorstellungen, die im Westen während zweihundert Jahren immer wieder irgendwo
auftauchten, ihm nicht unbekannt blieben, wenn sie auch aus Gründen der
Orthodoxie bei ihm in veränderter Gestalt auftreten. Die maßgeblichen antiarianischen Autoritäten wie Hilarius und Ambrosius sind zwar keine unmittelbaren Zeugen dieser Tradition mehr, grenzen sich aber immerhin
von ihr ab, weshalb ja auch bei ihnen die entscheidenden Termini auftauchen, wie wir sahen. Die herangezogenen Belegstellen wenden sich z. T. gegen die Valentinianer[213], z. T. gegen die Photinianer[214]. Aber nicht diese
Gruppen sind die markantesten Vertreter der an unserem Begriffspaar
interessierten theologischen Strömungen, vielmehr ist dies im 4. Jahrhundert eindeutig der Verteidiger und Lehrer Photins, *Marcell von Ankyra*, der
ja lange vom Westen geschützt wurde, weil offensichtlich seine Anschauungen ähnliche Züge zeigten wie die lateinische Trinitätstheologie seit Tertullian.

Das Begriffspaar λόγος ἐνδιάθετος — προφορικός dient in Marcells Theologie der monarchianisch-ökonomischen Trinitätsvorstellung. Schon Theophilus von Antiochien hatte das Begriffspaar so verwendet, daß es seiner Vorstellung diente, nach welcher der Logos vor der Schöpfung in Gott drin

---

[210] Irenäus, Adv. haer. II, c. 16, 4 (ed. HARVEY 285), Tertullian passim (vgl. die
unten behandelten Stellen), Novatian, De trin. c. 31, 183 (ed. WEYER 196), Laktanz, Inst. IV, 8, 12 (CSEL 19, 297).
[211] Dazu s. u. S. 129 ff.
[212] Irenäus (vgl. Anm. 209 u. 210) existierte wohl damals in lat. Übersetzung,
vgl. ALTANER, Aug. und Irenäus. Eine weitere in Betracht kommende Stelle wäre
Athanasius, Or. c. Ar. II, 35 (MG 26, 221 B), zur Übersetzung dieser Schrift
ALTANER, Aug. und Athanasius 90.
[213] Irenäus, aaO.
[214] Hilarius, De synodis 38 (vgl. S. 106, Anm. 208), Ambrosius, De fide I, 57 (vgl.
S. 106, Anm. 209). Ähnlich z. B. Epiphanius, Panarion 80, 3, 9 (GCS 37, 252 f.).
Wenn Aug. von den Photinianern spricht, scheint er von dieser Unterscheidung
nichts zu wissen, vgl. Conf. VII, 25 (ML 32, 746/L I, 168 f.), Ep. 147, 19 (ML 33,
605/CSEL 44, 292).

weilte und zum Zwecke der Schöpfung aus ihm heraustrat[215]. Auf ähnliche Weise kann auch Marcell die Ewigkeit des Logos und seine Wesenseinheit mit dem Vater betonen, wobei aber ebenfalls vor der Schöpfung der Logos als im Vater befindlich vorgestellt wird, während die Schöpfung eben damit anhebt, daß er aus Gott heraustritt[216]. Über die weitere heilsgeschichtliche Entfaltung der Trinität und den Rückgang des Sohnes in den Vater, wie ihn sich Marcell vorstellt, brauchen wir hier keine Worte zu verlieren. Dogmengeschichtlich ist an dieser Lehre wichtig, daß man von ihr aus die Annahme dreier Hypostasen ablehnen mußte und daß sie wohl den Hintergrund für das Nicaenum bildete[217]. Wirkten in Nizäa bereits westliche Theologen maßgeblich mit, so erst recht auf der Synode von Serdica 342. Das dort verfaßte Bekenntnis der Homousianer zeigt aber zugleich den Einfluß Marcells[218]. Zwar findet sich unsere Begriffsunterscheidung in den Bekenntnissen dieser beiden Synoden nicht, doch liegt sie ziemlich nahe, wenn im serdicensischen Bekenntnis der Sohn δύναμις des Vaters heißt[219]. Diese Bezeichnung erscheint auch bei Marcell, wie denn überhaupt die Differenzierung der Zustände des Logos nach δύναμις und ἐνέργεια derjenigen nach innerem und äußerem Logos sehr nahekommt[220].

Dieser indirekte Nachweis dafür, daß im Westen bis in die Mitte des vierten Jahrhunderts offenbar eine monarchianisch-ökonomische Lehre herrschte, die zwei verschiedene „Aggregatzustände" des göttlichen Logos voraussetzte, wird ergänzt und bei weitem übertroffen durch die direkten Zeugnisse lateinischer Schriftsteller des dritten und vierten Jahrhunderts. Manche dieser Zeugnisse lassen allerdings das entscheidende Begriffspaar aus oder geben es nur undeutlich wieder, doch ändert dies nichts an der Tatsache, daß die Vorstellung sich kontinuierlich durchhält und stets mit den termini technici bezeichnet werden *könnte*. Auch bei Augustin vermißt man ja fixierte Begriffe wie „verbum internum" und „externum" oder dergleichen; auch er bedient sich verschiedenster Umschreibungen[221].

---

[215] Ad Autol. II, 10 u. 22 (ed. BARDY 122 u. 154).

[216] Vgl. bes. Fragm. 60 (ed. KLOSTERMANN, GCS 14, 196). Das Begriffspaar bei Euseb, De eccl. theol. II, 14 f. (aaO, bes. S. 117, Z. 34), auch I, 17 (aaO, S. 78, Z. 16 f.), sowie in der Ekthesis makrostichos V u. VI (HAHN, Bibliothek § 159, auch § 160, VIII, Sirmium 351).

[217] Bes. Fragm. 66 u. 69 (KLOSTERMANN, aaO, 197 f.) gegen die drei Hypostasen. Zur Beurteilung des Nicaenum bes. LOOFS, Leitfaden 189 f. und KRAFT, ZKG 66, 1954/1955, 1—24.

[218] LOOFS, Das Glaubensbekenntnis der Homousianer.

[219] LOOFS, aaO, S. 9, Z. 28 ff. Die Beziehungen zu Marcell und der westlichen Theologie daselbst S. 25. Zum Nicaenum vgl. bes. Eusebs Bericht (Athanasius ed. OPITZ III, 1, S. 46, Z. 18 ff.).

[220] Marcell, Fragm. 52 u. 61 (KLOSTERMANN, aaO, 194 u. 196).

[221] Vgl. Anhang II, u. S. 250 f.

Der früheste Vertreter der hier zu verfolgenden Anschauung und zugleich der lateinisch-theologischen Literatur[222], der Augustin oft unglaublich nahekommt und das Begriffspaar doch nicht verwendet, ist *Tertullian.* Zwischen ihm und Augustin besteht hinsichtlich des uns interessierenden Problems darin die größte Ähnlichkeit, daß beide den menschlichen Denkakt zur Erläuterung des Vater-Sohn-Verhältnisses heranziehen und den sprachlichen Charakter dieses Denkaktes betonen[223]. Beide begründen zudem diese Illustration durch den Gedanken der imago dei, welche der Mensch ist[224]. Für die Frage nach dem inneren und äußeren Wort ist folgendes besonders interessant: Tertullian möchte eigentlich Gott „ante principium" nur die ratio zuschreiben[225] und die „nativitas perfecta sermonis" dem Augenblick der Schöpfung vorbehalten[226]. Die zu seiner Zeit bereits üblich gewordene Übersetzung des Johannesprologs mit „sermo" für λόγος und nicht mit „ratio" veranlaßt ihn aber zu eingehenderen Erwägungen über das Verhältnis von ratio und sermo[227]. Gott habe von Anfang an den sermo „cum ipsa et in ipsa ratione" bei sich gehabt[228]. Dies lasse sich jedoch leichter erklären, wenn man das entsprechende Verhältnis beim Menschen bedenke, eben weil er „imago et similitudo dei" sei[229]. Solche Veranschaulichung sei darum möglich, weil das Denken ein inneres Gespräch und der Denkende nicht schlechthin einfach sei, sondern dialogisch stets mit einem inneren Gegenüber verbunden bleibe: Ita secundus quodammodo in te est sermo[230], per quem loqueris cogitando et per quem cogitas loquendo . . .[231]. Als Gott aber sprach: „Fiat lux", da nahm der sermo die Gestalt und Schönheit der Schöpfung an, und im Bild heißt das: sonum et vocem[232]. Obschon also Tertullian unser Begriffspaar nicht verwendet, kommt er ihm doch sehr nahe, besonders wenn man berücksichtigt, daß er nicht etwa die ratio dem λόγος ἐνδιάθετος und den sermo dem λόγος προφορικός gleichsetzt, sondern jenes Innere ebenfalls mit „sermo" bezeichnet[233], genauer: durch die Tradition zu bezeichnen gezwungen wird[234].

---

[222] D. h. sofern Minucius Felix nicht früher zu datieren ist. Seine Schrift ist für unsere Frage ohne Bedeutung.

[223] Vgl. Tertullian, Adv. Prax. c. 5—7 (CC 2, 1163 ff.), Apol. c. 21, 1—14 (CC 1, 124 f.), auch De or. 1, 1 f. (CC 1, 257) u. Adv. Herm. c. 3, 4 (CC 1, 399).

[224] Adv. Prax. c. 5, 5 u. 7 (CC 2, 1164).

[225] Adv. Prax. c. 5, 2 f. (CC 2, bes. 1164, Z. 19).

[226] Adv. Prax. c. 7, 1 (CC 2, 1165, bes. Z. 3).

[227] Adv. Prax. c. 5, 3 ff. (CC 2, 1163 f.).

[228] Adv. Prax. c. 5, 4 (CC 2, 1164, bes. Z. 22 f.).   [229] S. Anm. 224.

[230] „Secundus" ist nicht Attribut zu „sermo", sondern attributives Prädikat.

[231] Adv. Prax. c. 5, 6 (CC 2, 1164, bes. Z. 37—39).

[232] Adv. Prax. c. 7, 1 (CC 2, 1165, bes. Z. 2).

[233] So richtig SCHMAUS, Psychol. Trinitätslehre 45, Anm. 4.

[234] Neben der Übersetzung von Joh. 1 wirkte auf ihn auch Theophilus v. Ant., vgl. KRETSCHMAR, Studien 23, 26.

Die Ähnlichkeit mit manchen Punkten der Augustinischen Spekulation ist deutlich. Die z. T. fundamentalen Differenzen sollen zur Sprache kommen, sobald das Weiterleben dieser Tradition — z. T. unter dem Einfluß Tertullians[235] — dargestellt sein wird. Eine direkte Beeinflussung Augustins durch Tertullian ist nicht ausgeschlossen. Er urteilt zwar sehr hart und abweisend über ihn und sieht in ihm vorwiegend den Ketzer[236], doch ist es immerhin wahrscheinlich, daß er die Schrift Adversus Praxean kannte[237] und sie ihn beeinflußte oder anregte trotz seiner — übrigens nicht *nur*[238] — ablehnenden Haltung. Aber als einzige Erklärung für Augustins Analogiebildungen genügt Tertullian wohl kaum. Abgesehen von den inhaltlichen und terminologischen Unterschieden beider Theologen muß es doch als unwahrscheinlich gelten, daß praktisch ein einziger Passus bei einem als häretisch verschrieenen Schriftsteller Augustin zu einer immerhin so gewichtigen Spekulation veranlaßt haben sollte. Tertullian ist dagegen ganz eindeutig als besonders markanter Repräsentant einer Tradition zu werten, die Augustin auch auf anderem Wege bekannt werden konnte.

Da wir es hier auf die lateinisch geschriebenen Werke abgesehen haben, muß auf einen nah verwandten Gedanken bei Hippolyt bloß hingewiesen werden[239], um die Kontinuität der westlichen Tradition zu unterstreichen. Der lateinisch schreibende *Novatian* drückt sich zwar in unserer Frage nicht so deutlich aus wie Tertullian, aber es kann kaum Zweifel daran bestehen, daß auch er den sermo erst nach einer gewissen Zeit hervorgehen und zuvor im Inneren des Vaters sein läßt. Er scheint sich einen Ablauf in patre—ex patre—cum patre vorzustellen, wobei es hier unentschieden bleiben mag, ob er sich auch einen Rücklauf des Sohnes in den Vater vorstellt[240]. Die theologischen Ausführungen des Afrikaners *Laktanz* entbehren zwar einer gewissen Präzision, lassen aber ebenfalls die Vorstellung erkennen, Christus heiße darum „sermo" oder „verbum", weil Gott einen „vocalis spiritus" hervorgehen lassen wollte, von dem es heißt: quem non utero, sed *mente conceperat*[241]. Der Sohn ist Offenbarungsträger für das, was in Gott verborgen

---

[235] Diese komplizierte Frage kann in unserem Zusammenhang vernachlässigt werden.

[236] Darüber MOHRMANN, VC 5, 1951, 111 f.

[237] Vgl. bes. Adv. Prax., c. 7, 8 f. (CC 2, 1166 f.) über die Körperlichkeit Gottes, worauf Aug. Ep. 190, 14 (ML 33, 861/CSEL 57, 148 f.) und De haer. 86 (ML 42, 46 f.) Bezug nimmt, ohne allerdings die Schrift Tertullians zu erwähnen. Zur Frage auch HARNACK, Gesch. I, 683, G. BARDY, ATA 13, 1953, 145—150, auch u. S. 130.

[238] Bes. De haer. 86 (ML 42, 86 f.), wo sein Materialismus ausdrücklich nicht als Grund dafür angegeben wird, daß er als Häretiker gilt.

[239] Refutatio X, 33, 1f. (GCS 26, 289).

[240] Novatian, De trin. c. 31, bes. 182—186 (ed. WEYER 196—198).

[241] Laktanz, Inst. IV, 8, 9 (CSEL 19, 297).

war, und zwar nicht erst der Mensch gewordene Sohn, sondern schon der „deus ex deo prolatione vocis ac spiritus generatus"[242].

Ungleich reflektierter und abstrakter sind die Spekulationen des *Marius Victorinus*. Es ist deutlich, daß bei ihm diese abendländische Tradition mit neuplatonischen Elementen zusammenfließt, dabei aber an Deutlichkeit nichts einbüßt[243]. Es ist das Potenz-Akt-Schema, welches die Unterscheidung des λόγος „innen" und „außen" prägt. Der Vater selbst ist auch λόγος, aber „silens et requiescens". Sofern nun der Sohn im Vater ruht, *ist* er, durch die „actio" jedoch tritt er heraus und gewinnt ein eigenes Sein und Handeln[244]. Solches Heraustreten ist jedoch von der Inkarnation durchaus zu unterscheiden; denn der Unterschied zwischen Vater und Sohn, daß jener „silens verbum et apud se loquens verbum" ist und der Sohn „sonans verbum atque operans", kann, da ja beide verbum sind, gerade als Beleg für die Homousie ausgewertet werden[245].

Ganz massiv findet sich unsere Vorstellung bei *Zeno von Verona*, der wie Marius Victorinus aus Afrika stammt. Christus befand sich vor aller Zeit im Inneren des Vaters und trat, „ut rerum natura, quae non erat, fingeretur", aus seinem Herzen und Mund heraus[246]. Typisch für diese Auffassung ist die Anspielung auf Psalm 44, 2: Eructavit cor meum verbum bonum[247]. Hinsichtlich der uns interessierenden Terminologie ist zwar Zeno nicht besonders instruktiv, aber man sieht bei ihm deutlich, wie die orthodoxe Forderung nach einer Untermauerung der Lehre vom ewigen und gleichwertigen Sohn mit diesem heilsökonomischen Innen-Außen erfüllt werden konnte.

Für solche Traditionen ist es bezeichnend, daß sie unter Umständen in dichterischer Verarbeitung weiterleben können, auch wenn sie von der offiziellen Theologie nicht mehr aufrechterhalten werden. In einem der wenigen deutlich christlichen Gedichte des *Ausonius*, in der Oratio matutina, findet sich folgende Stelle, die offensichtlich hierher gehört:

---

[242] Inst. IV, 8, 12 (CSEL 19, 297), vgl. auch IV, 8, 6—9 (296 ff.).

[243] Mit Belegen für die „Geistchristologie" sagt Loofs: „Ebenso ist bei Marius Victorinus, so stark er unter griechisch-neuplatonischen Einflüssen steht, unverkennbar, daß die Lehre ihm in ihrer abendländischen Ausprägung zugekommen war" (Das Glaubensbekenntnis der Homousianer 30 f.).

[244] Marius Victorinus, Ad Cand. (ed. Henry) 17, Z. 12 f.; 20, Z. 10—14; 23, Z. 6—9.

[245] So Adv. Ar. III, 10, Z. 20—27. Vgl. auch Adv. Ar. I, 4, Z. 5—9, und IV, 20, Z. 6—8, 21—23 (ed. Henry). Daß auch der Vater „verbum" heißt, ist selten, vgl. immerhin noch Gregor von Elvira, De fide orth. 5 (ML 20, 41 B) und Aponius, ed. Battino u. Martini 19.

[246] Zeno v. Verona, Tract. lib. II, tract. 4 (ML 11, 396 f.).

[247] AaO, tract. 5 (ML 11, 399), vgl. auch tract. 3 (392 ff.), sowie tract. 1, 2 (388 f.).

> . . .
> ipse dei verbum, verbum deus, anticipator
> mundi, quem facturus erat; generatus in illo
> tempore, quo tempus nondum fuit; editus ante
> quam iubar et rutilus caelum illustraret Eous,
> quo sine nil actum, per quem facta omnia . . .[248]

Natürlich läßt sich nicht beweisen, daß zwischen „generatus in . . ." und „editus" jener Unterschied besteht, den wir z. B. bei Tertullian zwischen ratio und sermo oder eben zwischen innerem und äußerem Logos fanden, aber der Text läßt sich so am besten verstehen. Unmißverständlich ist in dieser Hinsicht eine Strophe aus dem Weihnachtshymnus des *Prudentius:*

> Ex ore quamlibet patris
> sis ortus et verbo editus,
> tamen paterno in pectore
> sophia callebas prius . . .[249]

Jene Weisheit, die dem Hervortreten des Wortes vorausgeht, kann jedoch auch „verbum" heißen[250], so daß wir wiederum der Unterscheidung von innerem und äußerem Wort sehr nahekommen.

Es ist zu erwarten, daß sich unsere Traditionslinie auch in häretischer Literatur nachweisen läßt. Dies ist der Fall für den wohl *priszillianistischen Traktat* über die Trinität, den MORIN untersucht und ediert hat[251]. Im Unterschied zu Tertullian scheint für diesen Autor der richtige Ausdruck für den λόγος ἐνδιάθετος „sensus" zu sein[252], aber wie Tertullian sieht auch er sich gezwungen, jenem sensus schon vor der „emissio e sinu cordis" etwas Worthaftes zuzugestehen, so daß er sagen kann: . . . immo aliud non erat sensus ipse quam verbum[253]. Oder: Sed verbum, prius quam ore proferitur, sensu interius loquente formatur[254]. Das Vater-Sohn-Verhältnis wird also wieder als innergöttliches Gespräch und das Heraustreten des verbum als Ermöglichung der Schöpfung verstanden[255].

Es mußte auffallen, daß die meisten Lateiner Mühe haben, den verbum-Begriff auf das in Gott Bleibende, auf die sapientia Gottes zu beziehen. Dies verwundert nicht, wenn man bedenkt, wie wenig eigentlich der Wortsinn des lateinischen „verbum" dem entspricht, was die Griechen mit λόγος

---

[248] Ausonius, Ephemeris 3, ed. SCHENKL, MGH, Auct. Ant. V, 2, S. 5, Z. 9—13.

[249] Prudentius, Cathemerinon, hymn. XI, Z. 17—20 (CSEL 61, 64). Die folgende Strophe ist zum Verständnis nützlich: quae prompta caelum condidit / caelum diemque et cetera: / virtute verbi effecta sunt / haec cuncta; nam verbum deus. Vgl. auch Apotheosis, Z. 43 ff. und 89 ff. (CSEL 61, 84 f.).

[250] Bes. in dem der Apotheosis vorausgehenden Trinitätshymnus, Z. 5 f. (CSEL 61, 79): . . . nam sapiens retro semper deus edidit ex se . . . verbum.

[251] G. MORIN, Etudes, Textes, Découvertes I, 151—205.

[252] AaO, S. 179, Z. 24 ff.   [253] AaO, S. 179, Z. 25 f.   [254] AaO, S. 180, Z. 15 f.

[255] AaO, S. 180, Z. 16 ff.

ἐνδιάθετος ausdrücken können. Doch dazu mehr im folgenden Unterkapitel. Interessant ist bei den vorgeführten Texten, daß sich die bei Augustin vorherrschende Verbindung „verbum cordis" bereits anzukünden beginnt. Einen kräftigen Einfluß übt da natürlich die Heilige Schrift aus, besonders die schon genannte Stelle Psalm 44, 2, die in unserem Zusammenhang immer wieder zitiert wird[256]. Aber auch unabhängig davon finden sich gelegentlich ähnliche Wendungen, so bei Zeno von Verona, für den Christus „paterni cordis exsecutor"[257] und „cordis eius nobilis inquilinus"[258] ist. Auch Prudentius verwendet den Begriff des Herzens Gottes in seinen Dichtungen recht gern[259], und der priszillianistische Anonymus kann als selbstverständliche Voraussetzung einfügen: cum verbum tum demum potest intelligi, postquam e sinu cordis emissum est[260]. Der „Ort", wo das Wort oder die Weisheit sich befand, ehe sie zum Zwecke der Schöpfung aus Gott heraustrat, kann also offenbar treffend mit „cor" bezeichnet werden, womit das Innerste, das verhüllte Intimum Gottes angegeben wird[261].

Was nun die Unterschiede zwischen Augustins Lehre vom inneren Wort gegenüber dieser ganzen Tradition anbetrifft, so sind zwei Punkte hervorzuheben: Einmal ist bei Augustin die monarchianisch-ökonomische Konzeption vollständig ausgemerzt. Für ihn ist nicht das verbum von Ewigkeit her irgendwie „in" Gott-Vater, um dann als eigene Wirkungskraft hervorzutreten und den Kosmos zu schaffen. Vielmehr ist es von Ewigkeit her gezeugt und bleibt in Konsubstantialität mit dem Vater unveränderlich von Ewigkeit zu Ewigkeit. Die Offenbarung in der Schöpfung und in der Inkarnation wirken sich auf den Zustand des ewigen Wortes überhaupt nicht aus. Das äußere Wort ist bloß das äußerlich-materiell Wahrnehmbare, also z. B. die Menschheit Christi, und somit etwas von Gott und dem Gott-Sohn der Seinsstufe nach unbedingt Getrenntes. Eine Homousie zwischen innerem und äußerem Wort, wie sie Marius Victorinus annimmt, wäre bei Augustin undenkbar; denn dieses Begriffspaar bezieht sich bei ihm nie auf das Vater-Sohn-Verhältnis, sondern ausschließlich auf das Verhältnis Sohn-Kreatur. Es dient nicht der Erklärung des Hervorgangs des Offenbarers aus dem Vater — Offenbarer sind ja alle drei Trinitätspersonen[262] —, sondern der

---

[256] Tertullian, Adv. Prax. c. 7, 1 (CC 2, 1165), Zeno s. o. S. 111, Anm. 247, Gregor von Elvira, De fide orth. 2 (ML 20, 35 D).
[257] Tract. lib. II, tract. 1, 2 (ML 11, 389). [258] AaO, tract. 4 (ML 11, 397).
[259] Cath. IX, Z. 10 (CSEL 61, 51), Apotheosis, Trinitätshymnus, Z. 2 (CSEL 61, 79), Apotheosis Z. 792 (CSEL 61, 113).
[260] MORIN, aaO, S. 179, Z. 18—20. Vgl. noch im griechischen Bereich: Ps.-Athanasius, or. c. Ar. IV, 27 (MG 26, 509 B).
[261] Zum Begriff „cor" vgl. auch o. S. 102. Zur Zeit Aug.s konnte damit auch das Innere eines leblosen Gegenstandes bezeichnet werden, vgl. SOUTER, Glossary, s. v. cor.
[262] Die hier vorausgesetzte Interpretation von Aug.s Trinitätslehre wird im folgenden Kapitel ausführlich gegeben.

Verbindung zwischen der zweiten Trinitätsperson und dem Menschen Jesus.
Das äußere Wort hat ausschließlich signifikative und keinerlei emanative
Bedeutung. Hier wird die trinitarische Orthodoxie, welche Augustin vertritt, deutlich spürbar. Fragt man, weshalb er denn überhaupt die seiner
Orthodoxie ursprünglich zuwiderlaufende Unterscheidung der zwei Worte
aufgenommen habe, so wird man kaum fehlgehen, wenn man die Begründung einmal darin sucht, daß für ihn der Unterscheidung von „innen" und
„außen" fundamentale ontologische Bedeutung zukommt[263], und zum andern darin, daß sich auf diese Weise eine plausible Erklärung für den trinitarischen Terminus „verbum" finden ließ.

In dieser zuletzt genannten Hinsicht, nämlich was die Verstehbarkeit des
Begriffs „verbum" in der Trinitätstheologie angeht, gewinnt Augustin gegenüber der lateinischen Tradition vor ihm noch dadurch einen großen Vor-
teil, daß er die verbum-Spekulation im wesentlichen auf die Analogie-Ebene
verlegt. Auch dies ist natürlich eine Folge seiner außergewöhnlich unanschaulichen, fast hyper-orthodoxen Lehre, befreit ihn aber zugleich zu einer
freieren Spekulation und zur Aufnahme stoisch-sprachphilosophischer[264]
Elemente sowie vielleicht zur Verarbeitung einer speziell ethischen Tradition
innerhalb der Vorstellung vom „inneren Reden"[265]. Im Interesse einer schar-
fen Abgrenzung von „innen" und „außen" unterscheidet er auf der Bild-
Ebene zudem eigentlich drei Wort-Stufen: einmal das absolut lautlose Abbild des memoria-Inhalts, dann die noch nicht klingende Vorstellung des
Wort-Lauts und schließlich das äußerlich ertönende Wort selbst. Dank der
Beschränkung auf die Analogie braucht er auch gar nicht mit der Anwendung
des verbum-cordis-Begriffes auf „Gott" zu zögern wie die meisten früheren
Lateiner; denn er redet ja stets im Bild. Daß er bei der Rückübertragung
des Bildes auf den Abgebildeten selbst äußerst vorsichtig, ja fast skeptisch
ist, verbindet ihn dagegen wiederum mit allen lateinisch schreibenden
Christen: „Verbum" läßt sich trotz allen Versuchen nur sehr schwer mit dem
metaphysischen Gottesbegriff verbinden.

Man darf es wohl Augustins schöpferischer Originalität zuschreiben, daß
er eine von der maßgeblichen Theologie längst abgewiesene, aber inoffiziell
doch weiterlebende Vorstellung aufgenommen und im Sinne seiner Theologie neu geprägt hat.

---

[263] Dazu bes. S. 36 u. 62.

[264] Die Gleichung Laut : Sinn = Leib : Seele (bzw. verbum), die für die Inkar-
nationserklärung eine Rolle spielt, kommt wohl auch aus der Stoa, vgl. SCHMIDT,
Stoicorum grammatica 13 f. (nach SCHMAUS, Psychol. Trinitätslehre 34); bei Augustin selbst ohne theologische Abzweckung: De quant. an. 66 (ML 32, 1072),
De gen. ad litt. I, 29 (ML 34, 257/CSEL 28, 1, 21).

[265] Vgl. DUCHROW, Sprachverständnis 127 ff. Im übrigen s. o. S. 98.

Zur Übersetzung von ΛΟΓΟΣ

Tertullian faßt das innere Wort eher als Gespräch auf, während es bei Augustin als einzelner, intelligibler Akt verstanden wird. Diese Differenz hängt zu einem guten Teil damit zusammen, daß Tertullian sich am Begriff „sermo" orientiert, während für Augustin „verbum" maßgebend ist. Schon daran wird klar, welche weitreichenden Konsequenzen die Übersetzung von λόγος für den von uns angeschnittenen Fragenkomplex hatte. Diesem Problem ist im folgenden nachzugehen.

Bedeutet in einem Text λόγος eindeutig eine sprachliche Größe, so ist es klar, daß man im Lateinischen „verbum, sermo, locutio" oder etwas Ähnliches setzt. Meint der griechische Begriff dagegen so etwas wie das göttliche Weltgesetz der Stoa, so verwendet man selbstverständlich Begriffe wie „lex" oder „ratio"[266]. Wie sollte aber der λόγος von Johannes 1 übersetzt werden? Es ist klar, daß in diesem Falle der griechische Wortgebrauch Elemente vereinigt, die kein lateinischer Begriff ebenbürtig in sich schließt. Diese Lage ist den meisten christlichen Lateinern klar. Wir sahen ja schon, daß Tertullian „ratio" vorziehen würde, aber dem bereits eingebürgerten Sprach- bzw. Übersetzungsgebrauch nachgeben muß[267], d. h. sich mit „sermo" auseinanderzusetzen hat. Dieselbe Situation treffen wir bei Laktanz an[268]. Gregor von Elvira nennt zuerst „ratio", um dann neben „verbum" noch eine Menge anderer Bezeichnungen aufzuzählen[269]. Hieronymus zählt die lateinischen Äquivalente mit philologischer Genauigkeit auf[270], und Augustin stellt „ratio" und „verbum" zur Auswahl[271].

Das Wissen der Theologen und Philologen steht aber in Widerspruch zu dem, was offenbar von Anfang an in der lateinisch sprechenden Kirche Brauch war. Es scheint nie üblich gewesen zu sein, Johannes 1 und evtl. in Betracht kommende andere Stellen mit „ratio" zu übersetzen[272]. Wohl benützte man bei der Übersetzung theologischer Schriften die Möglichkeit, zwei Begriffe für λόγος zu verwenden, z. B. „verbum, id est ratio" oder „ratio et verbum" und dergleichen mehr[273]. Aber das scheinen doch mehr Wirkungen gelehrter Überlegung ohne Einfluß auf die allgemeine Ansicht vom „sermo" oder „verbum" bei Gott gewesen zu sein. In besonders gelehrten Schriften konnte man λόγος überhaupt unübersetzt lassen, eine Sitte,

---

[266] Vgl. die schöne Stelle bei Cicero, De re publ. III, 22, 33 (ed. ZIEGLER 96 f.).
[267] S. o. S. 109, Anm. 227.   [268] Inst. IV, 9, 1 (CSEL 19, 300).
[269] De fide orth. 6 (ML 20, 42 C).   [270] Ep. 53, 4 (CSEL 54, 449).
[271] De div. qu. 83, qu. 63 (ML 40, 54).
[272] Die im folgenden zu sermo bzw. verbum angeführten Belegstellen lauten für ratio alle negativ.
[273] Z. B. in Rufins Übersetzg. von Origenes' Περὶ ἀρχῶν : I, 3, 1 (GCS 22, S. 49, Z. 2), I, 3, 6 (S. 56, Z. 20 f. u. S. 57, Z. 16), I, 8, 3 (S. 100, Z. 14 f.), aber schon Tertullian, Apol. c. 21, 11 (CC 1, S. 124, Z. 50 f.).

der Marius Victorinus meist gefolgt ist[274]. Doch entzog man sich damit der vom Lateinischen geforderten Entscheidung und damit der echten Verstehensmöglichkeit für jeden lateinisch Denkenden. *Warum* von frühester Zeit an die lateinisch sprechenden Christen den sprachlichen Begriff dem rein rationalen vorzogen, ist schwer festzustellen. Die Begründung Tertullians, die Übersetzung mit „sermo" habe sich eingebürgert „per simplicitatem interpretationis"[275], besagt wenig, und wenn Augustin meint, „verbum" sei gegenüber „ratio" vorzuziehen, damit nicht nur die Beziehung zum Vater, sondern auch zur Kreatur angedeutet werde, die ja vom verbum „operativa potentia" gemacht sei[276], so handelt es sich dabei um eine nachträgliche Reflexion, die eine historische Erklärung nicht ersetzt. Da im Rahmen dieser Arbeit eine Untersuchung dieses ganzen Problems ausgeschlossen ist, beschränken wir uns auf eine Vermutung: Die frühe lateinische Christenheit, die ja schon immer weniger auf Spekulation und Abstraktion eingestellt war als die griechische, empfand offenbar auf Grund ihrer ganzen Auffassung von der christlichen Botschaft oder Wahrheit, daß eine Übersetzung mit einem sprachlichen anstatt mit einem rationalen Begriff anschaulicher, dynamischer, kurz: der Offenbarung angemessener sei, während sie „ratio" als statisch-abstrakt, jedenfalls als fremd empfunden hätte. Doch wie dem auch sei, für alle lateinischen Theologen war damit die Aufgabe gestellt, den ewigen λόγος in irgendeine Beziehung zur Sprache zu bringen.

Was nun die beiden Begriffe „sermo" und „verbum" anbetrifft, so erscheinen sie als Bezeichnungen des Gottessohnes im Prinzip vermischt, aber doch im dritten Jahrhundert vorwiegend „sermo" und gegen die Zeit Augustins hin weitgehend „verbum". Die Übersetzung von Johannes 1, 1 und 14 in den ältesten lateinischen Fassungen scheint regional verschieden gewesen zu sein. Die europäischen Übersetzungen wählten „verbum", während man in Nordafrika „sermo" vorzog[277]. Die Vulgata setzt natürlich „verbum", wenn sie auch z. B. in Sapientia 18, 15 mit „sermo" übersetzt[278]. Bei den Schriftstellern finden sich aber fast immer beide Ausdrücke neben-

---

[274] Sehr oft, eine Ausnahme o. S. 111, Anm. 245 und u. S. 118, Anm. 286 sowie Adv. Ar. I, 55 f. Bezeichnend ist, daß HADOT im Index der Ausg. HENRY nur „Logos" und überhaupt nicht „Verbe" verzeichnet (SChr 69, 1118 f.).

[275] Adv. Prax. c. 5, 3 (CC 2, 1164).

[276] S. o. S. 115, Anm. 271.

[277] Vgl. JÜLICHER-ALAND, Itala IV (Joh.) zu den Stellen, wo keine Handschrift mit „sermo" angegeben ist; dagegen v. SODEN, Das lat. NT. 71: λόγος als Prädikat Christi heißt in der älteren afrikanischen Bibel durchgehend „sermo". WORDSWORTH-WHITE verzeichnen in ihrer Vulgata-Ausgabe zu Joh. 1, 1 und 14, einen Kodex der altlateinischen Übersetzung mit „verbum vel sermo", der die afrikanische Textform repräsentiert (vgl. daselbst die Einleitung S. XXXIII).

[278] Vgl. die Ausgaben.

einander. So taucht denn auch bei Tertullian, für den „sermo" der normale Begriff ist, gelegentlich „verbum" auf[279]. Bei Novatian in Rom scheint die Normalübersetzung von Johannes 1 „verbum" zu sein[280], doch verwendet er sonst beide Begriffe promiscue, während natürlich für den Afrikaner Cyprian wieder „sermo" im Vordergrund steht[281]. Laktanz verkörpert gewissermaßen ein Zwischenstadium, indem er gelegentlich „verbum" und „sermo" nebeneinanderstellt[282]. Schriftsteller außerhalb Afrikas wie Viktorin von Pettau, Firmicus Maternus, Ausonius sprechen vom „verbum"[283], wie denn überhaupt in der zweiten Hälfte des vierten Jahrhunderts weit herum dies die Normalübersetzung gewesen zu sein scheint, neben der allerdings immer noch gelegentlich „sermo" auftauchen konnte[284].

Dies ist ja auch die Situation, die wir bei Augustin antreffen[285], so daß man sagen kann: Als Begriff für den bei Gott von Ewigkeit befindlichen λόγος mußte er den Begriff „verbum" wählen. Seine Spekulationen sind also sehr stark bestimmt von der Interpretationsleistung der altlateinischen Bibelübersetzung, die einen sprachlichen Ausdruck wählte, und von der wohl aus Italien kommenden Vorherrschaft des verbum-Begriffs, der ihn mit dazu angeregt hat, über den je einzelnen Akt des Wort-Sagens nachzudenken; denn „verbum" ist ein Begriff, der sich schwer von dem Sinn „einzelnes Ausgesagtes bzw. einzelne Aussage" lösen und so etwas wie „Gespräch, Vernunft" und dgl. bedeuten kann. Für eben diese Nötigung, beim Begriff „verbum" das Worthafte stärker zu betonen oder wenigstens zu berücksichtigen, ist eine Stelle bei Marius Victorinus typisch: Nach Galater 4, 6 schickt Gott den Geist, der „Abba" ruft. Die „cognoscentia patris" ist die „vox spiritus nostri ad deum". Christus nun, der den Vater allein wahrhaft erkennt, „habet in eum vocem atque illum appellat, quia eum cognoscit,

[279] „Verbum" bei Tertullian z. B. Apol. c. 21, 17 (CC 1, 125), De carne Chr. c. 19, 2 f. (CC 2, 907), c. 20, 3 (909). Vgl. RÖNSCH, Das NT Tertullians, bes. 250—253 u. 545 f.
[280] Vgl. den Stellen- und Wort-Index der Ed. WEYER.
[281] Vgl. z. B. Ep. 73, 5 (CSEL 3, 2, 782) und die Arbeit v. SODENS, o. Anm. 277.
[282] Inst. IV, 9, 1 (CSEL 19, 300), IV, 8, 9 (297), oder auch abwechselnd Inst. IV, 8, 6 f. (296) und IV, 8, 8 (297, Z. 1).
[283] Viktorin, De fabrica mundi (CSEL 49) passim; I. Firmicus Maternus, De errore ed. ZIEGLER (1953) S. 74; Ausonius s. o. S. 112 sowie MGH, Auct. Ant. V, 2, S. 30, Z. 16.
[284] Vereinzelt „sermo" bei Phoebadius v. Ag., Lib. c. Ar. 11 (ML 20, 21 B), 20 (28 B), bei Gregor von Elvira, De fide orth. 2 (ML 20, 36 A), bei Prudentius, Cath. III, 141 (CSEL 61, 18), VI, 3 (32), XI, 52 (65). In den Übersetzungen Rufins: Or. 38, 2 Gregors von Naz. (CSEL 46, 88): incorporeus carne vestitur, sermo crassescit (ὁ λόγος παχύνεται); Euseb, Hist. eccl. I, 2, 23; ipse sermo ac ratio et verbum ac sapientia (GCS 9, S. 25, Z. 24 f.). In den Übersetzungen des Hieronymus: Origenes, Hom. in Luc. 1 (GCS 49, 7 f.), 37 (211).
[285] S. o. S. 75 f.

idcirco Christus dei verbum est". Durch die Erkenntnis, welche uns Christus gibt, erkennen wir ihn und Gott und werden so ebenfalls zu einem „verbum"[286]. Es ist deutlich, wie hier der verbum-Begriff mit einer unzweifelhaft sprachlichen Erklärung der Christologie verbunden wird, doch ist zugleich deutlich, daß diese „Christologie" uneigentlich verstanden werden muß und für die eigentliche Redeweise der verbum-Begriff hinter dem λόγος-Begriff zurücktreten muß. Augustin dringt in dieser Hinsicht entschieden weiter vor, doch bleibt der verbum-Begriff auch bei ihm schließlich uneigentlicher Ausdruck, da ja gerade das Wort- und Akthafte auf die imago im Menschen beschränkt bleibt.

---

[286] In Gal. IV, 4 (ML 8, 1178 B — 1179 B), worauf HADOT, Victorinus et Augustin 430 f. hinweist.

V. AUGUSTINS TRINITÄTSLEHRE:
DE TRINITATE I BIS VII

Das in diesem Kapitel gewählte Vorgehen, nämlich die fortlaufende Interpretation eines einzigen Werkes, läßt sich einmal dadurch rechtfertigen, daß nur bei einem aufmerksamen Verfolgen der Gedankenentwicklung gewisse Aspekte hervortreten, die einer systematischen Darstellungsweise entgehen müssen oder wenigstens gerne entgehen, des weiteren läßt sich für die Konzentration auf De trinitate anführen, daß in diesem Werk eigentlich alles Wesentliche über Augustins Trinitätslehre gesagt wird, und schließlich existieren systematische Darstellungen derselben bereits[1], während eine Interpretation oder ein Kommentar zu De trinitate m. W. bisher nicht existiert[2].

Was die *Gliederung* des Gesamtwerks anbetrifft, so zerfällt es eindeutig in drei Hauptkomplexe, nämlich in die Bücher I bis IV, die dem Schriftbeweis dienen, die Bücher V bis VII, die der begrifflichen Klärung des Dogmas gewidmet sind, und schließlich die Bücher VIII bis XV, die sich, mit etlichen Abschweifungen besonders in Buch XII und XIII, um die Analogien der Trinität bemühen. Insofern nun die ersten sieben Bücher inhaltlich im großen ganzen der Art entsprechen, wie im vierten Jahrhundert allgemein über die Trinität geschrieben wurde, und die übrigen acht Bücher sehr stark eigene Wege gehen, kann man mit einem gewissen Recht die Zäsur in der Mitte, also zwischen Buch VII und VIII setzen[3]. Für Augustin stellt sich die Sache etwas anders dar[4]. Die ersten vier Bücher sollen die Trinitätslehre, soweit sie Glaube der Kirche ist, aus der Schrift beweisen[5], der

---

[1] Die beiden repräsentativsten Monographien sind Th. Gangauf, Des hl. Augustinus spekulative Lehre von Gott dem Dreieinigen, bes. 209 ff. von 1865 und vor allem M. Schmaus, bes. 100—169, neuerdings in Studia Patristica VI, 503 bis 518 sowie SAM 1962, H. 6. Eine Darstellung von evangelischer Seite scheint bis heute nicht zu existieren, wenn man von den großen Dogmengeschichten absieht.

[2] Die Ausg. in der Bibliothèque Augustinienne (BA 15 u. 16) enthält zwar Erläuterungen, doch scheinen mir diese etwas zufällig verteilt und jedenfalls kein wirklicher Kommentar zu sein. Sie sind im folgenden dankbar benützt (vgl. die Hinweise).

[3] Marrou, S. Aug. 64, 322, 278 teilt so in einen theologischen und philosophischen Teil, aber vgl. seine Retractatio (ab Aufl. 1949) 638—643.

[4] So richtig Hendrikx, BA 15, 18.

[5] Sed primum secundum auctoritatem scripturarum sanctarum, utrum ita se

ganze Rest des Werks versucht die Gegner dieser Lehre zu widerlegen, und
zwar einerseits durch Eingehen auf die „haereticorum versutissima argu-
menta"[6], andrerseits durch eine Behandlung „modo interiore"[7], d. h. durch
die Analogien im Menschen, wobei immer das Interesse leitend ist, etwas
aufzuzeigen, „unde dubitare non possint"[8], nämlich die Gegner, und zugleich die Beschränktheit aller Erkenntnis und Erkenntnisfähigkeit so klar
zu machen, daß sie auf Grund dieser Verlegenheit sich lieber der Autorität
von Kirche und Schrift anvertrauen[9]. Dies ist der Generalnenner für die
Bücher V bis XV, deren Zusammengehörigkeit demnach deutlich ist. Seine
Verflochtenheit mit den sachlichen Problemen, besonders mit der für das
Gesamtverständnis entscheidend wichtigen Frage nach Vernunft und Glauben, veranlaßt uns, mit der Interpretation des Proömiums zum ersten Buch,
das diesem Thema gewidmet ist, einzusetzen.

Die Proömien

Lecturus haec, quae de trinitate disserimus, prius oportet, ut noverit, stilum nostrum adversus eorum vigilare calumnias, qui fidei contemnentes initium immaturo et perverso rationis amore falluntur.

Wer diese meine Ausführungen über die Trinität lesen will, soll zunächst wissen,
daß sich meine Feder gegen die trügerischen Angriffe jener Leute richtet, die den
Glauben als Anfang der Erkenntnis verachten und durch ihre voreilige und ver-
kehrte Vorliebe für die Vernunft in Täuschungen verfallen.

---

fides habeat, demonstrandum est, De trin. I, 4 (822), entsprechend dazu in der
Zusammenfassung XV, 5 (1059).

[6] IV, 32 (912), auch 31 (911).

[7] VIII, 1 (947) Nunc itaque . . . attendamus haec, quae modo interiore quam
superiora tractabimus, cum sint eadem.

[8] I, 4 (822). Darunter sind sowohl die Relationentheorie von Buch V als auch
die Analogien der zweiten Hälfte zu verstehen.

[9] Diese Gesamtkonzeption Augustins selbst ist offensichtlich im ersten Prolog
und am Ende des letzten Buches, die zeitl. nicht allzuweit auseinanderliegen
können (s. o. S. 9), was nachfolgende Nebeneinanderstellung zeigt (anders BA 16,
572). I, 4 (822) nach dem S. 119 f., Anm. 5 zitierten Satz: Deinde . . . istis garrulis ra-
tiocinatoribus, elatioribus quam capacioribus atque ideo morbo periculosiore labo-
rantibus, sic fortasse serviemus, ut inveniant aliquid, unde dubitare non possint
(dazu s. Anm. 8), et ab hoc in eo, quod invenire nequiverint, de suis mentibus
potius quam de ipsa veritate vel de nostris disputationibus conquerantur, atque
ita, si quid eis erga deum vel amoris est vel timoris, ad initium fidei . . .
redeant. . . Und XV, 49 (1096): Verum si (sc. infideles) ad hanc imaginem con-
tuendam (die psychol. Analogie) et ad videnda ista, quam vera sint, quae in
eorum mente sunt, . . . minus idonei sunt, cur non de illa summa trinitate . . .
credunt potius, quod in sacris litteris invenitur, quam poscunt liquidissimam
reddi sibi rationem, quae ab humana mente tarda scilicet infirmaque non capitur?
. . . Si autem propterea negandum putant ista esse, quia ea non valent caecis
mentibus cernere, debent et illi, qui . . . caeci sunt, esse solem negare.

Dies ist der erste Satz des Werks[10], der die Thematik fides–ratio in programmatischer Weise anschneidet. Wie weit die polemische Absicht, die sich hierin ausspricht, faktisch durchgeführt ist, wurde bereits gesagt[11]. Was aber ist unter dem „initium fidei" zu verstehen, dessen Mißachtung Zeugnis einer verkehrten Anwendung der ratio ist und zu den häretischen Irrwegen führt? Es handelt sich nicht etwa um jene im Kampf gegen den Pelagianismus bedeutsame Größe, die genauso heißt und das Geschenk oder Verdienst des Zum-Glauben-Kommens meint[12], vielmehr ist das initium fidei der Glaube, den die Kirche und die Schrift lehren und der den unabdingbaren Anfang der wahren Gotteserkenntnis ausmacht. So hofft Augustin, die Gegner würden nach seiner Argumentation zum initium fidei zurückkehren, das allein als wahre Medizin des Geistes fähig zu machen weiß für die zunehmende Erkenntnis der Glaubenswahrheiten[13]. Ist die Seele nicht gleichsam bewacht von diesem initium fidei, so ist die temeritas inordinata und d. h. der Irrtum ihr unfehlbares Schicksal[14].

Solche fides ist nur richtig, wenn sie auch in der katholischen Kirche geschieht und in Übereinstimmung mit ihr, d. h. aber auch in Übereinstimmung mit der Schrift bleibt[15]. Dieser Ansatzpunkt wird denn auch im Verlauf der Abhandlung konsequent zur Geltung gebracht und wiederholt[16].

---

[10] I, 1 (819).   [11] S. o. S. 1 f.

[12] Dazu vgl. Ep. 217, 29 (ML 33, 989/CSEL 57, 423 f.), De praed. sanct. 4 (ML 44, 962) u. öfters.

[13] I, 4 (822): . . . ad initium fidei et ordinem redeant, iam sentientes, quam *salubriter* in sancta ecclesia medicina fidelium constituta sit, ut ad perceptionem incommutabilis veritatis imbecillem mentem observata pietas *sanet*. . . Ähnliches sehr oft, in De trin. I, 3 (821); II, 29 (864): sanitas fidei; 30: salubriter videt (in ecclesia) . . .; 32 (866): sana fides. Eng verwandt damit die purgatio: I, 17 (832); 31 (844): . . . fide corda mundamus . . .; IV, 26 (906): purgata per fidem mens, desgl. IV, 31 (910); VIII, 6 (951): nisi per fidem *diligatur*, non poterit cor mundari. . .

[14] En. in ps. 35, 1 (ML 36, 342): et est *initium fidei*, quod custodit animam, donec roboretur, d. h., aus dem Zusammenhang: bis sie zum Verstehen kommt. Hier sowie in De trinitate ist der Genetiv „fidei" offensichtlich genetivus explicativus. Vgl. auch IX, 1 (961): . . . fides . . . inchoat cognitionem. . .

[15] Vgl. Anm. 13, sowie II, 28 (864): Die Warte, von der aus Christus betrachtet werden kann, ist die Kirche, und (II, 30 [865]) wer nicht von ihr aus blickt, kann nicht heilbringend glauben. Nur im Sichhalten an die Catholica ist der Gläubige vor den Anwürfen der Häretiker geschützt (I, 31 [844]). Bei der Einführung der entscheidenden Trinitätsformeln beruft sich Aug. ausdrücklich auf die „catholici tractatores" vor ihm: I, 7 (824). Was damit inhaltlich gemeint ist, s. u.

[16] VIII, 1 (947): servata illa regula, ut, quod intellectui nostro nondum eluxerit, a firmitate fidei non dimittatur, IX, 1 (961): De credendis nulla infidelitate dubitemus, de intellegendis nulla temeritate affirmemus. In illis auctoritas tenenda est, in his veritas exquirenda. XV, 9 (1063): Hanc ergo sapientiam, quod est deus, quomodo inellegimus esse trinitatem? Non dixi: quomodo credimus? nam hoc inter fideles non debet habere quaestionem.

122

Die trinitarischen Formeln sind tatsächlich wie ein Panzer, gegen den auch die kühnste Spekulation nicht anzurennen vermag. Das ist für Augustin durchaus sinnvoll; denn der Glaube auf Autorität hin steht in völliger Übereinstimmung mit der ratio, und jeder scheinbare Widerspruch beruht auf trügerischem Schein[17]. Wenn jene Reinigung im Glauben vollzogen ist, so ist die Erkenntnis in immer größerem Ausmaß möglich: fides quaerit, intellectus invenit[18]. Daher ist für die ganze Konzeption von Glauben und Verstehen, wie sie bei Augustin durchgeführt ist, die Formulierung kennzeichnend: Contra rationem nemo sobrius, contra scripturas nemo Christianus, contra ecclesiam nemo pacificus senserit[19]. Auf diesem Hintergrund ist nun auch die Fortsetzung des Prologs zum ersten Buch, also nach dem eingangs zitierten Satz, zu verstehen:

Es gibt grundsätzlich drei Möglichkeiten, über Gott Falsches zu denken: einmal die Übertragung körperlicher oder am Körperlichen gewonnener Vorstellungen in Gott, dann die Vorstellung Gottes nach dem Vorbild des menschlichen Geistes und schließlich der Irrtum trotz des völlig transzendent gedachten Gottes, wobei im letzten Falle der Irrtum nicht in der Übertragung von Vorstellungen aus einer tiefern Seinsstufe auf Gott besteht, sondern darin, daß man etwas von Gott annimmt, was schlechterdings nie und nirgends ist[20]. Als Beispiele erwähnt Augustin: für die erste Gruppe, daß Gott für weiß oder rot gehalten wird, für die zweite Gruppe, daß man ihm Erinnern und Vergessen zuschreibt, und für die letzte, daß er sich selbst gezeugt habe[21]. Es ist offensichtlich, daß es hier Augustin nicht so sehr darauf ankommt, bestimmte Häresien zu treffen, als vielmehr ein ontologisches Grundmodell[22] aller möglichen Häresien überhaupt zu entwerfen, soweit sie den Gottesbegriff betreffen. Wenn man für die drei Gruppen je eine Ketzerei als repräsentativ betrachten wollte, könnte man etwa die Manichäer zu den „Materialisten" rechnen und mutatis mutandis auch zu den „Animisten", und diejenigen, die Gott zwar jenseitig denken, ihn aber für selbstgezeugt halten, ließen sich mit den Neuplatonikern identifizieren[23]. Diese Verteilung paßt jedoch nicht vollkommen, und wenn man

[17] Ep. 143, 7 (ML 33, 588/CSEL 44, 258): Si enim ratio contra divinarum scripturarum auctoritatem redditur, quamlibet acuta sit, fallit veri similitudine, nam vera esse non potest. Rursus si manifestissimae certaeque rationi velut scripturarum sanctarum obicitur auctoritas, non intellegit, qui hoc facit, et non scripturarum illarum sensum . . . sed suum potius obicit veritati.
[18] XV, 2 (1058). Überhaupt gilt: Non . . . impudenter in illa, quae supra sunt, divina et ineffabilia pietas fidelis ardescit, V, 2 (911).
[19] IV, 10 (895), was natürlich additiv gemeint ist.   [20] I, 1 (819).   [21] AaO.
[22] Die drei Stufen sind für Augustin eine unbedingte Grundvoraussetzung, vgl. die drei visiones oben S. 95; ein frühes Zeugnis: Ep. 18, 2 (ML 33, 85/CSEL 34, 1, 45).
[23] Daß die Manichäer Gott materiell denken, ist ein gängiger Vorwurf. Vgl. z. B. das Ende der Disputation mit Felix, in der Augustin siegreich bleibt, weil er

wollte, könnte man die beiden ersten Kategorien auch auf die Heiden und unter Umständen alle drei Kategorien auf die Arianer beziehen[24].

Für unsere Fragestellung von Interesse ist die Begründung, die Augustin für die ganz besondere Irrigkeit jener transzendent gedachten falschen Vorstellungen von Gott gibt: eo *plus* errat, quod non solum deus ita non est, sed nec spiritalis nec corporalis creatura; *nulla enim omnino* res est, quae se ipsam gignat, ut sit[25]. Es scheint fast, als ob eine materielle Vorstellung von Gott weniger schlimm wäre als eine zwar geistige, aber innerhalb jenes Bereichs dennoch falsche Vorstellung[26]. Diese Argumentationsweise hat nicht nur darin ihren Grund, daß alles Seiende eo ipso allem nicht Seienden vorzuziehen ist, sondern auch darin, daß jeder Irrtum über Gott, der im Haftenbleiben an einer niedrigeren Seins- und damit Sprachstufe besteht, die Möglichkeit in sich schließt, als uneigentliche Rede verstanden zu werden, während dies da, wo der Irrtum einen „reinen" Gottesbegriff betrifft, d. h. wo eine streng begriffliche philosophisch-theologische Sprache waltet, unmöglich ist, also z. B. bei dem Gottesbegriff der Arianer. Jene

---

den Gegner auf die Lehre von dem *Teil* Gottes festlegen kann, der mit der Finsternis vermischt wurde (De actis c. Fel. Man. II, c. 14 ff., ML 42, 545 ff./CSEL 25, 2, 843 ff.). Eine materialistische „Trinitätslehre" weist er ihnen nach in C. Faust. Man. XX, c. 6 f. (ML 42, 372 f./CSEL 25, 1, 540 ff.). Der Vorwurf, Gott sei im Alten Testament mit menschlichen Emotionen gedacht, kehrt in der manichäischen Polemik immer wieder und möchte erreichen, daß ihr alttestamentliche Gott als unus ex principibus tenebrarum erscheint (De haer. 46, ML 42, 38). Der Vorwurf richtet sich am häufigsten gegen den „Zorn" Gottes und dgl.; gegen die Vergeßlichkeit vgl. in der antimarcionitischen, aber den antimanichäischen aufs nächste verwandten Schrift C. adv. leg. et proph. I, 41 u. 43 (ML 42, 628—630). Die Bezeichnung αὐτογέννητος und die entspr. Vorstellung stammt evtl. aus der Orphik (Orph. Fr. ed. O. KERN, Fr. 248, Z. 8), auch bei Porphyrios, Phil. hist., ed. NAUCK, S. 15, Z. 2, Proklos, In Plat. Parm., ed. COUSIN, Sp. 1146, Z. 3 ff.

[24] Die materialistischen (Farben in Gott) und anthropomorphen Vorstellungen von Gott in den Beispielen passen jedenfalls zum heidnischen Polytheismus. Aber auch die Eunomianer könnten gemeint sein, wenn er von der ersten Gruppe sagt: Quorum nonnulli ea, quae . . . artis adiutorio perceperunt, ad res incorporeas . . . transferre conantur, nämlich z. B. hinsichtlich der Behauptung, wenn Gott Vater und Sohn in Relation stünden, seien das Akzidenzien (vgl. dazu Buch V von De trin.), vgl. auch XV, 38 (1087). Überhaupt wird der Vorwurf gegen die Arianer, sie dächten Gott „fleischlich", immer wiederholt (z. B. De agone chr. 18 [ML 40, 300/CSEL 41, 119 f.]). Andrerseits stellen sie sich ihn, d. h. den Vater, doch auch wieder ganz transzendent vor, daher ja auch die Subordination. Die Vorstellung einer Autogennesie des Sohnes als angebliche Konsequenz arianischer Lehre bei Gregor von Nyssa, C. Eun., MG 45, 837 D/ ed. JAEGER² II, 249.

[25] I, 1 (820).

[26] Vgl. die aaO unmittelbar vorangehende Argumentation: Qui . . . opinatur deum . . . candidum vel rutilum, fallitur, *sed tamen haec inveniuntur in corpore.* Rursus qui opinatur deum nunc obliviscentem, nunc recordantem . . . nihilominus in errore est, *sed tamen haec inveniuntur in animo*, vgl. auch I, 2 (821).

Ebene bereitet Augustin auch, wie wir noch sehen werden, wesentlich größere Schwierigkeiten als die Ebene des uneigentlichen Redens; d. h. solange er die Aussagen der Schrift, die zum größten Teil nicht auf der „eigentlichen" Ebene stehen, behandeln kann, sind ihm die Waffen gegen den Gegner relativ leicht zur Hand, wo dieser jedoch — vgl. Buch V bis VII — ins Eigentliche direkt vorstößt, da erfährt die Diskussion eine kritische Wendung, die schließlich zurückführt zu einem Reden auf der uneigentlichen Ebene, d. h. zu den Analogien in der Seele.

Der Tatsache nun, daß der Mensch zunächst immer auf den unteren Stufen denkt, kommt die Schrift dadurch entgegen, daß sie ebenfalls Worte aller Stufen gebraucht, um so wie über eine Leiter nach oben zu führen. Sie redet von den Flügeln Gottes und spricht von seiner Reue[27], nur selten redet sie proprie: z. B. in Exodus 3, 14: Ego sum, qui sum[28]. Das Problem, wie denn solche herablassende Ausdrucksweise richtig verstanden werden könne, löst sich vom Glauben her, wie wir schon sahen, deshalb auf, weil er im Verlaß auf die kirchliche Überlieferung ja schon die Richtung weiß, in der er zu denken hat, wenn er von der Schrift „per quaedam tolerabiliora itinera" geführt wird[29], bis ihm die Schau des Unaussprechlichen[30] beschert sein wird. Der Grundgedanke von De doctrina christiana ist hier konsequent durchgeführt. Solche die Schrift respektierende und auf die Grundlehren des Christentums zurückführende Argumentationsweise reizt aber die Gegner, weil sie damit nicht diejenigen Begründungen erfahren, die sie fordern, sondern ein unredliches Sichherausreden vermuten. In Wirklichkeit soll ihnen durch ein Vernunftargument nur gezeigt werden, wie unfähig sie sind, das zu erfassen, was sie möchten[31]. Darum soll ihnen nun auch in diesem Werk einiges Unzweifelhafte vorgeführt werden, zur Begründung der kirchlichen Trinitätslehre, jedoch nicht, um damit *alles* zu erklären, sondern damit sie sich vor dem, was unerklärbar bleibt, in gläubiger Demut beugen[32]. Die wahre Reihenfolge ist: dicere, credere, intellegere[33]. Der Glaube muß sich auf die Sprache der Kirche, die freilich in der Schrift begründet ist, einlassen. Erst so wird er auch zum Verstehen aufsteigen können. Jeder andere Weg ist vermessen.

---

[27] I, 2 (820), vgl. auch I, 23 (837).

[28] AaO, (821).

[29] I, 3 (821): . . . substantiam dei . . . intueri et plene nosse difficile est, et ideo est necessaria purgatio mentis nostrae, qua illud ineffabile ineffabiliter videri possit (man beachte diese übliche Ausdrucksweise: unaussprechlich sehen, d. h. jene Erkenntnis ist eher durch „Sehen" zu kennzeichnen, während das Sprechen überwunden wird); qua nondum praediti fide nutrimur et per quaedam tolerabiliora, ut ad illud capiendum apti et habiles efficiamur, itinera ducimur.

[30] Zu dieser Ausdrucksweise s. letzte Anm.

[31] I, 3 (821).   [32] I, 4 (822) zit. o. S. 120, Anm. 9.

[33] I, 4 (822): . . . unius . . . essentiae dicatur, credatur, intellegatur.

Fürs erste gilt es nun, anhand der Schrift die Richtigkeit des Trinitätsglaubens aufzuweisen. Aber *was* ist dieser Trinitätsglaube? Handelt es sich
dabei um die Formel von Nizäa (325)? Man wird das nicht grundsätzlich
bestreiten können, tauchen doch immer wieder Formeln wie „deus de deo,
lumen de lumine" auf[34]. Dennoch ist das Konzil in De trinitate nirgends erwähnt[35]. Es findet bei Augustin überhaupt sehr selten Erwähnung, und
zwar, soweit ich sehe, nicht vor oder gleichzeitig mit De trinitate[36]. Dennoch
muß es ihm mit Sicherheit ab 419 bekannt gewesen sein[37], doch ist es äußerst unwahrscheinlich, daß er es vorher etwa nicht kannte, wird es doch
von Ambrosius mehrfach erwähnt[38], und in den Auseinandersetzungen nach
dem Tode Gratians, die Augustin miterlebte, konnte der Entscheid jener
Synode nicht gänzlich unerwähnt bleiben, nachdem Gratian, Valentinian II.
und Theodosius im Jahre 381 die Nicaena fides ausdrücklich für verbindlich erklärt hatten[39]. Daß Augustin nicht ausdrücklich jenen Konzilsent-
scheid zugrunde legt, ist hauptsächlich in seiner Auffassung der Tradition
begründet, die den Konzilien zwar eine große Bedeutung, aber keine Un-
fehlbarkeit zuschreibt[40]. Er bindet sich nicht an eine bestimmte Formel,
vielmehr ist bei ihm „eine gewisse Reihe von Grundthesen (Grundgedanken) als trinitarische Kirchenlehre vorausgesetzt. *Diese* haben für ihn im
eigentlichen Sinne *auktoritative* Bedeutung"[41]. Es ist daher nicht zufällig,
sondern äußerst bezeichnend, daß er sein Opus nach dem Prolog damit beginnt, daß er sagt: Omnes, quos legere potui, qui ante me scripserunt de
trinitate . . . divinorum librorum . . . catholici tractatores, hoc intende-
runt . . .[42]. Hier wäre die Erwähnung von Konzilien durchaus am Platze gewesen, wie z. B. das Proömium zu Ambrosius' De fide zeigt (s. Anm. 38).

---

[34] Schon De fide et symb. 6 (ML 40, 185/CSEL 41, 10), De trin. II, 2 (846),
VI, 2 f. (924 f.), VII, 4 (937), XV, 9 (1063). 23 (1067). De ag. chr. 18 (ML 40, 300/
CSEL 41, 119): . . . fuisse tempus, quando non erat.

[35] So schon zutreffend REUTER, Aug. Stud. 185 f.

[36] C. Max. Ar. II, c. 14, 3 (ML 42, 772), c. 15, 2 (779), c. 18, 1 (785), De haer.
44 (ML 42, 34). Vgl. auch Ep. 213, 4 (ML 33, 967/CSEL 57, 376).

[37] Ep. 201 (*an* Aug.), 2 (ML 33, 927/CSEL 57, 296 ff.), Datierg. CSEL 58, 52,
und die Akten des Konzils von 419 in Karthago, an dem Aug. teilnahm und wo
die nizänische Formel rezitiert und bestätigt wurde, vgl. HEFELE, Conciliengeschichte II, 120—135, Akten bei MANSI III, 707—710.

[38] Ambrosius eröffnet im Gegensatz zu Aug. seine Bücher De fide ad Gratianum
mit dem Hinweis auf das Nizänische Konzil: I, prol. 5 (CSEL 78, 6), 118—121
(50 f.), III, 125 (151), De incarn. 52 (ML 16, 866 f.), 77 (874), Ep. 21, 14 (1049).

[39] Cod. Theod., l. XVI, tit. 5, c. 6 (MIRBT, Quellen 81). Zur ganzen Frage der
Konzilsauffassung bes. bei Ambrosius und Aug. vgl. REUTER, aaO, 182—192.

[40] De bapt. II, 4 (ML 43, 128 f./CSEL 51, 178 f.): Auch überprovinziale Konzilien können frühere Beschlüsse revidieren, vgl. dazu BATIFFOL, Le catholicisme
33 ff., und REUTER, aaO, 335 ff.

[41] REUTER, aaO, 190 f. Auszeichnung orginal. Vgl. HARNACKS Zustimmung,
DG II, 308.   [42] I, 7 (824).

Wie bei der Behandlung von De fide et symbolo stellt sich hier nochmals die Frage, welche kirchlichen Schriftsteller Augustin gelesen hat und welches also der Strom katholischen Glaubens ist, der für ihn normative Bedeutung hatte. Die Frage kann inhaltlich-theologisch gestellt werden oder mehr philologisch-quellenkritisch. Über inhaltliche Beziehungen soll im folgenden mehrfach referiert und hier nur das dem Gesamtwerk vorangestellte „Grundbekenntnis" kurz beleuchtet werden; im Anschluß an das Proömium zum dritten Buch sollen dann die literarischen Fragen behandelt werden.

Zuerst[43] nennt Augustin die „eadem substantia, aequalitas, divina unitas" in den drei Personen, womit die Grundposition gegen die Arianer bezogen und die nizänische Entscheidung bestätigt wird. Ungeachtet dieser Einheit hat der Vater den Sohn gezeugt, so daß der Vater nicht identisch mit dem Sohn, der Heilige Geist ebenfalls nicht mit dem Vater oder Sohn identisch ist — die Grundposition gegen die Sabellianer und alle, die die scharfe Distinktion der Personen nicht durchführen wollen[44]. Dann umreißt er in kurzen Zügen die Wirksamkeit nach außen: Nicht die ganze Trinität ist Mensch geworden — kein Patripassianismus —, sondern der Sohn; der Heilige Geist wurde an Pfingsten ausgegossen, und bei der Taufe Jesu hörte man die Stimme des Vaters. Dennoch wirken alle drei ungetrennt — also keine ökonomische Entfaltung der Trinität[45]. Es handelt sich also eigentlich um zwei Paradoxa, nämlich um eines hinsichtlich der innertrinitarischen Beziehungen und um eines bezüglich der Wirksamkeit nach außen[46]. In diesen zwei Paradoxen stellt sich für Augustin die katholische Trinitätslehre dar[47].

Obschon Augustin damit durchaus traditionelle Formulierungen aufnimmt[48] und sich als Theologe jungnizänischen Gepräges zu erkennen gibt,

---

[43] I, 7 (824) von „Omnes, quos legere . . ." bis: „. . . sed unus deus".

[44] AaO, von „quamvis . . ." bis „. . . unitatem", ähnlich wie in De fide et symb. (s. o. S. 26 f., Anm. 88).

[45] AaO, von „Non tamen . . ." bis „. . . inseparabiliter operentur".

[46] Jedesmal „quamvis" als Verbindung.

[47] Daß er dabei wirklich der Ansicht ist, es handle sich um die katholische Trinitätslehre, daß also dieser Paragraph 7 eine Art Grundbekenntnis ist, besagt der Schlußsatz: Haec et mea fides est, quando haec est catholica fides.

[48] Hinsichtlich der Homousie bedarf dies wohl keiner detaillierten Begründung. Ausschließlichkeitsformeln wie „filius non est qui pater est, pater non est . . ." auch bei Athanasius, Ep. ad Ser. I, 16 (MG 26, 568 f.), Gregor v. Naz., or. 31, 9 (ed. MASON 156), Gregor v. Nyssa, Ex comm. not. (MG 45, 180/ed. MÜLLER 25), Ambrosius, De fide IV, 90 (CSEL 78, 187 f.). Die Lehre von der operatio inseparabilis ist an sich alt, tritt aber in ihrer strengen Form noch nicht bei Athanasius auf (vgl. z. B. SEEBERG, DG II, 67 ff.), sondern erst bei den Kappadoziern (z. B. Basilius, Ep. 189, 7, MG 32, 693) und bei Ambrosius (z. B. De fide I, 13 [CSEL 78, 9], IV, 68 [180], De spir. s. II, 59 f. [ML 16, 786]).

dessen Lehre ohne die Leistungen der Kappadozier undenkbar wäre, muß man sich doch fragen, ob diese Exposition in zwei großen Paradoxen nicht implizit bereits einen Schritt über die Arbeiten des vierten Jahrhunderts hinausführt, d. h. ob nicht das Auseinanderfallen der Gotteslehre in zwei zusammenhanglose Hälften, nämlich in die Lehre vom einen Gott, der auch als einer auf die Kreatur wirkt, und von den drei Personen, die völlig jenseitig bleiben[49], hier nun faktisch geschehen ist, so daß man zwar in jeder Hinsicht gegen alle Häresien abgesichert ist, aber gerade in dieser Absicherung die Einheit der Lehre verloren hat. Das Zugleichsein des *einen* Gottes und der *drei* Personen ist überhaupt nicht mehr eigentlich begreifbar, und hinsichtlich der Offenbarungstätigkeit ist zu fragen, wie denn der Sohn Mensch werden könne, wenn doch nicht der *Sohn* dabei wirke, sondern stets und in allem die *Trinität*[50]. Diese zwei Probleme werden auch den hauptsächlichen Diskussionsstoff des ganzen Werks abgeben. Was Augustin materiell an katholischer Trinitätslehre übernimmt, ist insofern die „reine" und „endgültige" Trinitätslehre, als in ihr die spekulative Harmonisation im Paradoxen aufgehoben ist[51].

Welche christlichen Schriftsteller hat Augustin gelesen? Im Proömium zum dritten Buch führt er aus[52]: Er ziehe es eigentlich vor, zu lesen, und sei jederzeit bereit, seine Feder beiseite zu legen, wenn ihm jemand etwas zu lesen gebe, das sich auf seine eigenen Nachforschungen oder auf diesbezügliche Fragen anderer beziehe. Er fährt fort[53]:

Quod si ea, quae legimus de his rebus, sufficienter edita in Latino sermone aut non sunt aut non inveniuntur aut certe difficile a nobis inveniri queunt, Graecae autem linguae non sit nobis tantus habitus, ut talium rerum libris legendis et intellegendis ullo modo reperiamur idonei — quo genere litterarum ex iis, quae nobis pauca interpretata sunt, non dubito, cuncta, quae utiliter quaerere possumus, contineri —, fratribus autem non valeam resistere ... egoque ipse multa, quae nesciebam, scribendo me didicisse confitear, non debet hic labor meus cuiquam pigro aut multum docto videri superfluus ...

---

[49] Dieses Auseinanderfallen zeigt sich bei den Kappadoziern erst an, vgl. SEEBERG, DG II, 149, und HOLL, Amphilochius 151 f. Zweifellos hat HARNACK etwas Richtiges gesehen, wenn er (DG II, 304 ff.) vom Widerspruchsvollen und Unbegreiflichen spricht, das den Hintergrund der Augustinischen Trinitätslehre bildet. Wenn er sagt, Aug. komme nur dadurch über den Modalismus hinweg, daß er behaupte, nicht Modalist sein zu wollen (aaO, 307), so ist das zwar wohl etwas vereinfacht, weist aber auf den paradoxalen Charakter seiner Trinitätsauffassung hin.

[50] Das ist das Thema der Bücher II bis IV.

[51] Vgl. zum Problem neuerdings SCHMAUS, Die Spannung von Metaphysik und Heilsgeschichte ..., bes. 508 f.

[52] III, 1 (867 f.).   [53] AaO, (868 f.).

128

Da nun aber das, was wir[54] über diese Dinge gelesen haben, entweder auf lateinisch nicht in genügendem Maße veröffentlicht oder nicht aufzutreiben oder jedenfalls von uns nur schwer aufzutreiben ist, wir aber mit der griechischen Sprache nicht so gut vertraut sind, daß wir Bücher über solche Gegenstände zu lesen und zu verstehen vermöchten — auf Grund des wenigen, das uns in Übersetzungen zugänglich geworden ist, bin ich allerdings zur Überzeugung gelangt, daß alles, was an sinnvollen Fragen auftauchen kann, in diesen Schriften behandelt ist —, und da ich den Brüdern nicht widerstehen kann . . . und auch selbst beim Schreiben, wie ich gestehen muß, vieles gelernt habe, was ich noch nicht wußte, so darf diese meine Arbeit niemandem überflüssig erscheinen, weder dem, der zu träge, noch dem, der zu gelehrt für sie ist . . .

Wie P. Henry richtig gesehen hat, redet hier Augustin nicht nur von sich persönlich, sondern von einer Erfahrung, die offenbar seine Bekannten bzw. überhaupt jene gemacht haben, die von ihm auch die Herausgabe von De trinitate forderten: nämlich daß die Literatur zum Thema der Trinitätstheologie schwer aufzutreiben war. Augustin redet hier zwar nicht von der lateinischen Literatur, sondern behandelt das Thema der griechischen, doch muß man sich fragen, ob die Klage über das wenige Erreichbare[55] nicht doch indirekt auch die lateinische theologische Literatur betrifft. Die Menge dessen, was er an griechischer Literatur kannte, dürfte jedenfalls gering gewesen sein, und Kenntnis original griechischer Vätertexte ist nach diesen Ausführungen fast ganz auszuschließen[56]. Nun fragt es sich allerdings, ob man das Proömium mit dem Buch III, also in den ersten Jahren des fünften Jahrhunderts, entstanden sein läßt oder ob man die spätere Abfassung, wie oben (S. 9) ausgeführt, für wahrscheinlicher hält[57]. Je nachdem wird man für die spätere Zeit, also gegen Ende der Abfassung von De trinitate, vermehrte Griechischkenntnisse Augustins und also auch die Fähigkeit, originale theologische Schriften zu lesen, annehmen[58], oder man

[54] Daß dies ein echter Plural ist, hat Henry, Plotin 135, nachgewiesen. Man beachte den Wechsel von 1. Pers. sing. und plur. auch im weiteren Kontext. Allerdings glaube ich nicht, daß er „wir Lateiner" meint, sondern „wir hier in meinem Umkreis" (. . . aut certe difficile a nobis . . .).
[55] Vgl. auch I, 5 (823): Neque enim omnia, quae ab omnibus conscribuntur, in omnium manus veniunt.
[56] Dies ist die durchgehende These Altaners, ZRGG 1, 1948, 77 ff.
[57] Dafür sprechen neben den von Plagnieux AM II, 817—826 genannten Argumenten auch noch andere Gründe, z. B. in diesem Proömium hier der Verweis auf die drängenden Brüder, der auch im Begleitbrief der Edition (174) und in den Ausführungen in den Retractationes erscheint. Außerdem ist zu beachten, daß die übrigen Bücher von Buch VI an keine richtigen Proömien mehr haben, d. h. also nur jene fünf überhaupt eins aufweisen, die nach Ep. 174 anläßlich des Diebstahls offenbar noch ohne eins waren. Frühe Abfassung nimmt Courcelle, Les lettres 144, an, der aber irrtümlich eine Edition der ersten zwei Bücher für sich voraussetzt.
[58] So Courcelle, aaO, 145—153, dessen These, daß Aug. mit der Zeit, d. h. ab

wird, was jedenfalls viel für sich hat, während der ganzen Abfassungszeit von De trinitate keine Kenntnis griechischer Schriften im Urtext[59] und die Bekanntschaft mit relativ wenigen übersetzten Werken annehmen. Dies wird mehr oder weniger auch von der Erforschung[60] der einzelnen nachweisbaren Beziehungen bestätigt, wobei man natürlich stets vor Augen haben muß, daß vieles unbestimmt und ungesichert bleiben muß, verweist doch Augustin gerade in De trinitate sozusagen nie ausdrücklich auf seine Quellen.

Mit Namen erwähnt Augustin kirchliche Schriftsteller in De trinitate überhaupt nicht, außer *Hilarius* von Poitiers[61], den er ausdrücklich zitiert, aber nicht genau wörtlich wiedergibt[62], und zwar in jenem etwas angehängt wirkenden Ende des sechsten Buches (s. o. S. 43). Es ist also nicht wahrscheinlich, daß er Hilarius' Werk über die Trinität im Original vor sich hatte, als er jenen Abschnitt niederschrieb. Es wäre zwar wohl kühn, zu behaupten, er habe das Werk selbst gar nicht gekannt, sondern nur diesen einen Ausspruch als ein „dictum Hilarii", andrerseits ist tatsächlich der Einfluß des Hilarius kein sehr tiefgehender und verschwindet vor allem da, wo Augustin über die bloße Begründung des Dogmas aus der Schrift hinausgeht. Es werden zwar im folgenden noch gelegentlich Beziehungen zu Hilarius aufgezeigt werden, aber ob es sich dabei um tatsächliche Abhängigkeiten handelt, ist so lange schwer zu entscheiden, als ebensogut andere Quellen in Frage kommen[63].

---

416 besser Griechisch konnte, im Prinzip zutrifft. Das bedeutet jedoch nicht, daß er original griechische Trinitätsschriften gelesen hat, und eine sehr scharfe Unterscheidung der Periode, als er besser Griechisch konnte, dürfte ebenfalls problematisch sein (vgl. ALTANER, ThR 48, 1952, 445 und MARROU, S. Aug. 631—637 [Retr.]).

[59] Nachweislich original griechische Vätertexte hat Aug. benützt in C. Iulianum (421 oder später), De civ. dei XVIII (ungef. zu ebendieser Zeit) und De haeresibus (428/429). An den beiden frühen Stellen, die sich mit dem Abschluß von De trinitate überschneiden könnten, lagen besondere Umstände vor: Gegen Julian mußte er auf den griechischen Text aus apologetischen Gründen rekurrieren, in De civ. dei XVIII, c. 23, 1 (ML 41, 579) gibt er keine eigene Übersetzung. Sonst benützt er ausschließlich übersetzte Texte. Dies die Ergebnisse der Nachforschungen ALTANERS, bes. RB 62, 1952, 201 ff.

[60] ALTANERS Arbeiten ergeben für unseren Themenkreis sehr wenig (Bibliographie seiner Arbeiten: Patrol. 383).

[61] VI, 11 (931) und XV, 5 (1059).

[62] Aug.: Aeternitas in patre, species in imagine, usus in munere; Hilarius, De trin. II, 1 (ML 10, 51): infinitas in aeterno, species in imagine, usus in munere. Zu „usus" bei Hil. vgl. noch aaO, II, 35 (74) u. VIII, 30 (257 f.).

[63] Zur Frage vgl. die Notiz in BA 15, 588 f., die aber (in Ermangelung genauerer Nachforschungen) auch nicht mehr bietet. Für Kenntnis von Hil. De trin. (IX, 62 ff.) spricht auch Ep. 180, 3 (ML 33, 778 f./CSEL 44, 699), vgl. auch u. S. 134, Anm. 97. Augustin kannte vielleicht den Mt.-Kommentar (De nat. et gr. 72,

Daß Augustin die Schrift *Tertullians* gegen Praxeas wohl gekannt hat, haben wir oben gezeigt. Sicher ist dies jedoch nicht, vor allem darum nicht, weil er den Gedanken der Materialität der Seele auch in De anima finden konnte, eine Schrift, deren Kenntnis nachweisbar ist[64]. Auch das Apologeticum dürfte ihm bekannt gewesen sein[65]. Im Gegensatz zu diesem Häretiker mußte *Ambrosius* für ihn unter den Lateinern in Fragen der Gotteslehre die bedeutendste Autorität sein — Cyprian und Hieronymus, die er ebenfalls kannte, konnten ihm in dieser Beziehung wenig bieten[66]. Von Ambrosius hat er mit Sicherheit die Auslegung des Lukasevangeliums gekannt[67], ebenso das Werk über den Heiligen Geist[68]. Neben diesen Werken, die für unseren Zusammenhang von Bedeutung sind, waren Augustin noch zahlreiche weitere bekannt[69], daneben ist der persönliche Einfluß bzw. der Eindruck der Predigten des Ambrosius vor allem in früherer Zeit in Rechnung zu stellen. Besonders interessant ist für uns die Frage, ob Augustin das große Werk De fide ad Gratianum kannte. Soweit ich sehe, erwähnt er es nirgends ausdrücklich, doch könnte eine Stelle aus De gratia novi testamenti von 412 eine Anspielung auf das erste Buch jenes antiarianischen Werks enthalten[70].

ML 44, 283/CSEL 60, 287, aber Zitat des Pelagius!), die Psalmentraktate (C. Iul. I, 9, II, 26, 28 f., ML 44, 691 ff.), die Homilie über Hiob (verloren) (C. Iul. II, 27, aaO, 692), De syn. wohl kaum, vgl. Ep. 93, 31 f. (336 f./34, 2, 476 f.). Ein nicht identifiziertes Zitat in C. Iul. I, 9 u. VI, 33 (1587), ähnl. Hil., De trin. X, 25 f.

[64] De gen. ad litt. X, 41 ff. (ML 34, 427 ff./CSEL 28, 1, 328 ff.) mit ausdr. Zitaten aus De anima. Vgl. Ep. 190, 14 (ML 33, 861/CSEL 57, 148 f.), De anima et eius orig. II, 9 (ML 44, 499/CSEL 60, 342), De haer. 86 (ML 42, 46).

[65] Der berühmte Ausspruch in c. 50, 13 „semen est sanguis Christianorum" ist bei Aug. mehrfach verwertet, vgl. MOHRMANN, VC 5, 1951, 111 f., und BARDY, ATA 13, 1953, 148 f., vgl. auch De civ. dei VII, 1 (ML 41, 193 f.) und Apol., c. 13, 2 (CC I, 111), aber näher steht Ad nat. II, c. 9, 5 (CC I, 55). Zum Apol. vgl. o. S. 106, Anm. 205.

[66] Der Briefwechsel mit Hieronymus ist für unsere Fragen, obschon er sich z. T. auf sprachliche Probleme erstreckt, wenig ergiebig.

[67] Diese für die Theophanienlehre bedeutsame Schrift ist verwendet in Epp. 147 f. (ML 33, 596 ff./CSEL 44, 274 ff.), außerdem De nat. et gr. 75 (ML 44, 284/ CSEL 60, 289 ff.), De gratia Chr. I, 48 ff. (aaO, 381 ff./42, 160 ff.), II, 47 (410/ 205 f.), C. duas ep. Pel. IV, 30 (aaO, 634/60, 563), De dono pers. 49 (ML 45, 1024), C. Iulianum u. C. Iulianum op. impf. passim.

[68] De doctr. chr. IV, 46 (ML 34, 112) (= De spir. s. I, 2 f., ML 16, 733), aber von 426.

[69] Der Index der Mauriner (ML 46, 61) verzeichnet etliche. Wir beschränken uns hier auf die für unser Problem wesentlichen Schriften. Vgl. die Lit. zu Ambrosius-Augustin bei COURCELLE, Recherches 96, Anm. 7.

[70] Hinweis der Mauriner. Vgl. De gratia . . . = Ep. 140, 31 (ML 33, 551/CSEL 44, 181):

	Ambrosius,
Quamquam non defuerunt, qui hoc,	De fide I, 92 (CSEL 78, 40):
quod dictum est: De ventre matris meae	Ubique autem deum suum, quod ex
deus es tu, ideo ad ipsum caput nostrum	persona dicat hominis, testimonia do-

Was *Marius Victorinus* anbetrifft, so wurde schon gezeigt, daß Kenntnis durch Augustin zwar möglich, aber nicht beweisbar ist (s. o. S. 46 ff.). Daß *Novatian* irgendwie bedeutsam wäre für Augustin, kann nicht behauptet werden; jedenfalls erwähnt er ihn nie im Zusammenhang mit der Trinität[71].

Über Augustins Verhältnis zur *griechischen Patristik* sind wertvolle Untersuchungen angestellt worden[72], die aber in unserem besonderen Fall nicht viel bestimmtere Feststellungen erlauben, als dies hinsichtlich der Beziehung zur lateinischen Patristik möglich ist. Innerhalb von De trinitate finden sich zwei Anspielungen, die mit einiger Wahrscheinlichkeit zwei wichtige Beziehungen zu griechischen Kirchenvätern zeigen: einmal der Hinweis im sechsten Buch, daß manche — worunter auch Augustin selbst![73] — versucht haben, die Ewigkeit des Sohnes dadurch zu beweisen, daß sie sagten: Wenn der Sohn Gottes Kraft und Weisheit ist und wenn Gott nie ohne Kraft und Weisheit war, so ist der Sohn mit dem Vater gleich ewig[74]. Dieser Hinweis, der ganz eindeutig nicht eine einzelne Quelle meint, sondern eine Argumentationsweise wiedergibt, die weit herum üblich war[75], könnte sich vielleicht auch auf die zweite Rede des Athanasius gegen die Arianer beziehen, von der dann eine lateinische Übersetzung angenommen werden müßte. Leider läßt sich aber auch hier nicht mehr als Wahrscheinlichkeit erreichen[76]. Dagegen dürfte die Stelle in Buch XV über den Sohn als Willen in Beziehung zu Gregors von Nazianz dritter theologischer Rede stehen[77],

---

pertinere sentirent, quoniam pater in tantum est deus eius, in quantum homo est in forma servi, non in quantum illi aequalis est in forma dei, ideo: De ventre . . ., ac si diceret: Ex eo, quod homo factus sum, deus meus es tu.

cent: . . . De ventre matris meae deus meus es tu. . . homo est, qui ex matris ventre iactatur. Itaque cum dicit: De ventre . . ., significat eum, qui pater semper erat, ex eo (od. illo) deum sibi esse, ex quo de ventre matris iactatus est.

[71] So mit Recht Chevalier, S. Aug. 90, der 90—98 eine Übersicht über Aug.s Verhältnis zur lat. Patristik bietet, aber mehr nach Lehrpunkten. Eher mager ist die Anmerkung BA 15, 566—568 „Aug. et ses devanciers". Ein Gegenstück zu Altaners Arbeiten existiert nicht.

[72] Besonders die leider weit verstreuten Aufsätze von Altaner, dazu Courcelle, Les lettres 183—194.

[73] S. o. S. 15.   [74] VI, 1 (923).

[75] Schmid, Mar. Vict. 71 f. bezieht diese Stelle auf Marius Victorinus. Man könnte aber sogar Ambrosius anführen: De spir. scto. III, 18 (ML 16, 814): Quando enim non fuit dei virtus? Quod si aliquando putant non fuisse dei virtutem, aliquando plenitudinem in deo patre negabunt fuisse . . . und zuvor: nulla potest sine virtute esse perfectio.

[76] Der Hinweis auf die *frühen* Arianer (VI, 1) berechtigt auch, einen frühen Gegner derselben anzunehmen. Die ganze Beziehung hat Altaner, Aug. u. Ath. 88 ff. aufgewiesen, vgl. Athanasius, or. c. Ar. II, 32 (MG 26, 216 B).

[77] XV, 38 (1087), vgl. Gregor, or. 29, 6 f. (ed. Mason 80 ff.). Diese viel klarere Beziehung hat Altaner, Aug. u. Greg. 59 ff. aufgewiesen. Derselbe arianische Einwand aber z. B. auch bei Epiphanius, Panarion 69, 26, 5 (ed. Holl, GCS 37, 176).

132

obschon auch da Beziehungen zu Athanasius und zu andern Schriftstellern gegeben wären[78]. Dennoch besteht die Möglichkeit, daß Augustin die theologischen Reden Gregors in lateinischer Übersetzung kannte[79].

Abgesehen von diesen innerhalb De trinitate spürbar werdenden Beziehungen stellt sich die Kenntnis Augustins hinsichtlich der griechischen christlichen Schriftsteller, soweit sie für unser Problem überhaupt von Bedeutung ist, folgendermaßen dar: Irenäus, Adversus haereses war ihm in lateinischer Übersetzung vielleicht schon vor 400 bekannt, sicher ab 422[80]. Origenes' De principiis erwähnt er im elften Buch des Gottesstaates, also gegen Ende der Arbeit an De trinitate[81]. Von Basilius kannte er die Genesishomilien, dagegen offenbar nicht die dogmatischen Schriften[82], ebensowenig waren ihm die Werke Gregors von Nyssa bekannt[83]. Die Schrift Didymus' des Blinden über den Heiligen Geist ist bei Augustin zu einem Zeitpunkt bezeugt, der noch später als jener Bezug auf De principiis von Origenes liegt, aber immerhin einen Einfluß auf De trinitate nicht grundsätzlich ausschließt. Sollte ein Einfluß vorliegen, so wäre er jedenfalls sehr gering[84]. Didymus' Schrift über die Trinität blieb Augustin unbekannt[85]. Im ganzen zeigt es sich, daß Augustin zwar nicht wenig griechische und lateinische Autoren zitiert, dies aber relativ sehr selten im Zusammenhang mit den trinitarischen Problemen tut. Die Väterzitate sind im Kampf gegen die Pelagianer unvergleichlich viel häufiger — ein Zeichen dafür, daß der Kampf gegen die Arianer und Eunomianer den Rekurs auf Autoritäten nicht nötig machte, weil es sich um eine fast rein akademische Auseinandersetzung handelte, die sich zudem auf rechtsgültige Tradition stützen konnte, und nicht um den Kampf gegen einen frontalen Angriff in noch ungesichertem Bereich.

---

[78] ALTANER, aaO, 60, Anm. 3, aber auch Marius Victorinus, Adv. Ar. 1, 31 (ed. HENRY, Z. 22 ff.): Sohn = Wille.

[79] So ALTANER, aaO, 61. Diese Übersetzungen müssen supponiert werden.

[80] ALTANER, Aug. u. Irenäus (s. o. S. 107). Zur Frage auch LA BONNARDIÈRE, Irénée . . . Ein frühes Zitat wäre De doctr. chr. II, 60 (ML 34, 63), das sicherste späte ist C. Iul. I, 5 (ML 44, 644).

[81] De civ. dei XI, c. 23, 1 (ML 41, 336), s. o. S. 38. Der Einfluß auf die Trinitätslehre dürfte aber äußerst gering sein (vgl. CHEVALIER, S. Aug. 103 u. vor allem ALTANER, Aug. u. Orig.). Clemens Alexandrinus blieb Aug. unbekannt, vgl. CHEVALIER 102.

[82] ALTANER, Aug. u. Bas. d. Gr.

[83] ALTANER, Aug. u. Greg. v. Naz. u. Greg. v. Nyss. 62.

[84] ALTANER schreibt (Aug. u. Did. d. Bl. 119 f.), die Beziehung zwischen der Schrift des Didymus De spir. sancto und Aug.s De trin. müsse noch untersucht werden. Sie wird, auch wenn sie breiter angelegt wird, als dies im Rahmen dieser Arbeit möglich war, fast ganz negativ verlaufen, insbesondere scheint Aug.s Geistlehre (copula, caritas etc.) von da her gar nicht beeinflußt zu sein.

[85] ALTANER, aaO, 120.

Buch I

Nach dem oben behandelten Bekenntnis des katholischen Trinitätsglaubens eröffnet Augustin sein Werk mit der Darlegung jener Schriftstellen, die unmittelbar die Göttlichkeit des Sohnes beweisen sollen, nämlich mit dem Johannesprolog[86], 1. Timotheus 6, 18[87], 1. Korinther 8, 6, Römer 11, 36, Philipper 2, 6[88]. Etwas umständlicher und zugleich wesentlich kürzer folgt anschließend die Begründung der Gottheit des Heiligen Geistes[89]. Dabei gibt Augustin durchaus zu, daß die Belegstellen nicht etwa seiner eigenen Findigkeit zu verdanken sind, sondern bereits von anderen zusammengestellt wurden[90], was sich aus der Tradition leicht ersehen läßt[91]. Bei diesen Stellen ist noch keine besondere hermeneutische Regel erforderlich: wenn man sie richtig kombiniert und versteht, ergibt sich die Göttlichkeit aller drei Personen unmittelbar.

Die eigentlichen Probleme tauchen erst da auf, wo über den Sohn Aussagen in der Schrift gemacht werden, die ihn geringer als den Vater erscheinen lassen und deren Inbegriff Johannes 14, 28 ist: Pater maior me est. Solche Stellen können nur verstanden werden, wenn sie vom Sohn „in forma servi" aufgefaßt werden, also vom Menschgewordenen als Mensch. Dies ist eine regula canonica und catholica[92], deren Anwendung in Buch I anhand etlicher kritischer Schriftstellen gezeigt wird[93]. Es handelt sich um einen Auslegungsgrundsatz, der in der antiarianischen Apologetik weitverbreitet ist und der zu jenen Grundgedanken gehört, die Augustin als normativ übernommen hat. Er ist auch auf der ganzen Breite derjenigen Literatur festzustellen, die Augustin gekannt haben könnte und die im Umkreis der Orthodoxie liegt[94]. Eine „Begründung" der Regel gibt Augustin aus der Schrift selbst, d. h. aus Philipper 2, 6 f.[95]. Interessant und diskutie-

---

[86] I, 9 (825).   [87] „Qui solus habet immortalitatem", I, 10 f. (826).

[88] I, 12 (827). Zu Phil. 2, 5—8, vgl. die Dissertation von HORVATH.

[89] I, 13 (827 f.).

[90] AaO: Similiter et de spiritu sancto collecta sunt testimonia, quibus ante nos, qui haec disputaverunt, abundantius usi sunt . . . (827), auch I, 14 (828).

[91] 1. Tim. 6, 16: Ambr., De fide III, 11, V, 35, Hil., De trin. IV, 8, mit analoger Auslegung. Der Hl. Geist wird über das — nur auf Gott zu beziehende — λατρεύοντες in Phil. 3, 3 als göttlich erwiesen, analog Ambr., De sp. s. II, 46 f., nicht bei Didymus und Hilarius. Vgl. NT ed. TISCHENDORF zu Phil. 3, 3.

[92] I, 14, 22 (829, 836), II, 2 (845), schon De div. qu. 83, qu. 69, 1 (ML 40, 74), vgl. v. BAVEL, Recherches 102—118, zu den christologischen Interpretationsregeln.

[93] N. 14 (828) bis zum Ende des Buches.

[94] Athanasius, or. c. Ar. I, 41 f. (MG 26, 96 ff.), 45 f. (104 ff.), II, 10 f. (168), Gregor v. Naz., or. 29, 18 (ed. MASON 101 f.), Hilarius, De trin. IX, 5—7, 10—12, 15 (ML 10, 284—294), Ambrosius, De fide II, 59, 61 (CSEL 78, 77 f.), 77 (84 f.), III, 33 f. (119 f.) als Auswahl.

[95] I, 14 (829).

renswert sind aber nicht diejenigen Stellen, wo das Geringersein des Sohnes „einfach" ausgesagt wird, wie eben im Falle von Johannes 14, 28[96],
sondern jene Stellen, die die Anwendung der „regula" irgendwie erschwe-
ren. Dazu gehört der Passus 1. Korinther 15, 23—28, weil er sich ja ganz
offensichtlich nicht auf den Erniedrigten, sondern auf den schon wieder
Erhöhten bezieht. Augustin führt aber auch hier die Regel insofern konsequent durch, als er das Wort „Et ipse filius subiectus erit ei, qui illi subiecit
omnia" (v. 28) auf die erhöhte menschliche Natur bezieht, die nicht etwa
in die Gottheit absorbiert wird, sondern bestehenbleibt, obschon man auch
von dieser falschen Meinung her die Stelle ohne einen unerlaubten Subordinatianismus verstehen könnte[97]. Das Wort vom Übergeben des Reiches an
den Vater hingegen (v. 24) versteht Augustin als die Hinführung der Gläubigen zur Schau von Angesicht zu Angesicht[98], so daß hier die Regel keine
Anwendung findet, weil Augustin den Begriff „regnum dei" auf die Gesamtheit der Gläubigen bezieht.

Obschon also Augustin die Regel an zahlreichen Beispielen vorführt[99],
legt er doch das Wort Markus 13, 32 vom Nichtwissen des Sohnes als genus
locutionis, genauer als Metonymie[100] aus, d. h. er betrachtet das „nescire"
als ein „nescientes facere", nicht etwa als eine Auswirkung der „forma
servi", er verläßt also an dieser Stelle seine hermeneutische Regel zugunsten einer andern[101], weil sonst der Text eine reale Unwissenheit des Sohnes
aussagen müßte[102], was Augustin ablehnt. Hier wird besonders deutlich,
wie das Vorauswissen der Sache die Auslegung der Schrift bestimmt, beson-

---

[96] Zu dieser Stelle I, 14 f. (828 ff.). Es ist eine der klassischen Stellen der Arianer, vgl. Eunomius, Apol. 11 (MG 30, 848 A) und Maximin in der Coll., 1. Teil,
n. 13 (ML 42, 719).

[97] I, 15 (829 f.). Der hier hauptsächlich gemeinte kirchl. Schriftsteller, der die
Auflösung in die Gottheit vertrat, dürfte, wie v. BAVEL, aaO, 54 f. gezeigt hat,
Hilarius sein, bes. De trin. XI, 39 f. (ML 10, 424 ff.). An sich wäre natürlich Origenes das geeignetere Objekt, aber die duldsame Behandlung durch Aug. spricht
für Hilarius.

[98] I, 16—21 (830—835) mit Exkursen über den Hl. Geist (18 f.) und Maria und
Martha (20). Diese Auslegung auf die Übergabe der Gläubigen auch bei Hilarius,
aaO.

[99] Vgl. noch I, 22 (836).

[100] I, 23 (837), vgl. STRAUSS, Schriftgebrauch 114 f., Parallelstellen: De div. qu.
83, qu. 60 (ML 40, 48), De gen. c. Man. I, 34 (ML 34, 190).

[101] Dies bestreitet v. BAVEL, aaO, 158 f. meines Erachtens völlig zu Unrecht, obschon er zur selben Schlußfolgerung kommt: Daß Christus sec. hominem irgendwie unwissend gewesen sei, wird nirgends behauptet.

[102] v. BAVEL weist aaO zu Recht darauf hin, daß der Rekurs auf den Vater als
causa des Wissens des Sohnes eine Möglichkeit wäre, die hier aber nicht verwertet ist, dagegen in den genannten Parallelstellen. In dieser Auslegung folgt
Aug. Hilarius, De trinitate IX, 67 (ML 10, 334) gegen Ambrosius (s. bei v. BAVEL,
aaO, 158) und Gregor v. Naz., or. 30, 15 f. (ed. MASON 131 ff.).

ders da im folgenden sofort wieder auf die forma-dei—forma-servi-Regel rekurriert wird[103].

Breiten Raum wiederum nimmt die Frage ein, in welcher Weise der Sohn richten wird. Wenn nicht er, sondern das Wort, das er gesprochen hat, richten wird (Johannes 12, 47 f.), so heißt das, daß nicht der Mensch Christus, sondern das göttliche verbum Gericht halten wird[104]. Das Gericht durch den *Menschen*sohn jedoch ist so zu verstehen, daß die Gottlosen nur den Menschen Christus sehen werden, während den Gläubigen die immaterielle Schau vorbehalten sein wird[105]. Der Schluß des Buches[106] beschäftigt sich mit der schwierigen Stelle Markus 10, 18 par., wo Jesus sagt: Niemand ist gut außer Gott. Hier läßt sich eine Lösung über die Zwei-Naturen-Regel finden: Die menschliche Natur ist an und für sich und abgelöst von der göttlichen nicht eigentlich gut, und jener Frager hatte ja auch nur die menschliche Natur im Auge, so daß hieraus keine Schwierigkeiten entstehen[107].

Buch II

Nachdem Buch I die Anwendung der Regel gezeigt hat, daß gewisse Aussagen der Schrift, die eine Subordination anzuzeigen scheinen, auf die menschliche Natur Christi bezogen werden müssen, wendet sich Augustin im zweiten Buch zwei weiteren Schwierigkeiten zu, die bei gewissen Schriftstellen auftauchen können, nämlich daß sie auch von der *göttlichen* Natur Christi etwas Geringeres als vom Vater aussagen oder auszusagen scheinen[108] und daß die Rede von der *Sendung* von Sohn und Geist eine Unterordnung unter den Vater einzuschließen scheint[109].

Was nun die erste Art von Schriftstellen anbelangt, so ist die scheinbare Subordination tatsächlich auf den Gott-Sohn zu beziehen, bezeichnet aber nicht eine Minderung seiner Substanz gegenüber dem Vater, sondern sein deus-de-deo-Sein, also seine Ursprungsrelation zum Vater, die ihm im Unterschied zum Vater selbst als dem Sohn eignet[110]. So sind z. B. die Aussagen des johanneischen Christus über das Empfangen des Lebens vom Vater und über das Handeln des Sohnes gemäß dem Handeln des Vaters (Johan-

---

[103] I, 24 (837 f.), wo er kurz über Prov. 8, 22 spricht, ganz im Gegensatz zu Athanasius, der mit diesem Vers große Schwierigkeiten hat und enormen Raum dafür verwendet (or. 2 c. Ar.).

[104] I, 26 f. (838 ff.).   [105] I, 28–30 (840–843).   [106] I, 31 (843 f.).

[107] Zur Hauptsache ebenfalls Ambrosius, De fide II, 16–19 (CSEL 78, 63 f.), Hilarius, De trin. IX, 16 f. (ML 10, 294).

[108] II, 2–6 (845–848).   [109] II, 7 bis Ende Buch IV (848–912).

[110] I, 2 (845 f.). Diese Auslegungsmöglichkeit auch bei Gregor v. Naz., or. 30, 7 (ed. Mason 119), Hilarius, De trin. IX, 54, 56 (ML 10, 324 f., 327), Ambrosius, De fide IV, bes. 132 (CSEL 78, 203 f.), aber sie ist naturgemäß wesentlich weniger beliebt als die erste „regula".

nes 5, 26 u. 19) aufzufassen: quibus verbis non inaequalitas, sed nativitas eius ostenditur[111]. Bei gewissen Schriftworten ist es sogar möglich, in der einen sowohl als auch in der andern Weise auszulegen, d. h. beide Auslegungsregeln nebeneinander anzuwenden, wobei beide Male ein richtiger Sinn herauskommt; man kann also z. B. Johannes 7, 16 „Mea doctrina non est mea . . .“ sowohl auf die „forma servi“ wie in Buch I beziehen[112] als auch auf die „forma dei“ mit dem Sinn: „ego (sc. qui sum doctrina) non sum a me ipso, sed ab illo, qui me misit“[113]. Dasselbe gilt natürlich auch für Aussagen über den Heiligen Geist[114].

Waren die bisherigen gegnerischen Einwände durch kluge Handhabung hermeneutischer Regeln zu widerlegen gewesen, so kommt nun mit dem Thema der „Sendungen“ ein Problem in Sicht, das ein Eintreten auf sachliche Gesichtspunkte verlangt und nicht aus der kirchlichen Tradition bereits mit derartiger Sicherheit vorentschieden ist, daß nur noch die an sich klare Sache aus dem entsprechend zu interpretierenden Text herausgeholt werden könnte. Zunächst wird das gegnerische Argument mit seinen (angeblichen) Belegstellen vorgebracht[115]. Es lautet: Maior est qui mittit, quam qui mittitur. Deshalb ist der Vater größer als der Sohn und der Sohn größer als der Geist. Es handelt sich um einen arianischen Einwand, der verschiedentlich auftaucht[116], dem Augustin aber einen außergewöhnlich breiten Raum gewährt, wenn man bedenkt, daß bis zum Ende des vierten Buches diese Frage im Zentrum stehen wird. Mit dem Problem der Sendungen muß notwendigerweise die ganze Frage der operatio trinitatis ad extra akut werden, dazu überhaupt das Verhältnis Schöpfer—Schöpfung, Offenbarer—Offenbarung, und es ist von vornherein zu erwarten, daß hier Entscheidungen gefällt werden, die gewisse Auswirkungen auf die theologische Erkenntnislehre haben müssen, jedenfalls soweit sie die Trinität anbetrifft.

Augustin gibt vorerst eine einleuchtende Antwort auf die Frage, weshalb denn die Sendung keine Unterordnung bedeutet: Vater, Sohn und Geist sind stets überall gegenwärtig, und keiner von ihnen kann irgendwohin gesandt werden, wo er nicht schon immer gewesen wäre[117]. Die Sendung des

---

[111] II, 3 (847).   [112] I, 27 (839).   [113] II, 4 (847).
[114] II, 5 (847 f.).   [115] II, 7 (848 f.).
[116] 2. Sirmische Synode: Nulli potest dubium esse, patrem . . . maiorem esse filio, ipso testante: qui me misit, maior me est (HAHN, Bibliothek 200 f.), letzteres eine Abwandlung v. Joh. 14, 28, die schon bei Origenes, dann bei Euseb (Athanasius Werke, ed. OPITZ, III, 1, S. 5, Z. 3), aber auch bei Maximin, Diss. Max. 108 gegen Ambrosius wieder auftaucht (ML Suppl. I, 719), Ambrosius selbst nimmt De fide II, 74 (CSEL 78, 82 f.) auf den Einwand Bezug. Vgl. auch Candidus, De gen. div. 10 (ML 8, 1019 A): Et iste passibilis est, ille impassibilis, et ille, qui misit, iste qui missus est, et alia istius modi . . . HADOT in der Mar. Vict.-Ausg., SChr 69, 685 weist noch auf Fragmenta Arrianorum, ML 13, 602 f., hin.
[117] II, 7 (849).

Sohnes ist nichts anderes als die Inkarnation: Quod ergo de deo natus est, in hoc mundo *erat*, quod autem de Maria natus est, in hunc mundum missus *advenit*[118]. Der Gegner könnte daraufhin einwenden, der Sohn habe also offenbar sich selbst gesandt. Das ist auch durchaus eine erlaubte Aussage, muß aber richtig verstanden werden: . . . pater invisibilis una cum filio secum invisibili eundem filium visibilem *faciendo* misisse eum *dictus est*[119]. Vater und Sohn, sofern sie Gott sind, sind somit aktiv, der Sohn, sofern er Mensch ist, ist passiv gedacht. Die Sendung ist im Prinzip das „foris apparere", also das Sichtbarwerden des Unsichtbaren und stets nur innerlich Erreichbaren[120]. Dies gilt auch für die Sendung des Heiligen Geistes, allerdings mit dem Unterschied, daß hier die Kreatur jeweils nur für eine kurze Zeitspanne als Zeichen in Anspruch genommen wird. Das geschieht nicht so wie in einem rein verbalen Vergleich, bei dem Vorstellungen aus dem kreatürlichen Bereich herangezogen werden, sondern durchaus äußer·lich und körperlich, aber nicht mit dem Ziel einer ewigen Verbindung, sondern lediglich einer temporären Bezeichnung für die Menschen[121]. Darum kann der Geist nicht als geringer gegenüber dem Vater bezeichnet werden, weil er nicht eigentlich eine „forma servi" angenommen hat[122]. Wiederum ist hier die Sendung mit der äußerlichen Erscheinung identifiziert[123]. Daher kann von „Sendung" der göttlichen Personen im eigentlichen Sinne nicht die Rede sein, vielmehr kehrt in dem ganzen betreffenden Passus die Wendung immer wieder: missus *dicitur*[124]. Man kann sich fragen, ob hier die Sendung nicht in einem Maße auf die Veranstaltung eines äußeren Zeichens reduziert wird, welches das Wesentliche an Inkarnation und Geistausgießung völlig verblassen läßt.

Das Bedeutende an der nun folgenden Untersuchung Augustins ist, daß er selbst eben dies Problem sieht und entsprechende Fragen stellt, die tatsächlich geeignet wären, seine ganze auf die Signifikation aufgebaute Konstruktion zu erschüttern. Er fragt[125] dreierlei[126]:

---

[118] II, 8 (849 f.).   [119] II, 9 (850 f.).

[120] Vgl. das im Zitat Hervorgehobene, desgl. II, 10 (851): Si ergo missus dicitur, in quantum *apparuit* foris in creatura corporali, qui intus in natura spiritali . . . semper occultus est. . .

[121] II, 10—12 (851—853).   [122] AaO, 11 u. 12 je Anf.

[123] II, 12 (853): Propter has ergo corporales formas . . . missus dicitur etiam sp. s.

[124] Bes. in 9 f. (850 f.) gehäuft, typisch z. B. in 10 (851): Haec operatio visibiliter expressa . . . missio . . . dicta est, non ut appareret eius ipsa substantia, . . . sed ut exterioribus visis . . . corda . . . ad . . . aeternitatem . . . converterentur.

[125] Wie mir scheint, handelt es sich hier nicht um arianische Fragen, sondern um Probleme, wie sie sich Augustin selbst stellte oder wie sie ihm von seinen Freunden gestellt wurden, vgl. z. B. Ep. 119 (ML 33, 449—452/CSEL 34, 2, 698—704) von Consentius.   [126] II, 12 (853).

138

1. Wenn auch der Vater sich den Patriarchen durch die Theophanien im Alten Testament zu erkennen gab, warum kann er dann nicht ebenfalls „gesandt" heißen?

2. Wenn aber der Sohn durch jene Erscheinungen kundgemacht wurde, warum heißt dann erst die Menschwerdung „Sendung"?

3. Wenn jedoch der Sohn nur bei der Inkarnation wirklich „gesandt" wurde, weshalb kann der Heilige Geist „gesandt" heißen, der doch nie Mensch wurde?

Die erste Frage erfordert eine Antwort, die über das Verhältnis der inner-trinitarischen Relationen zur Wirksamkeit nach außen Aufschluß geben muß; denn wenn tatsächlich „Sendung" ausschließlich das von der ganzen Trinität gewirkte[127] Erscheinen von etwas Äußerlichem zwecks Hinweis auf etwas Innerlich-Jenseitiges, d. h. auch auf eine der trinitarischen Personen, bedeutet, so ist nicht einzusehen, warum der Vater nicht auch „missus" genannt wird. Da Augustin dies aber strikte ablehnt[128], muß im folgenden irgendeine Beziehung der personalen Proprietäten in der Trinität zur Wirksamkeit ad extra deutlich werden —, sonst ist die Frage nicht beantwortet. Die beiden nachfolgenden Fragen zielen letzten Endes auf dasselbe, indem sie danach fragen, wie das Heilsereignis κατ' ἐξοχήν der Menschwerdung von den übrigen Manifestationen des Sohnes abzuheben sei, indem sie also wieder nach einer Distinktion fragen, die im Rahmen der reinen Signifikationsvorstellung schwerlich vollziehbar sein wird.

Zur Beantwortung dieser drei Fragen stellt Augustin drei weitere Fragen[129], die die Disposition des Folgenden bedingen[130] und mehr oder weniger die Lösung der drei vorher gestellten herbeiführen werden:

1. Wer erschien den Vätern im Alten Testament?

2. Wie wurden die sichtbaren Erscheinungen bewirkt,
    a) durch eine zu diesem Zweck geschaffene Kreatur,
    b) durch Wirksamkeit von Engeln auf Körperliches, oder
    c) durch entsprechende Akkommodation ihrer eigenen Körper?

3. Wurden Sohn und Geist schon vor ihrer Sendung (anläßlich der Inkarnation bzw. der Erscheinungen im Neuen Testament) „gesandt"?

Interessant ist bei dieser zweiten und schließlich maßgebenden Fragenreihe, daß die knifflige Frage, warum der Vater nicht „missus" heiße, nicht mehr ausdrücklich gestellt wird. Ob und in welcher Weise sie dennoch be-

[127] Dies ist ein Gesetz, das so oft wiederholt wird, daß die folgenden Stellen nur eine kleine Auswahl darstellen: De trin. I, 8 f., 15, 19, 25, II, 3, 9, 18, IV, 30, XIII, 15, C. serm. Ar. cc. 4, 11, 15, 33, Ep. 11, 2; 169, 6 et passim.
[128] II, 8 (849), 12 (853), 22 (859), 23 (860), III, 3 (869 f.), IV, 28 (908), 32 (911 f.), C. serm. Ar. 4 (c. 4) (ML 42, 686).
[129] II, 13 (853).
[130] Die Behandlung der Fragen verteilt sich je auf den Rest von Buch II, auf Buch III und IV.

antwortet wird, soll das Folgende zeigen[131]. Zur ersten Frage ist noch anzumerken, daß Augustin, indem er sie in so grundsätzlicher Allgemeinheit
stellt, mit einer Auslegungstradition bricht, die weit zurückgeht, nämlich
mit der Ansicht, im Alten Testament sei der Logos bzw. Sohn den Vätern
erschienen. Diese Auslegung der alttestamentlichen Visionen, die ihre Wur-
zeln in vor- und außerchristlichem Bereich hat[132], fand immer wieder, meist
aus apologetischen Gründen, Einzug in die christliche Theologie. Justin
bediente sich dieser Interpretation bereits, um nicht etwa die Sichtbarkeit
des höchsten Gottes zugestehen zu müssen, indem er den erscheinenden Gott
mit dem sichtbaren und veränderlichen Logos identifizierte[133]. War Justin
noch stark gegen die jüdische und heidnische Front gerichtet, so bediente
sich Tertullian derselben Auslegungsmethode, um die dem Alten Testament wenig günstige Position Marcions anzugreifen[134], wobei wiederum
kein Interesse bestand, die totale Unsichtbarkeit des Logos anzunehmen[135].
Auch gegen die Monarchianer bewährte sich der Rückgriff auf die Erscheinungen des Sohnes im Alten Testament[136]. Es ist daher verständlich, daß die
Arianer gerade an diesem Punkt eine Bestätigung ihrer Lehre fanden[137],
und die Orthodoxie mußte einen Ausweg finden, um dieser aus ihrer eigenen Tradition drohenden Gefahr zu entgehen. Es blieben faktisch zwei Lösungen: entweder man vertrat weiterhin die Ansicht, der Sohn sei den Patriarchen erschienen, verwahrte sich aber dagegen, daß der Sohn seinem
Wesen nach etwa sichtbar sei[138], oder man bestritt, daß nur der Sohn erschienen sei, und rechnete mit der Möglichkeit einer Erscheinung aller Personen oder einer andern als der des Sohnes[139], eine Möglichkeit, von der
Augustin Gebrauch macht.

[131] S. u. S. 146.
[132] Philon, Maximus von Tyrus u. a. Platoniker, vgl. zur Frage LEBRETON, S.
Aug. 822 f., auch für das Folgende. Neuerdings auch die Freiburger (Schw.) Diss.
v. MAIER, die den ganzen Problemkomplex „Sendungen" ausführlich behandelt.
[133] Apol. I, 63 (ed. GOODSPEED 71 ff.), Dial. 127 (aaO, 248 f.), vgl. Theophilos v.
Ant., Ad Autol. II, 22 (ed. BARDY 154).
[134] Adv. Marc. II, c. 27 (CC I, 505 ff.), De praescr. haer., c. 13, 3 (CC I, 197).
[135] Adv. Marc. II, c. 27, 6 (CC I, 506 f.), De carne Chr., c. 11, 3 f. (CC II, 895).
[136] Tertullian, Adv. Prax., c. 14 f. (CC II, 1176 ff.), Novatian, De trin. 18 (ML 3,
946 ff.).
[137] Die 1. Sirmische Synode sanktionierte die Auslegung auf den Logos (HAHN,
Bibliothek 198); Gregor von Elvira, De fide orth. 8 (ML 20, 45) referiert diese
Meinung als arianisch (bei LEBRETON, aaO, 827 fälschlich Phoebadius von Agen
zugeschrieben, vgl. ALTANER, Patrologie 330 u. 333); sie erscheint ebenfalls bei
Maximin gegen Aug., Coll., 2. Teil, n. 26 (ML 42, 739 f.).
[138] Basilius, Adv. Eun. II, 18 (MG 29, bes. 612 A), Ambrosius, De fide I, 83
(CSEL 78, 33), Hilarius, De trin. IV, 42 (ML 10, 127 ff.), V, 17, 19 f., 22, 24
(139 ff.).
[139] So Didymus und Epiphanius nach SCHMAUS, Psychol. Trinitätslehre 22, aber
einen einigermaßen breiten Raum nimmt die Theorie doch erst bei Aug. ein.

Augustin schließt die Möglichkeit, den Sohn für sichtbar und nur den Vater für unsichtbar zu halten, ohnehin und von vornherein aus und weiß sich damit auch gedeckt durch die katholische Tradition[140], wobei der Gegner wohl in erster Linie Tertullian[141] sein dürfte, dessen Nicht-Katholizität ja klar ist, während der Hauptvertreter katholischer Autorität in diesem Falle Ambrosius sein dürfte, den er in Epistula 147 und 148 verwendet[142], um Gottes Unsichtbarkeit in allen drei Personen zu belegen und das Sichtbare an den Erscheinungen auf das zu beschränken, was Gott an Kreatürlichem durch einen Willensakt erscheinen lassen wollte[143]. Das Problem erachtet Augustin in der Folge für erledigt und wird nicht mehr darauf zurückkommen[144] — ein Zeichen dafür, daß irgendein Mittler zwischen der göttlichen Welt und der menschlichen Wirklichkeit, soweit sie nicht *rein* geistig gedacht ist, eine in sich unmögliche Möglichkeit darstellt — es gibt nur die operatio inseparabilis totius trinitatis.

Die Untersuchung durchläuft nun die Bücher Genesis und Exodus und tastet bei jeder Visionsschilderung vorsichtig ab, wer gemeint sein könnte. Das Ergebnis ist bei Genesis 3 und 12 unbestimmt, d. h. es wird aus dem Textzusammenhang nicht klar, ob die ganze Trinität oder eine einzelne Person in der äußeren Erscheinung gemeint ist[145]. In Genesis 18 ist wohl die ganze Trinität angedeutet[146], während im folgenden Kapitel die zwei Engel auf Sohn und Geist weisen dürften[147]. Bei der Dornbusch-Vision von Exodus 3 ist die Lösung wieder zweifelhaft[148], ebenso bei der Feuersäule von Exodus 13[149], die Erscheinungen am Sinai (Exodus 24) hingegen könnten außer mit der ganzen Gottheit besonders mit dem Heiligen Geist zu tun

---

[140] De trin. II, 14 f. (854 f.), anschließend 16 (855): Omissis ergo istis . . . in pace catholica pacifico studio requiramus. . .

[141] Es kann sich natürlich um irgendeinen arianischen Autor handeln, aber die Übereinstimmung mit Adv. Prax., c. 15, gerade auch hinsichtlich der Schriftstellen (1. Tim. 1, 17; 6, 15 f.) und der extremen Position (dauernde Sichtbarkeit und Veränderlichkeit des Sohnes auch vor der Inkarnation) ist doch sehr groß.

[142] Ep. 147, 18 (ML 33, 603 f./CSEL 44, 289 ff.) = Ambrosius, Exp. ev. sec. Luc. I, 24—27 (CC 14, S. 18—20, Z. 369—430); Ep. 148, 6 (624 f./336 f.) = Ambr., aaO, I, 5 f. (CC 14, S. 9, Z. 81 f. 89—91) und III, 93 f. (S. 74, Z. 1316—1319, 1327—1330); Ep. 148, 12 (627/342 f.) = Ambr., aaO, I, n. 27 (CC 14, S. 20, Z. 418—421). Die zwei Briefe liegen zwar später als De trin. II, was Kenntnis der betreffenden Positionen aber nicht ausschließt.

[143] . . . ea specie videri, quam voluntas elegerit, non natura formaverit, quoniam spiritum quoque visum accepimus in columba, Ambr. Luc. I, 25 = Aug., Epist. 147, 18 (604/290).

[144] Außer im Sinn einer Reminiszenz, z. B. II, 32 (866).

[145] II, 17—19 (855—858).

[146] II, 20 f. (858 f.). Zur Auslegung bei Hilarius u. Ambrosius vgl. BA 15, 578 f.

[147] 21 f. (859), nicht auf den Vater, der ja nicht gesandt heißt!

[148] 23 (859 f.).   [149] 24 (861).

haben[150]. Die komplizierte Perikope Exodus 33, wo Moses Gott sehen darf, beschäftigt Augustin lange[151], doch ist die Auslegung weitgehend allegorisch[152] — wieder die typische Änderung im Hermeneutischen, wo das Sachliche nicht weiterführt bzw. mit dem Vorwissen kollidieren müßte! — und darum für den Zusammenhang der Abhandlung von geringer Bedeutung. Ein erster Rückblick ergibt, daß in vielen Fällen nicht klar auszumachen ist, wen die Visionen meinten, daß es aber vermessen wäre, eine Erscheinung des Vaters prinzipiell auszuschließen[153]. Insbesondere ist in dieser Hinsicht die Vision in Daniel 7 deutlich[154], wobei natürlich der Unterschied zwischen Traumgesicht und körperlich massiver Vision für die prinzipielle Frage nichts besagt[155]. Das Ergebnis des Buches und damit die Antwort auf die erste der in n. 13 aufgestellten Fragen lautet demnach: Außer da, wo der Textzusammenhang auf eine bestimmte Person weist, kann nicht ausgemacht werden, welche Person der Trinität erschien, doch ist die Möglichkeit für alle drei grundsätzlich zuzugeben[156].

Buch III

In Buch III soll nun gemäß dem Plan die Frage verhandelt werden, auf welche Weise die äußeren Erscheinungen zustande kamen, wobei aber die Frage, ob die Engel ihre eigenen Körper verwandelten oder ob sie durch Aufnahme von Materie die Erscheinungen hervorbrachten, als unwesentlich und zugleich zu schwierig beiseite gelassen wird[157]. Augustin holt weit aus und gibt eine umfassende Darstellung der Kausalität der Wunder- und der Naturvorgänge[158], die uns in unserem Zusammenhang nicht interessieren kann. Er sagt, kurz zusammengefaßt: Nichts geschieht, was nicht auf Gott als prima causa zurückzuführen wäre. Auch die Wunder sind hier eingeschlossen, mit dem Unterschied gegenüber den gewohnten Vorgängen, daß der an sich ebenfalls natürliche Vorgang mit unerwarteter Geschwindigkeit vor sich geht[159]. Den guten, aber auch den bösen Mächten ist das Wundertun deshalb möglich, weil von allem, das werden soll, verborgene Samen in der Schöpfung liegen[160]. Die Dämonen und Engel kennen auch

---

[150] 25 f. (861 f.).   [151] 27—31 (862—866).
[152] Vgl. z. B. 28 (863): Non incongruenter ex persona d. n. I. Chr.i praefiguratum solet intellegi, ut posteriora eius (der Rücken) accipiantur caro eius . . . u. dgl. mehr.
[153] 32 (866).   [154] 33 (866 f.).   [155] 34 (867 f.).   [156] 35 (868).
[157] III, 5 (870 f.).   [158] III, 7—21 (871—882).   [159] 7—11 (871—875).
[160] 13—16 (875—878). Zur Lehre der rationes seminales, die bes. in De gen. ad litt. vertreten wird (IV bis X), vgl. BOYER, La théorie . . . sowie die Bibliographie von ANDRESEN, Zum Augustingespräch . . . 506—508, und MEYER, Geschichte der Lehre von den Keimkräften . . . 1904.

„rationes seminales", die dem Menschen verborgen sind, und vermögen sie
durch Hinzufügung von „causae accedentes" zur Entfaltung zu bringen[161].
Daß sie dies können und es auch tun, hängt jedoch von Gottes Erlaubnis
ab[162]. So werden also die verschiedenen Erscheinungen im Alten Testament
verständlich als außerordentliche, jedoch durchaus innerhalb der Grenzen
der Kausalität verbleibende Naturereignisse, die durch Engel bewirkt wurden[163]. Dieses Ergebnis kann durch Worte der Schrift, die von der Mitwirkung der Engel bei den alttestamentlichen Offenbarungen reden, unter-
mauert werden[164]. Das Ergebnis des Buches lautet: quod antiquis patribus
nostris ... cum deus apparere dicebatur, voces illae ac species corporales per
angelos factae sunt, sive ipsis loquentibus vel agentibus aliquid ex persona
dei ..., sive assumentibus ex creatura, quod ipsi non essent...[165].

Buch IV

Die Aufgabe des vierten Buches ist es, die verschiedenen göttlichen Sendungen gegeneinander abzugrenzen. Als Augustin vor der endgültigen
Herausgabe des Gesamtwerks diesem Buch einen Prolog voranstellte, benützte er die Gelegenheit, die überragende Bedeutung der Sendung des
Sohnes ins Fleisch zur Darstellung zu bringen, wobei er allerdings das trinitätstheologische Interesse weitgehend aus den Augen verlor[166]. Immerhin
war hier wohl der geeignete Ort, um die Heilsbedeutung der Inkarnation
eindrücklich vorzuführen, werden doch alle Dinge, die irgendwann geschehen sind zur Weckung des Glaubens — also auch die Visionen im Alten
Testament —, dort, wo Augustin endlich wieder zum Hauptthema kommt,
als „testimonia missionis" aufgefaßt[167]. Aber damit ist ein bloß verbaler
Unterschied der früheren „missiones" zur *einen* „missio" festgestellt. Der
Vorrang der letzteren muß noch deutlicher werden. Zuerst wird die Sendung wieder als das zeitliche Geschaffenwerden Christi dargestellt, wobei
das Sichtbare dem Glauben, das Unsichtbare, also das verbum, das bei der
Sendung aktiv ist, der zukünftigen Schau zugeteilt wird[168]. An anderer
Stelle kann Augustin immerhin noch weitere Begründungen aus dem Wesen des verbum incarnatum geben: Die Verbindung ist im Unterschied zu
allen übrigen Manifestationen durch Kreaturen eine ewige und eine solche, die die menschliche Natur verklärt zur Glückseligkeit[169]. Die Fülle der
Gottheit wohnt in jenem Mensch—Gott, der mit der Gottheit nur eine Per-

---

[161] III, 16 (878).   [162] 18 (878 f.).   [163] 19—21 (879—882).
[164] 22 f. (882 f.): Hebr. 1 f.; 24—26 (883—886): Act. 7.   [165] 27 (886).
[166] Zur späteren Abfassung der Prologe und besonders zum Einfluß der pelagianischen Auseinandersetzung auf diesen Prolog vgl. PLAGNIEUX, AM II, 817—
826 (s. o. S. 9). Wie weit der spätere Text reicht, ist schwer zu entscheiden.
[167] IV, 25 (905).   [168] IV, 26 (905 f.).   [169] II, 11 (851 f.).

son bildet[170]. Doch sind dies alles keine Begründungen für die „missio". Solange einfach ein Mensch angenommen wird, der eine besonders enge Verbindung mit dem verbum hat, ist nicht einzusehen, wie „gesandt" ein sinn-
voller Ausdruck sein kann, besonders darum, weil so auch die Sendung des
Sohnes und nicht der ganzen Trinität unverständlich bleibt, es sei denn,
man reduziere „Gesandtsein" auf „Bedeuten".

Augustin beschränkt sich nicht auf diese reine Bedeutungs-Auffassung
der Sendung des Sohnes, sondern führt folgendes aus: Der Sohn kann auch[171]
gesandt heißen, insofern der Sohn vom Vater ist, ohne daß dadurch die
Homousie angetastet würde[172]. Es gilt also nicht nur, daß der Sohn gesandt
ist, weil das Wort Fleisch ward, sondern auch „*ut* verbum caro fieret", d. h.
die Sendung ist nicht etwas, das lediglich von dem „homo assumptus" ausgesagt wird, sondern das Wort ist auch gesandt, „ut homo fieret". Die Sendung versteht sich dann auf Grund des Ursprungsverhältnisses zum Vater,
selbstverständlich nicht auf Grund irgendeiner Minorität[173]. Wenn man
nun aber erwartet, daß dieser interessante Ansatz weiter ausgebaut werde,
so täuscht man sich: Der Unterschied zwischen der Sendung ins Fleisch und
den Erscheinungen im Alten Testament oder auch der Inspiration einzelner
Menschen wird nicht in Beziehung zu jenem trinitarisch begründeten mit-
tere bzw. mitti gesetzt, sondern beschränkt sich eben doch darauf, daß bei
der Inkarnation das verbum in der Welt ein Mensch „wird", während bei
den Erscheinungen die Verbindung eine geringere nach Intensität und
Dauer war und beim Gesandtwerden in unseren Geist kein eigentliches
In-die-Welt-Kommen, sondern ein Aus-der-Welt-Holen geschieht[174]. Man
kann sich nun fragen, ob der vorhin angetönte Ansatz eine Aufhebung der
operatio inseparabilis bedeute[175]. Da die Erklärungen Augustins sehr fragmentarisch bleiben und, wie gesagt, in ihren eventuellen Konsequenzen
weiter nicht ausgeführt sind, muß man dies für sehr unwahrscheinlich halten. Es unterliegt keinem Zweifel, daß man diametral gegen die Intentionen Augustins interpretieren würde, wenn man hier eine Durchbrechung
dieses Grundgesetzes annehmen wollte.

Nimmt man keine Durchbrechung dieses Grundgesetzes an, so bleibt die
Möglichkeit offen, daß man im Sendungsbegriff zwei Momente unterschei-

---

[170] AaO, auch IV, 30 (909): die Engel konnten figurare, non expropriare, auch
IV, 31 (910). Vgl. die Zusammenstellung bei v. Bavel, Recherches 26 ff.
[171] Dieses bedeutungsvolle „auch", das in der Nebeneinanderstellung von
IV, 27 ff. (906 ff.) und 26 (905 f.) zum Ausdruck kommt, erscheint auch in C.
serm. Ar. 4 (ML 42, 685 f.).
[172] 27—29 (906—908). Im C. serm. Ar. erscheint noch der Vergleich mit einem
menschlichen Sohn, der trotzdem eiusdem substantiae sein könne (aaO, 685).
[173] 27 (906): Si autem sec. hoc missus a patre filius dicitur, quia ille pater est,
ille filius, nullo modo impedit, ut credamus aequalem patri esse filium...
[174] 27 f. (907 f.).   [175] So Scheel, Anschauung 197 ff.

det: den ewigen Hervorgang aus dem Vater und die äußere Manifestation, wobei der innere Ausgang die Voraussetzung für die äußere Manifestation wäre[176]. Es ist zuzugeben, daß diese Auffassung, wenn sie möglichst unbestimmt gelassen wird und sich praktisch darauf reduzieren läßt, daß von einer äußeren Sendung nicht geredet werden könnte, wenn nicht die innertrinitarische Zeugung vorangegangen wäre, ungefähr dem entspricht, was Augustin meint. Ob jedoch Augustin tatsächlich die beiden Seiten der Sendung in ein so enges ursächliches Verhältnis zueinander bringt, daß „ihm die Sendung geradezu zu einem Erkennungszeichen des ewigen Ausgangs einer Person wird"[177], ist doch sehr fraglich, es sei denn, man lege alles Gewicht nur auf „-zeichen". Grundsätzlich ist doch die Sendung die äußere Manifestation, und von einer Sendung kann nicht „eo ipso, quo de patre natus est" geredet werden, sondern entweder „eo, quod apparuit huic mundo verbum caro factum" oder insofern er von einzelnen Menschen geistig empfangen wird[178]. Sendung ist äußeres Kundwerden, und Geborenwerden vom Vater ist eine im innertrinitarischen Sein verbleibende Beziehung[179]. Das hindert nicht, daß von einer Sendung auch *geredet* werden kann hinsichtlich der Vater-Sohn-Relation[180], daß eine *Analogie* besteht zwischen der Ursprungsrelation Vater—Sohn und der Beziehung Sendender—Gesandter[181]; in Wirklichkeit wird also nicht die Lehre von der operatio inseparabilis durchbrochen, sondern es wird lediglich gezeigt, daß die Rede von der Inkarnation bzw. Sendung nur des Sohnes auch deshalb möglich ist, weil innertrinitarisch Vater und Sohn streng unterschieden sind, ohne daß aber klar würde, wie jene Unterscheidung und die Beschränkung auf das verbum in der Inkarnation zusammenhängen — außer durch das „demonstrari"[182].

---

[176] So SCHMAUS, Psychol. Trinitätslehre 164.

[177] SCHMAUS, aaO, auf Grund von IV, 29 (908): *Sicut* enim natum esse est filio a patre esse, *ita* mitti est filio cognosci, quod ab illo sit — hier handelt es sich gerade nicht um „zwei Seiten der Sendung", sondern um eine Reduktion der Sendung auf das äußere Erkennen.

[178] S. Anm. 177.

[179] S. Anm. 177. In diesem Sinne ist auch SCHMAUS' erste Belegstelle aaO „Ergo a patre exire et in hunc mundum venire, hoc est mitti" aus II, 7 (849) im Sinne des Kontexts zu verstehen.

[180] Vgl. das Nebeneinanderstellen der zwei Möglichkeiten (S. 143, Anm. 171), dazu die Wendungen IV, 27 (906): Si autem sec. hoc missus a patre filius *dicitur*... Sec. hoc iam potest intellegi, non tantum ideo *dici* missus filius . . ., und in der Zusammenfassung am Schluß des Buches (IV, 32, 911): Sive enim propter visibilem creaturam, sive potius propter principii *commendationem* . . . haec *posita* intelleguntur . . . (nämlich eben die Rede von der Sendung).

[181] IV, 29 (908): Sicut ergo pater genuit, filius genitus est, ita pater misit, filius missus est. Vgl. Anm. 177.

[182] Die Begründung, die wir oben im Zusammenhang mit Ep. 11 behandelten (s. S. 23 ff.), ist natürlich für die Reifezeit Augustins nicht mehr gültig. Auch SCHMAUS, aaO, 166 f. weiß keine treffendere Begründung anzuführen.

Gerade das Fehlen dieses Zusammenhangs garantiert die Integrität der operatio inseparabilis, die erst dann durchbrochen wäre, wenn ewiges Gezeugtsein und Sendung ineinanderfließen würden, was aber bei Augustin eindeutig nicht der Fall ist, ganz abgesehen davon, daß jene Stellen, wo er die missio in Beziehung zum göttlichen Hervorgang setzt, überhaupt eine Ausnahme bedeuten[183]. Es erweckt den Anschein, als ob Augustin sich eigentlich nur durch die christliche Sprachtradition gezwungen gesehen hätte, auch eine Sendung bzw. ein Reden von einer Sendung außer der äußeren Erscheinung zuzugeben, während er selbst unter der Sendung ausschließlich die apparitio verstand. Das Denken auf zwei Ebenen, die nur durch Signifikation und Analogie verbunden gedacht werden können, ist durchaus beibehalten, und darum kann letzten Endes doch nicht klarwerden, warum das *Wort* Fleisch *ward*, und warum nicht entweder die Trinität bzw. Gottheit als ganze Mensch wurde oder aber von einem „Werden" überhaupt zugunsten einer bloßen Erkenntnisoffenbarung abgesehen wird. Doch das Problem wird in verschiedener Form weiterverfolgt:

Hinsichtlich des Heiligen Geistes zeichnet sich *die* Sendung an Pfingsten von den übrigen Sendungen im Alten und Neuen Bund dadurch aus, daß das Sprachenwunder sonst nirgends vorkommt[184]. Hingegen ist durchaus mit der Möglichkeit zu rechnen, daß schon früher Taube und Feuerzunge erschienen sind[185]. Doch mag dem sein, wie immer es will: Die Trinität wirkt untrennbar, nur daß ihre Untrennbarkeit im Bereich des wandelbaren Seins nicht adäquat wiederzugeben ist, wie es ja auch nicht möglich ist, Vater, Sohn und Geist ohne die zeitlich aufeinanderfolgenden Silben auszusprechen. Aber so, wie ich, wenn ich „memoria, intellegentia" oder „voluntas" ausspreche, womit ich je *eins* von diesen dreien bezeichne, jedes einzelne dieser Worte mit Hilfe von allen *dreien*, memoria, intellegentia, voluntas, bewirke, so wirkt auch die Trinität untrennbar die Stimme des Vaters vom Himmel, das Fleisch des Sohnes und die Taube des Heiligen Geistes, wobei jedes einzelne von diesen das ihm zugeordnete *einzelne* bezeichnet und doch jedes von allen *dreien* bewirkt ist. Diese analogische Illustration[186] des Problems zeigt mit aller Deutlichkeit, daß die Sendung in Wirklichkeit doch nur als eine äußere Anzeigung gedacht ist, wie ja auch die zur Veran-

---

[183] Die einzigen wirklich deutlichen Aussagen, die an einen *wirklichen* Doppelaspekt der Sendung denken lassen und gleichsam im Gesamtgefüge der augustinischen Trinitätsspekulation wie eine Granate liegen, die jedoch nicht explodiert, sondern sofort wieder entschärft wird, sind die oben paraphrasierten: Sec. hoc iam potest intellegi, non tantum ideo dici missus filius, quia verbum caro factum est, sed ideo missus, ut verbum caro fieret, . . . id est, ut non tantum homo missus intellegatur, quod verbum factum est, sed et verbum missum, ut homo fieret (IV, 27, 906).

[184] IV, 29 (908 f.).   [185] IV, 30 (909).

[186] IV, 30 (909 f.), Parallelen Sermo 52, C. serm. Ar., c. 16 (dazu s. o. S. 41 f.).

schaulichung herangezogene Sprache als ein Zeichenganzes verstanden wird. Man darf wohl sagen: Das verbum ist darum *allein* Fleisch geworden, weil es sich selbst als die Inkarnation des verbum *bezeichnet*. Inkarnation und Sendung sind also weitgehend auf Bedeuten und Anzeigen reduziert.

Das Problem wird nochmals akut anläßlich der Frage nach dem Vater, der nicht gesandt heißen kann. Daß Augustin dabei völlig vom biblisch-christlichen Sprachgebrauch ausgeht und immer davon spricht, daß der Vater nicht gesandt *heißt*[187], ist völlig klar. Er schließt es darum von vornherein aus, daß da, wo im Alten Testament die den Patriarchen Erscheinenden „gesandt" heißen, der Vater gemeint sein könnte[188]. Dieser Rekurs auf den biblischen Sprachgebrauch hätte wenig Bedeutung, wenn aus den trinitarischen Relationen heraus von vornherein klar wäre, daß der Vater Sendender ist. Eine solche Begründung versucht Augustin zwar auch zu geben, indem er sagt, der Vater sei das „principium" der Trinität und heiße darum nicht „gesandt"[189]. Die Begründung bleibt also nicht eine rein terminologische, sondern geht tiefer, aber man muß sich wie bei der entsprechenden Bestimmung über die Sendung des Sohnes fragen, ob hier wesentlich mehr als analogische Abstimmungen vorgenommen werden. Ihr Ergebnis ist zwar, daß die Redeweise vom Senden und Gesandtwerden kraft der Analogie zu den innertrinitarischen Verhältnissen angemessen sei, sie vermögen jedoch nicht zu zeigen, warum überhaupt „Senden" und nicht vielmehr „Erscheinen" gesagt wird. Warum soll der Vater nicht wie der Sohn auch von sich selbst und der ganzen Gottheit gesandt sein, wenn doch das Senden im Grunde genommen ein Zeigen ist? Die Gefahren, die am Horizont der augustinischen Trinitätslehre aufsteigen, sind zwar gebannt, aber nicht durch Geltendmachen der Geschichtlichkeit in der Trinität, sondern dank der Unterordnung unter den biblischen Sprachgebrauch und dank der Analogie.

Blicken wir auf den Gedankengang von Buch I bis IV zurück, so ist das Ergebnis einmal dies, daß alles „Subordinatianische" in der Schrift nicht als solches verstanden werden darf, sondern auf die menschliche Natur Christi zu beziehen ist. Dieser weitaus am breitesten und klarsten ausgeführte Gedankengang, der auch das Hauptstück der missiones-Lehre bildet, wird ergänzt durch die vom Ursprungsverhältnis Vater—Sohn her gegebene

---

[187] De trin. II, 8 (849): legitur; 12 (853): dicitur; 22 (859) . . . patrem missum nusquam scripturarum nobis occurrit; III, 3 (869 f.): dictus; IV, 28 u. 32 (908, 912): dicitur; C. serm. Ar., c. 4 (ML 42, 686): legitur, dicitur.

[188] II, 22 u. 23 (859 f.).

[189] IV, 28 (908): Sed pater . . . non dicitur missus, non enim habet, de quo sit aut ex quo procedat; IV, 32 (912): . . . absurdissime tamen aut a filio quem genuit, aut a spiritu sancto, qui de illo procedit, missus diceretur; C. serm. Ar., c. 4 (ML 42, 686): Solus pater non legitur missus, quoniam solus non habet auctorem, a quo genitus sit, vel a quo procedat.

weitere Möglichkeit, Unterordnung und Sendung auch auf das eigentlich trinitarische Verhältnis ohne Preisgabe der Homousie zu beziehen. Was die arianischen Einwände anbetrifft, so wird man nicht sagen können, sie seien dadurch wirklich beantwortet; denn das erste Argument trifft sie überhaupt nicht eigentlich[190], und das zweite entspricht bloß einer Wiederholung des kirchlichen Trinitätsglaubens, daß die zweite Hypostase, obschon sie von der ersten wohl zu unterscheiden sei, dennoch eines Wesens und von vollkommener Gleichheit mit ihr sei: die Paradoxe, die das Werk eröffnen (s. o. S. 126 f.), sind nicht aufgelöst, sondern nur expliziert und die Paradoxie der Wirksamkeit nach außen z. T. auf die innergöttliche Paradoxie analogisch zurückgeführt; eine spekulative Vermittlung in der innergöttlichen Paradoxie selbst fehlt noch.

Buch V

Diese spekulative Vermittlung folgt im zweiten Hauptteil, der mit dem fünften Buch anhebt. Ging es in den bisherigen vier Büchern zu einem guten Teil um die Klärung der Schriftaussagen und der kirchlichen Sprachtradition, so beschreitet Augustin im nunmehr folgenden Buch neue Wege, die auch die theologische Sprache aus der Sicherung durch die Tradition zum Teil heraustreten lassen. Der Prolog zu diesem Buch zeigt in knapper Form, welche Grenzen und welche Möglichkeiten in der Sprache liegen[191]:

Hinc iam exordiens ea dicere, quae dici ut cogitantur vel ab homine aliquo vel certe a nobis non omni modo possunt, quamvis et ipsa nostra cogitatio, cum de deo trinitate cogitamus, longe se illi, de quo cogitat, imparem sentiat neque, ut est, eum capiat, sed, ut scriptum est, etiam a tantis, quantus Paulus apostolus hic erat, per speculum et in aenigmate videatur, primum ab ipso domino deo nostro, de quo semper cogitare debemus et de quo digne cogitare non possumus, . . . et adiutorium ad intellegenda atque explicanda, quae intendo, et veniam precor, sicubi offendo.

Da wir nunmehr damit anheben, das auszusprechen, was kein Mensch oder jedenfalls wir selbst nicht durchweg so auszusprechen vermögen, wie es gedacht wird — obschon auch unser Denken, wenn wir über den dreieinigen Gott nachdenken, die gewaltige Ungleichheit seinem Gegenstand gegenüber spürt und ihn nicht so zu fassen vermag, wie er ist, sondern, wie geschrieben steht, Gott[192] auch von so großen Männern, wie der Apostel Paulus einer war, nur wie durch einen Spiegel und in rätselhafter Gestalt gesehen wird —, so erbitte ich denn von unserem Herrn und Gott selbst, über den wir stets nachsinnen sollen und von dem wir doch nicht angemessen zu denken vermögen . . . sowohl Hilfe für das Erkennen und Erklären dessen, was ich beabsichtige, als auch Verzeihung, wenn ich irgendwo fehlen sollte.

---

[190] Maximin in der Coll. c. Max. Ar., 2. Teil, n. 25 (ML 42, 738): Propter formam servi maiorem patrem professus es, quod mihi nimium stultum esse videtur. Scimus enim, . . . in forma servi eum etiam angelis minorem factum.

[191] V, 1 (911). [192] Subjektswechsel im sed-Satz.

Obschon dieser Anfang über die Unaussprechlichkeit Gottes redet, wird doch nicht einfach die totale Unaussprechlichkeit behauptet — ein Gedanke, den Augustin, wo er ihn profiliert ausspricht, als in sich widersprüchlich empfindet[193] —, sondern sorgfältig die Zwischenstufe des Denkens unterschieden. Ihm gegenüber bedeutet, wie wir schon sahen, das Reden ebenfalls eine Vergröberung und Erniedrigung, aber das Denken steht seinerseits immer noch in fast unendlicher Ferne von Gott[194]. Die Brücke, die zwischen diesen entfernten Ebenen geschlagen wird, ist jenes Spiegel-Verhältnis, jenes Abbild- und Gleichnishafte, durch das nun doch eine Erkenntnis trotz aller Schattenhaftigkeit möglich ist. Zu dieser einen Möglichkeit, die weitgehend auf einer analogia entis beruht, tritt die zweite Verbindung, die in der Willenskundgebung Gottes liegt, d. h. darin, daß er *will*, daß über ihn gedacht — und geredet — wird, und daß er auch bereit ist, die Schwäche menschlichen Redens zu verzeihen[195]. Dies beides unterscheidet das augustinische Reden von Gott grundsätzlich vom neuplatonischen Theologietreiben, insofern dort die Unaussprechlichkeit des höchsten Einen mit ganz anderer Konsequenz durchgeführt ist: Es ist nicht analogisch zu erkennen, sondern nur durch Preisgabe alles Bestimmten überhaupt, es gibt über das Eine keine verbindliche, positive Aussagen, sondern nur die konsequente Negation[196]. Im Nachvollzug dieser Negation kann für den Menschen das Heil liegen; eine Heilsfunktion der Worte selbst ist nicht denkbar, und ein Ausspruch wie „verbis nostris in laude sua gaudere nos voluit (sc. deus)“[197] könnte schlechterdings nicht von Plotin stammen. — Das gleichzeitige Auftreten beider Aspekte — Analogie und Gottes Auftrag zum Denken und Reden — in dem Prolog zu Buch V dürfte nicht ohne tiefere Bedeutung sein: In diesen zwei Aspekten, die wir eben auch anhand von Buch I—IV glaubten aufzeigen zu können, strömen doch wohl die zwei Traditionsströme des griechischen und biblischen Denkens zusammen, stehen aber nicht nebeneinander, sondern ergänzen und stützen sich gegenseitig, indem der Mut zum Reden von Gott sich auch auf die Analogie stützt, während umgekehrt der Mut zur Analogie auf die kirchliche Gottes- und Trinitätslehre mit zurückgeht. Sie ist es doch wohl gewesen, die den neuplatonischen Stufenbau: unaussprechliches Eines—aussprechbarer Nus (principium—sapientia beim jungen Augustin) zum *einen*, „analogiefähigen“ und doch trinitarisch rätselhaften Gott werden ließ[198].

---

[193] Vgl. De doctr. chr. I, 6 (ML 34, 21), Ep. 120, 13 (ML 33, 459/CSEL 34, 2, 716). Auch das Erkennen „quid non sit“ ist schon ein Erkennen.

[194] Vgl. dazu die Forts. V, 2 (911), auch Sermo 21, 2 (ML 38, 143). Immerhin ist da die Möglichkeit blitzartiger Schau gegeben.

[195] Vgl. hierzu auch den Prolog zu Buch I (s. o. S. 120 ff.).

[196] RUTTEN, Catégories 18 ff.   [197] De doctr. chr. I, 6 (ML 34, 21).

[198] Zum Problem s. auch o. S. 30 ff. sowie HUBER, Das Sein..., der 129 ff. das

Die begriffliche Annäherung an Gott erfolgt einerseits über den Blick auf den menschlichen „intellectus", andrerseits über die schon z. T. für diesen zutreffenden Negationen der neun akzidentalen Kategorien[199], so daß als erste positive Bestimmung Gottes die Substanz bzw. „essentia" übrigbleibt[200]. Augustin empfindet keinerlei Schwierigkeit, Gott das Sein zuzuschreiben, Gott ist für ihn durchaus nicht jenseits des Seins wie für Plotin das Eine. Dagegen gehört es zu Gottes Sein, daß es von allen Akzidentien frei ist[201] und unveränderlich *ist*, was allem anderen Seienden, das nicht „maxime ac verissime" ist, nicht zukommt. Nun setzt aber gerade bei diesem „reinen" Gottesbegriff ein gegnerisches Argument an, dessen Gewichtigkeit und Gefährlichkeit Augustin bewußt ist[202]: Was von Gott ausgesagt wird, ist als Substanz-, nicht als Akzidenzaussage zu werten. Folglich wird vom Vater das Ungezeugtsein und vom Sohne das Gezeugtsein der Substanz nach ausgesagt. Gezeugtsein und Ungezeugtsein sind aber verschieden, also sind Vater und Sohn auch von verschiedener Substanz. Augustin führt zuerst die zwei Schriftworte Johannes 10, 30 (Ego et pater unum sumus) sowie Philipper 2, 6 (. . . esse aequalis deo . . .) an und fragt, ob dies denn Substanzaussagen seien oder nicht. Wenn nicht, so gibt es also auch Aussagen über Gott, die nicht Substanzaussagen sind, wenn ja, so haben die Gegner bereits die substantielle Einheit von Vater und Sohn angenommen[203]. Dieses zunächst verblüffende Argument ist aber noch nicht stichhaltig, da es stillschweigend die Gottheit des Sohnes voraussetzt, was die Arianer ja gerade bestreiten: Nur der Vater ist wahrer Gott, und vom Sohn sind durchaus Aussagen möglich, die akzidentalen Charakter haben[204].

Augustin fährt fort: Jede Substanz, die Akzidentien empfängt, auch wenn es sich um untrennbare handelt, ist eo ipso veränderlich, darum kann es in Gott keinerlei Akzidentien geben[205]. Dennoch gibt es von Gott Aus-

---

Ineinanderfließen des (plotinischen) Absoluten mit dem eidetischen Sein bei Augustin darstellt.

[199] V, 3 (912).   [200] Zu dieser Begrifflichkeit s. u. S. 167.

[201] Vgl. Conf. IV, 29 (ML 32, 704/L I, 87). So auch Plotin, Enn. VI, 9, 6 (HARDER 9, 40), VI, 8, 8 (39, 67 ff.). Das ist in der theologischen Tradition nicht ganz so eindeutig, vgl. Tertullian, Adv. Herm., c. 3, 3 (CC I, 399), Gregor von Nyssa nach HARNACK, DG II, 264, Anm. 2 (wo?), dagegen aber Euseb, Dem. ev. IV, 3 (ed. HEIKEL, GCS 23, S. 153, Z. 12 ff.), Athanasius, De decr. 22, 1 (ed. OPITZ II, 1, 18), Marius Victorinus, Adv. Ar. III, 1 (ed. HENRY, Z. 20 ff.), IV, 2 (Z. 19), Ambrosius, De fide I, 106 (CSEL 78, 45 f.). Veränderlichkeit und Akzidenz gehören notwendig zusammen.

[202] V, 4 (913): maxime callidissimum machinamentum.

[203] So weit V, 4 (912 f.).

[204] Candidus, De gen. div. 10 (ML 8, 1019 A): . . . cum sit opus (sc. Iesus) in substantia, quae receptrix est diversarum qualitatum et magis contrariarum. Die Auslegung von Joh. 10, 30 und Phil. 2, 6 durch einen Arianer vgl. Coll. c. Max. 1. Teil n. 6 (ML 42, 712) und 2. Teil n. 15 (aaO, 732 f.).

[205] V, 5 (913).

sagen, die nicht Substanzaussagen sind und die man in den geschaffenen Dingen Akzidenzaussagen nennen würde. Bei Gott aber sind sie es nicht; denn wenn zwischen Vater und Sohn eine Relation bzw. die Kategorie des πρός τι besteht, so hat diese doch nichts von Veränderlichkeit an sich: sie war von Ewigkeit her und wird in Ewigkeit sein und ist doch durchaus unterscheidbar von einer Substanzaussage. Darum ist, wie Augustin schließt, das Vatersein und Sohnsein durchaus unterschieden, aber dennoch sind beide nicht von zweierlei verschiedener Substanz, weil Vater- und Sohnsein „secundum relativum" gesagt werden — „quod tamen relativum non est accidens, quia non est mutabile"[206].

Nun können aber die Gegner einwenden, das treffe wohl auf Vater-Sohn zu, aber gerade nicht auf ingenitus und genitus. „Ingenitus" heiße der Vater in Hinsicht auf sich selbst; da es sich dabei nicht um eine Relationsaussage handle, könne doch einer auch so genannt werden, ohne daß er einen Sohn habe. Vielmehr sei „ingenitus" Substanzaussage, die jedoch den Sohn ausschließe, da dieser ja nicht auch „ingenitus" heißen könne. Augustin antwortet auf dieses Argument zunächst mit einer logischen Unterscheidung: Auch „ingenitus" sei Relationsaussage; denn damit werde ja nicht gesagt, was der Vater sei, sondern nur, was er *nicht* sei. Cum autem relativum negatur, non secundum substantiam negatur, quia ipsum relativum non secundum substantiam dicitur[207]. Die Negation einer Relation bedeute also nicht eine Substanzbestimmung, sondern verbleibe gewissermaßen innerhalb der Relations-Kategorie.

Diesen Grundsatz illustriert Augustin nun durch verschiedene Beispiele, indem er alle zehn Kategorien durchgeht und bei jeder zeigt, daß die Negation stets gemäß derselben Kategorie vor sich geht, d. h. daß ich z. B. gerade hinsichtlich der Kategorie der Relation sagen kann „propinquus est" und „non propinquus est"; secundum relativum *nego*. Die Kategorie wird durch die Negation nicht aufgehoben. „Filius" und „non filius" sind daher beides Relationsaussagen, ebenso, was ja gleichbedeutend ist, „genitus" und „non genitus" bzw. „ingenitus". Das Ergebnis lautet daher: ... quamvis diversum sit genitus et ingenitus, non indicat diversam substantiam, quia, sicut filius ad patrem et non filius ad non patrem refertur, ita genitus ad genitorem et non genitus ad non genitorem referatur necesse est. Damit ist nachgewiesen, daß „ingenitus" und „genitus" Relationsbegriffe sind und also keine Substanzaussage einschließen, womit das gegnerische Argument erledigt ist: Es können in einer Substanz ein Ungezeugter und ein Gezeugter zugleich sein[208].

---

[206] V, 6 (913 f.) Kritische Betrachtung dieser und der folgenden Gedankenführung im folgenden.
[207] V, 7 (914 f.).
[208] V, 8 (915 f.).

Obschon Augustin in dem nunmehr dargestellten Abschnitt einen selbständigen Gedankengang aufbaut, sind doch die Einwirkungen verschiedener historischer Strömungen nicht zu übersehen. Das gegnerische Argument dürfte wohl von Eunomius stammen, der immer wieder betonte, daß, wenn doch Gott einfach sei, das Ungezeugtsein auch Substanzaussage sein müsse, und, wenn man in der höchsten Substanz Ungezeugtes und Gezeugtes zugleich behaupte, man ihre Reinheit zerstöre und Gegenteiliges in sie eintrage[209]. Damit vertrat er aber ein allgemeines arianisches Interesse, nämlich eben die völlige Reinheit und Eindeutigkeit des Gottesbegriffs[210], den die Orthodoxie dadurch nicht zu gefährden glaubte, daß sie bereits vor Augustin den Relationsbegriff einführte[211], obschon sich bereits Arius selbst gegen das πρός τι innerhalb der Gottheit gewandt hatte[212]. Augustin dürfte die theologische Verwendung des Relationsbegriffs aus der dritten theologischen Rede Gregors von Nazianz[213] kennen, deren Beziehungen zu De trinitate auch sonst nachweisbar sind (s. o. S. 131 f.). Freilich ist dies nicht die einzige Quelle, aus der Augustin den Begriff geschöpft haben könnte, aber die übrigen Möglichkeiten sind weitgehend weniger wahrscheinlich[214]. Nun verbindet aber Augustin die Einführung des Relationsbegriffs[215] mit dem Akzidenzproblem und dürfte dabei weniger von theologischer als von spezifisch philosophischer Tradition abhängig sein. Die mehrfache Verwendung der zehn Kategorien braucht nicht unbedingt auf die frühe Lektüre der Kategorienschrift des Aristoteles zurückzugehen, sondern kann auch eine Auswirkung der dialektischen Lehrtradition darstellen, gehörten doch die „decem praedicamenta" zur Schuldialektik[216]. Außerdem ist aber anzu-

---

[209] Vgl. bes. bei Gregor von Nyssa, C. Eun., MG 45, bes. 917 B (ed. JAEGER[2] I, 233), 1077 D (373), 1089 CD (382 f.).
[210] Das ist ein Anliegen, dem die Orthodoxie letzten Endes immer nur durch jenes Paradox begegnen konnte, das auch Aug.s Anfangsbekenntnis kennzeichnet. Zum Problem sehr wichtig J. DANIÉLOU, REG 69, 1956, 412—432.
[211] Vgl. dazu CHEVALIER, S. Aug. 89 ff. Der Sache nach ist das Problem schon oft vor Aug. abgehandelt, und auch Hilarius, Ambrosius und Marius Victorinus berühren es, doch behandelt es Aug. als erster in so strenger Anlehnung an Aristoteles (so DU ROY, RA II, 420, Anm. 21).
[215] Er verwendet seiner persönlichen Eigenart entsprechend (s. o. S. 22) und dem 1, S. 13, Z. 12), vgl. zur Frage CHEVALIER, aaO, 108 ff.
[213] Or. 29, 16 (ed. MASON 98), auch 31, 9 (155).
[214] Entweder spielt der Begriff keine oder eine sehr kleine Rolle (so bei Athanasius, bei den Lateinern), oder Aug. kannte nicht nachweislich die betreffenden Schriften (so bes. Gregor v. Nyssa und Basilius, Epiphanius).
[215] Er verwendet seiner persönlichen Eigenart entsprechend (s. o. S. 22) und dem lateinischen Sprachgebrauch gemäß nicht das Abstraktum „relatio", wohl aber „relative" und „relativum", wie auch Martianus Capella (wo „relatio" nur in der Rhetorik).
[216] Die Kategorien las er selbst nach Angabe der Conf., s. o. S. 22, Anm. 60. Die

152

nehmen, daß Augustin die Einführung in die Kategorien des Aristoteles von Porphyrios, vermutlich in lateinischer Übersetzung durch Marius Victorinus, kannte[217], jedenfalls taucht bei ihm ebenso wie in der Isagoge des Porphyrios die Lehre von den trennbaren und untrennbaren Akzidentien in Verbindung mit dem Beispiel von der Schwärze des Raben auf[218].

Die Aufgabe, die sich Augustin in dem dargestellten Abschnitt stellt, ist insofern beschränkt, als er nicht die Möglichkeit mehrerer Personen in einer Substanz beweisen will, sondern nur die Möglichkeit von Relationsaussagen in Gott und die Relativität der Bezeichnung „ingenitus". Was die erste Frage anbetrifft, so kann man kaum von einem Beweis sprechen; denn Augustin schließt den Begriff des Akzidens in Gott nur per definitionem aus, indem er sagt, Akzidentalität und Veränderlichkeit seien notwendig miteinander verbunden, da aber bei Gott keine Veränderlichkeit denkbar sei, sei die Relation in Gott kein Akzidens. Gewiß gehört auch für die herkömmliche Logik die Akzidentalität der Veränderlichkeit an[219], aber Augustin betont diesen Aspekt ganz unverhältnismäßig stark[220], so daß bei der Einführung des Gottesbegriffs auf jeden Fall eine Spaltung eintreten muß: entweder man bleibt innerhalb der klassischen Begriffe und schließt dafür bei Gott jedes Akzidens und damit auch die Relation aus, oder aber man schafft einen neuen Begriff, der einerseits wie etwas Akzidentales *heißt*, andrerseits aber nichts Veränderliches von der Art der Akzidentalität *bedeutet*. Das ist es, was Augustin tut. Die Erfordernisse der orthodoxen Trinitätslehre setzen sich gegenüber dem logischen Begriffsgefüge in einer Weise durch, die einer Relativierung und letztlich auch Abwertung der philosophischen Sprache gleichkommt. Noch stärker wird dies im zweiten Gedankengang spürbar:

Für die Arianer ist Gott nicht nur ἀγένητος, sondern ebensosehr ἀγέννητος,

---

Kategorien in der Dialektik, s. bei Mart. Cap. IV, 363 (ed. Dɪᴄᴋ 167 f.), vgl. auch Mᴀʀʀᴏᴜ, S. Aug. 241, Anm. 7.

[217] Bᴇɴᴢ, Mar. Vict. 16. Wir besitzen nur noch die Übersetzung des Boethius, der aber Victorinus benützte (aaO, 17 f.).

[218] Vgl. Isag. 4 a, 25—35 (ed. Bᴜssᴇ 12 f.) und De trin. V, 5 (913). Die Lehre von den trennbaren und untrennbaren Akzidentien scheint erst von Porphyrios eingeführt worden zu sein (vgl. das Register bei Pʀᴀɴᴛʟ, Gesch. d. Logik, und Enciclopedia filosofica I, 31). Interessant ist die Verwendung bei Euseb, Dem. ev. IV, 3 (συμβεβηκὸς ἀχώριστον), ed. Hᴇɪᴋᴇʟ, GCS 23, S. 153, Z. 13 f. Was Cʜᴇᴠᴀʟɪᴇʀ, aaO, 47, Anm., sagt (Fragmente der Analytiken in Plotins Werken), müßte erst genau expliziert werden.

[219] Porphyrios, Boeth. interpr., Isag. 12, 23 (ed. Bᴜssᴇ 39, Z. 11 f.): Accidens vero est, quod *abest et adest* praeter subiecti corruptionem. Mart. Cap. IV, 347 (ed. Dɪᴄᴋ 160): Accidens est, quod non nisi eidem formae, sed *non semper* evenit...

[220] V, 5 (913): Das Ziel dieser Argumentation wird erst in n. 6 klar, wo die Akzidentalität der göttlichen Relationen bestritten wird.

also „ingenitus" seinem Wesen nach[221]. Für die kirchliche Lehre gilt die Agennesie bloß vom Vater, während natürlich an der Ungewordenheit die ganze Gottheit teilhat, sofern sie als Ungewordenheit hinsichtlich der Zeit verstanden wird, also als Ungeschaffenheit[222]. Gelingt es Augustin, „ingenitus" als innergöttlichen Relationsbegriff aufzuzeigen, so nimmt er den Arianern allerdings Wind aus den Segeln, aber die Frage ist, ob es ihm gelingt. Seine Beweisführung stützt sich einerseits, wie gesagt, darauf, daß von Gott und in Gott Relationen ausgesagt werden können, die nicht akzidentalen Charakter haben. Die zweite Stütze, die als allgemeiner Grundsatz eingeführt wird, ist die Behauptung, bei einer Negation werde die Kategorie nicht verlassen. Dabei handelt es sich mit größter Wahrscheinlichkeit nicht um einen bereits bestehenden Lehrsatz der Logik, den er heranzieht, sondern um einen ad hoc supponierten Grundsatz, den er deshalb auch an allen Kategorien durchdiskutiert. Er ist an sich auch kaum zu bestreiten, da bei jeder denkbaren Negation einer Relation doch die Aussage noch immer etwas über die Relation bzw. über das Fehlen der Relation enthält[223]. Er sagt darum in der Folge ganz richtig: „genitus" sagt man nicht von einem Subjekt hinsichtlich seiner selbst, sondern hinsichtlich des „genitor", also sagt man auch „ingenitus" nicht „ad se", sondern man zeigt damit an, daß der betreffende nicht als Gezeugter in Beziehung zu einem Erzeuger steht. Kraft der Relation wirkt sich die Negation unausweichlich auch auf den Beziehungsbegriff aus, d. h. dem Nicht-Gezeugten „entspricht" ein Nicht-Erzeuger; wo kein Gezeugter ist, ist auch kein Erzeuger. In der Negation bleibt die Relation also gewissermaßen noch erhalten, obschon „ingenitus" im strengen Sinne nicht mehr Relationsbegriff ist, da der Bezug zum „genitor" ja gerade aufgehoben sein soll. Man kann Augustin also nur mit großem Vorbehalt recht geben, wenn er non-genitus und non-genitor wie non-filius und non-pater als Relationspaare auffaßt. Dagegen hat er natürlich völlig recht, wenn er ingenitus—genitus nicht als Beziehungsbegriffe nimmt, da dies den Gesetzen der Logik diametral zuwiderlaufen würde[224].

---

[221] Man beachte das Schwanken in der Textüberlieferung der Arius-Dokumente (Opitz, aaO, 1 ff., 12 ff.). Zum Problem vgl. Prestige, JTS 24, 1923, 486—496; 34, 1933, 258—265.

[222] Vgl. Harnack, DG II, 196 f. Daß bei den Kappadoziern auch die Agennesie als allgemeines Gottesprädikat im Sinn der Anfangslosigkeit auftaucht, sei nur der Vollständigkeit halber angemerkt.

[223] Aug. berücksichtigt die verschiedenen Möglichkeiten der Verneinung nicht, wie sie Arist., Herm. X, aber auch Mart. Cap. IV, 396 ff. (ed. Dick 190 ff.) analysiert werden.

[224] Dessen ist sich Aug. bewußt: V, 7 (914). Eunomius faßt ingenitus—genitus als ἐναντία (bei Gregor von Nyssa, C. Eun., MG 45, 908 A, 1077 D, ed. Jaeger[2] I, 373; II, 309) auf, was nach Arist., Kat. X, 11 b, 32 ff., das πρός τι ausschließt. Noch besser wohl als Bejahung—Verneinung (Kat. X, 13 a, 37 ff.).

Augustin hat also nachgewiesen, daß „ingenitus" nicht eigentlich Substanzaussage ist, sondern Negation einer Relation. Aber Negation welcher Relation? Zweifellos der Ursprungsrelation des Vaters. Das Wort will besagen, daß der Vater selbst ursprungslos sei, es lehnt ein Erzeugt- oder Geschaffensein des Vaters ab. Die Relation, die damit angerührt ist, ist also nicht etwa von vornherein die Relation zum Sohn, da ja „ingenitus" nicht zu „genitus" relativ steht, sondern zu jeder möglichen weiteren Ursache des Vaters. Der Vater ist mithin auf jeden Fall nicht Sohn und nicht geschaffen. Die damit abgelehnte Relation kann daher ebensogut innertrinitarisch als Besonderheit des Vaters wie als Abgrenzung Gottes gegenüber der Schöpfung verstanden werden. Eine solche außergöttliche Relation, die also weder mit der göttlichen Substanz zusammenfällt, noch auch eine innergöttliche Beziehung meint und dem Begriff „ingenitus" einen ganz anderen Akzent gäbe, wird jedoch von Augustin hier überhaupt nicht in Erwägung gezogen, sondern erscheint erst ziemlich viel später[225]. In Wirklichkeit rechnen aber die Arianer mit den Beziehungen Gottes zur Schöpfung sehr wohl und sind durchaus nicht auf den Standpunkt festzulegen, über Gott seien nur Substanzaussagen möglich[226]. Sie erkennen darum zu Recht — von ihrem Gesichtspunkt aus, für den a priori keine Homousie besteht — im „ingenitus" eine Auszeichnung Gottes *gegenüber aller Kreatur* und d. h. eine Eigentümlichkeit, die, wenn sie dem Vater allein zugeschrieben wird, auch ihm allein die Gottheit und göttliche Substanz im vollen Sinne sichert. Augustins Beweis, daß „ingenitus" Relationsbegriff sei, widerlegt zwar das gegnerische Argument, „ingenitus" sei Substanzbegriff, löst sich jedoch nicht von dem stillschweigenden Vorurteil, damit sei die *innergöttliche* Relation gerettet, d. h. „ingenitus" sei der Vater im Gegensatz zum „genitus" in der *einen* Gottheit. Hinter seiner komplizierten Beweisführung erscheint wiederum die kirchliche Homousielehre, welche die dialektischen Denkmittel in ihren Dienst zwingt, indem sie sie entweder zerbricht oder von ihnen gar nicht eigentlich berührt wird.

Wenn man mit einer gewissen Unbefangenheit diese begrifflichen Auseinandersetzungen Augustins und besonders die zuletzt besprochene mitdenkt, muß man zum Urteil gelangen, daß er sehr stark bloß in der Terminologie verharrt[227] und lediglich aufzeigt, daß gewisse Begriffe der Trinitätstheologie notfalls mit der streng logischen Terminologie in einen gewissen Einklang zu bringen sind. Aber was de facto jene innergöttlichen Re-

---

[225] V, 17 (922—924), schon 9 (917) u. 12 (998) angedeutet.

[226] Nach Gregor v. Naz. or. 29, 16 wollen die Arianer im Vaternamen entweder eine Substanz- *oder* eine Aktionsbezeichnung sehen. Vgl. auch Candidus, De gen. div. 3 (ML 8, 1015 B), der wie alle Arianer sowohl ingenitus „ad extra" bezieht als auch die Relation Gottes nach außen durchaus anerkennt.

[227] Vgl. dazu MARROU, S. Aug. 242 f.

lationen mit der Kategorie der Relation noch zu tun haben sollen, nachdem jeder akzidentale Charakter abgelehnt und die Mehrheit von Substanzen ebenfalls bestritten ist — das ist im Rahmen des „natürlichen Denkens" nicht mehr vorstellbar. Die philosophische Terminologie ist ihrer Eigenart entkleidet und dient dazu, Sachverhalte zu erläutern, die sich mit ihr nicht erfassen lassen und die sich demgemäß einer Analogie des Seins entziehen. Bemerkenswert ist jedoch, daß Augustin dies in dem bisher besprochenen Abschnitt nicht sieht, sondern durchaus der Meinung ist, im Rahmen vernünftiger Argumentation zu bleiben, und also ganz deutlich eine analogia entis voraussetzt, die ihm eine wenn auch klar begrenzte Anwendung der Kategorienlehre im Gottesbegriff gestattet. Daß diese Anwendung und damit die Analogie faktisch doch unmöglich ist, dürfte klargeworden sein. Es wird sich im folgenden zeigen, ob diese Unmöglichkeit der Analogie weiterhin verdeckt bleibt oder zum Ausdruck kommt[228].

Was nun von den einzelnen Personen „ad se" gesagt wird, das gilt von der Substanz, wobei aber nicht drei gleichwertige und vollkommene Substanzen nebeneinander gedacht werden dürfen — eine Konsequenz, die den Relationsbegriff wieder in die Grenzen der Logik zurückführen, aber zugleich den Tritheismus bedeuten würde —, sondern nur eine einzige. Gottheit, Größe, Güte kommen also singularisch jedem einzelnen *und* allen dreien zu[229]. Hier ist eine gewisse Verwandtschaft mit der Plotinischen Lehre vom Ganzen und den Teilen in der immateriellen Welt zu spüren, nur daß bei Plotin die Paradoxie gemildert und die Kategorie der Relation vom Intelligiblen ausgeschlossen ist[230].

Eine weitere Möglichkeit, über Gott zu reden, ist die übertragene Ausdrucksweise, die dann anzunehmen ist, wenn Aussagen über „situs, habitus, loca et tempora" hinsichtlich Gottes gemacht werden. Umgekehrt ist das *Tun* etwas, das von Gott allein im wahrsten Sinne ausgesagt werden kann,

---

[228] Es ist nicht ohne Bedeutung, daß Augustin die ganze Diskussion um die Relationen (secundum esse — secundum dici, Realitätsfrage) nicht zu kennen scheint, wie sie z. B. bei Plotin entfaltet ist (vgl. RUTTEN, Catégories 97—103). Nur eins ist klar: Die Relationen und die Substanzbegriffe in der Gottheit werden scharf getrennt, und die Bücher VI und VII werden zeigen, daß Aug. ein Verschmelzen der Essenz mit der Relation völlig ablehnt (wie Aristoteles, Kat., c. 7, 8a, 13—8b, 24, und Mart. Cap. IV, 378 [ed. DICK 176 f.]), was ja auch dem entspricht, daß er die Relation, solange sie nicht in Gott übertragen ist, ausschließlich als Akzidens denkt.

[229] V, 9 (917).

[230] Vgl. III, 2, 14 (HARDER 47, 113), III, 8, 8 (30, 55 ff.), V, 8, 4 (31, 25): der Teil das Ganze usw. Dasselbe hinsichtlich der Seele s. u. S. 186. Vgl. DAHL, Aug. u. Plot. 50 ff., 109 ff., und LORENZ, RGG³ I, 744. Die Paradoxie ist u. a. durch das Potenz-Akt(= Einheit-Vielheit)-Schema gemildert (vgl. HUBER, Das Sein 47). Ablehnung des πρός τι für die intell. Kategorien: VI, 2, 16 (HARDER 43, 122).

denn er leidet schlechterdings nichts[231]. Dabei ist wieder all das, was „ad se" gesagt wird, nicht etwa von der Substanz bzw. Essenz Gottes zu unterscheiden, sondern mit ihr identisch: hoc idem illi est esse, quod magnum esse[232]. Hier allerdings entsteht eine neue Schwierigkeit, denn die Griechen unterscheiden eine οὐσία und drei ὑποστάσεις, was auf lateinisch eigentlich una essentia, tres substantiae heißen müßte. Der lateinisch-theologische Sprachgebrauch jedoch unterscheidet kaum zwischen diesen zwei Begriffen, verwendet jedoch „persona" für die drei Hypostasen. Dies ist allerdings nur eine Verlegenheitslösung, um das mit Worten zu bezeichnen, was wortlos begriffen werden kann und muß[233]; denn es muß ja von dreien in Gott die Rede sein, aber „cum quaeritur, quid tres, magna prorsus inopia humanum laborat eloquium". Man sagt „drei Personen" nicht, um das zu sagen, sondern um nicht zu schweigen[234].

Was Augustin damit über die theologische Sprache gesagt hat, läßt sich ohne Schwierigkeit systematisieren:

	De deo dicitur:		
Kategorie	proprie	translate	non dicitur
esse	essentia (3*)		
quantitas	magnitudo (9 u. 11)		
qualitas	bonitas (9 u. 11)		
relativum	non ad se, sed personae ad se invicem (6—8), et ad creaturas (9, 12, 17)		
situs		9: „sedere super Cherubim"	
habitus		9: „abyssus = vestimentum" (Ps. 103, 6)	
tempus		9: „Anni tui non deficient"	
locus		9: „In coelo es"	
facere	omnipotentia (9 u. 11)		
pati		(evtl. translate, vgl. z. B. C. adv. leg. et proph. 41)	9

* = De trinitate V, n. 3.

---

[231] V, 9 (917): Quod autem ad faciendum attinet, fortassis de solo deo verissime dicatur, solus enim deus facit et ipse non fit neque patitur. . .

[232] AaO. Zu dieser unplotinischen Indifferenz vgl. HUBER, aaO, bes. 133.

[233] V, 10 (918): quemadmodum multi Latini ista tractantes et digni auctoritate dixerunt, cum alium modum aptiorem non invenerint, quo enuntiarent verbis, quod sine verbis intellegebant. Damit ist trotz seiner historischen Bedeutung sicher nicht Tertullian gemeint, sondern vielleicht Hieronymus (Ep. 15, 3 f., CSEL 54, 64 f.), Papst Damasus I. (HAHN, Bibliothek 274), Phoeb. v. Ag., C. Ar. 22 (ML 20, 29 f.). Dagegen nicht wohl Ambrosius (De spir. s. III, 81 [ML 16, 829], De inc. 77

Hinsichtlich des „proprie" für Qualität und Quantität ist jedoch anzumerken, daß es nicht uneingeschränkt gilt, sondern unter dem Vorbehalt steht: ... si tamen de illo proprie aliquid dici ore hominis potest[235], und ganz am Anfang schon sagt Augustin, Gott müsse „sine qualitate bonus, sine quantitate magnus" gedacht werden[236]. Wie bei den Relationen ist auch bei allem andern, was proprie von Gott gesagt wird, die Negation aller Ausgedehntheit, Veränderlichkeit und Zusammengesetztheit inbegriffen. Obschon also bis zu einem gewissen Grad das Kategorienschema dieser ganzen ersten Hälfte von De trinitate V zugrunde liegt, ist doch nur eine sehr gebrochene Analogie des Seins durchgeführt, und der Eindruck einer gewissen Blindheit gegenüber dieser Gebrochenheit, den die Beweisführung hinsichtlich des „ingenitus" erweckt, wird dadurch stark gemildert, ja, wird sogar aufgewogen durch die abschließende Feststellung, der persona-Begriff sei überhaupt nur Ausdruck einer Verlegenheit, womit so viel gesagt ist, wie daß sich die Dreiheit in der Einheit Gottes überhaupt mit keinem adäquaten Begriff fassen läßt und somit jenseits von Analogie und Sprache liegt. Darüber später mehr[237].

Zunächst müssen die Probleme der Lehre vom Heiligen Geist geklärt werden. Der Begriff „spiritus sanctus" kann einerseits von der Trinität als ganzer verstanden werden, insofern auch Vater und Sohn sowohl heilig als auch Geist sind, andrerseits aber auch als Relationsbegriff zu Vater und Sohn. Dabei ist zu beachten, daß nicht „spiritus sanctus" Relationsbegriff ist, sondern „donum amborum". Daß dennoch die dritte Person „spiritus sanctus" heißt, rührt daher, daß er selbst die „communio" von Vater und Sohn ist[238]. Dennoch ist auch „spiritus sanctus" Relationsbegriff[239], jedoch nicht so, wie pater—filius Relationsbegriffe sind und auch nicht so wie donator—donum es sind, d. h. nicht in umkehrbarer Weise (kann man doch „filius patris" so gut wie „pater filii" sagen), aber doch in der Art, wie „pignus" Relationsbegriff ist, nämlich so, daß zwar das eine vom andern, nicht aber das andere vom einen ausgesagt werden kann. So ist es denn auch nicht möglich, „pater spiritus" zu sagen, wohl aber „spiritus patris". Daß dem so ist, entspricht wiederum einem ontologischen Grundgesetz: „In

---

[874], Hex. VI, 41 [CSEL 32, 1, 233]) oder Hilarius (De trin. IV, 23 [ML 10, 114], 30 [120 f.]). Zu dem hier spürbar werdenden persona-Begriff vgl. ANDRESEN, Zur Entstehung. . . Zur Frage vgl. CHEVALIER, S. Aug. 38 ff., der die meisten der genannten Stellen anführt.

[234] AaO: Dictum est tamen: tres personae, non ut illud diceretur, sed ne taceretur.

[235] V, 11 (918).   [236] V, 2 (912).

[237] S. 166 ff. Aug. behandelt genau dasselbe Problem des persona-Begriffs ausführlich in Buch VII.

[238] V, 12 (919).   [239] V, 13 (919 f.).

multis enim relativis hoc contingit, ut non inveniatur vocabulum, quo sibi vicissim respondeant, quae ad se referuntur"[240], d. h. es ist rein zufällig und terminologisch bedingt, daß „spiritus sanctus" nicht so vollkommener Relationsbegriff ist, wie dies für „Vater und Sohn" gilt. Augustin beruft sich damit tatsächlich auf ein bereits in der Kategorienlehre des Aristoteles festgehaltenes Gesetz, daß, wenn sich die Relationsaussage nicht umkehren lasse, dies nur am Terminologischen hänge und ein entsprechender Begriff unter Umständen gebildet werden müsse[241]. Es ist nicht ganz bedeutungslos, daß der Rekurs auf die allgemeine Ontologie da fast[242] restlos gelingt, wo diese selbst die Relativität der Begriffe zugesteht. Eine wirkliche Analogie des Seins ist hier daher von vornherein weder vorausgesetzt noch durchgeführt.

Es gibt, wie Augustin weiter ausführt, Relationsbegriffe, die zugleich verschieden bezogen werden können, nämlich entweder innertrinitarisch oder auch „ad extra" auf die Kreatur. So kann „principium" vom Vater innertrinitarisch *und* außertrinitarisch gelten, von Sohn und Geist nur außertrinitarisch, insofern sie mit dem Vater zusammen das eine principium der Schöpfung sind[243]. Ist der Vater auch „principium" des Heiligen Geistes? Dann wäre also der Vater nicht nur principium dessen, was er erzeugt, und nicht nur dessen, was er schafft, sondern auch dessen, was er gibt? Daraus würde jedenfalls klar, warum der Geist nicht auch Sohn heißt — eine Frage, die viele beschäftigt[244]. Was geboren ist, steht nur in Relation mit dem Vater, was dagegen gegeben ist, auch mit dem, der empfängt. Darum kann der Heilige Geist auch „unser" werden. Vater und Sohn sind gegenüber dem Geist „unum principium"; denn sie sind das „principium", „a quo datur", sie sind gegenüber der Schöpfung *ein* Schöpfer und Herr und insofern auch der *eine* Ursprung des Geistes, obschon alle *drei* gegenüber der Schöpfung ebenfalls ein „principium, creator, dominus" sind[245].

Wird aber damit nicht die Beziehung nach außen und nach innen durcheinandergebracht? Wenn Vater und Sohn deshalb *ein* Ursprung des Geistes sind, weil sie nach außen als ein Geber auftreten, so ist doch die operatio inseparabilis ad extra preisgegeben? Augustin klärt das Problem nicht völ-

---

[240] AaO, vgl. noch am Ende des Paragraphen: quia hic potuit inveniri usitatum vocabulum, illic non potuit (nämlich bei „Sp. S." bzw. „pignus").

[241] Arist. Kat. VII, p. 6 b, 27 ff., Mart. Cap. IV, 379 (ed. Dick 178).

[242] Man kann sich immerhin fragen, ob die zunächst einleuchtende Relation „spiritus patris" innerhalb des Göttlichen erlaubt sei und nicht ausschließlich beim menschlichen Geist gelte. „Spiritus" als subsistierende Wesenheit ist überhaupt nicht relativ; vgl. auch Ep. 238, 14 (ML 33, 1043/CSEL 57, 543): spiritus—spirans.

[243] V, 14 (920).

[244] V, 15 (920). Vgl. die massiven diesbezüglichen Vorwürfe von Maximin, Coll. c. Max. Ar., 2. Teil, n. 14 (ML 42, 730).

[245] V, 15 (921).

lig, aber wenigstens hinsichtlich des Begriffs „donum". Dieser Begriff bedeutet, wenn er in innertrinitarischer Hinsicht verwendet wird, nicht dasselbe, wie wenn seine Verleihung nach außen gemeint ist: „donum" ist er kraft seiner ewigen processio von Ewigkeit her, „donatum" ist er erst in der Zeit. Der ewige Hervorgang ist auf die zeitliche Gabe gerichtet[246]. Dieser letzte Gedankengang bildet eine ziemlich genaue Parallele zu jenen Ausführungen in Buch IV, wo die Sendung des Sohnes mit dem innergöttlichen Gezeugtwerden in eine gewisse Verbindung gesetzt wird (s. o. S. 143)[247]. Wenn dort aber immer gelten mußte, daß „Senden" doch zu guter Letzt wieder bloß „Erscheinen" bedeuten konnte — obgleich nicht ohne Beziehungen zu den innertrinitarischen Relationen —, so erscheint die Verknüpfung hier wesentlich enger. Nicht nur daß ausdrücklich gesagt wird: „procedebat, ut esset donabile"[248], sondern die Differenzierung von „natus est" und „procedit" selbst wird vom Geben her begründet, indem im „datus est" diejenige Eigentümlichkeit gesehen wird, die den Geist zugleich vom Geborenwerden des Sohnes und vom Geschaffenwerden der Kreatur unterscheidet[249]. Die außergöttliche Manifestation hat also nicht nur einen etwas unbestimmten Hintergrund in der göttlichen Prozession, sondern verleiht dieser, insofern sie in der Offenbarung ihr Ziel hat, auch ihre Eigenart. Noch erstaunlicher fast wirkt die erwähnte Begründung des „filioque" auf Grund der Analogie: sicut pater et filius unus deus et ad creaturam relative unus creator et unus dominus, sic relative ad spiritum sanctum unum principium[250]. Daß diese beiden Argumente entschieden über Augustins „Normaltheologie" hinausgehen, wird daran deutlich, daß die processio ab utroque sonst aus der Schrift begründet wird[251], während die hier versuchte Begründung für den Unterschied von generatio und processio im weiteren Verlauf von De trinitate entweder vergessen oder aber überhaupt nicht als

[246] V, 16 u. Anf. 17 (921 f.).
[247] Daselbst (IV, 29, 908) auch schon . . . spiritui sancto donum dei esse, est a patre procedere. . .
[248] V, 16 (921). Soweit ich sehe, ist vom Sohn nirgends gesagt: Natus est, *ut mitteretur*. . .
[249] V, 15 (920 f.): . . . cur non filius sit etiam spiritus sanctus, cum et ipse e patre exeat. . . Exiit enim, non quomodo natus, sed quomodo datus. Et ideo non dicitur filius, quia neque natus est sicut unigenitus neque factus . . . sicuti nos. Quod enim de patre natum est, ad patrem solum refertur . . . , quod autem datum est, et ad eum, qui dedit, refertur, et ad eos, quibus dedit.
[250] V, 15 (921).
[251] Vgl. SCHMAUS, Psychol. Trinitätslehre 131–135 u. 164 ff. In De trin. vgl. neben IV, 29 (908) noch XV, 27 (1080), 29 (1081), 47 (1094 f.). Auf das filioque-Problem einzugehen, ist nicht der Ort. Die Sache ist bei Hilarius und Ambrosius schon vorhanden: Ambr., De spir. s. I, 120 (ML 16, 762 f.), 152 (769) (dagegen HERRMANN, ZKG 69, 1958, 214); Hil., De trin. II, 29 (ML 10, 69), VIII, 19 f. (250 ff.), XII, 55, 57 (468 f., 471 f.).

eine eigentliche Begründung empfunden wird, so daß sich Augustin weiterhin um die Sache bemüht, ohne auch nur im geringsten von der hier gegebenen „Lösung" zu profitieren[252].

Im Anschluß an das Problem des Geschenktseins und Geschenktwerdens beim Heiligen Geist taucht als letzte Frage dieses Buches die grundsätzliche Frage nach der Möglichkeit einer Relation Gottes zur Schöpfung auf[253]. Am Anfang des Buches war gesagt worden[254], die Relationen seien in Gott deshalb keine Akzidentien, weil sie ewig unveränderlich seien. Wie steht es aber mit all den Vorgängen in der Zeit, zu denen Gott auch in Relation steht, die aber alles andere als ewig und unveränderlich sind? Als Beispiel dient der Relationsbegriff „dominus"[255]: Wenn auch das Herrsein gegenüber der Welt als ganzer nicht *in* der Zeit beginnt, da ja die Zeit mit der Welt zugleich beginnt, so doch das auf je einen einzelnen Menschen gerichtete Herr-Sein. Wie kann unter diesen Umständen Gottes akzidenzlose Unveränderlichkeit aufrechterhalten werden? Die Lösung besteht darin, daß Gott keinerlei Änderung erleidet, sondern die Änderung, die geschieht, stets eine Änderung in der Kreatur ist. Eine Analogie aus der allgemeinen Ontologie bietet sich an: Wie eine Münze keinerlei Veränderung erfährt, ob sie nun Preis oder Pfand ist oder sonst innerhalb einer Relation steht, so oder noch viel mehr erfährt die unveränderliche Substanz Gottes keinerlei Veränderung, was auch immer in Hinsicht auf sie geschehen mag. Stets betrifft das „accidens" nur jene Kreatur, die ihr Verhältnis zu Gott ändert[256].

Augustin antwortet hier auf eine Frage ohne Zuhilfenahme eines Aspekts, der die Antwort einfacher gemacht hätte und der anderswo bei ihm bezeugt ist, nämlich ohne die Lehre von Gottes Allwissenheit. Da die Dinge nicht Gott bekannt sind, weil sie existieren, sondern existieren, weil Gott sie weiß, darum kann nichts geschehen, was er nicht von Ewigkeit her wüßte. Es kommt also nichts zu ihm hinzu durch die zeitlichen Veränderungen, weil alle Relationen von Ewigkeit her disponiert und in Gottes Wissen immer schon da sind[257]. Augustin geht also nicht diesen Weg, sondern bestrei-

---

[252] Vgl. bes. XV, 45 (1092), wo der Vorsatz von II, 17 (855) als noch kaum erfüllt bezeichnet wird. Das Interesse richtet sich natürlich im folgenden gar nicht mehr auf die außertrinitarischen Relationen. SCHMAUS sieht die Schwierigkeit (Psychol. Trinitätslehre, bes. 397, Stud. Patr. VI, 517 f.), ebenso BURNABY, Amor 173 f., während GANGAUF, Spekulative Lehre, die Stelle zitiert mit Parallelstellen, die aber keine echten sind (372, Anm. 12).

[253] V, 17 (922 ff.).   [254] V, 6 (914).

[255] Tertullian, Adv. Herm. c. 3 (CC I, 398 ff.) versucht, die Ewigkeit von „deus" und die Akzidentalität von „dominus" aufzuzeigen.

[256] Ergebnis von V, 17.

[257] VI, 11 (931 f.), XV, 22 (1076), Conf. VII, 6 (ML 32, 735 f./L I, 149 f.), En. in ps. 49, 18 (ML 36, 576 f.), allerdings nicht auf den Relationsbegriff angewendet.

tet die Veränderung in Gott unter Zuhilfenahme einer Analogie, die allerdings einer gewissen rhetorischen Färbung nicht entbehrt, was schon das Argument a minore ad maius[258] und die gewaltige Unangemessenheit einer Münze gegenüber Gott zeigen. Immerhin ist es aufschlußreich für die Art und Weise, wie Augustin die Kategorien handhabt. In der ersten Hälfte des Buches V hatte er alles Interesse, die Relationen in Gott als nicht-akzidental aufzuweisen. Deshalb bemühte er sich sehr, die schlechthin notwendige Verbindung von Veränderlichkeit und Akzidentalität zu beweisen, so daß er sagen konnte: Accidens autem non solet dici, nisi quod aliqua mutatione eius rei, cui accidit, amitti potest[259]. Da er diesen Zusammenhang derart radikal herstellte, konnte er dann auch mittels des Begriffs der Unveränderlichkeit Gottes für die göttlichen Relationen die Akzidentalität bestreiten. Bei dem hier angeschnittenen Problem könnte er zwar ebenfalls den Verdacht einer Akzidentalität der außergöttlichen Relationen mittels des Begriffs der Unveränderlichkeit Gottes direkt niederschlagen. Augustin zieht es aber vor, den Umweg über eine Analogie zu beschreiten, in der nun notgedrungen das umgekehrte Interesse zur Geltung kommen muß als am Anfang des Buches, nämlich daß sich auch ohne Veränderung der Substanz gewisse Relationen ändern können. Das Beispiel der Münze widerspricht jenem früheren Satz zwar insofern nicht diametral, als ausdrücklich angemerkt wird, daß sich nichts „in eius natura vel forma, qua nummus est" ändere — es wird also nicht jede Änderung überhaupt bestritten —, aber es tritt nun doch eine Möglichkeit von Akzidentalität ins Blickfeld, die faktisch keine Veränderung in der „res" zur Folge hat und trotzdem echte Akzidentalität ist; denn „in rebus creatis . . . , quod non secundum substantiam dicitur, restat, ut secundum accidens dicatur"[260].

Diese Relation, die die Sache, in unserem Fall die Münze, selbst unangerührt läßt, ist nur durch gewisse Benennungen geschaffen und in Wirklichkeit nichts anderes als die Beziehung der Sprache zur Sache. Das zeigt folgende Beobachtung: Der Schluß aus der Analogie auf Gott erfolgt nicht einfach so: Wenn eine Münze ohne Veränderung Pfand oder Preis sein kann, so kann erst recht Gott ohne Veränderung Herr oder nicht Herr sein. Die Übertragung geschieht zwar auf ähnliche Weise, aber mit stets eingeschobenem „dici"[261], und dies, obschon zuvor das Problem ohne einen solchen Vorbehalt gestellt worden war, z. B. durch folgende Feststellung: Certe vel ut dominus hominis esset, ex tempore accidit deo . . .[262]. Was also

---

[258] Si ergo nummus . . . , quanto facilius de illa incommutabili substantia . . . (V, 17 [922]), vgl. als rhetorische Form Quint. V, 10, 87 ff. (ed. RADERMACHER I, 265 ff.).
[259] V, 5 (913).   [260] V, 6 (914).
[261] Dies läßt sich nur bei vollständiger Lektüre von n. 17 verifizieren.
[262] AaO, (922).

an dieser Analogie eigentlich überzeugen kann, ist, daß weder die Münze durch die Aussage: „Das ist ein Pfand", noch auch Gott durch die Aussage: „Du bist mir zur Zuflucht geworden", faktisch etwas erleiden. Fast unmerkbar ist damit das Problem des „temporaliter accidere" verschoben und zum Problem des „temporaliter dici" geworden. Unter diesen Umständen ist es natürlich klar, daß die Analogie ohne große Schwierigkeit auf Gott übertragen werden kann; denn beim Genanntwerden ist die Akzidentalität relativ leicht wegzudenken[263]. Der Rückschluß von der Münze auf Gott ist also eigentlich nur darum möglich, weil das Geschichtlichwerden Gottes, um das es sich ja im letzten Grunde handelt, wenn über temporale Bestimmungen Gottes geredet wird, als ein Bezeichnetwerden in der Zeit verstanden wird. Kein Geschehen vermag ja Gott in Bewegung zu versetzen, vielmehr verharrt er unveränderlich in seinem von Ewigkeit her festgelegten Allwissen, und alle Veränderung ist nur eine Veränderung der Kreatur. Die Relation Schöpfer-Geschöpf ist rein zeichenhafter Natur, wobei aus der Sprachphilosophie bereits klar ist, daß solches Sagen ohne irgendeine Änderung im Angesagten selbst gedacht werden muß.

Buch VI

Dieses Buch stellt in gewisser Hinsicht einen Sonderfall dar: Es greift die Fragen der *Appropriationen* auf, beantwortet aber jedenfalls hinsichtlich des Sohnes die Frage, ob nur er selbst oder auch z. B. der Vater Weisheit sei, nicht, sondern verschiebt die Beantwortung. Dennoch bleibt das Buch nicht ohne Ergebnis: Sed quodlibet horum esset (d. h. ob nur der Sohn oder die ganze Trinität sapientia sei), etiam in hoc libro apparuit trinitatis aequalitas et non deus triplex, sed trinitas[264]. Dieses Aufbauen einer Wahrheit auf verschiedenen Voraussetzungen, zwischen denen Augustin sich noch nicht entschieden hat, ist hier deshalb verständlich, weil er bei einem antiarianischen Argument (s. o. S. 131) einsetzt, das alter Tradition entspricht und auch von ihm früher vertreten wurde[265], heute aber, wie Buch VII zeigen wird, abgelehnt wird. Solchen Gedanken, die von anerkannten Kirchenvätern und einst auch von ihm selbst vertreten wurden, steht er auch sonst sehr duldsam gegenüber, obschon er schließlich seine Meinung eindeutig ausspricht (s. o. S. 134). Die Duldsamkeit scheint ihm dann angebracht, wenn auch die andere Meinung zur Wahrheit oder wenigstens zu *einer* Wahrheit führt, genauso wie verschiedene Auslegungen eines Textes dann willkommen sind,

[263] AaO, (923 f.): Quod ergo temporaliter *dici* incipit deus, quod antea non *dicebatur*, manifestum est, relative dici, non tamen secundum accidens. . .
[264] So die Zusammenfassung XV, 5 (1059).
[265] S. o. S. 15.

wenn sie alle zur Wahrheit führen, selbst wenn nicht jede Auslegung auch dem vom Autor Gemeinten entsprechen sollte[266].

Der Gedankengang ist folgender: Wenn die Arianer aus der paulinischen Wendung „Christus dei virtus et dei sapientia" (1. Korinther 1, 24) einen Grund für die Ungleichheit von Vater und Sohn herauslesen wollten und überhaupt die zeitliche Entstehung des Sohnes behaupteten, so versuchten etliche von der rechtgläubigen Seite dagegen einzuwenden: Wenn der Sohn die Kraft und Weisheit Gottes ist und Gott nie ohne seine Kraft und Weisheit war, so sind Vater und Sohn gleich ewig[267]. Dann wäre also der Vater weise durch die Weisheit, die er selbst gezeugt hat. Dies hätte zur Folge, daß alle essentiellen Gottesattribute in entsprechender Weise auf Vater und Sohn verteilt würden[268], so daß der Vater als Proprietät zwar das Vatersein und principium-Sein behielte, nicht aber „in se ipso" weise oder groß usw. wäre, sondern nur mit bzw. im Sohn, während umgekehrt der Sohn nur groß und weise usw. mit dem Vater zusammen wäre; die Konsequenz wäre: quicquid ergo ad se dicuntur, non dicitur alter sine altero. Der Sohn wäre also ebensowenig wie der Vater „ad se" groß und weise usw., ja noch mehr: Si haec ita sunt, iam ergo nec *deus* est pater sine filio, nec filius deus sine patre, sed ambo *simul* deus[269]. Obschon dem Leser von Buch V her bereits klar sein müßte, daß hier ein Weg beschritten wird, den Augustin ablehnen wird[270], fährt er dennoch fort: Auch der Johannesprolog läßt sich so verstehen, daß man sagen kann: Verbum, quod non est pater, deus erat *simul cum patre*[271]. Und die Formel „deus de deo, lumen de lumine" wäre dann so zu verstehen: *deus*, quod non est filius sine patre, et *de deo*, quod non est pater sine filio[272], womit auf jeden Fall ganz deutlich würde, daß kein Nacheinander in der göttlichen Zeugung vorliegt[273]. Weiter ließe sich aber auch die vollkommene „aequalitas" von Vater und Sohn aufzeigen; denn wenn der Sohn die Größe des Vaters ist, so kann weder der Sohn größer sein als sein Erzeuger noch auch der Erzeuger größer als die Größe, durch die er groß ist. Dasselbe gilt wiederum für alle Gottesattribute[274]. So endet denn dieser Gedankengang mit folgendem, beide Möglichkeiten einschließenden Satz: Ob nun jede der Personen für sich Gott und doch alle zusammen ein Gott sind oder ob alle Substanzaussagen nur von der ganzen Trinität zugleich gelten — es ist zur Genüge klar, daß sich Vater und Sohn in allen Substanzaussagen gleich und von einer Substanz sind[275].

---

[266] I, 31 (844), vgl. S. 84.
[267] Bis dahin VI, 1 (923). Zur Herkunft dieses Gedankens s. auch u. S. 164, Anm. 282.
[268] VI, 2 (924).   [269] VI, 3 (925).   [270] V, 9 (917).   [271] VI, 3 (925).
[272] AaO (unten).   [273] AaO.
[274] VI, 5 (926 f.) u. 6 mit Analogie der Tugendlehre.
[275] VI, 6 (927), 2. Hälfte zusammengezogen.

Ganz im Sinne des Bisherigen, d. h. also immer unter dem Vorbehalt der Unentschiedenheit kann nun auch die völlige Wesensgleichheit des Geistes bewiesen werden; denn die „unitas, sanctitas, caritas" kann nicht im Unterschied zur „sapientia" dem Vater ungleich sein, weil sonst die Weisheit weniger geliebt würde, als sie ist. Der Geist ist den andern vielmehr in allem gleich. Er ist die subsistierende Liebe von Vater und Sohn[276]. Und wie steht es mit den Appropriationen des Vaters? Gewisse Worte der Heiligen Schrift nennen ihn allein Gott[277]. Wie verträgt sich das mit der bisher verfolgten Ansicht, der allein wahre Gott sei nicht der Vater allein, sondern Vater, Sohn und Heiliger Geist zugleich?[278] Darauf kann man entweder antworten, dies sei als eine etwas ungewöhnliche Ausdrucksweise, die jedoch im alltäglichen Sprachgebrauch ihre Analogien habe, zu verstehen[279], oder man muß zugeben, auch der Vater allein sei wahrer Gott[280]. Eine endgültige Lösung wird wiederum verschoben. Das Ergebnis des Buches wird von dieser Unentschiedenheit nicht angetastet; denn in jedem Falle ist die vollkommene Gleichheit und Einheit der Trinität bewiesen[281]. Was also Augustin hier als eine — später auszuscheidende — Trinitäts- bzw. Appropriationenlehre diskutiert, ist nicht eine arianische oder sabellianische Lehre, sondern eine Lehre, die die Appropriationen, wo sie das bloße Vater-, Sohn- und Geistsein überschreiten, für real hält und demgemäß zu einer wenn auch äußerst sublimen Form einer additiven Trinitätslehre gelangt, in der die volle Gottheit nicht von einer Person an und für sich, sondern nur von allen drei zugleich ausgesagt werden kann[282].

---

[276] VI, 7 (928): unus diligens eum, qui de illo est, et unus diligens eum, de quo est, et ipsa dilectio. Quae, si nihil est, quomodo deus dilectio est (1. Joh. 4)? Si non est substantia, quomodo deus substantia est?

[277] VI, 10 (930).

[278] VI, 10 (931 f.).

[279] „Caput Christi deus" (1. Kor. 11, 3) wäre auf den Menschgewordenen zu beziehen und nach Analogie von „mens caput humanae substantiae" zu verstehen, und Joh. 17, 3 wäre zu verstehen als: „te et quem misisti cognoscant unum verum deum".

[280] Diese Möglichkeit besonders VI, 10 (931).

[281] VI, 10 (931): . . . quoquo modo se habet ista quaestio, quam discutiendam acriore intentione distulimus. . .

[282] Ob die hier erwogene Ansicht historisch begründet ist, konnte ich nicht herausfinden; es handelt sich wohl eher um ein spekulatives Experiment Augustins im Anschluß an das traditionelle antiarianische Argument (s. o. S. 163), das auch der älteren westlichen Trinitätstheologie nicht fern lag. Man dachte, wenn dem Vater der Sohn fehle, so fehle der Gottheit als solcher etwas, vgl. Dionysius von Rom bei Athanasius (ed. Opitz, II, 1, S. 22, Z. 20 ff.) oder Phoebadius v. Ag., Lib. c. Ar. 16 (ML 20, 25 B).

Buch VII

Hier unternimmt Augustin die endgültige Lösung der Frage. Sie ist allerdings schon dadurch vorgezeichnet, daß er bereits früher[283] die Identifikation der göttlichen Essenz mit den essentiellen Attributen vorgenommen hat; denn diese Identifikation verbietet es, einen realen Unterschied zwischen diesen und jener anzunehmen — was der Fall wäre[284], wenn die Weisheit, Größe usw. dem Sohn vorbehalten bliebe. Oder umgekehrt: Wenn das Gottsein mit dem Weisesein zusammenfiele, wäre also der Vater durch den Sohn Gott, und weil das Sein mit dem Gottsein zusammenfällt, wäre dann also der Sohn auch des Vaters Essenz, und der Vater hätte seine Wesenheit gezeugt[285] — eine absurde Konsequenz, da ja dann der Vater auch das Sein vom Sohne hätte, dieser also Ursache des Vaters würde[286]. *Ergo et pater ipse sapientia est*, und der Sohn ist „sapientia de sapientia"[287]. Der ganze Gedankengang ist natürlich beherrscht von dem Gottesbegriff, der die Unterscheidung der Personen völlig von der göttlichen Wesenheit abspaltet. Nachdem dies zur Geltung gebracht ist, stellt sich aber erneut die Frage, warum denn in 1. Korinther 1, 24 Christus Gottes Kraft und Weisheit heiße. Die Antwort kann entweder im Sinne der ersten Bücher gegeben werden, d. h. mit Bezug auf die Inkarnation, oder aber hinsichtlich seiner Abbildhaftigkeit gegenüber Gott. So wie die Weisheit ein vollkommenes Abbild der Weisheit des Vaters ist, so sollen auch wir zum vollkommenen Gottesbild werden; doch die Beispielhaftigkeit erstreckt sich nicht nur auf das ewige Verharren beim Vater, sondern auch auf die Inkarnation, durch die er uns auch als gefallenen Kreaturen zum vollkommenen Beispiel geworden ist: Non igitur mirum, si propter exemplum, quod nobis, ut reformemur ad imaginem dei, praebet imago aequalis patri, cum de sapientia scriptura loquitur, de filio loquitur, quem sequimur vivendo sapienter, quamvis et pater sit sapientia . . .[288]. Auch der Heilige Geist kann selbstverständlich „sapientia" heißen, und alle drei sind zusammen eine Weisheit, ein Wesen, ein Gott[289].

---

[283] V, 9 (917), s. auch o. S. 155, auch VI, 8 (929).
[284] So ausdrücklich VII, 2 (935): Quod si et pater, qui genuit sapientiam, ex ea fit sapiens neque hoc est illi esse, quod sapere, qualitas eius est filius. . . Sed absit, ut ita sit, quia vere ibi est summe simplex essentia: hoc ergo est ibi esse, quod sapere.
[285] VII, 1 (933).   [286] VII, 2 (933—936).   [287] AaO, 936.
[288] So VII, 5 (938). Der Sinn ist: Es ist nicht verwunderlich, wenn die Schrift um des *Beispiels* willen vom *Sohn* spricht, wenn sie von der *Weisheit* redet. Der entscheidende Satz am Anfang von 4 (937): An propterea non loquitur. . . Noch zuvor der Bezug auf die Inkarnation, der dann aber in 5 im Rahmen der exemplum-Theorie erneut und einleuchtender aufgenommen wird. Bei all dem geht es aber ausschließlich um die Rechtfertigung des Sprachgebrauchs der Bibel.
[289] VII, 6 (938 f.).

Die Appropriationenfrage ist damit eindeutig gelöst: Wenn von einer Person etwas im besonderen gesagt wird, das nicht unmittelbar Relationsbegriff ist wie Sohn, Bild, Wort[290], sondern einem essentiellen Attribut entspricht, wie weise, gut, groß, so handelt es sich um einen reinen modus loquendi. Auf der Sprachebene sind solche Unregelmäßigkeiten wohl möglich, ja sogar nützlich, aber einen Realgrund haben solche Zuschreibungen in der Trinität nicht, sie sind nicht „proprie" zu verstehen. Die drei Personen in ihrer Dreiheit stehen der einen göttlichen Substanz gegenüber, ohne daß eine spekulative Vermittlung, wie sie immerhin im sechsten Buch als Möglichkeit diskutiert wird, vorgenommen würde. Die Sprache der Schrift vermag wohl anzuzeigen, was in Wahrheit Gott und in Gott ist, aber das strenge Dogma entzieht sich jeder sprachlichen Erfassung oder Klärung, und es bleibt bei den Paradoxa, die das Werk eröffneten.

Der letzte größere Zusammenhang vor dem Ende des siebten Buches betrifft den *persona*-Begriff. Augustin setzt nicht nur beim Problem der Unaussprechbarkeit Gottes ein, sondern wird auch im folgenden nichts als die Unbrauchbarkeit irgendeines ontologischen Vergleichs für das trinitarische 3 = 1 beweisen. Die Leitfrage ist: quid tria? Unter welchen Begriff sind die drei „Personen" zu subsumieren, um sie irgendwie in eine klare Beziehung zur Substanz zu bringen? Ist der persona-Begriff ein nomen generale oder speciale? Augustin klärt zunächst im Sinne der schulmäßigen Dialektik die zwei Begriffe „genus" und „species"[291], um dann darzutun, daß „persona" ein nomen generale sei, da es ja auf Gott und Mensch anwendbar und deshalb kein genügend enger Oberbegriff, also kein „nomen speciale" für die drei ihrer Natur nach Gleichen in Gott sei[292]. Ein Speziesnomen für diese drei wäre zwar erforderlich, existiert aber nicht[293].

Oder leistet dies der Begriff „deus"?[294] Wenn ja, warum kann man dann nicht sagen „tres dii"? Und wenn dies wegen der unübertrefflichen Einheit unter ihnen unerlaubt ist, warum darf man dann nicht auch von einer Person sprechen? Oder, wenn „tres dii" wegen der Heiligen Schrift eine unerlaubte Ausdrucksweise bedeutet, warum dann nicht „tres essentiae"? „Essentia" ist zwar ein nomen generale, doch auch dann ist nicht einzusehen, weshalb „tres essentiae" nicht gestattet sein soll. Und nochmals: Warum nicht

---

[290] Der verbum-Begriff spielt in diesem Buch eine bedeutende Rolle, doch hat er auf den Hauptgedankengang wenig Einfluß. Zum verbum in De trinitate I bis VII s. u. S. 194 f.

[291] Nach Mart. Cap. IV, 344 f. (ed. DICK 157 f.) ist „species" da angebracht, wo „nulla diversitas naturae" vorliegt, „genus" ist „multarum formarum per unum nomen complexio", was dem hier (VII, 7, 939) angeführten Beispiel homo—animal genau entspricht (dasselbe Beispiel bei Mart. Cap.).

[292] VII, 7 (939 f.).   [293] AaO, am Ende.

[294] VII, 8 (940 f.) „deus" ist nomen speciale. Zur Frage vgl. auch In Io. ev. tr. 39 (ML 35, 1682 ff.).

„una persona"?[295] Augustin hat damit die Vorstellung von der Adäquatheit der Trinitätsterminologie gründlich vernichtet. Der Personbegriff ist nach ihm einfach deshalb gewählt worden, weil man „tria quaedam" anzeigen wollte[296], wobei allerdings zu Recht nicht der Begriff „essentia" und auch nicht der Substanzbegriff den Vorzug erhielten[297]. Außerdem wird „substantia" von Gott überhaupt mißbräuchlich gesagt, und „essentia" ist vorzuziehen[298]. Dennoch ist der Begriff „persona" gar nicht besser geeignet, um die Relation anzuzeigen, als es z. B. „amicus" wäre; denn „persona" gilt genauso auch von den einzelnen Personen „ad se" wie Gottheit, Güte, Größe usw. Es ist eine terminologische Willkür, von „tres personae" zu sprechen, und die sachliche Berechtigung des Begriffs beschränkt sich darauf, zu bewirken, „ne omnino taceremus interrogati, quid tres, cum tres esse fateremur"[299].

Es ist ebenfalls unmöglich, wie gewisse es tun[300], „persona" wie einen Eigennamen zu verstehen; denn auch Abraham, Isaak und Jakob sind „tres homines" und nicht „unus homo"; per analogiam übertragen in die Gottheit, ergäbe das nur wieder „tres essentiae". Vielleicht geht es besser mit „una natura—tres homines"? Das ändert jedoch nichts an der Sache, bedeutete doch früher im Lateinischen „natura" das, was jetzt „substantia" oder „essentia" heißt[301]. Hingegen könnte vielleicht eine größere Annäherung im Vergleich mit der Materie und den aus ihr bestehenden Einzelexemplaren gefunden werden, also z. B. ein Gold—drei Statuen[302]. Doch ist dieser Vergleich nicht einmal mit dem genus-species-Schema zu erfassen. Das weist auf die rein zufällige Verbindung von Gold und Standbild hin: Es kann vieles aus Gold sein, was nicht Statue ist, und Statue, was nicht Gold ist. Aber in der Trinität fallen Person und Wesen nicht so auseinander wie in dem Vergleich, ganz abgesehen davon, daß dort auch keine Vermehrung der Quantität zwischen einer und mehreren Personen stattfindet[303]. Damit bricht die Untersuchung ab[304]. In diesen letzten Ausführungen wird der Unter-

---

[295] Soweit n. 8.   [296] S. o. S. 156, Anm. 234, hier VII, 9 (941).

[297] VII, 9 (941 f.).

[298] 10 (942): Aug. hört in „substantia" das „in subiecto esse" der Akzidentien mit. Zum essentia-Begriff, den Aug. als Neubildung empfindet, vgl. BA 15, 584.

[299] VII, 11 (943). Die Funktion des persona-Begriffs im Rahmen der prosopographischen Exegese (vgl. ANDRESEN, Zur Entstehung . . .) steht für Augustin also in keinem Zusammenhang mehr mit dem trinitarischen Personbegriff.

[300] Das Beispiel mit den drei Namen (anderen allerdings) ist bei den Kappadoziern üblich, vgl. Gregor von Nazianz, or. 31, 19 (ed. MASON 168); Basilius, Ep. 236, 6 (MG 32, 884 A): οὐσία und ὑπόστασις verhalten sich wie das Allgemeine zum Einzelnen, wie z. B. „Lebewesen" zu „diesem Menschen". Ambrosius, De inc. 100 ff. (ML 16, 878 ff.) scheint ebenfalls mit species und genus die drei und die eine Substanz erklären zu wollen.   [301] VII, 11 (944).

[302] Der Vergleich bei Gregor v. Nyssa mit drei Münzen—ein Gold, ebenso Petrus, Jakobus, Johannes — ein Mensch (!?), Quod non sint tres dii (MG 45, 132, ed. MÜLLER 53 f.).   [303] VII, 11 (944 f.).

[304] D. h. mit 11 (945). In 12 (945) und ganz am Schluß (946) wird nichts Neues

schied zwischen Augustin und den drei großen Kappadoziern besonders deutlich. Für sie waren die Formel μία οὐσία — τρεῖς ὑποστάσεις und manche der hier abgelehnten Unterscheidungen (vgl. die Anmerkungen) gerade die Schlüssel zum Verständnis der Trinitätslehre, während sie Augustin nur noch ad absurdum führen kann.

Blicken wir auf das zurück, was wir mit „Augustins Trinitätslehre" überschrieben haben, zumal auf die Bücher V bis VII, so kommen wir zum Schluß, daß die negativen Bestimmungen überwiegen. Das ist vor allem in der zuletzt dargestellten Behandlung des Personbegriffs auffallend, aber auch die über Buch VI und VII sich erstreckende Frage nach den Appropriationen endet in einer Negation einer Möglichkeit, die drei und die eine Substanz spekulativ miteinander auszugleichen. Die positivsten Aussagen finden sich in Buch V, doch mußten wir auch dort feststellen, daß trotz reichlicher Benützung der dialektischen Denkmittel diese ihrem Wesen sehr stark entfremdet sind und selbst da, wo Augustin offenbar glaubt, „geschlossen" zu argumentieren, den Dienst nicht leisten, der von ihnen erwartet wird. Hinsichtlich der Sprache ist deshalb durchgängig eine sehr starke Relativierung festzustellen: das Dogma bleibt unerklärbar und erweist sich bis hierher als von keiner Analogie her zugänglich; denn die Analogie des bloßen Seins, die sich in der Angemessenheit des „essentia"-Begriffs ausdrückt, genügt ja für das Trinitätsgeheimnis noch nicht. Ist also das, was der Prolog des fünften Buches sagt, durch die Entfaltung der Trinitätslehre widerlegt (s. o. S. 147 f.)? Es scheint so, und wenn Augustin sein Werk über die Trinität mit Buch VII abgebrochen hätte, so wäre das Ergebnis fast ganz negativ. Aber es folgt ja eine Fortsetzung, die ihren Sinn unter anderem von dem äußerst spärlichen Ergebnis der vorangehenden Abhandlung empfängt. Augustin kann sich nicht zufrieden geben mit der unendlichen Distanz des Dogmas von der menschlichen Realität und Sprache, es kann ihn im letzten Grunde nicht befriedigen, daß hinsichtlich der Trinität die Wirklichkeit auseinanderfällt in zwei Teile, von denen der eine das unfaßbare Mysterium beherbergt, während der andere sich auf unbestimmte Andeutungen beschränken muß. Die Vermittlung durch eine Erweichung der strengen operatio-inseparabilis-Lehre und d. h. durch eine Verbindung der zeitlichen Offenbarung mit den innertrinitarischen Prozessionen erwies sich immer wieder als sehr unbestimmt und z. T. fragmentarisch, so daß eine Überbrückung der gewaltigen Kluft zwischen Dort und Hier, zwischen Sein und Sprache durch die Geschichtlichkeit kaum mehr zu erwarten ist.

---

mehr geboten, dagegen ist typisch, daß er da auf die imago zu sprechen kommt, dazu vgl. u. S. 179. Zum Personbegriff, auf den nicht näher eingetreten werden kann, vgl. CHEVALIER, S. Aug. 37—65. Zum Thema neuer: HENRY, S. Aug. on personality. Man muß sich auf jeden Fall hüten, seinen Personenbegriff vorschnell mit dem zu verbinden, was wir unter Person und Personalität verstehen (vgl. z. B. BENZ, Marius Vict. 381 f.).

VI. DER WEG ZUM INNEREN WORT:
DE TRINITATE VIII UND IX

Die Aporie, in der die erste Hälfte von De trinitate endet, d. h. die Aussichtslosigkeit, irgendeine Analogie der Trinität im allgemein-ontologischen Bereich zu finden, könnte auf eine verhältnismäßig einfache Weise gelöst werden, wenn sich Augustin bereitfände, die Lösung, die er in Sermo 117 seinen Zuhörern bietet[1], auch hier zur Anwendung zu bringen: Augustin geht dort gegen den arianischen Einwand, daß der Sohn „tempore minor" gegenüber dem Vater sei, vor, indem er zunächst die Notwendigkeit oder gar Verbindlichkeit diesseitiger Vergleiche ablehnt[2] und damit also eine direkte Analogie, wie er sie den Arianern zuschreibt[3], ebenfalls, wie in De trinitate, ablehnt. Der Grund ist die Ungleichheit des Ewigen und Zeitlichen, der es ihm ermöglicht, rhetorisch zu sagen: Finde mir einen ewigen Vater in der Schöpfung, und ich finde dir einen gleichewigen Sohn[4]. Dennoch besteht eine gewisse Ähnlichkeit zwischen Gleichewigkeit und Gleichzeitigkeit[5], d. h. trotz aller Distanz zwischen Gott und Welt ist durchaus nicht eine totale Analogielosigkeit anzunehmen. Doch ist keine *trinitarische* Analogie zu erreichen, wenn man bloß die Zeit als Abbild der Ewigkeit auffaßt, wie es ja der junge Augustin schon tat[6]. Vielmehr kompliziert sich die similitudo ex creatura: Zunächst wird wohl aufgezeigt, daß der Lichtstrahl mit dem Feuer und ein Wassergewächs mit seinem Spiegelbild im Wasser „coaevum" ist[7]. Doch wird von gegnerischer Seite darauf sofort erwidert, an diesen Vergleichen werde ja gerade die geringere Natur des Sohnes offenbar; denn der Lichtstrahl und das Spiegelbild seien doch minder gegenüber dem Feuer bzw. der Wasserpflanze[8]. Um diesem Einwand zu begegnen, nimmt Augustin eine Kombination von zwei Vergleichen vor, einmal desjenigen mit ei-

---

[1] Sermo 117, 6—14 (ML 38, 664—670), VON KUNZELMANN, MiscAg II, 486 f. auf 418 datiert, jedoch ohne zwingende Gründe.

[2] AaO, 8 f. (665 f.).

[3] AaO, 6, 8, 13 (664 f., 668 f.). Daß dies eine Vereinfachung ist, zeigt Maximin in der Coll., 2. Teil, n. 6 (ML 42, 726).

[4] AaO, 10 (666).

[5] AaO, 11 f. (667 f.): Quod enim est temporali coaevum, hoc est aeterno coaeternum (658).

[6] De mus. VI, 29 (ML 32, 1179).   [7] AaO, 11 f. (667 f.).

[8] AaO, 13 (668 f.).

170

nem menschlichen Sohn und dann des Licht- bzw. Spiegelvergleichs. Im
ersten Fall ist die Gleichheit zwar gewährleistet, nicht aber die Simultaneität, im zweiten Fall sind beide gleichzeitig, aber die Gleichheit der Substanz
fehlt. Was nun hier verteilt ist auf verschiedene Phänomene, das ist bei Gott
eins, womit wiederum ein Hinweis auf die gewaltige Ungleichheit von Hier
und Dort trotz gewisser Entsprechungen gegeben ist[9]. Diese Argumentationsweise Augustins kann insofern ein gewisses Interesse beanspruchen, als
sie zeigt, wie die Lösung des Problems bei gleichen Voraussetzungen wie in
De trinitate nun doch nicht wirklich vorgenommen werden konnte; denn
diese Kombination der Analogien oder Kumulation verschiedener Vergleiche
ist doch zu sehr der Willkür ausgesetzt und erlaubt im Prinzip den Analogiebeweis jeder möglichen Absurdität. Andrerseits zeigt die Argumentationsweise, daß sich Augustin der Problematik der Analogien sehr wohl bewußt ist und genau wie in De trinitate V bis VII eine einfache Entsprechung
aus dem Bereich des Seienden — das Innerste des Menschen stets ausgenommen — nicht für möglich hält. Der Bruch im Analogischen ist also klar, zugleich wird aber das Postulat einer Entsprechung nicht grundsätzlich aufgegeben. „Draußen" jedoch ist eine solche nicht zu finden.

Buch VIII

Der Anfang von Buch VIII führt deshalb sofort die neue Dimension,
nämlich eben das Fragen „nach innen", ein, das eine angemessenere Erfassung der Trinität verspricht; denn das bis Buch VII Ausgeführte kann und
soll zwar immer wiederholt und dadurch noch besser begriffen werden, aber
ein wirklicher Fortschritt im Erkennen ist damit allein nicht zu erreichen,
vielmehr bedarf es eines „modus interior", um zu einem Sehen der Wahrheit vorzudringen[10]. Damit klingt bereits das Grundmotiv für den ganzen
zweiten Teil von De trinitate an. Es macht zugleich die zentrale Bedeutung
von Buch VIII für alles Weitere aus. Doch wir überlassen uns zunächst dem
Diskussionsgang des achten Buches:
Die „essentia veritatis", um deren Erkenntnis es im folgenden gehen soll,
ist als essentielles Attribut Gottes von seinem Sein nicht zu scheiden, ebensowenig von seiner Größe. Es ist daher auch nicht möglich, wie schon früher
gesagt wurde[11], etwa Vater und Sohn zusammen als größer als den Heiligen
Geist oder überhaupt einen Größenvergleich in Gott anzunehmen, da sonst
zugleich die Wahrheit mehr oder minder sein müßte. Der Vater ist aber

---

[9] AaO, 14 (669 f.).
[10] VIII, 1 (947): . . . quo possit mente cerni essentia veritatis, sine ulla mole,
sine ulla mobilitate. Nunc itaque . . . attendamus haec, quae modo interiore quam
superiora tractabimus, cum sint eadem. . .
[11] Bes. VI, 9 (929).

nicht wahrer als der Sohn oder der Geist, und darum erfahren weder Größe[12] noch Wahrheit[13] irgendeine Ab- oder Zunahme. Das Hauptinteresse in diesen Ausführungen[14] ist nicht eigentlich trinitätstheologischer Art, sondern vielmehr darauf gerichtet, die Unerfaßbarkeit jener höchsten Essenz durch eine „carnalis consuetudo" zu betonen[15]. Eine Annäherung an Gott kann aber ebensowenig durch die bloße Addition alles Geschaffenen vollzogen werden; denn Gott als der Schöpfer ist nicht z. B. gleich der Summe aller Engel. In der Erkenntnis all dessen, was Gott nicht ist, wird zwar auch schon eine wirkliche Erkenntnis spürbar[16]. Eine direkte Schau der Wahrheit selbst jedoch ist, wenn überhaupt, nur für einen kurzen Augenblick möglich; denn wir sind derart beschwert von der Veränderlichkeit, von der Materie und von der Begehrlichkeit, daß wir sogleich wieder ins Irdische zurücksinken, wenn uns jener Blitz der direkten Schau getroffen hat[17]. Eine vollgültige und echte Möglichkeit der Gotteserkenntnis ist die direkte Schau erst in der kommenden Welt, obschon die ekstatischen Augenblicke immer wieder eintreten können[18].

Unmittelbarer zugänglich ist die Partizipation der ganzen Schöpfung an den höchsten Ideen, so z. B. an der des Guten. Wenn wir in allem Guten, das uns umgibt, das Gute selbst erblicken könnten, so sähen wir Gott. Da dies aber — wie bei der Wahrheit — nicht dauerhaft möglich ist und wir doch ein Bewußtsein des Guten besitzen, ist uns offenbar eine Kenntnis des Guten an und für sich eingeprägt, die uns stets das Urteil über Gut und Böse erlaubt und der wir uns durch eigenes Gut- und Schlechtsein mehr oder weniger nähern. Das Gute selbst als Idee in uns und über uns bleibt jedoch

---

[12] Zur „Größe" Gottes vgl. außer hier V, 11 (918) u. En. in ps. 103, s. 1, 3 (ML 37, 1336 f.), auch Ep. 137, 8 (ML 33, 519/CSEL 44, 106): neque enim mole, sed virtute magnus est deus, wie Plotin, Enn. VI, 9, 6: μέγιστον γὰρ ἁπάντων, οὐ μεγέθει ἀλλὰ δυνάμει (HARDER 9, 39).

[13] Vgl. hierzu die Tradition vom „Gefilde der Wahrheit" Platon, Phaidr. 248b, Plotin I, 3, 4 (HARDER 20, 11), VI, 7, 13 (38, 113).

[14] VIII, 2 (947 f.).

[15] AaO: . . . vera, quae creata sunt, sentit, ut potest, veritatem autem ipsam, qua creata sunt, non potest intueri (947).

[16] VIII, 3 (948).

[17] AaO, (949).

[18] Die typischen Ausdrücke sind:

Berührung	Schlag (ictus)	coruscatio	ecstasis
Conf. IX, 24	Conf. VII, 23	De cat. rud. 3	Ep. 147, 31
De cons. ev. IV, 20	Conf. IX, 24	De cons. ev. IV, 20	Sermo 52, 16
Sermo 52, 16		Sermo 52, 16	
Sermo 117, 5		En. in ps. 145, 5	
En. in ps. 145, 5			

Vgl. zur Unmöglichkeit des Verharrens in der Vision noch De trin. XII, 23 (1010), zum „Berühren" auch Plotin, Enn. V, 3, 17 (HARDER 49, 160). Ausführl. Kommentar zur Vision in Ostia: MANDOUZE, AM I, 67—84.

172

unerschütterlich dasselbe[19]. Wir wissen so mit Sicherheit, was ein „bonus animus" ist; denn das Gute erblicken wir in der beschriebenen Weise auf Grund der Erleuchtung, und was ein „animus" ist, wissen wir ebenfalls auf Grund unserer Einsicht in die vorbildliche Ursache der Welt, sofern wir ihn gegenüber dem übrigen Seienden richtig einschätzen, d. h. als „magnum bonum" zwischen dem „summum bonum" Gottes und dem „parvum bonum" der Materie[20]. Damit wäre in einem ersten Gedankengang umrissen, auf welche Weise ein Sehen Gottes denkbar ist, nämlich als ein Erkennen und Anerkennen der Ideen, besonders des Guten und Wahren.

Und nun gilt es, jenes höchste Gut zu lieben, das wir noch nicht sehen und zu dessen Schau wir nicht gelangen können, wenn wir es jetzt nicht lieben. Wie können wir aber Gott lieben, den wir nicht sehen? Es ist offenbar möglich, etwas zu kennen, ohne es zu lieben, aber etwas zu lieben, ohne es zu kennen, das scheint doch eher unmöglich. Es scheint trotzdem möglich im Glauben, der etwas liebt, das er noch nicht kennt — „kennen" hier im Sinne einer sicheren und deutlichen geistigen Schau, wie sie uns in der Zukunft verheißen ist und schon in der Gegenwart anheben kann[21]. Dennoch macht sich der Glaube auch Vorstellungen, die auf ihre Legitimität hin zu prüfen sind[22]. Die fides historica[23] ist nicht „leer" und anschauungslos, sondern bedient sich zur Ausmalung der Heilsgeschichte der jeweils bereitstehenden Vorstellungsmaterialien „secundum species et genera rerum, vel natura insita vel experientia collecta", wobei die Vorstellungsinhalte im einzelnen wenig bedeuten, während unentbehrlich zum Glauben als solchem das Fürwahrhalten der Tatsächlichkeit des so Vorgestellten gehört[24].

Wie steht es unter diesen Voraussetzungen mit dem Glauben an die Trinität? Wenn wir zum *Verstehen* unseres Trinitätsglaubens gelangen wollen, müssen wir zuerst richtig *glauben*. Wie sollen wir aber das glauben und lieben, was wir noch nicht erkennen? Wenn wir Paulus lieben, so können wir ohne weiteres unsere specialis et generalis notitia zu Hilfe nehmen. Wie

---

[19] Bis dahin VIII, 4 (949 f.). Dies beides, nämlich das Inunssein und das Überunssein gehören eng zusammen, vgl. hier VIII, 9 (956) und bes. 13 (959): . . . intus apud nos vel potius supra nos in ipsa veritate conspicimus. . .

[20] Bis hier VIII, 5 (950 f.). Es wird nie völlig klar, *wie weit* die Erkenntnis des Guten zu unterscheiden ist von jener nicht dauernd möglichen ekstatischen Erkenntnis, vgl. n. 4: Bonum hoc et bonum illud, tolle hoc et illud et vide ipsum bonum, *si potes* (? !): ita deum videbis . . . Anf. 5: si ergo potueris, illis detractis, per se ipsum perspicere bonum, perspexeris deum. Et si amore inhaeseris, continuo beatificaberis. . .

[21] VIII, 6 (951).

[22] AaO.

[23] Der Begriff De vera rel. 99 (ML 34, 165 f./CSEL 77, 2, 71) und En. in ps. 8, 5 (ML 36, 110 f.).

[24] VIII, 7 (951 f.). Dazu bes. Löhrer, FZPT 4, 1957, 392, sowie Lorenz, ZKG 67, 1956, 227 f.

aber, wenn wir die Trinität lieben wollen? Daß da die genus- und species-Erkenntnis nicht ausreicht, hat das letzte Buch zur Genüge gezeigt. Wir wissen wohl, was drei sind, aber wir lieben nicht „drei". Wir lieben in der Trinität zweifellos auch[25] den *einen* Gott, und wie *diese* Glaubensliebe bzw. Glaubenserkenntnis möglich ist, das soll zunächst gefragt werden[26]. Augustin greift zur Klärung dieser Frage nochmals auf das Beispiel der fides historica zurück und fragt: Cur diligimus apostolum? Die Antwort, die natürlich stark vom zuvor Ausgeführten lebt, aber ein anderes Ergebnis anzielt, lautet wieder: Amamus enim animum iustum[27]. Was ein „animus" ist, das wissen wir aus uns selbst und nehmen wir bei anderen auf Grund gewisser äußerer Merkmale an[28]. Und was Gerechtigkeit ist, wissen wir dadurch, daß unser Geist die „Form" der Gerechtigkeit erblicken und lieben kann[29]. Die wahre Liebe geht also stets durch die Vermittlung der Idee des Gerechten, Guten usw., entweder weil der geliebte Mensch dieser Idee entspricht oder weil er ihr entsprechen *soll*[30]. Diese Idee lieben wir um ihrer selbst willen[31] und alle Menschen, die wir lieben, um ihretwillen[32], wenn wir richtig lieben.

Damit ist die Liebe zu Menschen auf ihren wahren Grund zurückgeführt. Die Gottesliebe gehört zu ihr untrennbar hinzu; denn wer den Nächsten liebt, liebt folgerichtig auch die Liebe selbst, und da Gott Liebe ist, liebt er Gott, wenn er den Nächsten liebt[33]. Wir brauchen darum nicht weit herumzusuchen, wenn wir bei Gott sein wollen: er ist Liebe und ist in uns[34]. Deshalb ist die Liebe zu Gott, die ja ohne irgendein Kennen Gottes unmöglich wäre, möglich, weil jeder die Liebe selbst, die er zum Bruder hat, besser kennt als den Bruder. Die Liebe selbst ist ihm näher, gewisser. Gott aber ist Liebe. Darum: Amplectere dilectionem deum et dilectione amplectere deum![35] Das Grundthema des Buches ist aber eigentlich die Liebe zur Trinität, und nun fragt sich, ob bei diesem Sehen Gottes im Innern bzw. in der

---

[25] Dieses „auch" gründet nicht im Text (VIII, 8, 953), sondern ist im Hinblick auf die Fortsetzung dieser Thematik in späteren Paragraphen gedacht, desgleichen das „zunächst" in der folgenden Zeile.
[26] Bis dahin VIII, 8 (952 f.).
[27] VIII, 9 (953).
[28] AaO, (954). Das widerspricht der Erkenntnis auf Grund der Wahrheitsschau nicht, sondern ergänzt sie, vgl. unten zur Selbst- und Gotteserkenntnis.
[29] AaO, (955 f.) „forma" hier eindeutig = Idee, wie schon De div. qu. 83, qu. 46, 1 (ML 40, 29). Vgl. noch VIII, 13 (959): forma . . . semper stabilis . . . , IX, 11 (967): forma inconcussae ac stabilis veritatis. . .
[30] VIII, 9 (956).
[31] AaO, (956): ipsa vero forma et veritas non est quomodo aliunde diligatur.
[32] Sich selbst eingeschlossen (aaO). Es wird auch ausdrücklich gesagt, daß es dieser Idee gegenüber nicht wiederum die Distanz des bloß glaubenden Liebens gibt (aaO).
[33] VIII, 10 (956 f.).
[34] VIII, 11 (957).   [35] VIII, 12 (957).

Liebe auch die Trinität zu sehen sei. Es scheint nicht so. Immo vero vides trinitatem, si caritatem vides![36] Augustin verspricht zu zeigen, daß wir dennoch die Trinität sehen, wenn wir die Liebe sehen. Jedenfalls liebt die Liebe, wenn sie sich selbst liebt, sich nur dann als Liebe, wenn sie zugleich ein Liebesobjekt hat, genauso wie „verbum" sich selbst bedeutet, aber nur sofern es sich als Bedeutendes bedeutet[37]. Bevor nun aber wirklich die „Trinität" in der Liebe gezeigt wird, erfolgt nochmals ein Rückgriff auf die frühere Frage nach der Liebe zu einem Glaubensgegenstand der Vergangenheit[38]. Erst hernach wird das lange gesuchte Ergebnis ausgesprochen: Die Liebe ist insofern dreifach gestaltet, als immer „amans, et quod amatur, et amor" zusammengehören. So wäre also tatsächlich die trinitarische Struktur der Liebe gefunden, doch bricht damit das Buch ab[39].

Diese etwas ausführliche Zusammenfassung des Gedankenganges von Buch VIII erweckt wohl zunächst einen verwirrenden Eindruck, weil immer wieder zwei Motive durcheinander laufen: einerseits das Problem des Glaubens und der Liebe gegenüber der Heilsgeschichte und Gott, dessen Lösung in der Ideenschau gefunden werden kann[40], und andrerseits das Problem der Liebe zur Trinität, das verbunden ist mit dem deus-caritas-Motiv. Beide Elemente sind auch sonst bei Augustin anzutreffen[41] und sind natürlich untereinander aufs engste verbunden. Dennoch stellt sich hier die Frage, inwiefern nun eigentlich der Trinitätsglaube und der heilsgeschichtliche Glaube in Buch VIII parallel gedacht sind. Wenn man nicht zu Redaktionshypothesen Zuflucht nehmen will[42], könnte man sagen: Die im Glauben stets von vornherein schon eingeschlossene Erkenntnis ist beim Trinitätsglauben nicht wie beim Glauben an die Heilsgeschichte das Vorstellungsmaterial, das eben z. B. für den Glauben an einen „animus iustus" erforderlich wäre, sondern es ist die Erkenntnis der Dreifaltigkeit in der Liebe. Augustin würde also

---

[36] VIII, 12 (958).
[37] AaO: sic et caritas diligit quidem se, sed nisi se aliquid diligentem diligat, non caritatem se diligit.
[38] VIII, 13 (959 f.): Sed nescio quomodo amplius et in ipsius formae caritatem excitamur per fidem, qua credimus vixisse sic aliquem . . . (960). Zu diesem Abschnitt vgl. wiederum LÖHRER, aaO, 397 f.
[39] VIII, 14 (960).
[40] Diese Thematik wurde hier u. a. darum so stark berücksichtigt, weil sie besonders in Buch XIII, 1 ff. (1013 ff.) wieder einen breiten Raum einnimmt, dort aber nicht nochmals dargestellt werden soll.
[41] Zum Sehen des Glaubens und der Glaubensinhalte vgl. bes. Ep. 147, 8 f. (ML 33, 600/CSEL 44, 281 f.). Zur Liebe als Gott in uns bes. In Io. ev. tr. 14, 9; 39, 5 (ML 35, 1508; 1684), In ep. Io. tr. 10, 5 (ML 35, 2057) mit trinitarischer Andeutung, das Motiv aber im ganzen Kommentar.
[42] So DU ROY in dem Aufsatz in RA II, bes. 433, Anm. 82. Mir scheint vielmehr umgekehrt, daß Aug. nicht gewisse Partien eingefügt hat, sondern daß er im Verlauf des Schreibens sich über den Weg zur Trinität erst langsam klar wurde.

entweder empirisch aufzeigen, was schon immer im trinitarischen Glauben an Erkennen drinsteckt[43]; oder er würde zeigen, wie die Trinität erst richtig geglaubt und geliebt werden kann, so daß man sagen müßte: Wer nicht die drei in der Liebe kennt, der kann eigentlich nicht wirklich an den dreieinigen Gott glauben[44], weil Glaube ohne Liebe — und eine minimale Erkenntnis — kein rechter Glaube ist. In beiden Fällen wäre die Parallelisierung mit dem heilsgeschichtlichen Glauben einleuchtend. Beide Möglichkeiten fallen aber außer Betracht[45], da Augustin ganz offensichtlich die Kenntnis der Trinitätsanalogien nicht als Konstitutivum des Glaubens ansieht und das Auftauchen der Liebes-Trinität als eine Sache des „intellegere" auffaßt[46]. So kann er ja auch einen der „Anläufe", die er auf die Trinitätserkenntnis hin nimmt, damit beenden, daß er sagt: Hoc ergo diligimus in trinitate, quod deus est[47], d. h. daß sie der *eine* Gott ist. Wer nicht zur Erkenntnis der Liebesdreiheit und der trinitarischen Gottebenbildlichkeit vordringt, der begnügt sich am besten mit dem rechten Glauben und, bei gleichzeitiger totaler Abstraktion von allem Körperlichen, mit den Vorstellungen, die man mit „substantia", „persona", „pater", „filius" und dgl. verbindet, wobei die klassischen Analogien wie Feuer—Licht usw. zu Hilfe genommen werden dürfen[48].

Aber wie ist es denn möglich, die Trinität wirklich *als Trinität* zu lieben? Diese Frage, die als das zentrale Motiv die Spannung von Buch VIII überhaupt erst ausmacht, ohne daß mehr als die Andeutung einer Lösung erreicht würde, ist also insofern nicht von allerletzter Notwendigkeit, als ja die Trinität auch dann geliebt wird, wenn einfach Gott geliebt wird[49]. Das

---

[43] So könnte man VIII, 12 (958) auffassen: Immo vero vides trinitatem, si caritatem vides. Sed commonebo, si potero, *ut videre te videas. . .*

[44] Das legt vor allem die erste Hälfte von n. 8 (952 f.) nahe.

[45] Zur erstgenannten Möglichkeit s. u. S. 176, bei Anm. 52.

[46] De trin. XV, 5 (1060): Deinde (sc. in octavo libro) per veritatem . . . et per bonum summum . . . et per iustitiam . . . , ut natura . . . , quod est deus . . . intellegeretur, admonui, et per caritatem . . . , per quam coepit utcumque etiam trinitas *intellegentibus* apparere, sicut sunt amans et quod amatur et amor. In den zwei Briefen, die ja beide mit De trin. zu tun haben, 120 und 169, bes. im letzteren, betont er sehr deutlich, daß die Analogienerkenntnis nicht heilsnotwendig sei (Ep. 169, 2 u. 4, ML 33, 743/CSEL 44, 612 ff.).

[47] VIII, 8 (953).

[48] Typisch ist in dieser Hinsicht der Gedankengang von Ep. 120. Nachdem Aug. gezeigt hat, daß die Trinität nicht in eins der drei genera visionis paßt, die er aufzählt, und nachdem er eine Lösung mittels der imago angedeutet hat (11 f., ML 33, 457 f./CSEL 34, 2, 713 ff.), fährt er fort: Si autem in se ipsa deficit (sc. mens), . . . pia fide contenta sit, quamdiu peregrinatur a domino . . . (12), und später: Nunc vero tene inconcussa fide . . . (13), unterläßt jedoch nicht die Mahnung: Et quicquid tibi . . . corporeae similitudinis occurrerit, abnue, nega, respue, abice, fuge.

[49] Vgl. o. S. 173 und hier oben bei Anm. 47.

bedeutet jedoch nicht, daß das Suchen nach einer differenzierten Erkenntnis etwas Überflüssiges wäre, das dem Wesen des Glaubens irgendwie widersprechen würde. Vielmehr ist dieses Bestreben dem echten Glauben ganz und gar zu eigen, andernfalls fehlt ihm vielleicht auch die Sehnsucht nach der Schau von Angesicht zu Angesicht[50]. De trinitate ist darum nicht schon wegen des Aufstiegs zu einer analogischen Schau ein esoterisches Werk[51]. Obschon der Glaube auch nicht implizit in sich eine analogische Erkenntnis der Trinität enthält, so daß sie nur expliziert werden müßte[52], und obschon der Glaube auch rechter Glaube sein kann, wenn jemand nie zu dieser Erkenntnis vordringt, so ist doch die Leitfrage, wie denn die Trinität erkannt und geliebt werden könne, eine unendlich notwendige und berechtigte Frage, die den nicht in Ruhe lassen kann, der einmal den Glauben an das große christliche „Mysterium" gewonnen hat.

Das Motiv der Liebe zu Gott, das Augustin zugleich aus der platonisch-neuplatonischen[53] und aus der biblischen Tradition zugeflossen ist und ohne das er und seine gesamte Theologie überhaupt nicht denkbar wäre, wirkt sich auf den Untersuchungsgang von De trinitate erst dadurch befruchtend aus, daß Liebe ohne ein Sehen oder Erkennen nicht denkbar ist — eine Grundvoraussetzung, eine Art Axiom, das Augustin oft wiederholt[54] und das seinerseits weit in die abendländische Denkgeschichte zurückreicht. Als Wurzel ist einerseits der auf das Schöne gerichtete Eros Platons[55] zu betrachten, andrerseits die teleologische Ethik des Aristoteles, die sich mit der Voraussetzung verbindet, daß nicht das Streben das Gute, sondern ursprünglich das Gute das Streben hervorruft[56], ein Satz, den auch Plotin wieder aufnimmt[57]. Die glückselige Schau, die Verähnlichung und Vereinigung mit

---

[50] Vgl. V, 2 (911), die Proömien zu Buch IX (1, 960 f.) und XV (2, 1057 f.) über Suchen und Finden sowie Ep. 120, 8 (ML 33, 456/CSEL 34, 2, 711): si . . . ea, quae intellegenda sunt, credenda tantummodo existimat, cui rei fides prosit, ignorat, nam pia fides sine spe et sine caritate esse non vult. Sic igitur homo fidelis debet credere, quod nondum videt, ut visionem et speret et amet.

[51] Burnaby, Amor 65 unter Bezugnahme aus Cayré (Contemplation 240): The aim is not to demonstrate theological propositions, but to *show* God, to bring Him into the heart, so that he may be ,felt'. So much Augustine did believe to be possible, and possible for *all* (letzte Auszeichnung von mir).

[52] Dies lehnt Lorenz, ZKG 67, 1956, 227, gegen Gangauf und Przywara zu Recht aufs bestimmteste ab.

[53] Vgl. bes. Arnou, Le désir de dieu dans la philosophie de Plotin; zu Aug. Burnaby, Amor dei; vgl. die Bibliographie bei Andresen, Augustingespräch 515 f.

[54] De trin. VIII, 6 (951), 8 (952 f.), X, 1—4 (971—975), XIII, 7 (1018 f.), 26 (1036), XIV, 18 (1049), XV, 50 (1097). Außerhalb De trin. vgl. z. B. De div. qu. 83, qu. 35, 2 (ML 40, 24): nullumque bonum perfecte noscitur, quod non perfecte amatur, und umgekehrt En. in ps. 145, 12 (ML 37, 1892): non potes amare plene, quod nondum vides.

[55] Symp. 204 d, Phaidr. 237 d und die Kontexte.

[56] Met. XII, c. 7 (z. B. 1072 b 3).   [57] Enn. VI, 7, 27 (Harder 38, 213).

dem Vollkommenen ist auch bei ihm das Ziel des Strebens, und das Streben seinerseits ist von der Schau und vom Begehrenswerten bedingt[58]. Dabei taucht schon bei Platon der Gedanke auf, daß der Eros zwischen der vollkommenen Weisheit und dem völligen Unverstand gleichsam die Mitte hält, wie denn auch hier in De trinitate weder der bloße Glaube in sich selbst ruht noch auch die glückselige Schau erreicht ist, sondern die Liebe auf das Schauen gerichtet nach oben oder vielmehr nach innen strebt[59]. Der Primat des Schauens oder Erkennens ist jedoch nicht im Sinne eines Intellektualismus einem Voluntarismus, wie er bei Augustin auch schon gefunden wurde[60], entgegenzustellen, vielmehr greift beides ineinander, so daß man fast von einer Identifikation von „ratio" und „caritas" sprechen könnte[61]. Jedenfalls bedingt nicht nur die Schau die Liebe, sondern auch die Liebe die Schau[62]. Was den Denkprozeß von De trinitate VIII bis XV in Bewegung erhält, ist das Zusammenwirken beider Motive: daß nur die Liebe zur Schau führen kann und nur geliebt werden kann, was schon irgendwie sichtbar oder erkennbar ist[63].

Aber was ist nun eigentlich materiell das Ergebnis von Buch VIII? Die Liebe zu Gott ist möglich durch die Schau der Ideen[64], und in dieser Liebe selbst erscheint eine Spur der Trinität. Dieses Erblicken der Dreifaltigkeit der Liebe ist ein Erblicken in sich und nicht etwa in Gott selbst. Es handelt

---

[58] Zur Schau: I, 6, 9 (HARDER 1, 41 ff.), zur Gottähnlichkeit daselbst vgl. MERKI, Ὁμοίωσις 17 ff. , zur Bedingtheit des Strebens durch „Jenes": I, 6, 7 (HARDER 1, 33), VI, 7, 31 (38, 238 ff.), differenziert V, 3, 11 (49, 98 ff.), vgl. auch V, 3, 10 (49, 97).

[59] Platon, Symp. 203 b ff., bes. 204 b. Dieser Gedankengang ist mit der Erwiderung auf den eristischen Einwand, daß man nichts suchen könne, denn entweder kenne man es schon oder man kenne es nicht, eng verbunden, vgl. Euthyd. 275 c ff., Lysis 218 a, Menon 80 d f., dazu FRIEDLÄNDER, Platon II, 170 f.

[60] Vgl. z. B. ZÄNKER, Der Primat des Willens vor dem Intellekt bei Aug.

[61] HOLTE, Béatitude 384 f., vgl. auch SCHNEIDER, Seele und Sein 217: Die Sicht bedingt nach Aristoteles wie nach Augustin . . . das Streben.

[62] S. o. S. 176, Anm. 54.

[63] De trin. VIII, 6 (951): nondum . . . videmus deum . . . facie ad faciem, quem tamen, nisi nunc iam diligamus, numquam videbimus. Sed quis diligit, quod ignorat? Zu diesem Denkschema vgl. auch LORENZ, ZKG 75, 1964, bes. 45.

[64] Es scheint mir angesichts von De trin. VIII unmöglich, die Schau der Ideen auf die „connaissance mystique" zu beschränken (so GILSON, Introduction 128, der die Illumination auf das Urteil beschränkt). Mit Rücksicht auf De trin. IX, 9 u. 11 (966 f.) gibt Gilson zwar ein gewisses Schwanken in der Formulierung zu (129), aber deutlich ist der Gedankengang von Buch VIII, insofern da klar gesagt wird, jeder erkenne und sehe bei sich die forma iustitiae (bes. n. 9, 955 f.), die es ihm zugleich erlaubt, Gott zu lieben: in deo conspicimus incommutabilem formam iustitiae (n. 13, 960). Auch den noch nicht Gerechten ist diese Schau möglich: . . . et qui intueri valent, hoc etiam, quod intuentur, non omnes sunt . . . (n. 9, 955 u. XIV, 21, 1052). Die Ideen sind in der memoria anwesend: De trin. XII, 23 (1010). Vgl. ALLERS, AM I, 479 f., 487.

sich also um ein Sehen, das bereits einem Sehen „in imagine" sehr nahe-kommt[65]. Doch ist das *Objekt* der Liebe — quod amatur — in Buch VIII noch integrierender Bestandteil der Analogie, so daß man sich fragen muß, ob hier nicht die zwischenmenschliche Beziehung oder auch die Beziehung Mensch—Gott als solche eine Trinitätsspur aufleuchten lasse, die die reine imago-Lehre ausweiten würde auf eine das Subjekt transzendierende Wirk-lichkeit — in Weiterführung der bereits oben angeklungenen Möglichkeit[66], die Gottähnlichkeit auf die Liebe unter Menschen zu beziehen. Wäre dies wirklich der Fall, so müßte man wohl zugeben, daß die Trinitätslehre in sich die Möglichkeit schloß, der Liebe ein Gewicht zu verleihen, wie es der auf die Einheit gegründete Gottesbegriff, da er ja nicht eigentlich die Liebe *in* Gott einschließt, nicht vermochte. Für eine solche Betrachtungsweise sprechen natürlich auch die Auffassung des Heiligen Geistes als Liebe sowie einige Stellen in der Johannesauslegung, die die Einheit in der Trinität mit der Liebe der Christen untereinander in Verbindung bringen[67].

Es ist völlig eindeutig, daß Augustin diesen Ansatz nicht weiterführt, sondern in Buch IX eine Schwenkung zur Selbstliebe hin vollzieht, die er nicht weiter begründet[68], deren Hintergründe aber recht offensichtlich sind: Nach allem, was bisher über den ersten Teil von De trinitate gesagt wurde, bestehen zwar Ansätze dazu, die Wirksamkeit der Trinität nach außen aus ihrer strengen Form zu lösen und die Inkarnation sowie die Geistausgie-ßung nicht ausschließlich unter dem Signifikationsschema zu betrachten; doch erwiesen sich alle diese Ansätze schließlich als unwirksam, wie ja auch die Durchbrechung des Bedeutungsschemas in der Verwendung von „ver-bum" nur immer gerade ansatzweise sichtbar wurde. Analog dazu erscheint in der Liebestriade hier wiederum ein solcher Ansatz, der jedoch gleichfalls nicht fruchtbar gemacht wird. Wenn wir zu Recht hier Übereinstimmungen sehen, so muß es sich auch zeigen, daß die „Inversion" der Liebestriade in der Trinitätslehre selbst ihre Wurzel hat — nicht die einzige freilich, da ja Augustins Streben nach der Einheit und weg aus dem Vielen sowie der ent-sprechende geistesgeschichtliche (platonistische) Hintergrund auf alle diese Positionen, sowohl auf die Trinitätslehre wie auf die psychologische Trini-tät — wie auf die Sprachbetrachtung —, von großem Einfluß war[69].

---

[65] Du Roy, 438, sieht richtig, wenn er den imago-Begriff in Buch IX als ein neu hinzukommendes Element betrachtet, aber er übertreibt den Gegensatz, wenn er in Buch VIII „pas du tout une simple image" sehen will (aaO).

[66] S. 62, Anm. 6.

[67] So o. S. 174, Anm. 41. Dazu Nédoncelle, L'intersubjectivité . . . , AM I, 595 bis 602.

[68] IX, 2 (961). Das zeigt mit großer Deutlichkeit du Roy, RA II, 439 ff. Vgl. auch A. Nygren, Eros II, 358 f., 371.

[69] So auch du Roy, aaO, 441 f. Er sagt treffend: On peut penser qu'une représen-tation plus „économique" du dogme trinitaire eût donné à l'expérience „mystique"

Buch IX

Am Anfang von Buch IX lenkt nun Augustin zurück zur eben aufgewiesenen Liebesdreiheit, aber diesmal unter ausdrücklicher Erwähnung der „imago", die zwar wohl Gott ungleich, aber dennoch Abbild und unserem Geist leichter zugänglich sei[70]. Damit wird die Gottebenbildlichkeit eingeführt mit einer Absicht, die, wie wir in Kapitel 3 feststellten, ihr normalerweise nicht zufällt, nämlich im Interesse theologischer Erkenntnis. Freilich ist, wie vor allem Buch XIV noch zeigen wird, das Moment der Zuwendung zu Gott, also jener ganze dem imago-Begriff naheliegende Komplex der Ähnlichkeit und Heiligung, auch hier von großer Bedeutung, aber die Liebe und vor allem Erkenntnis Gottes bedarf sonst der ausdrücklichen Vermittlung der imago dei nicht — wie übrigens der eine Gedankenstrang von Buch VIII ebenfalls zeigt. Auch die Art und Weise, wie in den ersten acht Büchern von De trinitate über die imago geredet wird, läßt von einer solchen Verwendung nichts ahnen: Es findet sich ein kleiner Exkurs über das „ad" von Genesis 1, 26, der dem Menschen die imago selbst so gut wie das „ad imaginem" in je differenzierter Weise zuschreibt[71], natürlich unter Berücksichtigung der mehr oder weniger großen „similitudo", die mit dem Sich-nähern zu Gott und dem Deutlicherwerden der imago zusammenfällt[72]. Der Aspekt der Wiederherstellung des Bildes taucht gleichfalls auf, wiederum ohne klare Angabe über den Verlust[73], und mehrfach wird gesagt, der Mensch sei zum Bild der Trinität geschaffen, ohne daß jedoch das trinitarische Wesen dieses Bildes näher ausgeführt würde[74], während umgekehrt an jener Stelle, wo „memoria, intellectus, voluntas" erscheinen, nichts von der imago verlautet[75]. Das Bild das sich hieraus für den ersten Teil von De trinitate ergibt, gleicht also sehr dem, was wir im ganzen übrigen Werk Augustins fanden. Wenn nun also die Ebenbildlichkeit für die Trinitätserkenntnis eingesetzt wird, so erfährt sie eine Verwendung, die nicht völlig neu ist[76], aber doch Beachtung verlangt.

Während z. B. Gottes Güte in die Schöpfung ausstrahlt und alles in irgendeiner Weise an ihr teilhat, so daß auf Grund dieser Erkenntnis auch

---

d'Augustin un accent plus expressément ecclésial (441, d. h. also mehr im Sinn der Liebe, die das Subjekt transzendiert).

[70] IX, 2 (961): familiarius enim eam (sc. imaginem) et facilius fortassis intuetur mentis nostra infirmitas.

[71] VII, 12 (946), vgl. I, 14 (829).

[72] VII, 12 (946): Das „ad" besagt das mehr oder minder große Nahekommen durch Ähnlichkeit.

[73] IV, 7 (892), vgl. auch VII, 5 (938).

[74] I, 18 (832), VII, 12 (946).

[75] IV, 30 (909 f.).

[76] Zur trinitarischen imago außerhalb De trin. vgl. o. S. 73 f.

wiederum der Aufstieg zu ihm — zugleich ein Niedersteigen ins Innerste — möglich wird, strahlt die Trinität als Trinität eigentlich nicht in solcher Weise in die Schöpfung aus und kann darum auch nicht auf dieselbe Art erkannt werden. Jedenfalls unterscheiden sich die ontologischen Trinitätsanalogien, wie sie zur Zeit von De trinitate nur noch in De civitate dei erscheinen, durch eine viel geringere Unmittelbarkeit[77] von der „gewöhnlichen" Ausstrahlung der Ideen in die Schöpfung, die ja dank der Teilhabe an ihnen überhaupt erst *ist*. Das innere Wesen der Dreieinigkeit bleibt demgemäß weitgehend verborgen, solange die Erkenntnis des Wesens Gottes über die Schöpfung angestrebt wird. Über das Innere des Menschen führt zwar wohl ein Weg zur Trinitätserkenntnis, wie Buch IX zeigt, aber dieser Weg bricht gleichsam bei der ersten Plattform bereits wieder ab, d. h. bei gewissen Besonderheiten der mens, die die inneren Relationen der Trinität sichtbar machen, sichtbar jedoch nur als imago, als Analogie. Die Weiterführung des Weges in den „deus analogans" selbst hinein bleibt dagegen viel problematischer als bei der Ideenerkenntnis[78]. Hatten wir beim frühen Augustin einen Unterschied gegenüber dem Neuplatonismus darin gesehen, daß die Trinität schon bald nicht mehr als ein HERNiederfließen des Göttlichen in die Kreatur, sondern als ein Sich-Gegenüberstehen von drei Faktoren in Gott und drei Faktoren in der Schöpfung erfaßt wurde[79], so müssen wir in ähnlicher Weise hier sagen: Nachdem sich der Zugang zur Trinität auf dem „üblichen" Wege als unmöglich erwiesen hat, weil die Dreiheit nicht unmittelbar als solche nach außen wirksam wird, ist die Lösung eigentlich nur wieder möglich mittels des Schemas „dort drei—hier drei". Die Einführung der imago — wie natürlich auch der Inversion der Liebe — bedeutet nichts anderes als die Einführung einer solchen zweiten Ebene, die trotz aller Nähe zur Urbild-Ebene diese doch zunächst nur anzeigt und bedeutet.

Eine weitere Maßnahme, die am Anfang von Buch IX im Interesse der Trinitätsanalogie getroffen wird, ist die Beschränkung der Betrachtung auf die *mens*, womit das „übrige, woraus der Mensch besteht" ausgesondert wird[80]. Er ist eines der Hauptmerkmale der mens, daß sie nicht nur gegenüber dem Körper, sondern auch gegenüber den niedrigeren Teilen der Seele, die wir mit den Tieren gemeinsam haben, abgehoben wird[81]. Sie ist „quidam tamquam oculus animae, ad quam pertinet imago et agnitio dei"[82], sie ragt also hervor in der Seele und ist gleichsam ihr Haupt[83]. Sie ist das pro-

---

[77] S. o. S. 40.   [78] Dazu s. u. bes. zu Buch XV, S. 215 ff.   [79] S. o. S. 30 ff.
[80] IX, 2 (962).
[81] De trin. XV, 49 (1096): in eo, quod ipse homo in sua natura melius ceteris animalibus, melius etiam ceteris animae suae partibus habet, quod est ipsa mens . . . vgl. auch X, 7 u. 10 f. (977 u. 979).
[82] De gen. ad litt. XII, 18 (ML 34, 460/CSEL 28, 1, 389).
[83] De trin. XV, 11 (1065): excellit in anima, Haupt: VI, 10 (930 f.), En. in ps. 3, 3 (ML 36, 73 f.).

prium des Menschen und steht Gott am nächsten[84]. Daher soll sie auch über die Seele und über den Körper herrschen[85]. Sie ist dennoch nicht beschränkt auf die reinen Vernunftfunktionen, sondern umfaßt auch Affekt und Willen[86]. Die Terminologie ist jedoch nicht so konsequent durchgehalten, daß nicht auch „mens" und „anima" gelegentlich zusammenfallen können[87]. Gegenüber dem Begriff „spiritus" erweist sich „mens" als das Besondere des Menschen, während „spiritus" auch von Gott, von der Seele, ja selbst von der tierischen Seele gebraucht wird[88] — wobei allerdings der Sprachgebrauch der lateinischen Bibel einen bedeutenden Einfluß ausübt[89]. Kann „spiritus" darum auch für „mens" verwendet werden[90], so nicht weniger „ratio"[91] und „intellectus"[92], obschon der erste dieser Begriffe wiederum auch weiter als „mens" gefaßt wird[93], während der zweite eher enger ist und stärker auf den Erkenntnisakt beschränkt bleibt[94]. Kurz: Die „mens" ist der Ort der Gottesebenbildlichkeit schlechthin, weil sie Gott am nächsten steht und unsterblich ist[95].

Nachdem also die imago dei, die Selbstliebe und die mens eingeführt worden sind, wird nun sofort die Analogie entfaltet, zunächst noch mit zwei

---

[84] De lib. arb. I, 21 (ML 32, 1233/CSEL 74, 22), In Io. ev. tr. 23, 6 (ML 35, 1585), De trin. IV, 3 (888), XV, 1 (1057).

[85] De civ. dei XIV, c. 19 (ML 41, 427), En. in ps. 145, 5 (ML 37, 1887), vgl. aber überhaupt den scientia-Begriff in De trin. (z. B. XII, 21 [1009]).

[86] Beatificatio: In Io. ev. tr. 23, 5 (ML 35, 1584), gaudium: De serm. dom. I, 29 (ML 34, 1243), mens vitiosa: Conf. IV, 25 (ML 32, 703/L I, 84). Vgl. auch Sermo 57, 6 (ML 38, 388 f.). Besonders deutlich ist Sermo Morin 11, 12 (ed. MORIN 633): Haec mens vocatur, intellegentia vocatur; ibi ardet fides, ibi firmatur spes, ibi accenditur caritas.

[87] In Buch X greift Aug. in die Diskussion um die Beschaffenheit der Seele ein (dazu s. u. S. 199), spricht jedoch über die mens (die Bruchstelle in X, 9 [978] ist deutlich), vgl. bes. die Zusammenfassung XIV, 6 (1040): De anima humana vel mente. . . Die Trinitätsanalogie wird in Ep. 169, 6 (ML 33, 745/CSEL 44, 615 f.) und C. serm. Ar. 16 (ML 42, 695) in der *Seele* lokalisiert. Aug. kennt die schwankende Terminologie: De div. qu. 83, qu. 7 (ML 40, 13).

[88] De gen. ad litt. XII, 18 (ML 34, 459 f./CSEL 28, 1, 389).

[89] Orientierung am Sprachgebrauch der Schrift: De gen. ad litt. aaO, Ep. 238, 15 (ML 33, 1043 f./CSEL 57, 544 f.), De an. et eius or. IV, 36 f. (ML 44, 544 ff./CSEL 60, 413 ff.), De trin. XIV, 22 (1053).

[90] De gen. ad litt. aaO (460/389), De an. aaO (545/414).

[91] Als „caput animae" De mus. VI, 25 (ML 32, 1177), „aspectus animae" Solil. I, 13 (ML 32, 876).

[92] In Io. ev. tr. 15, 19 (ML 35, 1516 f.).

[93] Ratio bezeichnet u. a. auch die intelligiblen Realitäten, vgl. VAN DER LINDEN, Ratio et intellectus.

[94] Als ein Glied der Trinität *in* der mens in De trin. Eine ganze Kollektion solcher um „mens" gruppierter Begriffe in XV, 1 (1057). Vgl. zu all den Begriffen DINKLER, Anthropologie 255 ff.

[95] De trin. XIV, 6 (1040) mit dem ebenfalls beliebten Begriff anima rationalis od. intellectualis, vgl. auch aaO, 11 (1044).

Gliedern: „amor" und „quod amatur", was identisch ist mit „qui amat".
Die Bestimmungen, die Augustin findet, sind folgende: Liebe und Geliebtes
sind einander gleich, wenn die mens so geliebt wird, wie sie ist, d. h. wie es
ihr in der Stufenfolge des Seienden zukommt. Das entspricht der „aequalitas in trinitate". Weiter ist die Liebe eine Substanz, wie auch die „mens"
eine Substanz ist, sind doch beide „spiritus" — hier nun „spiritus" in dem
oben genannten, erweiterten Sinne als Gegensatz zu „corpus". Aber sie sind
nicht zwei „spiritus" und nicht zwei „essentiae", sondern eine. Damit ist die
Analogie zur einen göttlichen Wesenheit gefunden. Dennoch sind es wirklich zwei Größen, die aufeinander bezogen sind: amor und amans, worin
die göttlichen Relationen sich spiegeln. Diese beiden Begriffe sind Relationsbegriffe, nicht aber „mens" und „spiritus", die die Substanz bezeichnen wie
„deus" usw. in Gott. Obschon Augustin nicht ausdrücklich auf die Entsprechungen zur göttlichen Trinität hinweist, sind sie doch im höchsten Grade
offensichtlich. Was dem Bilde noch fehlt, ist das dritte Glied[96].

Es ist schon nach diesen kurzen Andeutungen nicht zweifelhaft, daß die
Introversion der Liebe, ebensosehr aber die Konzentration auf die „mens"
allein, ein weitaus perfekteres Trinitätsbild ergibt als jede Form zwischen-
menschlicher Liebesanalogie[97]. Daß nun noch die *Erkenntnis*funktion hinzutreten muß, ergibt sich nach allem bisher Gesagten von selbst. Denn das
zweite Glied all der äußeren Analogien und erst recht die Hineinnahme der
Analogie ins Innere in den Confessiones[98] lassen dies erwarten. Hinzukommt
das in unserem Zusammenhang dominierende Motiv „nur was erkannt
wird, kann geliebt werden", das hier auch ausdrücklich ins Feld geführt
wird[99]. Die Dreiheit ist somit durch folgende drei Begriffe zu erfassen: mens,
notitia, amor (eius). Damit ist im wesentlichen das Gottesbild konstituiert,
und zugleich sind die treibenden Motive des Gottsuchens, eben Erkenntnis
und Liebe, damit objektiviert auf der Bildebene. Wie bei der Zweiheit von
Liebe und Geliebtem wird nun auch bei der Dreiheit die Ähnlichkeit mit
der Trinität vorgeführt, und zwar wiederum in derselben Reihenfolge:

Die drei Elemente sind sich gleich, wenn die mens so geliebt und so erkannt wird, wie es ihr angemessen ist, und nicht wie ein Körper, aber auch
nicht wie Gott[100]. Die drei sind außerdem nicht in Subjekt und Akzidentien
aufzuteilen, als ob etwa die Liebe und die Erkenntnis wie in einem Subjekt
in der mens ruhten. Vielmehr sind die beiden Größen auch je für sich Sub-

---

[96] Bis dahin IX, 2 (961 f.). Die Annäherung an die Trinitätsformel ist kaum
zu übertreffen (962): Ideoque quantum ad invicem referuntur, duo sunt, quod
autem ad se ipsa dicuntur, et singula spiritus et simul utrumque unus spiritus, et
singula mens et simul utrumque una mens.

[97] Eine Beobachtung, die nicht erst bei DU ROY (aaO) ausgesprochen ist, sondern
auch bei HUIJBERS, Augustiniana 2, 1952, 107 und bei RACETTE, ScEccl 8, 1956,
55 f., u. a.

[98] S. o. S. 34.   [99] IX, 3 (962 f.).   [100] IX, 5 (963 f.).

stanz und zugleich eine Substanz. Das Verhältnis der drei zueinander wird weiterhin ganz ähnlich wie die innertrinitarischen Beziehungen gegenüber verschiedenen scheinbaren Analogien aus der Erscheinungswelt abgehoben: Obschon die Liebe und die liebende Substanz und die Erkenntnis und die erkennende Substanz relativ zueinander sind, sind sie doch nicht trennbar wie Freunde, von denen der eine allein aufhören kann, Freund zu sein, sondern sie sind unlösbar relativ, d. h. wenn der „amor" nicht mehr ist, ist auch kein „amans" mehr, genausowenig wie noch ein „Bekopfter" da ist, wenn kein „Kopf" existiert[101] — obschon in diesem Beispiel wieder die räumliche Trennbarkeit der Substanz einen Unterschied zur mens bildet[102]. Die mens ist aber auch nicht als das Ganze, bestehend aus den Teilen amor und notitia, aufzufassen, da kein Teil das Ganze umfassen kann; denn die Erkenntnis umfaßt genau wie die Liebe jeweils den ganzen Geist[103]. Auch drei vermischte Flüssigkeiten vermögen kein adäquates Bild abzugeben, da sie doch nicht „unius substantiae" und überdies in einer nicht mehr als Relation faßbaren Weise durcheinandergemischt sind[104]. Schließlich ist der Vergleich mit drei goldenen Ringen ebenfalls untauglich, weil die Dreiheit bei einer Vermischung sofort verschwinden müßte[105]. Demgegenüber zeichnet sich die Geist-Trinität durch eine vollumfängliche Perichorese (circumincessio oder -sessio) aus: Jedes der drei Elemente ist in sich selbst und je in allen andern, je eins ist je in zwei andern und je zwei je in einem usw. Dabei ist das In-Sein vornehmlich als Wechselbegriff zur Relation[106] zu verstehen, doch verbindet sich mit der Betonung des „esse in" auch das Interesse, eine Entsprechung zu jener eigentümlichen Nichtaddierbarkeit in der Trinität zu finden, wo alle wahrhaft Gott je an sich sind und zugleich alle zusammen auch nur ein Gott und nicht zwei mehr als eins und drei nicht mehr als zwei oder eins usw.[107] Beachtenswert ist, daß in der Analogie das Element der Perichorese wesentlich deutlicher hervortritt als in der Trinitätslehre selbst[108].

---

[101] Relation der Freunde auch V, 7 (915). Caput—capitatus schon bei Aristoteles, Kat., c. 7 (7 a 15 ff.).

[102] Bis dahin IX, 6 (964).

[103] Ablehnung der Teilbarkeit der Trinität durchgehend, vgl. bes. De haer. 74 (ML 42, 45).

[104] Die Mischung der drei Substanzen: Platon, Tim. 35 a.

[105] Bis dahin IX, 7 (964 f.). Zum Vergleich selbst s. o. S. 167, Anm. 302.

[106] Man beachte die Begründungen (IX, 8, 965): . . . et mens est utique in se ipsa, *quoniam ad se* ipsam mens dicitur. . . tamen et *ad se* ipsum est amor, ut sit etiam *in se* ipso . . . et notitia mentis se scientis et amantis in mente atque in amore eius est, quia scientem se amat et amantem se novit.

[107] Bei der Trinität: VI, 9 (929 f.), VIII, 2 (947 f.).

[108] Es ist wohl nicht ganz korrekt, wenn man unter Hinweis auf VI, 9 (929 f.) in der Trinitätslehre selbst von einer circuminsessio spricht, wie HENDRIKX, BA 15, 45 f., es tut. Eine solche Lehre im Hinblick auf die Trinität selbst wird doch wohl erst seit Johannes Damascenus vertreten, De fide orth. I, 8 (MG 94, 825 B, 828).

Nach all diesen Ausführungen über die Dreiheit in der mens kann es nicht mehr zweifelhaft sein, daß das dominierende Element die Trinitätslehre ist und die Psychologie nach diesem Vorbild gestaltet wird. Dabei nötigt aber Augustin nicht einfach rücksichtslos die trinitarischen Formeln der Seelenvorstellung auf, vielmehr *entdeckt* er zu seinem eigenen Erstaunen die zahlreichen Entsprechungen dort und hier: *Miro itaque modo tria ista inseparabilia sunt a semetipsis, et tamen singulum quodque substantia est, et simul omnia una substantia vel essentia, cum relative dicantur ad invicem*[109]. In dieser Formel, die die erste Hälfte von Buch IX abschließt, steht, obschon sie sich auf die Trinität in der mens bezieht, kein Wort, das nicht ebensogut auf die göttliche Dreieinigkeit zuträfe. Bei allen Fragen, die herkömmlicherweise an die Augustinischen Seelenanalogien gestellt werden, ist dies stets zu beachten. Augustin will die Trinität in der Seele finden und geht nicht von psychologischen Voraussetzungen aus an die Trinitätslehre heran[110]. Dennoch ist das, was er da findet, auch von psychologischer Bedeutung und erweist seine relative Selbständigkeit darin, daß gewisse Züge anders akzentuiert werden müssen, als dies in der Trinität selbst der Fall ist, wie eben das Beispiel des In-Seins der „Personen" zeigte. Es ist durchaus als eine denkerisch-schöpferische Leistung Augustins zu werten, daß er die Formeln der Trinitätslehre und die mentalen Realitäten verklammern kann, ohne dabei der Trinität Abbruch zu tun und ohne bloß zufällige Entsprechungen im Geist aufzustöbern — obschon man freilich zugeben muß, daß die Dreiheit in der mens als Dreiheit innerhalb seines Gesamtwerks sonst keine Rolle spielt.

Versucht man, die Dreiheit mens—notitia—amor psychologisch zu erfassen, so gelangt man schließlich nicht zu einem geschlossenen Bild der mens, sondern wiederum zur Trinität, die so stark in die psychologischen Bestimmungen hineinwirkt, daß eine klare Bestimmung dessen, was eigentlich notitia und amor sind, unmöglich wird. Jeder Versuch, hier von einer geschlossenen Konzeption aus zu interpretieren, ist zum Scheitern verurteilt. Die einzige Konzeption, die sich geschlossen durchführen läßt, ist die Trinitätsformel, die die psychologischen Konzeptionen von Mal zu Mal, d. h. von Paragraph zu Paragraph nach Bedarf umformt. Wenn es darum geht, die Gleichheit zu beweisen, so ist der Akt der richtig wertenden Erkenntnis und

---

Nur ganz rudimentär bei Hilarius, De trin. III, 4 (ML 10, 77 f.), Aug., In Io. ev. tr. 48, 10 (ML 35, 1745), Fulgentius, De fide ad Petr., c. 1, n. 4 (ML 65, 674 A), vgl. auch Amphilochius, MG 39, 112 B.

[109] Schluß von IX, 8 (965).

[110] Warum eigentlich Schmaus von einer „psychologischen" Trinitätslehre spricht, wird nie ganz klar. Sie ist durchaus metaphysisch (Benz, Mar. Vict. 368), wobei aber für Augustin „psychologisch" und „metaphysisch" keine echte Alternative ist, worauf Stumpf, Selbsterkenntnis 1 f., großes Gewicht legt.

Liebe ins Auge gefaßt[111], wenn es um die Konsubstantialität geht, sieht man sich veranlaßt, an Seelenvermögen und habituelle Größen zu denken[112], während bei den Relationen und der Perichorese die drei Komponenten eigentlich am besten als Akte der Selbstreflexion zu verstehen sind[113], ohne daß man im ersten und dritten Fall eine habituale Interpretation grundsätzlich ausschließen könnte. Dabei ist im ersten und zweiten Fall stets auch mit der Möglichkeit zu rechnen, daß unter notitia und amor eigentlich „mens ut cognita" bzw. „ut amata" zu verstehen sein könnte — eine geschickte, aber aus den Texten schwer zu belegende Lösung, die besonders die Konsubstantialität zu erklären scheint[114]. Tatsache ist jedoch, daß jede Lösung, die sich auf gewisse Texte stützt, mittels anderer Texte niedergeschlagen werden kann. Die psychologische Frage bleibt als solche unlösbar[115].

Immerhin fällt, wie schon gesagt, das psychologische Bild nicht einfach gänzlich aus dem Rahmen dessen, was Augustin sonst über die Seele — oder die mens — sagt. Daß Liebe und Erkenntnis Substanzen seien, ist zwar eine ungewöhnliche Aussage, da die Liebe sonst als Streben und Bewegung[116] und die Erkenntnis, wenn nicht als Tätigkeit, so als „potentia" aufgefaßt wird[117]. Sie muß aber auf dem Hintergrund eines sehr weiten und nicht allzu genau umschriebenen Substanzbegriffs gesehen werden, wie denn ja auch die Einführung dieser seltsamen Bestimmung einfach dadurch erfolgt, daß die Körperlichkeit der Liebe abgelehnt wird: also ist sie „spiritus"[118]. Doch genügt die Unbestimmtheit des Substanzbegriffs als Begründung nicht ganz,

---

[111] IX, 4 (963).
[112] IX, 5 (963 f.) bes. 963: . . . haec in anima existere et tamquam involuta evolvi, ut sentiantur et dinumerentur substantialiter vel, ut ita dicam, essentialiter, non tamquam in subiecto, ut color . . .; gegen die Auslegung dieses Abschnitts auf Seelenvermögen KÜNZLE, Verhältnis 15 ff.; GILSON, Introduction 293, stützt sich auf diesen Abschnitt, um SCHMAUS' aktuale Interpretation anzufechten.
[113] IX, 6—8 (964—965), vgl. Zitate S. 183, Anm. 106. Auf IX, 6 (964) Amor autem, quo se mens amat, si esse desinat . . . stützt sich SCHMAUS, Psychol. Trinitätslehre 251, um die Aktualität zu belegen.
[114] GARDEIL, Structure I, 62—68, 96, und ähnlich KÜNZLE, aaO, 15 (Endpunkt der Erkenntnisaktivität).
[115] Das betonen zu Recht HUIJBERS, aaO, 107 (In libro nono notitia et amor remanent satis indeterminata, cum ibi nil aliud quaeratur ac trinitas in una mente) und RACETTE, aaO, 53 ff. mit trefflicher Berufung auf MARROUS Beobachtung der Begriffsschwankungen bei Aug. Die Lösung, die in BA 16, 596 f. (J. MOINGT) angeboten wird, bezieht die in der 2. Hälfte von Buch IX behandelte Beziehung zu Gott zu stark in diese 1. Hälfte ein.
[116] Die Rede vom „Gewicht" De civ. dei XI, 28 (ML 41, 342) u. ö., als Bewegung En. in ps. 39, 11 (ML 36, 441), 121, 1 (ML 37, 1618).
[117] C. ep. Man. 20 (ML 42, 185 f./CSEL 25, 1, 215) (aber vielleicht = mens).
[118] So IX, 2 (962). Auf diese Ungenauigkeit des Substanzbegriffs macht SCHMAUS, aaO, 256 aufmerksam und verweist auf En. in ps. 68, 5 (ML 36, 844): Substantia ergo aliquid esse est.

besonders wenn man berücksichtigt, daß in De trinitate dieser Begriff ziemlich sorgfältig umschrieben wird[119]. Vielmehr ist die ganze Spekulation auf dem Hintergrund der Seelenlehre zu sehen, die in Verbindung mit der Lehre von der totalen Unkörperlichkeit der Seele ebenfalls zu paradoxen Aussagen wie der gelangt, daß die Seele in allen Teilen des Körpers eine und ganz sei[120]. Der Gedanke, der auch bei Plotin immer wieder auftaucht[121], kann auch unabhängig vom Trinitätsdogma durchaus quasi-trinitarische Gestalt annehmen und Aussagen hervorbringen wie: in jedem Teil sei das Ganze, und doch bleibe das Ganze ungemindert das Ganze, und alle seien eins usw.[122] Die Überzeugung von der völligen Unanschaulichkeit der Seele, die zugleich viel und eins ist, bei der man von Teilen spricht und die doch unteilbar ist[123], machte es erst möglich, die trinitarischen Bestimmungen mit einer derartigen Genauigkeit in die mens zu übertragen. Wie von der Gottheit konnten eben herkömmlicherweise auch von der Seele — und erst recht natürlich von der mens — „wunderbare" Dinge gesagt werden.

Das Bild der Trinität im menschlichen Geist ist also mit einer gewissen Perfektion herausgeschält worden und könnte gleichsam sich selbst genügen, bzw. sich erschöpfen in dem einfachen Ähnlichsein jenes und dieses Mysteriums. Ist damit nicht die Erkenntnis gefunden, die das Lieben möglich macht? Ist damit nicht das Ziel der Untersuchung erreicht? Es wäre erreicht, wenn sich Augustin damit begnügen könnte, die im Bild objektivierte Liebe und Erkenntnis neben der geübten und gelebten Liebe und Erkenntnis stehen zu lassen, so daß der Geist als dreieiniges Phänomen sich selbst als dem Gottsucher Mittel zum Zweck würde. Die Erkenntnis und Liebe im Trinitätsbild wäre dann in irgendeiner Weise — wohl als Objekt vom Subjekt — zu scheiden von der Liebe und Erkenntnis, mit der Gott faktisch geliebt und erkannt würde. Aber wenn Augustin bei dieser Scheidung stehenbliebe, so würde er den existentiellen Sinn seines Einkehrens ins Innere verfehlen und bei einer Objektivation des Geistes haltmachen. Der entscheidende Schritt, den er in der zweiten Hälfte von Buch IX vollzieht, befreit ihn wenigstens teilweise aus dieser Gefahr, indem da die Tatsache zum Zuge kommt, daß die Liebe, mit der Gott geliebt wird, nicht von der Liebe im

---

[119] Vgl. VII, 10 (942), IX, 5 (963) und die Abhandlung über Substanz und Akzidens in Buch V.

[120] C. ep. Man., aaO, vgl. De quant. an., 58 ff. (ML 32, 1068 ff.), Ep. 166, 4 (ML 33, 721 f./CSEL 44, 551 f.).

[121] Bes. Enn. IV, 2, 1 f. (HARDER 4, 9 ff.).

[122] Plotin, aaO, vgl. DAHL, Aug. u. Plotin 51, auch das oben zu den intelligiblen Kategorien Gesagte (S. 155).

[123] Seelenteile s. o. S. 180, Anm. 81, dazu De trin. XII, 3, 10, 13, De ord. II, 6 (ML 32, 996/CSEL 63, 148 f.), aber Aug. lehrt dennoch keine innerseelische Dichotomie (vgl. DINKLER, Anthropologie 262 ff.): simplex quiddam (De quant. an. 2, ML 32, 1036)! Vgl. SIEBECK, Gesch. d. Psychol. II, 322 f., 382 f.

Trinitätsbild zu scheiden ist. Die Reduktion „auf zwei Ebenen"[124] wird dadurch wieder etwas gemildert, und wenn auch die interpersonale Liebe nicht zum Trinitätsbild wird, wie wir sahen, so doch wenigstens das Aussichheraustreten des Geistes, allerdings nicht in Richtung auf den Mitmenschen, aber wenigstens in Richtung auf die Ideen und damit auch auf Gott. In diesem Zusammenhang erhält nun das *innere Wort* eine zentrale Bedeutung.

Im einzelnen geht Augustin so vor: Er greift auf die Untersuchungen im achten Buch zurück, die ihm nun schon mehrfach gleichsam als Sprungbrett für die Trinitäts-Analogien-Spekulation gedient haben, d. h. auf die Verknüpfung von Glaube und Liebe mit der Ideenerkenntnis. Die Ideenerkenntnis ist ja auch für den trinitarischen Bezug der mens zu sich selbst bedeutsam: Wenn die mens sich erkennt und liebt, so ist sie sich selbst kein unveränderliches, ewiges Objekt, aber sie erkennt über sich in den Ideen, was und wie sie ihrem Wesen nach ist und sein soll. Alles, was generaliter und specialiter über den Menschen gesagt werden kann, sehe und beurteile ich auf Grund der Wahrheit, die ich in mir und über mir wahrnehme[125]. Solche Gewißheit der Erkenntnis gibt es auch in ethischer[126] und in ästhetischer[127] Hinsicht nur auf Grund der Einsicht in die Gesetze, die vor jeder Erfahrung liegen. Dieses Ratholen in der ewigen Wahrheit, das allein zu wahrer Erkenntnis führt, erweist sich nun als das Zeugen eines inneren Wortes:

> In illa igitur aeterna veritate, ex qua temporalia facta sunt omnia, formam, secundum quam sumus et secundum quam vel in nobis vel in corporibus vera et recta ratione aliquid operamur, visu mentis aspicimus, atque inde *conceptam* rerum veracem notitiam tamquam verbum apud nos habemus et dicendo intus *gignimus* nec a nobis *nascendo* discedit. Cum autem ad alios loquimur, verbo intus manenti ministerium vocis adhibemus aut alicuius signi corporalis, ut per quandam commemorationem sensibilem tale aliquid fiat etiam in animo audientis, quale de loquentis animo non recedit.

> In jener ewigen Wahrheit, auf Grund welcher alles Zeitliche geschaffen ist, sehen wir mit dem Blick unseres Geistes die Idee, nach deren Vorbild wir sind und nach der wir handeln, wenn wir in uns selbst oder im körperlichen Bereich aus wahrer und richtiger Überlegung heraus etwas tun. Und von dort *empfangen* wir die wahre Erkenntnis der Dinge, die wir wie ein Wort bei uns haben und in einer

---

[124] S. o. S. 180. Die zwei Ebenen betreffen sowohl Gott und sein Bild als auch die wirkliche Gottesbeziehung im Menschen und die Bildhaftigkeit. Oder in der imago-Terminologie gesagt: Die imago ist nicht dazu da, Gott in einem Spiegel anzuschauen, sondern Gott faktisch ähnlich zu werden — was allerdings keine Gegensätze sind für Augustin, aber bei der Trinitätsfrage immerhin Gegensätze werden könnten.

[125] IX, 9 (965 f.), ähnlich schon VIII, 5 (950), s. o. S. 170 ff.

[126] IX, 11 (966 f.).

[127] IX, 10 f. (966 f.).

188

inneren *Zeugung* aussprechen, ohne daß dieses Wort durch eine solche *Geburt* sich von uns löste. Wenn wir aber zu andern sprechen, so verschaffen wir dem im Innern bleibenden Worte die Dienstleistung der Laute oder sonst eines körperlichen Zeichens, um durch einen solchen äußerlich spürbaren Hinweis im Geist des Hörenden das entstehen zu lassen, was im Geist des Sprechenden vorhanden ist, ohne sich von ihm zu lösen[128].

So ist denn alles, was wir tun und reden, soweit damit ein Urteil verbunden ist, ein äußeres Bezeugen des inneren Wortes, und wir tun willentlich nichts, was nicht zuvor im Herzen „gesagt" wäre[129]. Zum „concipere verbum"[130] gehört die Liebe, was aus dem Charakter des inneren Wortes als Urteil ohne weiteres klar ist; denn jedes Urteil setzt auch einen minimalen Willensakt voraus. Die Liebe kann sich entweder dem Schöpfer oder den Geschöpfen zuwenden; im letzteren Falle ist sie allerdings Begierde, weil sie das Genießen und das Brauchen nicht den richtigen Objekten zuwendet[131]. Auf jeden Fall gehört zur Geburt oder Zeugung[132] des inneren Wortes ein „placere", d. h. die Liebe verbindet die mens und das Wort, das von ihr gezeugt wird[133]. Die mens ist hier also als Subjekt des Wortes verstanden, das sich nach außen — auf die Ideen und die nach ihnen zu beurteilenden Dinge — richtet. Empfängnis des Wortes und innere Geburt fallen zusammen, wenn die Liebe auf geistige Inhalte gerichtet ist und in ihnen zur Ruhe kommt: Wer die Gerechtigkeit vollkommen erkennt und vollkommen liebt, ist schon gerecht, auch wenn er nichts Äußeres tut. Das innere Erblicken der Idee der Gerechtigkeit und das innere willentlich-urteilende Bestätigen derselben sind als das „concipere" und „nasci" des inneren Wortes ein und dasselbe[134]. Ist die Liebe (d. h. Begierde) auf ein irdisches Ding um seiner selbst willen gerichtet, so erfolgt die Empfängnis, wenn ich das begehrenswerte Objekt in Erkenntnis und Willen bereits habe, die Geburt des Wortes jedoch geschieht erst, wenn das Ziel der Begierde erreicht ist. Das läßt sich am lateinischen Sprachgebrauch der Komposita von „parere" und an verschiedenen Schriftworten „nachweisen"[135].

Nachdem in der ersten Hälfte des Buches meist der Begriff „notitia" verwendet worden war, stellt sich nun die Frage der Begriffsklärung: Ist jede

[128] IX, 12 (967).   [129] Ende IX, 12 (967).   [130] Dazu s. o. S. 102.
[131] IX, 13 (967 f.). Zu uti–frui vgl. bes. De doctr. chr. I, 3–5 (ML 34, 20 f.) und LORENZ, ZKG, Jg. 63 u. 64.
[132] Der Begriff der Zeugung (hier nn. 12 f., 16, 18) wird sowohl von der mens als Subjekt wie sekundär vom Erkannten (res congenerat in nobis . . . n. 18) gebraucht.   [133] IX, 13 (968).
[134] IX, 14 (968): Conceptum autem verbum et natum idipsum est, cum voluntas in ipsa notitia conquiescit, quod fit in amore spiritalium.
[135] Bis dahin IX, 14 (968). Augustin stützt sich auf Ps. 7, 15 und Jak. 1, 15. Er setzt „reperio" und „comperio" zu „pario" in Beziehung: Das Wort wird geboren, wenn die Sache gefunden wird (etym. trifft nur die Beziehung zu „reperio" zu).

„notitia" auch „verbum"? Wie verhält sich dieses urteils- und willensbe-
dingte Wissen zu den Wissensinhalten im allgemeinen? Augustin unterscheidet dreierlei mögliche verbum-Begriffe: 1. Die in der Zeit erklingenden
Laute, und zwar sowohl die tatsächlich ertönenden als auch die nur als tö-
nend vorgestellten. 2. Alles, was das Gedächtnis enthält und aus ihm repro-
duziert werden kann, auch wenn es mißfällt. 3. Derjenige Wissensinhalt, der
mit Wohlgefallen vom Geist empfangen wird. Letzteres ist das, was hier
eigentlich unter innerem Wort zu verstehen ist[136]. Ein solches ist übrigens
auch mit im Spiel, wenn wir eine Vorstellung verwerfen; denn jedes Verwerfen ist ja zugleich das positiv-willentliche Annehmen der Tatsache der
Verwerflichkeit, die als solche nur möglich ist auf Grund eines ethischen
oder aesthetischen Urteils, das unser Geist aus Liebe zu den betreffenden
Normen, und d. h. als inneres Wort, vollzieht[137]. Die Definition des inneren
Wortes wird damit möglich. Es ist *cum amore notitia*.

In dieser Definition ist „notitia" eindeutig als mit dem aktuellen Wissen
verbunden gedacht; denn das „verbum" ist nach allem bisher Gesagten nur
im Akt der liebenden Erkenntnis da[138]. Ob „notitia" jedoch den Wissensinhalt oder den Wissensvollzug bzw. das Bekanntsein meint, ist weniger
leicht zu entscheiden, da diese beiden Bedeutungen im lateinischen Wort
„notitia" an sich zusammenfallen. Die Betonung liegt aber eindeutig auf
dem Wissen*inhalt*[139], obschon der Vollzug des Wissens nicht ganz ausgeschlossen ist, was sich schon in dem „cum" bemerkbar macht; denn es heißt
ja in der Definition nicht „notitia amata", also ist das innere Wort nicht
einfach nur der geliebte Wissensinhalt; der Akt der Aneignung, des inneren Sagens, des Urteilens gehört mit dazu. Das ist überhaupt eine Eigentümlichkeit von „verbum", nämlich daß primär der gesagte Inhalt darunter
zu verstehen ist und doch im Begriff selbst der Vollzug des Sagens mit eingeschlossen bleibt. Der Akt des inneren Sprechens und die Mitwirkung der
Liebe unterscheiden „verbum" von „notitia", d. h. „verbum" ist der vollere
Begriff als „notitia", obschon „notitia" auch zur Bedeutung von „verbum"
aufsteigen kann[140].

---

[136] Zur Terminologie des sog. „inneren Wortes" s. Anhang II, S. 250 f.
[137] IX, 15 (969), daselbst auch die folgende Definition.
[138] Wenn man zurückschließen darf auf den Gebrauch von „notitia" in der
ersten Hälfte des Buches, so ist dort (mit SCHMAUS, Psychol. Trinitätslehre 251) der
Begriff auch aktual gemeint, doch sind bei Augustin solche Rückschlüsse sehr gefährlich, vgl. o. S. 185 zum Problem.
[139] Vgl. 12 (967): notitia concepta . . . , 14 (968): voluntas in notitia conquiescit. . . Die Formel „amata notitia", die in der Definition fehlt, erscheint zuvor IX,
15 (968) und nachher 16 (969). Insbesondere ist n. 16 (969 f.) nur vom Inhalt des
Wissens her verständlich.
[140] Daher in IX, 18 (972) . . . et notitia eius, *quod est* . . . de se ipsa (sc. mens)
verbum eius, s. u. S. 191, Anm. 151.

190

Eine weitere Eigentümlichkeit des inneren Wortes hinsichtlich seines Inhalts ist — wie bei jedem Erkenntnisinhalt — die Ähnlichkeit mit dem erkannten Gegenstand. Augustin formuliert dies allgemein: . . . omnis secundum speciem notitia similis est ei rei, quam novit[141]. Das gilt nicht nur von der Ideenerkenntnis im engeren Sinne, sondern von jeder Erkenntnis, von der Gottes- bis zur Sinneserkenntnis[142]. Wie schon vorhin beim inneren Wort ausgeführt wurde, bedeutet die Ablehnung eines Wissensinhalts zugleich ein „speciem laudare" bzw. eine „approbatio speciei". Das trifft sowohl auf die Idee z. B. der Gerechtigkeit zu, wenn ich feststelle, daß irgendwo Ungerechtigkeit herrscht — und insofern ist species soviel wie Idee[143] —, das trifft aber auch zu, wo ich Dunkelheit oder Schweigen feststelle und dabei von der „species" von Licht und Ton bestimmt bin, d. h. „species" kann auch „die konkrete Gestaltung eines Geschöpfes als eines individuell bestimmten Einzeldings"[144] bedeuten[145], die dem Geist durch Imagination gegenwärtig ist. In jedem Falle besteht eine Ähnlichkeit zwischen der wahrgenommenen „species" und der Vorstellung im Geiste, und was dieser in sich trägt, sind nichts anderes als „similitudines". So gibt es, was durchaus konsequent gedacht ist, auch eine Ähnlichkeit mit Gott, wenn er erkannt wird, besonders dann, wenn diese Erkenntnis auch in Liebe ergriffen und so ein „verbum" wird — eine Ähnlichkeit, die freilich die Distanz Schöpfer—Geschöpf nicht aufhebt[146]. Während diese notitia tiefer steht als das Erkannte, verhält es sich bei der Körpererkenntnis gerade umgekehrt: die species des körperlichen Gegenstandes ist tiefer und „schlechter" als die Erkenntnis im Geiste[147].

Wenn sich nun die mens sich selbst zuwendet und sich erkennt und liebt, so entsteht ein „verbum" ihrer selbst, das ihr vollkommen gleich ist; denn es steht ja weder auf einer höheren noch auf einer tieferen Seinsstufe und hat wie jede Erkenntnis Ähnlichkeit mit der mens, aber restlose und vollkommene Ähnlichkeit, und ist so zugleich auch ebenbürtige „imago". Von da her ist es möglich, zu sagen: . . . est gignenti aequale, quod genitum est[148]. Damit taucht in der mentalen Analogie eine weitere Entsprechung

[141] IX, 16 (969). [142] Wie die Beispiele in IX, 16 (969) zeigen.
[143] Diese Verwendung bes. De div. qu. 83, qu. 46, 2 (ML 40, 30 f.). Vgl. auch Ep. 147, 22 (ML 33, 606/CSEL 44, 295 f.).
[144] So Schmaus, aaO, 193.
[145] Das Beispiel mit Dunkelheit und Schweigen De civ. dei XII, c. 7 (ML 41, 355). In dem vielgestaltigen Gebrauch von „species" spiegelt sich die ontologische Voraussetzung, daß alles Seiende durch Teilhabe an den Ideen ist (De div. qu. aaO, De lib. arb. II, 45, ML 32, 1265/CSEL 74, 80).
[146] Bis dahin IX, 16 (969 f.).
[147] AaO. Interessant ist, daß Aug. von einem „dicere corpora" spricht, den verbum-Begriff also konsequent verbalisiert.
[148] Ende IX, 16 (970).

zu den innertrinitarischen Vorgängen auf, nämlich die Entsprechung zur
innergöttlichen Zeugung und zugleich zu den beiden Titeln „verbum" und
„imago", deren Verwendung als innertrinitarische Relationsbegriffe der
erste Teil des Werks herausgestellt hatte[149]. — Bevor zu dem eben dargestellten Abschnitt des neunten Buches Stellung genommen wird, soll noch
der Schluß desselben kurz wiedergegeben werden:

Nachdem nun schon so viele analoge Züge gefunden worden sind, kann
die Frage nach dem Unterschied von „processio spiritus" und „generatio
filii" auf der Analogie-Ebene neu angegangen werden. Völlig klar ist, daß
die mens sowohl für die Erkenntnis als auch für die Liebe Ursache ist, insofern sie „noscibilis" und „amabilis" ist, weiterhin ist nach allem Gesagten klar, daß sie das innere Wort zeugt oder gebiert — warum kann dies
aber nicht wie vom inneren Wort auch von der Liebe gesagt werden?[150] Die
Differenzierung ist möglich, wenn man den Unterschied zwischen Erkenn-
barem und Erkanntem bedenkt: Alles (auch die mens selbst) ist wißbar, bevor es gewußt wird bzw. bevor das innere Wort[151] vom Geist und vom erkannten Objekt erzeugt wird. Solcher Zeugung geht jedoch ein Suchen voraus, das vom Finden und daher Zeugen[152] zu unterscheiden ist und im Finden bzw. Zeugen erst zur Ruhe kommt. Dieses Suchen geht vom Suchenden aus (procedit!) und bleibt noch unbestimmter „appetitus" bzw. „voluntas", bis das Objekt erkannt und das bloße Verlangen zum „amor" geworden ist. Die Zeugung der Erkenntnis kommt also durch einen „appetitus
quidam" zustande, der demzufolge nicht auch „proles" heißen kann bzw.
dessen Hervorgang kein „partus" ist[153]. Augustin postuliert also eine Art
objektlose Liebe, einen noch formlosen Trieb. Da ist natürlich sofort die
Frage zu stellen, wie denn so etwas möglich sei, da doch nur geliebt werden könne, was erkannt sei?[154] Eine Antwort folgt erst in Buch X.

Wir sagten weiter oben (S. 186 f.), die Gefahr einer gewissen Sterilität des
Trinitätsbildes werde dadurch gebannt, daß die darin wirkenden Größen
Liebe und Erkenntnis aus der reinen Bild-Objektivität selbst in den Bezug
zu Gott hineingenommen würden. Dies erwies sich als richtig für jenen
ganzen Teil von Augustins Abhandlung, wo über die Empfängnis und die

---

[149] Zum „verbum" im 1. Teil von De trin. s. u. S. 194 f., zur „imago" als Relationsbegriff: V, 14 (920), VI, 3 (925), 11 (931 f.), VII, 1 (933), 3 (936), 5 (938).

[150] IX, 17 (976).

[151] Hier erscheint der Begriff nicht mehr, sondern stets „notitia", aber eindeutig
in derselben Bedeutung.

[152] Vgl. o. S. 188, Anm. 135 zu „reperire" und „parere".

[153] Bis dahin IX, 18 (970 ff.).

[154] Diesem Problem entzieht sich Aug. hier dadurch, daß er für diesen Trieb
ausdrücklich nicht den Begriff „amor" zuläßt, doch bricht das Problem in X, 1
(971) sofort wieder auf. Daß die hier gebotene Lösung so wenig wie die in V, 15
wirklich trägt, zeigt XV, 45 (dazu o. S. 159 f.).

für alle menschliche Aktivität maßgebende Rolle des inneren Wortes geredet wird. Dabei tritt aber das eigentliche Trinitätsbild in den Hintergrund, weil ja Mit-Erzeuger des inneren Wortes[155] stets auch etwas außerhalb der mens Befindliches ist, das die innermentalen Relationen gleichsam stört, wenn sie Bild der innertrinitarischen Relationen sein sollen. Kaum hat Augustin das innere Wort ausdrücklich definiert, wendet er sich daher wieder diesen inneren Verhältnissen zu, und fast von derselben Stelle an verschwindet der Begriff „verbum" wieder zugunsten der „notitia"[156], um bis zum fünfzehnten Buch fast nicht mehr aufzutauchen[157]. Wo daher über die Analogie des Heiligen Geistes und seines Hervorgangs gesprochen wird, scheint der verbum-Begriff schon wieder überflüssig und also ausschließlich da erwünscht zu sein, wo die Zeugung bzw. Geburt der zweiten Person dargestellt werden muß. Es handelt sich offenbar um einen letztlich doch uneigentlich gemeinten Begriff, der gewissen Interessen dienen kann, aber bei Gelegenheit ohne weiteres wieder fallengelassen wird — eine Beobachtung, die auch von der Tatsache bestätigt wird, daß das innere Wort fast ausschließlich in speziell trinitätstheologischen Zusammenhängen — genauer: in das Vater-Sohn-Verhältnis betreffenden Zusammenhängen — erscheint[158]. Die Zusammenfassung des neunten Buches im fünfzehnten läßt dementsprechend nichts vom „verbum" verlauten[159].

Das ist um so erstaunlicher, als in diesem Begriff zahlreiche wesentliche Aspekte zusammenfallen und eine überzeugende Einigung erfahren: Einmal am offensichtlichsten die Erkenntnis und die Liebe, die trotz dem Vorherrschen des Erkenntnismoments doch beide unbedingt und per definitionem zum inneren Wort gehören. Das innere Wort zeigt auf der begrifflichen Ebene, was für das Denken Augustins überhaupt gilt: nämlich eben, daß Wollen und Erkennen nicht trennbar sind. Zugleich verbindet das innere Wort aber auch den Aspekt der Analogie mit dem der tatsächlichen Gottesbeziehung; denn das Zeugen des Wortes durch die mens ist ja, wenn „nach oben" gerichtet, zugleich der Prozeß der Gotteserkenntnis im umfassenden, also die Liebe mitumfassenden Sinne. Die Entsprechung zur innergöttlichen Geburt ist damit im Akt der Gotteserkenntnis selbst lokalisiert, und die „zwei Ebenen" stehen sich durchaus nicht mehr beziehungslos gegenüber. Außerdem umfaßt das innere Wort die kontemplative und die aktive Seite

---

[155] Vgl. bes. IX, 18 (970).

[156] IX, 17 f. (970 ff.) kommen ohne „verbum" aus, mit Ausnahme der Schlußzusammenfassung 18 (972).

[157] Noch XIV, 10 (1043), 13 (1047).

[158] S. o. S. 106.

[159] XV, 5 (1060): In nono ad imaginem dei, quod est homo sec. mentem, pervenit disputatio . . . etc. Zur Frage der Eigentlichkeit der Rede vom inneren Wort, s. u. S. 217 f. u. 235 ff.

des Menschen und betrifft sowohl seine Ausrichtung auf Gott als auch seine Ausrichtung auf die Welt des Veränderlichen, in der es zu urteilen und zu handeln gilt. Der Mensch aktualisiert sich in jeder möglichen Hinsicht im Wort, das zwar vom äußerlich erklingenden Wort unterschieden ist, aber doch offensichtlich ganz deutliche Züge des wirklichen Wortes aufweist. Es wäre aber völlig verfehlt, wenn man auf Grund der hier zusammengefaßten Äußerungen zum inneren Wort etwa vermuten wollte, Augustin kenne so etwas wie die sprachliche Struktur des Daseins. Der verbum-Begriff wird zu schnell wieder fallengelassen und damit all die Phänomene, die sich in ihm kumulierten, wieder in ihre normalen Begriffe entlassen.

Dennoch entbehrt auch die auf sich selbst gerichtete imago trinitatis nicht einer notwendig mit ihr verbundenen Gottesbeziehung. Die Selbsterkenntnis der mens und damit auch die richtige Selbstliebe der mens ist ja nur möglich, wenn sie in sich nicht nur die verschiedenen Bewußtseinsinhalte erkennt, sondern ihr wahres geistiges Wesen, wie es vom göttlichen Schöpferwillen gemacht und gewollt ist und wie es sich innerhalb der Stufen des Seienden einordnet[160]. Gerade die völlige Gleichheit der drei „Personen" gründet darauf, daß die Selbsterkenntnis über das Selbst hinaus ins Ganze der Weltordnung blickt und von der Wahrheit erleuchtet ist, weil sonst nicht mehr gelten könnte: tantam se novit mens, quanta est[161]. Aber die Tatsache, daß die vollkommene Gleichheit der drei Glieder bedingt ist von der umfassenderen Wahrheitserkenntnis, spielt hier nur für die Abbildhaftigkeit der mentalen Trinität eine Rolle. Die Bildhaftigkeit im Sinne der imago reformanda tritt mit der imago trinitatis noch nicht in Verbindung[162]. Wesentlich ist hier nur, daß die „notitia" eine vollkommen gleiche „similitudo" besitzt und damit die Homousie in der Analogie voll zur Geltung kommt. Interessant ist jedoch, daß bei der Darlegung der Geburt oder Zeugung des Wortes die Analogie in ihrer Selbstbezogenheit, wie gesagt, eine Strecke weit durchbrochen ist — wie wenn sich in dem trinitarischen Wortbegriff etwas geltend machen würde, das die bloße Urbild-Abbild-Beziehung zu sprengen drohte. Doch all diese Fragen müssen im Zusammenhang mit Buch XV noch weiter geklärt werden.

Augustin wird am Ende von Buch IX, wie wir gesehen haben, unter dem Einfluß der Lehre vom unterschiedlichen Hervorgang von Sohn und Geist veranlaßt, das Verhältnis von Erkenntnis und Willen in der Selbsterkenntnis schärfer zu durchdenken. Er gelangt dadurch zur Feststellung der Tatsache, daß eine dauernde bewußte Selbsterkenntnis nicht existiert, daß also dem Sichselbsterkennen offenbar ein Sichselbsterkennen*wollen* vorausgehen

---

[160] S. o. S. 187, Anm. 125, aber bes. IX, 4 (963) u. X, 7 (977).
[161] IX, 18 (972).
[162] Anders in Buch XIV (s. u.).

muß. Da das Wollen aber seinerseits nicht erkenntnislos sein kann, wie nun schon oft betont wurde, drängt sich eine Unmenge neuer Probleme vor allem hinsichtlich der Selbsterkenntnis auf. Ihrer Bewältigung dient Buch X. Das „Axiom", welches seit Buch VIII die Untersuchung immer wieder vorantreibt, nämlich die Notwendigkeit der Erkenntnis für die Liebe, bringt damit auf der Ebene der Trinitätsanalogie selbst einen neuen Untersuchungsgang in Bewegung: Von der Grundfrage nach dem Liebenkönnen der Trinität ging die Untersuchung zur Frage nach dem Liebenkönnen des geschichtlich zu Glaubenden weiter, aus der sich die Einsicht in die Liebestrinität und die Trinität der Selbsterkenntnis ergab. Daran schließt sich nun die Frage nach dem Liebenkönnen der mens selbst an.

Bevor der Schritt zum nächsten Buch unternommen wird, soll noch kurz die Behandlung des „verbum" im ersten Teil von De trinitate dargestellt werden. Es ist behauptet worden, die ersten acht Bücher würden über das „Wort" schon so viel lehren, daß der Rest des Werkes nur noch Präzisionen hinzuzufügen habe[163]. Das ist eine seltsame Feststellung, da der Befund vielmehr der ist, daß diese Bücher über das verbum ungefähr dieselben Aussagen machen, wie sie sich im übrigen Werk Augustins finden, ohne aber auf das innere Wort einzugehen[164]. Es gibt da selbstverständlich auch den mehr oder weniger technischen Gebrauch von „verbum" für den Sohn Gottes einerseits und für die lautlichen Zeichen andrerseits, ohne daß ein Zusammenhang hergestellt würde[165]. Es finden sich Reflexionen über den Sohn als Wort und das Wort des Sohnes, die aber hauptsächlich von gewissen exegetischen Problemen hervorgerufen sind[166]. Auch das Reden des Vaters und die Zeugung und Existenz des Sohnes als „verbum" werden auf verschiedene Weise zueinander in Beziehung gesetzt, ohne daß dabei die Schranke des uneigentlichen Redens durchbrochen würde[167]. Bedeutsam ist immerhin, daß „verbum" als vollwertiger Relationsbegriff genommen wird

---

[163] Paissac, Théologie du Verbe 45 f.

[164] Immerhin klingt es deutlich an in VIII, 9 (955), d. h. aber schon in der zweiten Hälfte, gleichsam als Vorahnung eines nachmaligen Leitmotivs (Marrou, S. Aug. 667).

[165] Äußere Worte: I, 2 (820), VIII, 4 (949), „Verbum": II, 11 (851), 25 (861), 31 (866), IV, 3 f. (988 f.), 27 ff. (906 ff.). Die Sprache als Zeichen IV, 30 (909 f.).

[166] „Nuntiabo" (sc. de patre) quippe ait, quia verbum eius est, I, 21 (835). „... non ex me locutus sum" = non ex me natus sum, und dgl., I, 26 (839). I, 27 (839): Mein Wort richtet = Ich richte als das „Verbum" (und nicht ich als Mensch). II, 4 (847): filius = doctrina.

[167] II, 9 (850): Die Sendung geschah „verbo", aber nicht durch einen äußeren Befehl, sondern indem „pater et verbum" zusammen die Inkarnation bewirkten. Vgl. auch III, 11 (874) und das Folgende.

wie „pater" und „filius"[168] und daß trotz aller Unterschiede zwischen dem menschlichen und göttlichen Wort doch eine Analogie in der Offenbarungstätigkeit besteht, und zwar hinsichtlich der Illumination[169], die dem Wort im besonderen, aber natürlich ebensosehr dem Vater zugeschrieben wird[170].

---

[168] V, 14 (920), VI, 3 (925), VII, 1—3 (933—936), wo (n. 1) der Vater als „dicens" vorgestellt und die ganze Vater-Sohn-Relation damit expliziert wird.

[169] VII, 4 (937): Pater enim eam (sc. sapientiam) dicit, ut verbum eius sit, non quomodo profertur ex ore verbum sonans aut ante pronuntiationem cogitatur (wohl nicht = inneres Wort!), spatiis enim temporum hoc completur, illud autem aeternum est et illuminando dicit nobis et de se et de patre, quod dicendum est hominibus. . . Si enim hoc verbum, quod nos proferimus temporale et trasitorium, et se ipsum ostendit et illud de quo loquimur (die Zeichendefinition, s. o. S. 78), quanto magis verbum dei, per quod facta sunt omnia! Quod ita ostendit patrem, sicuti est pater. . . Weniger deutlich IV, 4 (889) Illumination = participatio verbi. Vgl. die Parallelen De gen. ad litt. I, 7 ff. und 17 (ML 34, 248 ff. u. 252 f./CSEL 28, 1, 7 ff. u. 13).

[170] Forts. des Zitats in der letzten Anm.: quia et ipsum ita est et hoc est, quod pater, secundum quod sapientia est et essentia. Nam secundum quod verbum, non hoc est, quod pater . . . verbum relative dicitur. . . Die operatio inseparabilis ist nicht angetastet.

VII. DIE „EVIDENTIOR TRINITAS":
DE TRINITATE X BIS XV

Hinführung

Buch X setzt, wie schon angedeutet, nochmals bei der Frage nach Erkennen und Lieben ein, mit der Absicht, die Struktur von Selbstliebe und Selbsterkenntnis der mens genauer zu erfassen, nachdem am Ende von Buch IX in etwas unbestimmter Weise ein Streben ohne Kenntnis des Erstrebten angenommen worden war[1]. Zunächst rekurriert Augustin wieder auf das Beispiel der Liebe zu einem guten Menschen, den man deshalb liebt, weil man „in ipsa veritate" eine Vorstellung der Tugend hat. Ganz ähnlich liegen die Dinge, wenn jemand eine Wissenschaft erlernen will: Er hat schon eine Art Vorverständnis der betreffenden Wissenschaft oder wenigstens die Kenntnis ihres Zwecks und ihrer Erfolge, und das ist das Wissen, welches das Wollen — das Mehrwissenwollen — ermöglicht und anspornt[2]. Dasselbe gilt auch für das Verstehenwollen der Sprache: Warum will ich überhaupt wissen, was ein mir in seiner Bedeutung unbekanntes Wort bedeutet? Wenn etwas völlig Unbekanntes nicht geliebt werden kann, muß etwas bekannt sein, und das ist im Falle der Sprache die Idee der Schönheit eines Wissens aller Zeichen bzw. Bedeutungen sowie die Einsicht in die Nützlichkeit der Sprache für den Gedankenaustausch unter Menschen und Völkern. Diese auf apriorischem Wissen beruhende Idealvorstellung bildet die Brücke zwischen dem Unbekannten und der Liebe bzw. dem Wollen[3].

Diese im Zusammenhang an sich unbedeutenden Äußerungen über die Sprache lassen mit aller Deutlichkeit erkennen, daß das Zeichenschema, wie zu erwarten, auch in den beiläufigen Bemerkungen über die Sprache in De trinitate durchgehalten ist. Die Erkenntnis, daß ein Zeichen ein Zeichen ist, wird, wie ebenfalls zu erwarten, nicht wie in De magistro ausschließlich von der Sacherkenntnis abhängig gemacht, sondern erscheint als möglich, auch wenn man die Bedeutung eines Wortes nicht kennt. Dabei spielt der „Sprachentwurf", den Augustin als Idee der Kommunikation auffaßt und

---

[1] S. o. S. 191.   [2] X, 1 (971 f.).   [3] X, 2 (972—974).

der jedem Menschen die Möglichkeit zum Sprechenwollen eröffnet, eine Vermittlerrolle. Dennoch ist die volle Erkenntnis eines Zeichens natürlich erst möglich, wenn auch die Sache erkannt ist[4]. Daß wir durch die Sprache nichts lernen, wird zwar ebenfalls nicht mit der Radikalität von De magistro behauptet, aber daß unser Bewußtsein und unser Gedächtnis aus Materialien lebt, die entweder durch körperliche oder durch innerlich-rationale Wahrnehmung vermittelt sind, wird selbstverständlich festgehalten, wie schon aus der Analyse der Liebe zu Paulus klar werden mußte und in späteren Büchern nochmals breit ausgeführt wird[5]. Jedenfalls ist die Überzeugung von der vorwiegend admonitiven Funktion der Sprache in De trinitate nicht aufgegeben[6]. Der Glaube selbst kommt dementsprechend nicht eigentlich aus der Predigt, sondern entsteht im Innern auf Grund bereits vorhandener Vorstellungen und vernunftmäßiger Einsicht in die Nützlichkeit und Notwendigkeit des Glaubens[7]. Daß immer wieder Klagen über das Ungenügen der Sprache für die Wiedergabe des Inneren im Menschen und erst recht Gottes auftauchen[8] und jedes Umgehen mit Worten ohne völlige Orientierung am Inhalt verurteilt wird[9], versteht sich von selbst.

Die Liebe kann sich also niemals auf Unbekanntes *als* Unbekanntes richten, aber sie kann sich auf ein Allgemeines richten, also unter Umständen auch auf das Wissen als solches[10]. Die Möglichkeiten, Unbekanntes zu lieben, sind somit folgende:

---

[4] X, 2 (972 f.): Si enim tantummodo esse istam vocem nosset, eamque alicuius rei signum esse non nosset, nihil iam quaereret. . . Quia vero non solum esse vocem, sed et signum esse iam novit, perfecte id nosse vult. Neque ullum *perfecte* signum noscitur, nisi, cuius rei signum sit, cognoscatur.

[5] Bes. XIII, 4 (1015): Ipsorum etiam verborum non sonos, sed significationes partim per corporis sensum, partim per animi rationem didicimus (mit Bezug auf die fides historica).

[6] XIV, 9 (1043): . . . commemorabo et invenies te scientem, quod te nescire putaveras. Id agunt et litterae, quae de his rebus conscriptae sunt, quas res duce ratione veras esse invenit lector.

[7] Bezeichnend ist XIV, 11 (1045): . . . sive in ipso homine, quae non erant, oriuntur, aut aliis docentibus aut cogitationibus propriis, sicut fides . . . sicut virtutes. . . Vgl. dazu Ep. 120, 3 (ML 33, 453/CSEL 34, 2, 706 f.): . . . ut fides praecedat rationem, rationabiliter iussum est. Zum Glaubensbegriff in De trin. XIII vgl. LÖHRER, FZPT 4, 1957, 393 ff. Daß der Glaube trotzdem nichts „Natürliches" ist, soll damit nicht bestritten werden.

[8] Vgl. auch o. S. 148. Die Schwierigkeit, die Selbstbeobachtung sprachlich festzuhalten: XV, 13 (1067), Gott auszusprechen: I, 3 (821), IV, 30 (909), V, 1 u. 4 (911 u. 913), V, 10 (918), sowie die ganze Abhandlung über den Personbegriff in VII, 7 ff. (939 ff.), VII, 2 (933 f.), XV, 45 (1092), 50 (1096).

[9] Die Ketzer gehen nicht von den Worten zum Sinn oder stürzen sich vom Sinn auf die Worte: III, 25 (883), und die weltlichen Wissenschaften sind der Ort, „ubi maioris fuit curae verborum integritas quam veritas rerum": XIV, 14 (1047).

[10] X, 3 (974).

1. Es wird einem berichtet von einer Sache, die man daraufhin „in genere" zu lieben beginnt, bis man sie vielleicht auch „in re singula" kennenlernt und liebt[11].

2. Man liebt etwas „in specie sempiternae rationis", d. h. auf Grund ideeller Erkenntnis, und liebt es dann auch, wenn es sich zeitlich zeigt, wie oben am Beispiel des Gerechten illustriert.

3. Man kennt einen Teil oder einen Aspekt einer Sache und sucht dazu das, wovon man weiß, daß es sich auf das Bekannte bezieht und noch unbekannt ist, wie am Beispiel des unbekannten Wortes dargetan.

4. Man liebt das Wissen als solches.

Es gibt demnach keine Liebe zu Unbekanntem. Fraglich ist nun, wie sich dies bei der Selbsterkenntnis bzw. -liebe verhält[12].

Die Unterscheidung von Liebe und bloßem Trieb, die am Ende von Buch IX provisorisch eingeführt worden war, wird hier wieder fallengelassen[13]. Parallel zur oben wiedergegebenen Aufzählung[14] untersucht Augustin nun auch die Selbsterkenntnis. Das Ergebnis ist in jedem einzelnen Falle dies, daß jedem Sichselbstsuchen, falls es durch solche „äußere" Medien angeregt sei, je schon ein Wissen um sich selbst vorausgehe. Eine Allgemeinerkenntnis der mens oder der Selbsterkenntnis als solcher setzt immer schon eine unmittelbare Kenntnis der mens voraus. Die mens kann nicht objektiviert werden, wenn sie sich nicht je schon ihrer selbst bewußt ist[15]. Das Ergebnis lautet: Quapropter eo ipso quo se quaerit (sc. mens), magis se sibi notam quam ignotam esse convincitur[16].

Aber wie ist denn das Sichselbstsuchen zu verstehen? Ist ein teilweises Sichkennen und ein teilweises Sichnichtkennen anzunehmen? Diese Annahme widerlegt Augustin mit nicht ganz überzeugenden Argumenten, weil hier bereits seine Grundvoraussetzung, nämlich die Vorstellung einer völlig immateriellen und darum unteilbaren geistigen Substanz, hereinspielt, ohne daß dies ausgesprochen wird. Es wird einfach vorausgesetzt, daß die mens „tota scit", als ganze weiß. Da sie sich aber als wissende kennt und als ganze weiß, kennt sie sich auch als ganze[17]. Es erhebt sich daher erst recht die Frage, warum eigentlich die Selbsterkenntnis gefordert werde. Die Antwort lautet zunächst so, wie schon mehrfach angetönt wurde: Die

---

[11] Dabei ist wohl an Beispiele wie das von der unbekannten Stadt oder dem Triumphbogen zu denken, vgl. VIII, 9 (954 f.), IX, 10 (966), 11 (967).

[12] Bis hier X, 4 (974 f.).

[13] X, 5 (975).

[14] Unter Zufügung der vorlaufenden Kenntnis der Nützlichkeit nach X, 1 (971 f.).

[15] Bis dahin X, 5 (975), ähnlich schon IX, 3 (962 f.) und X, 12 (980).

[16] Schluß X, 5 (976), gleich danach als letzter Satz die paradoxe Formulierung: Novit enim se quaerentem atque nescientem, dum se quaerit, ut noverit.

[17] X, 6 (976 f.). Zum historischen Hintergrund dieses Gedankens sowie des übrigen Buches X vgl. Anhang I, S. 246 ff.

Selbsterkenntnis werde darum geboten, damit die mens sich in ihrer wahren Natur erkenne und danach lebe, d. h. *unter* Gott und *über* der restlichen Kreatur ihre richtige Stellung einnehme[18]. Die materiellen Vorstellungen von der mens rühren daher, daß sie wie Gott sein und doch nicht im guten Sinne Gott ähnlich werden wollte. Durch solche Hybris und solches Habenwollen sank sie jedoch tiefer und tiefer, verfiel immer mehr in Abhängigkeit von den materiellen Dingen und fing daher an, das, woran sie sich geklebt hatte, in sich hineinzuziehen und somit ihre eigene Natur, auch und gerade die der „rationalis intellegentia", für körperlich zu halten[19]. Das bedeutete jedoch nicht ein totales Vergessen ihrer selbst, aber ein verkehrtes Denken über sich selbst, ein Hinzufügen von Vorstellungen zum wahren Wesen der mens, die nichtsdestoweniger immer im Sinne des unmittelbaren Selbstbewußtseins bekannt blieb. Zur Unterscheidung dieser Erkenntnisweisen verwendet Augustin die Begriffe „cogitare" und „nosse", die er sogleich genauer erläutert, indem er am Beispiel eines in einer Wissenschaft Bewanderten zeigt, daß es sehr wohl ein Wissen ohne ein Daran-Denken gibt[20], daß also ein habituelles und ein aktuelles Erkennen, d. h. nosse und cogitare, zu unterscheiden sind. Damit ist für den Rest des Gesamtwerks der Begriff „notitia" bzw. „nosse" präzisiert und gegenüber Buch IX deutlich anders akzentuiert, nämlich eben als dauerndes Wissen[21].

Der Fehler all jener Menschen und Denker, die die mens materiell dachten, liegt nicht darin, daß die mens ihrer „notitia" fehlte, sondern daß sie etwas zu ihr hinzudachten[22]. Selbsterkenntnis heißt also in Wirklichkeit, sich ohne körperliche Vorstellungen denken: Cum igitur ei praecipitur, ut se ipsam cognoscat, non se, tamquam sibi detracta sit, quaerat, sed id, quod sibi addidit, detrahat[23].

Aber worauf führt denn die Rückwendung zum „nosse se", also die Ausscheidung des fälschlich Hinzugedachten? Es führt zu dem, was die mens unzweifelhaft über sich selbst weiß, nämlich „esse, vivere, intellegere"[24]. Das weiß jeder von sich, während die verschiedenen Ansichten über die Beschaffenheit der Seele nur Annahmen sind. Der Mensch soll das behalten, was er unzweifelhaft weiß, und soll das bloß Geglaubte ausscheiden, er soll sich an das halten, woran niemand zweifelt, und das beiseitelassen, wor-

---

[18] X, 7 (977). Dazu s. o. S. 193.

[19] X, 7 (977), weiter ausgeführt 8—10 (978 f.).

[20] X, 7 (977).

[21] Richtig SCHMAUS, Psychol. Trinitätslehre 251 ff.

[22] X, 11 f. (979 f.).

[23] 11 (979), vgl. auch De ordine I, 3, II, 5 (ML 32, 979 u. 996/CSEL 63, 122 f. u. 148).

[24] X, 13 (980). Zur Herkunft dieser Dreiheit s. o. S. 46 f. Voraus geht in 12 (980): Hoc igitur ei praecipitur, ut faciat, quod, cum ipsum praeceptum intellegit, facit. Angestrebt wird das schlechthin Gewisse.

über die Meinungen geteilt sind[25]. Weiterhin ist sich der Geist aber auch unmittelbar des Wollens und Erinnerns bewußt. Dabei dienen „intellegere" und „meminisse" der Festhaltung der Wissensdinge, während die „voluntas" über „uti" und „frui" entscheidet[26]. Aber auf welche Erkenntnis von der Seelen*substanz* führt denn dies? Wer sich die Seele materiell vorstellt, nimmt an, daß die „intellegentia" und dgl. in diesem Körper wie in einem Subjekt drin sei, sofern er nicht überhaupt annimmt, die Seele selbst sei eine bestimmte Mischung oder Harmonie des Körpers[27]. Aber wenn doch die mens sich sucht und demnach auch kennt, und wenn keine Sache richtig gekannt werden kann, solange ihre Substanz unbekannt bleibt, so kann nichts von dem ihre Substanz sein, worüber Ungewißheit und philosophischer Meinungsstreit besteht. Wäre sie, wie gewisse Philosophen annahmen, z. B. Feuer oder Luft, so müßte die betreffende Substanz ihr in ganz anderer Weise gegenwärtig und gewiß sein[28]. Die Selbstgewißheit führt viel unmittelbarer auf die Substanz, sie ist auch Selbstgewißheit hinsichtlich der eigenen Substanzialität. Die mens ist somit eine Substanz sui generis, welcher das Leben, das Erkennen und das Wollen wesentlich eignet.

Die allgemein-ontologische Voraussetzung, von der Augustin bei alldem ausgeht, ist, daß jede echte Erkenntnis von etwas auch Substanzerkenntnis sei. Das ist im Rahmen der Schuldialektik, die sich stark auf Aristoteles stützt, eine durchaus sinnvolle Aussage, wobei Augustin an die sog. ersten Substanzen denkt, d. h. an die eigentlichen Subjekte. Ein einzelnes Etwas ist erst dann erkannt, wenn es als Substanz erkannt ist[29]. Diese Voraussetzung ist jedoch gar nicht die entscheidende. Augustin sagt: Nullo modo autem *recte* dicitur sciri aliqua res, dum eius ignoratur substantia[30]. Und seine stillschweigende Voraussetzung ist, daß das unmittelbare Selbstbewußtsein auch ein solches „recte scire" sei. Oder anders ausgedrückt: Er setzt von vornherein als unbezweifelbar voraus, daß die mens dessen, was sie *ist,* auch am gewissesten sein müsse[31]. Die Gewißheit des Bewußtseins kommt für ihn dem eigentlichen Sein ebenso am nächsten wie die rationale

[25] X, 13 f. (980 f.).
[26] X, 13 (981), hier also wieder jenes Anklingen des nachmaligen Leitmotivs (s. o. S. 194, Anm. 164).
[27] X, 15 (981).
[28] X, 16 (981 f.).
[29] „Substantia" gehört für Aug. in erster Linie den ersten Substanzen zu, wie aus VII, 10 (942) deutlich hervorgeht. Vgl. Arist., Kat. II u. V, Mart. Cap. IV, 361 (ed. DICK 166): Omne quicquid dicimus aut subiectum est, aut de subiecto, aut in subiecto ... subiectum est prima substantia...
[30] X, 16 (981).
[31] X, 16 (981): ... cum de se certa est, de substantia sua certa est; aaO, (982): Was die mens ist, das muß sie notwendig „quadam interiore, non simulata, sed vera praesentia — non enim quicquam illi est se ipsa praesentius —" erkennen.

Erkenntnis und die apriorische Wahrheit dem Sein Gottes, und wie der augustinische „Gottesbeweis" nach dem Erreichen der unerschütterlichen Wahrheit den Sprung zum Sein Gottes mit vollkommener Selbstverständlichkeit wagt[32], so vollzieht auch hier der Beobachter der „mens" ohne weitere Rückfragen den Sprung aus dem unmittelbaren Selbstbewußtsein ins Sein der geistigen Substanz. Der Einfluß neuplatonischer Denkweise wird hier besonders deutlich[33].

Memoria — intellegentia — voluntas

Was nun in solcher Weise sicher ist, ist unter anderem „memoria, intellegentia, voluntas", also das, was Augustin selbst später die „evidentior trinitas" nennt[34]. Es bleibt innerhalb des Textverlaufs einigermaßen unklar, wie er eigentlich gerade zu diesen drei Faktoren kommt, und die einzige Begründung, die er selbst gibt, bezieht sich auf die Tatsache, daß man die „ingenia parvulorum" nach diesen drei Kriterien zu beurteilen pflege — ein Hinweis auf die Herkunft der Dreiheit (s. o. S. 58 f.). Aus dem vorlaufenden Anklingen der drei Größen[35] und aus dem etwas unorganischen Auftreten läßt sich unschwer erkennen, daß Augustin im Gegensatz zur mens-notitia-amor-Trinität, die im Laufe des Diktierens oder Schreibens entstanden zu sein scheint[36], diese drei neuen Begriffe, wie ja auch ihr sonstiges Vorkommen beweist (s. o. S. 41 f.), bereits im Sinne hatte, als er Buch X zu schreiben anfing. Nach allem in Buch X Gesagten würde man eher eine Trinität mit „notitia" und „cogitatio" erwarten oder aber die Victorinische Dreiheit esse—vivere—intellegere. An diesen drei Größen kann nun aber gerade gezeigt werden, wie die unmittelbare Selbstgewißheit mit den trinitarischen Verhältnissen in Beziehung steht: memoria, intellegentia und voluntas sind ein Leben, eine mens, eine Substanz und eine Essenz, und zwar jedes für sich und alle drei zusammen. Esse, vivere und intellegere

---

[32] De lib. arb. II, 39 (ML 32, 1262/CSEL 74, 75): Tu autem concesseras, si quid supra mentes nostras esse monstrarem, deum te esse confessurum (und die „veritas" ist zuvor als ein solches erwiesen).

[33] Vgl. Porphyrios, Sent. 38, 7 ff. (zit. nach THEILER, Porph. und Aug. 43): τοῖς μὲν γὰρ δυναμένοις χωρεῖν εἰς τὴν αὐτῶν οὐσίαν ... τούτοις παροῦσιν αὐτοῖς πάρεστιν καὶ τὸ ὄν. („Denen, welche sich in ihr eigenes Wesen zurückzuziehen vermögen ... bei diesen, wenn sie bei sich selbst sind, ist auch das Sein [bzw. Seiende]").

[34] XV, 5 (1060).

[35] S. o. S. 200, Anm. 26, ebenso unmittelbar vor der ausdrücklichen Einführung der drei: X, 16 (982). Die Einführung selbst in 17 (982 f.): Remotis igitur ... ceteris, quorum mens de se ipsa certa est, tria haec potissimum considerata tractemus. . .

[36] Zur schriftstellerischen Tätigkeit Aug.s vgl. die Vita des Possidius, c. 18 (ML 32, 49).

dienen also nur der Abbildung der einen Substanz[37], während memoria, intellegentia und voluntas Relationsbegriffe sind. Da sie zugleich in jener unkörperlichen Weise gleich sind, umfassen sie sich gegenseitig je einzeln und je eine alle usw.[38].

Diese Perichorese und Relationalität wird so erklärt: Ich erinnere mich, memoria, intellegentia, voluntas zu haben, ich erkenne diese drei Tätigkeiten bei mir, und ich will sie auch alle drei. Zudem erinnere ich mich an die *ganze* „memoria" — wobei nicht völlig klar wird, ob eigentlich der Gedächtnis*inhalt* oder das Gedächtnis als Gedächtnisvermögen gemeint ist[39]. Ebenso umfaßt die „memoria" alles Erkennen und Wollen ganz; denn was ich weiß und will, daran erinnere ich mich auch. In analoger Weise umfaßt das Erkennen alle drei ganz: Entweder erkenne ich etwas, erinnere mich daran und will es auch, oder aber es ist mir unbekannt[40]. Und schließlich gilt auch für den Willen, daß er die zwei anderen Komponenten ganz umfaßt; denn alles Erkannte und Erinnerte erfährt auch eine willensmäßige Verwendung[41]. Dieser Abschnitt[42], der in knappster Form wiederum analog zu den entsprechenden Partien in Buch IX in der mens das Bild der Trinität aufzeigt, ist von einem extremen Formalismus beherrscht, und es fällt schwer — gerade unter Berücksichtigung des sonstigen augustinischen Denkens[43] —, in ihm viel mehr als verbale Entsprechungen zur Trinitätsformel zu sehen. Läßt man allerdings die Betonung des gegenseitigen ganzheitlichen Erfassens weg, so ergibt sich eine ziemlich klare Darstellung der *Untrennbarkeit aller drei Größen bei jedem Denk- und Willensakt,* wie sie in glaubhafterer Form in Buch XV (42 f., s. u. S. 224 f.) dargestellt werden wird.

Das Buch endet nicht mit einem Aufstieg zur Trinität selbst, sondern mit dem Entschluß, die Dreiheit zunächst in ihrer Bezogenheit auf äußere

---

[37] X, 18 (983 f.). Wobei intellegere gleichsam als Spitze in die Triade hineinreicht.

[38] X, 18 (983).

[39] AaO: Quod enim memoriae meae non memini, non est in memoria mea. Nihil autem tam in memoria quam ipsa memoria est. Totam igitur memini. Ist dieser Syllogismus auf den Inhalt der memoria bezogen, so sind jedenfalls die weiten Gefilde der memoria, in denen es auch ein nicht totales Vergessen gibt, wie er sie in den Conf. (X, vgl. bes. 28, ML 32, 791/L II, 261 f.), aber auch in De trin. XI, 12 (993) beschreibt, vergessen.

[40] AaO. Hier ist eher an den Inhalt der memoria zu denken, vgl. bes.: *quicquid* autem scio, memini. *Totam igitur* intellegentiam . . . meam memini.

[41] AaO, (984): toto utor, quod intellego et memini.

[42] D. h. X, 18 (983 f.).

[43] Vgl. Anm. 39 und den Satz aaO, (983): Neque enim quicquam intellegibilium non intellego, nisi quod ignoro. Ist da die Unterscheidung ignorare—nosse—cogitare (X, 7, 977) vergessen? Daß aber intellegere hier gleich nosse sein könnte, ist durch das „*cum* haec tria intellego" . . . (X, 18, 983) praktisch ausgeschlossen.

Objekte zu betrachten; denn Augustin wird am Schluß des Buches etliche Schwierigkeiten gewahr: Wie lassen sich „memoria sui" und „intellegentia sui" unterscheiden? Sind sie nicht ein und dasselbe, sobald einer nicht an sich denkt — wobei „intellegere" hier als Dauerzustand im Sinne des „nosse" von „cogitare" zu unterscheiden ist[44] —, und wie kann die Liebe zu sich selbst erfaßt werden, wenn doch das Liebesobjekt stets gegenwärtig ist und keinerlei Mangel die Liebe erregt[45]? Augustin befindet sich am Ende von Buch X in erheblichen Schwierigkeiten, und eigentlich ist trotz der „evidentior trinitas" alles viel unklarer als am Ende von Buch IX.

Augustin holt im folgenden sehr weit aus und wird erst wieder in Buch XIV auf die hier verlassene Problematik der Selbsterkenntnis in Verbindung mit memoria—intellegentia—voluntas zurückkommen. Wir werden deshalb im folgenden zuerst kurz auf die historischen Hintergründe des Buches X eingehen, um hierauf sogleich den Gedankenfaden in Buch XIV aufzunehmen. Anschließend werden sich in Verbindung mit dem Umweg von Buch XI bis XIII weitere Präzisierungen der neuen und endgültigen Dreiheit vornehmen lassen. Erst hernach soll die imago-dei-Problematik und die Ausrichtung von memoria—intellegentia—voluntas auf Gott samt dem umfassenden Problem des Aufstiegs zur Trinität selbst — dem Thema von Buch XV — behandelt werden. — Daß die rhetorisch-pädagogische Tradition einen gewissen Einfluß auf die Bildung der endgültigen Dreiheit ausübte, ist bereits gesagt worden (s. o. S. 58 f.). Traditionell ist jedoch die Gedankenführung im ganzen Buch X überhaupt.

Wie bei den Analogien der Trinität zeigt sich auch bei diesem auf die Selbsterkenntnis konzentrierten Gedankengang zugleich der Einfluß der Bildungstradition, vornehmlich Ciceros, und der neuplatonischen Voraussetzungen. Das Motiv des Γνῶθι σαυτόν kehrt nicht nur bei Plotin gelegentlich wieder, sondern beherrscht auch das erste Buch der Tusculanae disputationes[46]. Die Selbstentfremdung und das Sichverlieren ins Materielle, aus

---

[44] X, 19 (984): . . . ut . . . semper . . . se ipsam *intellegere* et amare comprehenderetur, quamvis non semper se *cogitare* discretam ab eis, quae non sunt, quod ipsa est.

[45] AaO. Damit ist, wenn auch nicht ausdrücklich, die Unterscheidung zwischen Liebe und bloßem Verlangen von IX, 18 (971 f.) rückgängig gemacht für die Selbstliebe.

[46] Plotin, Enn. IV, 3, 1 (HARDER 27, 2), VI, 7, 41 (38, 320). Cicero, Tusc. I, 22, 52 (ed. POHLENZ 342): „nosce te". Die Beziehung zu Tusc. I, die bisher, soweit ich sehe, nicht betont wurde (auch nicht bei TESTARD, S. Aug. et Cicéron), kann hier nicht in extenso behandelt werden, doch finden sich die wesentlichen Beobachtungen im Anhang I, S. 246 ff. Zum Problem vgl. auch die Bemerkungen in der HARDERschen Plotin-Ausgabe, 2. Aufl., Bd. V b, 368 f. und COURCELLE, Connais-toi toi-même.

dem die Seelen durch Abstreifen der wesensfremden Zusätze zurückgeführt werden müssen, ein gnostisch-manichäisches Motiv, erscheint in verschiedenen Formen bei Plotin[47], obschon er die direkte Verknüpfung mit den philosophiegeschichtlichen Vorstellungen von der Materialität der Seele nicht vertritt. Den Überblick über die Meinungen der Philosophen könnte Augustin eher aus Cicero übernommen haben, der ja ebenfalls vom Bestreben getragen ist, aus den materiellen Vorstellungen zurückzuführen auf die Lebendigkeit des „animus"[48]. Daß die mens sich selbst als ganze ganz erkennt, ebenso daß beim Erkennen stets ein Selbsterkennen mitspielt, dürfte auf plotinische Anregung zurückgehen[49]. Es ist zudem sehr wahrscheinlich, daß sich sowohl Plotin als auch Augustin gegen eine typisch skeptische Aporie wenden, die die Selbsterkenntnis ad absurdum führen will, indem sie sowohl das ganzheitliche als auch das teilweise Selbsterkennen als in sich unmöglich erweist[50]. Obschon auch Einflüsse von Porphyrios angenommen werden können, ist es doch höchst unwahrscheinlich, daß Augustin sich in Buch X nachweislich auf einen Porphyrischen Text stützt[51].

In *Buch XIV* führt also Augustin die Probleme von Buch X weiter[52]. Er bezieht sich auf die Unterscheidung von „nosse" und „cogitare". Sie kann z. B. auch dazu dienen, das Selbsterkennen der kleinen Kinder begrifflich zu erfassen: Sie kennen sich wohl, können sich aber nicht denken und vom Äußeren unterscheiden[53]. Diese Unterscheidung von „cogitare" und „nosse" war ja in Buch X noch nicht mit der Dreiheit memoria—intellegentia—voluntas harmonisiert worden. Das wird nun nachgeholt: Auf die Seite des cogitare gehört die bewußte Dreiheit der Selbsterkenntnis, wo die intellegentia von der mens gezeugt wird im Akt der Selbsterkenntnis, wie sie auch bei der Erinnerung an äußere Dinge geformt wird. Dagegen zeugt die mens nicht die notitia von sich selbst, da diese immer besteht, genauso wie die Inhalte der memoria immer bleiben, auch wenn sie nicht gedacht werden[54]. „Notitia" bezieht sich also auf die memoria[55] und ist wie in Buch X die habituale Erkenntnis.

---

[47] Enn. I, 6, 5 f. (HARDER 1, 26 ff.), I, 8, 14 (51, 94 ff.), IV, 4, 3 (28, 13 ff.), IV, 7, 10 (2, 64 ff.), IV, 8, 4 (6, 22 ff.), V, 1, 1 (10, 1 ff.), VI, 5, 12 (23, 80; kleiner werden durch Zusatz!). Plotin lehnt aber die gnostische Auffassung von der Schlechtigkeit des Kosmos und seiner Entstehung durch einen Fall ab: II, 9, 4 (33, bes. 26). Eine Parallele zu nosse—cogitare in Enn. V, 1, 12 (10, 61 f.).

[48] Cicero, Tusc. I, 9, 18 ff. (ed. POHLENZ 226 ff.), Textvergleich s. Anhang.

[49] Vgl. bes. Enn. V, 3, 1 u. 5 (HARDER 49, 7 u. 33), Textvergleich BA 16, 603. Zum Thema auch VERBEKE, AM I, 329—334.

[50] BA 16, 604 (nach BRÉHIER): Die Ähnlichkeit zwischen Sext. Emp., Adv. Math. VII, 310—312 (ed. MUTSCHMANN 71 f.) und De trin. X, 6 (976 f.) ist auffallend.

[51] THEILER, Porph. u. Aug. 43—53 möchte hinter X und XIV, 7 ff. Sent. 38, 7 ff. sehen. Vgl. immerhin o. S. 201, Anm. 33.

[52] XIV, 7 (1040).   [53] XIV, 7 (1041).   [54] XIV, 8 (1042).

[55] XIV, 9 (1042) als Frage, bestätigt in 10 (1043).

Wie ist nun die cogitatio zu verstehen? Wird sie identifiziert mit der intellegentia, so ergibt sich daraus, daß die Dreiheit von meminisse—intellegere—amare nur je im Denkakt wirklich ist, während sonst lediglich eine unbewußte memoria bzw. notitia sui besteht. Das würde aber dem in Buch X Gesagten wie der Grundintention Augustins widersprechen, der ja gerade die immerwährende Dreiheit im Menschen anstrebt[56]. Augustin entzieht sich mehr oder weniger dieser Schwierigkeit, indem er den Sprachgebrauch analysiert und zum Schlusse kommt, daß jemand, der in einer Wissenschaft bewandert ist, auch dann ein intellegere und amare derselben besitze, wenn er nicht an sie denke[57]. Das Ergebnis ist, daß an einem „versteckten" Ort in der mens diese immer schon Erinnerung, Erkenntnis und Liebe übt[58]. Es gibt also eine „interior memoria, interior intellegentia, interior voluntas", die als Dreiheit in besonderem Maße der memoria zugehören. Obschon somit eine imago trinitatis auch in der memoria allein als Dauerzustand vorliegt, ist doch die bewußte Dreiheit der cogitatio im vorzüglichen Sinne Bild der Trinität; denn in ihr allein gibt es ein *inneres Wort*, wie es auch in ihr allein ein Zeugen des memoria-Inhalts in der intellegentia gibt[59]. Jene innere Trinität kann sich auf Objekte richten, aber natürlich erst recht auf sich selbst[60].

Das Problem der memoria sui, die mit der intellegentia sui zusammenzufallen scheint[61], löst Augustin, indem er wiederum auf den — in diesem Falle dichterischen — Sprachgebrauch zurückgreift, wo von einem „Sichvergessen" geredet werden kann. Es gibt also ein Sich-an-sich-Erinnern, und die memoria ist dasjenige Element, durch das die mens sich selbst gegenwärtig (praesto) bleibt und wodurch das Ansichdenken und Sichlieben erst ermöglicht wird[62]. Die eigentliche Funktion der memoria ist das Halten (retentio)[63], und ohne solches Halten gäbe es keinerlei Erkennen oder Wollen, alles Denken und Wahrnehmen würde in zusammenhanglose Partikel zerfallen[64]. „Memoria" bezeichnet daher nicht ausschließlich die Erinnerungstätigkeit[65], sondern zugleich den Raum oder Bereich, in dem die Bilder des Wahrgenommenen aufbewahrt werden[66]. Auch insofern treffen im

---

[56] X, 19 (984), zit. in XIV, 9 (1042).   [57] XIV, 9 (1042).
[58] XIV, 9 (1043): in abdito mentis.   [59] XIV, 10 (1043 f.).
[60] Auf ein Objekt bezogen in 9 (1043), auf sich selbst in 10 (1043 f.) und 13 (1047).
[61] S. o. S. 203.   [62] XIV, 14 (1047 f.).   [63] So u. a. XIV, 4 u. 13 (1038 u. 1047).
[64] Die Wahrnehmung irgendeines zeitlichen Verlaufs, eines Liedes (De mus. VI, 21 f., ML 32, 1174 f.) oder einer Erzählung (De trin. XI, 14, 995), ja auch der intelligiblen Größen (De trin. XV, 43, 1090) ist ohne die memoria undenkbar.
[65] „Recordatio" wird für das „cogitare" verwendet! (XII, 6 [989], 11 f. [993 f.], XIII, 26 [1035 f.], XIV, 5 [1039], 13 [1047]).
[66] Vgl. dazu BLANCHARD, AM I, 335—342. Auch in De trin. kommen die „penetralia memoriae" (z. B. XI, 12 [993]) vor, ist die Rede von einer „imago in

memoria-Begriff diese verschiedenen Elemente zusammen, als damit einerseits die Bewahrungstätigkeit als eine der drei Komponenten gemeint ist, andrerseits aber zugleich der Bereich, in dem immer schon alle drei Komponenten existieren[67]. Ähnlich verhält es sich mit der intellegentia, die, wie wir gesehen haben, das Erkennen sowohl im habitualen als auch im aktualen Sinne meint, wobei der erste Aspekt vor allem der Betonung der dauernden imago trinitatis dient, während der zweite den faktisch behandelten und beobachteten Normalfall ausmacht. Deshalb findet sich eigentlich nirgends eine überzeugende Begründung für das Nebeneinanderbestehen einer dauernden memoria *und* intellegentia sui in jener „inneren", habitualen Trinität.

Gerade an diesem letzten Beispiel wird wieder deutlich, wie stark in dieser Dreiheit die trinitätstheologischen und „imagotheologischen" Interessen mit der psychologischen Selbstbeobachtung vermischt sind. Überhaupt ist das Dogma als die Konstante und das Psychologische als die Variable zu betrachten. Das wird auch am Wechsel der zwei Trinitäten mens—notitia—amor und memoria—intellegentia—voluntas deutlich. Wie verhalten sie sich eigentlich zueinander? Augustin gibt darüber keine rechte Auskunft, und es scheint ihn nicht sehr zu beunruhigen, daß neben der „evidentior trinitas" auch noch die minder deutliche Dreiheit in seinem Werk stehengeblieben ist. Obschon er nicht eine Darlegung einer zuvor schon abgeschlossenen Lehre vermitteln will, sondern die geistliche und intellektuelle Einübung des Lesers anstrebt[68], zeigt dieses unausgeglichene Nebeneinanderstehen doch, daß ihn der rein psychologische Ausbau seiner Trinitäten kaum interessiert — was ja auch am verschwindend geringen Vorkommen außerhalb De trinitate deutlich wird. Wenn man glaubt, Augustin sehe den Vorzug der zweiten Dreiheit darin, daß die Substanz nicht selbst in den Relationsbegriffen erscheint, wie dies die mens bei der ersten Trinität tut[69], so mag das wohl etwas für sich haben, doch zeigt der weitere Verlauf der Abhandlung, daß die innertrinitarischen Verhältnisse mit der neuen Dreiheit nicht besser, sondern eher schlechter gezeigt werden können — vgl. das oben zur „memoria" Gesagte — und daß überhaupt die reiche Darlegung des Analogischen, wie sie in Buch IX bei der ersten Triade auftritt, von Buch XI an zugunsten ganz anderer Interessen zurücktritt. Insbesondere schwindet das

---

memoria constituta" (XI, 7 [990]), wird vom „imprimere memoriae" (XII, 25 [1012]) geredet.

[67] Diese Doppelheit scheint mir aus XIV, 9 f. (1042—1044) deutlich hervorzugehen. So auch HUIJBERS, Augustiniana 2, 1952, 229: Quae cognitio et amor inconsciae sunt, quia ad memoriam pertinent.

[68] Dazu s. u. S. 226 f.

[69] SCHMAUS, Psychol. Trinitätslehre 277, der aber ganz gegen den Befund von Buch IX sagt: „Während mens, notitia, amor nur schwer als gleichwertige Ternarglieder verstanden werden können. . ."

Interesse an den Analogien der innertrinitarischen Relationen, der Gleichheit und der Perichorese[70], dagegen werden die Prozessionen stärker betont.
Was jedoch den bei weitem breitesten Raum einnimmt, ist die Untersuchung
der verschiedenen möglichen Inhalte, auf die sich die Dreiheit memoria—
intellegentia—voluntas richten kann. Und darin zeigt sich nun allerdings
der gewaltige Vorzug der „evidentior trinitas": daß sie neben der Selbstbe-
ziehung auch die Beziehung „ad extra" — man bedenke ihre Herkunft aus
der Veranschaulichung der operatio inseparabilis! — einschließen kann, ohne
dabei den trinitarischen Charakter zu verlieren. Natürlich können sich
notitia und amor auch nach außen richten, wie in Buch IX sehr deutlich
wird, aber nur auf Kosten des spezifisch Trinitarischen[71]. Das alles ist jedoch
nicht die ausdrückliche Meinung Augustins, sondern einfach die Feststellung dessen, was die Einführung der neuen Dreiheit tatsächlich bewirkt.
Wenn man auf Augustins eigene Äußerungen, die allerdings recht undeutlich sind, hört, so erhält man vor allem den Endruck, der Unterschied sei
überhaupt nicht sehr groß[72]. Zudem kann man sagen, daß die notitia sich
gleichsam aufspaltet in memoria und intellegentia[73], oder auch, daß die
mens, die ja ohnehin nicht als totes Substrat gedacht ist, in ihrer Gegen-
wärtigkeit und Stetigkeit zu sich selbst memoria ist[74].

Um ein einigermaßen vollständiges Bild der memoria-intellegentia-
voluntas-Trinität zu gewinnen, muß nun noch der Weg von *Buch XI bis
XIV* aufgezeigt werden, d. h. der Stufengang, der vom untersten „vestigium
trinitatis" bis zur Gottebenbildlichkeit führt[75]. Die unterste Dreiheit wird

---

[70] Auch die u. S. 224 f. besprochenen Partien sind in dieser Hinsicht sehr wenig
ergiebig.

[71] Wie wir oben beim „verbum" in Buch IX gesehen haben, zur Wendung nach
außen vgl. noch IX, 5 (963 f.).

[72] X, 19 (984): Mentem quippe ipsam in memoria et intellegentia et voluntate
suimetipsius talem reperiebamus, ut, quoniam semper se *nosse* semperque se
ipsam *velle* comprehendebatur, *simul* etiam semper sui meminisse, semperque se
ipsam intellegere et amare comprehenderetur. Noch deutlicher XV, 12 (1065):
Itemque in hoc magna distantia est, quod, sive mentem dicamus in homine eiusque notitiam et dilectionem, sive memoriam, intellegentiam, voluntatem. . .

[73] X, 13 (981): Duobus igitur horum trium, memoria et intellegentia, multarum
rerum notitia atque scientia continentur . . . , doch kann hier „notitia" unspezifisch verwendet sein. In X, 11 (980) gehören amare und scire zu jenen dauernd
sicheren Tatsachen des Selbstbewußtseins. XIV, 20 (1051): . . . si se omnino nesciret,
id est, si sui non meminisset nec se intellegeret. . .

[74] XIV, 14 (1048), s. o. S. 205 u. Conf. X, 21 (ML 32, 788/L II, 255): animus =
memoria.

[75] „Vestigium trinitatis" (XI, 1 [983]) ist kein häufiger Ausdruck bei Aug. Er
redet gern einfach von „trinitas", ein Begriff, der in dieser Verwendung durchaus
weniger als imago dei sein kann (vgl. XII, 4 [1000]).

208

gebildet von der äußeren Gestalt des körperlichen Dings, von der Form, die
es im Gesichtssinn hinterläßt, und vom Willen, der beide verbindet[76], wobei Analoges auch von den andern Sinnen gesagt werden könnte, doch zieht
Augustin den Gesichtssinn wegen der Nähe zur „visio mentis" vor[77] — das
Erkennen ist am Modell des Sehens orientiert. Eine Seinsstufe höher —
wenigstens hinsichtlich des ersten Glieds — steht die Dreiheit von similitudo
corporis in memoria—interna visio cogitantis—intentio voluntatis[78]. Hier
wird nun ein neues Element der Analogie-Spekulation sichtbar, nämlich die
Möglichkeit „secundum hanc trinitatem" zu leben. Allerdings wäre es ein
schlechtes Leben, wenn einer nach dieser rein imaginativ-körperlichen Trinität leben wollte. Er würde auf der tierischen Stufe stehenbleiben[79]. Es
handelt sich hier darum auch noch nicht um die imago dei. Dennoch lassen
sich einige Trinitätsanalogien, hauptsächlich hinsichtlich der Prozessionen,
aufzeigen: Man kann die äußere Gestalt „parens" der Schau nennen, doch
nur in einem sehr uneigentlichen Sinne, da der Körper ja auf einer tieferen
Stufe steht. In dieser Dreiheit ist der Wille das Geistigste, da ja auch das
Schauen materiell geformt ist, und insofern Andeutung des Heiligen Geistes[80]. Auch ist das Vater-Sohn-Verhältnis dunkel abgebildet, wenn das Bild
des äußeren Gegenstandes im Gedächtnis die innere Schau formt. Der Wille
hingegen geht offensichtlich von dem im Gedächtnis behaltenen Bild aus
und ist nicht „proles" oder gar „parens"[81]. Doch gehört dies alles zum äußeren Menschen bzw. zu dem, was wir mit den Tieren gemeinsam haben[82].
Sobald über die körperlichen Dinge rational geurteilt wird, handelt es sich
um eine Sache des inneren Menschen, oder genauer: Sobald die Vernunft
mit den Körperdingen in Beziehung gesetzt wird, betätigt sich die mens,
die sich zur Verwaltung der zeitlichen Dinge „nach unten" wendet. Insofern
die mens so gerichtet ist, wird zwar auch eine Trinität in ihr sichtbar; aber
erst dann, wenn sie sich in der „contemplatio aeternorum" befindet, ist sie
auch imago dei[83].

Die Unterscheidung der nach unten und der nach oben gerichteten Tätigkeit der mens faßt Augustin für den Rest des Werks in das Begriffspaar
„scientia—sapientia", wobei die „sapientia" eben die Betrachtung des Ewigen ist, während die „scientia" die „actio, qua bene utimur temporalibus
rebus" umfaßt[84]. Unter die „scientia" fallen die gesamten heilsgeschicht-

---

[76] XI, 1—5 (983—988).   [77] XI, 1 (985).   [78] XI, 6 ff. (988 ff.).   [79] XI, 8 (990 f.).
[80] XI, 9 (991 f.).   [81] XI, 11 f. (993 f.).   [82] XII, 1 f. (997—999).
[83] XII, 3 f. (999 f.). Wir überspringen hier die Abweisung der Analogie der
Familie XII, 5—12 (1000—1005), die nach der Abweisung der intersubjektiven
Liebe eine Selbstverständlichkeit ist. Zu den hist. Bezügen vgl. o. S. 45.
[84] XII, 22 (1009), zur Abhebung der zwei Begriffe vgl. XII, 22 ff. (1009 ff.),
XIII, 24 ff. (1033 ff.), XIV, 1 (1035—1037), 3 (1037 f.), XV, 17 (1069 f.), Unterscheidungen nach Hiob 28, 28. Frühere Belegstellen bei LORENZ, ZKG 75, 1964, 35,
Anm. 68.

lichen Ereignisse[85], ebenso auch der Glaube selbst (fides qua)[86] und die Tugenden[87]. Dieser ganze Bereich gehört gleichsam der Ebene des Hinweisenden an, während der sapientia-Bereich die wahren und ewigen Dinge selbst betrifft. Christus jedoch erscheint auf beiden Ebenen und hilft uns dazu, von ihm als zeitlicher, geglaubter Erscheinung zur ewigen Wahrheit aufzusteigen[88]. Nach der scientia-Trinität zu leben, ist gut[89], aber damit ist die höchste Bestimmung noch nicht erreicht und die imago dei noch nicht gefunden[90]. Diese selbst taucht erst da auf, wo die mens sich selbst erkennt, und erst recht, wo sie Gott erkennt[91], d. h. also da, wo die Inhalte von memoria—intellegentia—voluntas nicht nachträglich zur mens hinzukommen und auch nicht mehr aufhören werden[92].

Bevor wir die imago-dei-Thematik weiter verfolgen, ist, ähnlich wie bei der ersten Trinität, die Frage nach dem Was der drei Glieder zu stellen. Handelt es sich um Seelenvermögen[93] oder um Akte[94]? Es ist entscheidend wichtig, daß deutlich festgehalten wird: Augustin gibt auf diese Frage keine Antwort, er führt keinen Oberbegriff ein — eine Parallele zu der großen Skepsis gegenüber dem Oberbegriff „persona" in der göttlichen Trinität. Dennoch sind seine Ausführungen zu dieser Dreiheit ausführlich genug, so daß im Gegensatz zur ersten Dreiheit eine Beantwortung der Frage möglich ist. Auch dominiert in den Büchern XI bis XIV das spezifisch Trinitarische nicht so stark, daß der bloße Hinweis auf das Dogma gestattete, die psychologische Frage im Unbestimmten zu lassen. Wie wir schon sahen, (s. o. S. 205 f.), denkt Augustin in erster Linie an die *Betätigung* der drei Größen, also an Akte. Das wird auch durch eine Überlegung bestätigt, die er im Zusammenhang mit der noch materiell gebundenen Erinnerungstrini-

---

[85] XIII, 24 (1033). Das Buch ist bis zu diesem Paragraphen eine Abhandlung über „cur deus homo", die wohl schon unter dem Eindruck der pelagianischen Häresie entstanden ist, s. o. S. 9.

[86] Ausdrücklich XIII, 5 (1016 f.) XIV, 4 u. 11 (1038 u. 1045). Immerhin kann sich sein Sprachgebrauch auch der „fides quae" nähern: Ep. 238, 1 u. 239, 1 (ML 33, 1038 f. u. 1049 f./CSEL 57, 533 u. 556 f.). Vgl. dazu DUCHROW, Sprachverständnis 113 f.

[87] XIV, 4 f. (1038 f.), 11 (1045), XV, 10 (1064).

[88] XIII, 24 (1033 f.).   [89] XIII, 26 (1036).

[90] XIV, 4 ff. (1038 ff.). Das spekulative Interesse an der fides-Trinität ist nicht groß.

[91] XIV, 11 (1044): Ecce ergo mens meminit sui, intellegit se, diligit se. Hoc si cernimus, cernimus trinitatem, nondum quidem deum, sed iam imaginem dei; dann XIV, 15 (1048).

[92] XIV, 11 (1044 f.). Die „innere" Selbsterkenntnis ist ja „semper"! Zur natürlichen Kenntnis Gottes s. u. S. 212, Anm. 115.

[93] So BOYER, L'image de la trinité 344, 346 f., KÜNZLE, Verhältnis 19.

[94] GARDEIL, Structure 100 ff., der die Dreiheit in der memoria mit mens—notitia—amor identifizieren möchte, d. h. mit der von ihm als mens noscibilis etc. interpretierten ersten Dreiheit (96 f.).

tät unternimmt: Er fragt sich, ob es so viele „trinitates" gebe, wie es Erinne-
rungsakte gebe, oder ob man die Gesamtheit auf eine Trinität reduzieren
könne. Er gibt selbst die Antwort, indem er pluralisch redet und zugleich
von einer „innumerabiliter numerosissima trinitas" spricht, wobei dieser
Singular sein Recht nicht aus der Feststellung dreier seelischer Größen oder
Aspekte nimmt, sondern ausschließlich aus der generischen Betrachtung der
zahllosen trinitarisch strukturierten „recordationes"[95]. Daraus dürfte wiederum deutlich hervorgehen, daß die einzelnen Akte, von den einzelnen
Gegenständen bedingt, derart im Vordergrund stehen, daß eine Vermögenslehre gar nicht eigentlich in sein Gesichtsfeld tritt. Daß bei Augustin der
Ausdruck „potentia animi" und „vis animae" auch vorkommt[96], kann in
dieser Frage nicht weiterhelfen, da die Begriffe gerade im entscheidenden
Zusammenhang fehlen.

Obschon die Frage nach den Seelenvermögen und ihrer Identität mit der
Seele oder mens — eine Aussage, die bei Augustin eindeutig trinitarisch
bedingt ist — meist von der scholastischen Fragestellung her an die Texte
herangetragen wird und über die Tatsache hinweggeht, daß Augustin nicht
gewohnt ist, in der Alternative von Akt und Potenz zu denken, dürfte sie
doch nicht ganz sinnlos sein, weil nicht nur nach, sondern auch vor Augustin
solche Lehren bestanden haben: Platon spricht nicht nur von Seelenteilen,
sondern auch von Seelenvermögen (δυνάμεις), desgleichen Aristoteles[97]. In
der Stoa[98] und im Neuplatonismus[99] sind Seelenvermögen z. T. im Gegensatz zu Seelenteilen durchaus bekannte Größen. Für die Neuplatoniker
Porphyrios und Jamblichos stellt sich das Problem in historischer Betrachtungsweise ungefähr so dar[100]: Platon und die Pythagoreer lehrten drei
Seelenteile (λογισμός, θυμός, ἐπιθυμία) und acht Seelenvermögen, Aristoteles
deren fünf und keine Seelenteile[101], die Stoiker acht Seelenteile und im
Hegemonikon die vier Seelenvermögen φαντασία, συγκατάθεσις, ὁρμή, λόγος[102].
Was außerdem Porphyrios selbst zum Problem sagt, beansprucht ebenfalls

---

[95] XI, 12 (994).

[96] KÜNZLE, aaO, 19 weist auf De trin. XIV, 10 (1044), wo aber die potentia =
scientia ist. Er weist auch auf De lib. arb. II, 50 (ML 32, 1268/CSEL 74, 85) hin,
wo von „potentiae animi" die Rede ist, die nach n. 52 (aaO, 86) auch auf die
„voluntas" zu beziehen sind. Aber das gibt ebensowenig her, wie wenn in De mus.
VI, 31 (ML 32, 1180) die memoria „vis animae" heißt, oder wenn in C. ep. Man.
20 (ML 42, 185 f./CSEL 25, 1, 215) wohl die mens als potentia animae erscheint.
Wie wenig spezifisch Aug. die Begriffe verwendet, zeigt De quant. an. 69 (ML 32,
1073): . . . quanta sit anima, non spatio loci ac temporis, sed vi ac potentia.

[97] SIEBECK, Gesch. d. Psychol. I, 202 f., II, 17.

[98] POHLENZ, Stoa I, 90.

[99] Plotin, Enn. II, 9, 2 (HARDER 33, 17), IV, 9, 3 (8, 10 f.).

[100] Nach Zitaten bei Johannes Stobaios, Ecl. I, 49, 24 f. (ed. WACHSMUTH 347 bis
354) über Porphyrios, I, 49, 32—34 (362—369) über Jamblichos.

[101] STOBAIOS, aaO, I, 49, 33 f. (368 f.).   [102] STOBAIOS, aaO, I, 49, 34 (369).

ein gewisses Interesse[103]: Die Vorstellung des Seelen*teils* bezieht sich auf das Quantitative, die des Vermögens auf die Vorstellung des Ganzen, so daß die Vermögen jedem Teil zugeschrieben werden können[104] — eine Eigentümlichkeit, die den drei Größen Augustins ebenfalls zukommt, wie der Gang von unten nach oben von Buch XI bis XIV zeigt. Auch in der christlichen Literatur ist die Unterscheidung bekannt[105], und die Schrift Tertullians über die Seele, die Augustin kannte, gibt ebenfalls eine kleine Übersicht über die verschiedenen Ansichten der Philosophen von den Seelenteilen, die Tertullian allerdings nicht gegenüber den Vermögen abgrenzt, sondern ohne Unterscheidung als „vires et efficaciae et operae" bezeichnen möchte[106].

Die Tatsache, daß Augustin die Unterscheidung von Vermögen und Teilen also wohl kaum ganz unbekannt war und daß er die Begriffe „vis" und „potentia" kennt, läßt es einerseits als bedeutungsvoll erscheinen, daß er diese Begriffe auf seine drei Komponenten nicht anwendet; andrerseits kann man doch mit einer gewissen Berechtigung sagen, er befinde sich mit seiner mentalen Trinität in unmittelbarer Nähe der Vermögenslehre, obschon eine Lehre von *drei* Seelenvermögen ebenso wie eine Lehre von der *memoria* als Seelenvermögen vor ihm, soweit ich sehe, nicht nachweisbar sind. Dagegen ist die Dreizahl hinsichtlich der Seelen*teile* nichts Neues, und die Einbeziehung der willentlichen und der intellektuellen Komponente in die Vermögen ist ebenfalls ein Element der Tradition[107]. Wenn man daher die drei als Seelenpotenzen bezeichnet, geht man nicht völlig fehl, aber man vollzieht eine Präzisierung, wo Augustin eine gewisse Unbestimmtheit wahrte[108]. Ihn interessierte nur, daß und hinsichtlich welcher Objekte sich die *drei* „Potenzen" *gleichzeitig* aktualisieren, nicht jedoch, ob und inwiefern psychische Potenzen gelehrt werden können, da er ja eine trinitarische Psychologie und nicht eine psychologische Trinitätslehre anstrebte.

---

[103] Stobaios, aaO, I, 49, 25 a (352), und das Referat des Jamblichos daselbst I, 49, 35 (370).

[104] Daß das „Quantitative" nichts Ausgedehntes ist, wird beigefügt (I, 49, 25 a [353]).

[105] Gregor v. Nyssa, De hom. op. 14 f. (MG 44, 173 ff.).

[106] De anima c. 14, 2 f. (CC II, 799 f.).

[107] Drei Seelenteile bei Platon und den Pythagoreern (s. o.), was in der Antike bekannt war (vgl. Cic., Tusc. I, 10, 20, ed. Pohlenz 227 f.), obschon zugleich die Tradition der Zweiteilung von Platon und den Pythagoreern her bestand, vgl. Cic., aaO, IV, 5, 10 (366): rationaler und nicht rationaler Teil, Tert., De an., c. 14, 2 (CC II, 799).

[108] Interessant ist, daß Schneider, Seele und Sein 173 f., bei der Analyse des „inneren Sinnes" auf die Dreiheit von passiver, aktiver Potenz und Streben kommt, die der mem.-int.-vol.-Dreiheit ähnlich ist, ohne daß Schneider die Trinitätsspekulation im Auge hätte.

Imago dei

Welches ist nun die Lehre von der imago dei, die Augustin, nachdem er von allen vorangehenden Stufen immer wieder erklärt hat, sie enthielten noch nicht die imago, endlich im vierzehnten Buche ausbreitet? Wie wir schon sahen, ist sie in der dauernden Selbstbezogenheit der memoria-intelle-gentia-voluntas-Dreiheit zu sehen. Die Dauerhaftigkeit spielt darum eine Rolle, weil ja das eigentliche proprium des Menschen imago sein muß und alles, was den Menschen nicht kontinuierlich auszeichnet, darum nicht im strengen Sinne imago sein kann[109]. Das ist eine Grundvoraussetzung, der wir auch außerhalb De trinitate begegneten und die nun hier eine Verände-rung oder Spezialisierung insofern erfährt, als die Beständigkeit nicht allein auf das Vorhandensein gewisser Seelenteile bezogen wird, sondern zugleich auch noch auf den Inhalt der drei Komponenten. Nicht als bloße mens, son-dern erst als sich selbst erkennende und liebende mens ist sie auch imago. Denn als solche ist sie „capax dei", als solcher wohnt ihr die Möglichkeit inne, Gottes teilhaftig zu werden[110]. Das gilt auch dann, wenn sich der Mensch völlig in die Sünde und ans Materielle verliert[111]. In diesem Zustand fehlt dem Geiste nie die Selbstliebe[112], und die wahre Selbstliebe ist zugleich Gottesliebe[113], ja, die kontinuierliche Selbstliebe ist die Bedingung der Mög-lichkeit der Gottesliebe[114]. Demgemäß gibt es nicht nur eine dauernde memoria sui, sondern auch eine, wenngleich verschüttete, memoria dei, die es zu wecken gilt[115].

Zu ihrem Ziel gelangt die imago aber natürlich erst, wenn sie sich auf Gott wendet, und in dieser Zuwendung wird sie seiner auch teilhaftig[116]. Das ist zugleich „sapientia" — im Gegensatz zu „scientia"[117]. Erinnerung, Denken und Willen müssen sich auf ihn richten[118]. Dann beginnt die Er-

---

[109] XIV, 4 (Übergang von cap. 2 zu 3) (1038).

[110] XIV, 11 (1044): Eo quippe ipso imago eius est, quo eius capax est eiusque participes esse potest, vgl. bes. auch 20 (1051).

[111] XIV, 6 (1040), 11 (1044), 19 (1050 f.).

[112] XIV, 20 (1051), bezogen auf n. 19: Haec dixi, ut etiam tardiores . . . comme-morentur a me . . . , quantum mens diligat se ipsam etiam infirma et errans, male diligendo . . . , quae sunt infra ipsam.

[113] XIV, 18 (1050): Qui ergo se diligere novit, deum diligit. . .

[114] Das geht ziemlich deutlich aus XIV, 20 (1051) hervor: Diligere porro (und zwar immer) se ipsam non posset, si se omnino nesciret, id est, si sui non meminis-set nec se intellegeret, qua in se imagine dei tam potens est, ut ei, cuius imago est, valeat inhaerere.

[115] XIV, 17 (1049), 21 (1052): Sie gründet in der Illumination jedes Menschen. Zur „memoria dei" vgl. noch CILLERUELO, AM I, 499—509, u. LORENZ, ThR 25, 1959, 39 f., neuerdings ZKG 75, 1964, 43 ff.

[116] Zum Zusammenhang von conversio und participatio vgl. HASSEL, RA II, 389 u. De trin. XIV, 15 (1048), 18 (1050), 20 (1051), 21 (1052).

[117] XV, 5 (1061) et passim, s. o. S. 208 f.   [118] Vgl. Anm. 116.

neuerung des verschmutzten Gottesbildes, die durch tägliche Zuwendung zum Urbild langsam fortschreitet, bis in der vollkommenen Schau auch die Ähnlichkeit mit Gott vollkommen sein wird[119]. Das alles ist gleichsam auf der Linie der natürlichen, immer bestehenden und „gottesmächtigen" imago gesagt. Die Linie der gnadenhaften Wiederherstellung ist jedoch eng damit verflochten: Die Erneuerung erfolgt durch Gottes freie Gnade, durch das Verdienst, das Gabe und Gnade ist[120]; die imago kann der Mensch nicht aus eigenen Kräften wiederherstellen, nachdem er sie einmal aus eigenem Willen verunstaltet hat[121]. Die Erneuerung von Tag zu Tag wäre auch gar nicht möglich, wenn nicht durch die Vergebung der Sünden das Grundübel getilgt und die Bahn zum Aufstieg bis zur Vereinigung in der vollendeten Schau freigegeben wäre[122]. Hier machen sich zweifellos wieder Auswirkungen des antipelagianischen Kampfes bemerkbar, der jedoch nicht zur Folge hatte, daß die Linie der „oboedientialis potentia" preisgegeben wurde. Vielmehr fließen beide Linien ineinander, ohne daß Augustin einen Widerspruch empfände, genauso wie er in der Auseinandersetzung mit dem Pelagianismus Freiheit und Gnade zugleich und uneingeschränkt vertreten konnte[123]. Das Zugleich von Gnade und Freiheit darf nicht zugunsten eines Sowohl-Als-auch von Natürlichem und Übernatürlichem preisgegeben werden.

Blicken wir zurück auf das über die imago dei außerhalb De trinitate Gesagte, so werden sofort die zwei Hauptlinien wieder sichtbar, welche wir bis in den pelagianischen Streit hinein feststellen konnten, nämlich die imago als die den Menschen auszeichnende Naturbeschaffenheit, die auch die Nähe und Verbindung zu Gott ermöglicht, und auf der andern Seite das Motiv der imago-Verderbnis. In dieser Hinsicht wird nun allerdings deutlich, daß hier auch schon die Entwicklungsstufe von De spiritu et littera hinter Augustin liegt, indem er nicht mehr von „reliquiae" redet, sondern die imago zwar „deformis"[124], „obsoleta, obscura, paene nulla"[125] nennt, aber sie doch ganz erhalten denkt und so lange im Menschen annimmt, als ein Selbstkennen und Selbstwollen — ob bewußt oder unbewußt — geschieht, ohne jedoch „mens" und „imago" zu identifizieren[126]. Worin sich die Ausführungen von De trinitate dagegen sehr deutlich von der großen Menge der Texte außerhalb dieser Schrift unterscheiden, ist die trinitarische Struktur der imago, die auf erstaunlich weitgehende Weise der imago-Vorstellung

---

[119] XIV, 23 ff. (1054 ff.).   [120] XIV, 21 (1052).   [121] XIV, 22 (1053).
[122] XIV, 23 (1054 f.).
[123] Vgl. dazu die trefflichen Ausführungen GILSONS, Introd. 204 ff. bes. 215 f. (jetzt auch deutsch in ANDRESEN, Zum Augustingespräch . . . 399 ff.) und von LORENZ, ZKG 75, 1964, bes. 66 ff.
[124] XIV, 6 (1040), 11 (1044), XV, 14 (1068).   [125] XIV, 6 (1040).
[126] Vgl. bes. zu Kol. 3, 10 in XIV, 22 (1053 f.).

eingefügt ist, ja, die Trinitätsanalogie scheint in Buch XIV überhaupt vom Gedanken der Ebenbildlichkeit dominiert. Der Gedankenstrom, der mit der imago-Vorstellung verbunden ist, annektiert sozusagen die Trinitätsanalogie, er strömt in Gebiete ein, die zuvor mit ihm wenig oder nichts zu tun hatten, und erfüllt die bloßen Illustrationen des Dogmas mit den Realitäten von Sünde und Erlösung. Zugleich wird jedoch sichtbar, daß Augustin eigentlich keine feste *Lehre* von der Gottebenbildlichkeit vertritt, sondern nach Bedarf diese *Redeweise*, die ja von Anfang an auch mit Analogie etwas zu tun hatte, heranziehen kann.

Es dürfte damit hinreichend klar geworden sein, daß die drei Kräfte im Gottesbild für die Zuwendung zu Gott wesentlich sind und wie ein Gefäß erscheinen, in das sich die Gnade senken kann. Wenn jedoch schon nach Buch XI ein deutliches Abnehmen des Interesses an der Analogie der Trinität als Analogie festzustellen war, so gilt dies von Buch XIV mindestens ebensosehr. Daß die drei Komponenten in der mens etwas mit den drei Personen der Trinität zu tun haben, tritt völlig in den Hintergrund, und die ganzen Ausführungen wären eigentlich auch denkbar, wenn die imago nicht trinitarisch strukturiert wäre, sofern ungefähr dieselben intellektuellen und voluntativen Elemente darin geltend gemacht würden[127]. Ein Gedanke etwa der Art: Der Sohn habe besondere Beziehungen zur Gotteserkenntnis in der intellegentia, der Heilige Geist wecke insbesondere die Liebe, treten hier nicht auf, und man erhält den Eindruck, die Dreiheit in der mens diene wohl dazu, im Menschen eine imago dei bzw. trinitatis zu sehen, und vereinige in sich auch wichtige Funktionen, doch verliere man bei all dem eigentlich die Trinität selbst aus dem Auge, also gerade dasjenige Thema, das eigentlich den Mittelpunkt des ganzen Werks bildet. Oder mit dem Ansatz von Buch X bzw. VIII ausgedrückt: Ist die Liebe vom Erkennen abhängig, so ist in Buch XIV wohl viel von der Liebe zu Gott und von der Gotteserkenntnis im Sinne der Illumination[128] die Rede, aber eigentlich nicht von der Trinität, die es zu lieben gilt, und es ist noch unklar, wie die Selbsterkenntnis als Erkenntnis der eigenen Dreiheit mit der Erkenntnis der Trinität selbst zu verbinden ist. Die Klärung dieser Fragen unternimmt Buch XV.

---

[127] Was in n. 20 (1051) (accedente quidem ista . . .) angedeutet wird, bleibt völlig bedeutungslos.
[128] Vgl. bes. XIV, 21 (1052).

Aufstieg zur Trinität?

In *Buch XV* knüpft Augustin an das Wesen der „sapientia" als der
„contemplatio aeternorum" an und sucht von daher die Trinität selbst gewahr zu werden[129], wobei er sich an das Zeugnis der gesamten Schöpfung
hält[130], das uns dazu anleitet, mittels unserer mens das Lebende dem Leblosen, das Empfindende dem Empfindungslosen usw. vorzuziehen, woraus
sich wesentliche Eigenschaften Gottes erschließen lassen, nämlich daß er
„vivens, sentiens, intellegens, immortalis, incorruptibilis, immutabilis, in-
corporalis, potens, iustus, speciosus, bonus, beatus" sei[131]. Am Leitfaden dieser zentralen Gottesattribute und ihrer Manifestation in der wandelbaren
Welt soll nun die Trinität aufgesucht werden. Doch wie ist das möglich,
da doch der Gottheit als ganzer und jeder einzelnen Person diese Vollkom-
menheiten zukommen?[132] Nach allem im ersten Teil Gesagten ist es kein
Problem, diese Begriffe zusammenzuziehen und auf drei — aeternus, sapiens,
beatus — zu reduzieren[133]. Doch lassen sich diese drei ihrerseits wieder auf
eins zusammenziehen, so daß auf diesem Wege die Trinität nicht erscheint
— was nach allem über die Appropriationen Gelehrten eine Selbstverständlichkeit ist. Wie also kann die Trinität erkannt werden, nachdem sie geglaubt ist?[134] Wir stehen damit wieder vor dem Problem, das in Buch VIII
zum Nachweis der Trinität in der Liebe geführt hatte, nachdem in der
ideellen Wahrheitserkenntnis nichts Trinitarisches zu sehen gewesen war[135].
Es sieht fast so aus, als ob wir die aufgezeigten Analogien wohl in uns erblicken, die Trinität bei Gott jedoch nur glauben könnten. Aber wenn wir
Gott z. B. als „sapientia" erkennen, so können wir nicht bestreiten, daß diese
auch ein Sichkennen und Sichlieben einschließt: ecce ergo trinitas![136] Ist das
nun der erwartete Sprung in die Trinität? Ist damit das Rätsel gelöst und
die Aufgabe des Gesamtwerks erfüllt? Ist damit der Gottesbegriff psycho-
logisch-trinitarisch aufgeschlüsselt? Augustin gibt auf diese Frage zunächst
keine Antwort, aber die Fortsetzung ist ein ziemlich klares Nein. Er entfaltet sofort die Ungleichheiten: Jene Trinität ist identisch mit Gott, d. h.

---

[129] Ende XV, 5 (1061): . . . et sic percipit sapientiam, ubi contemplatio est
aeternorum. Anf. 6 (aaO): Iam ergo in ipsis rebus aeternis . . . trinitatem . . .
inquiramus.
[130] XV, 6 (1061): universa ipsa rerum natura proclamat. . . Aus der Schrift wird
dieser Weg begründet mit Röm. 1, 20 und Sap. 13, 1—5 (XV, 3, 1058), womit auch
und vor allem der ganze „Anmarschweg" gerechtfertigt wird. Zum Problem vgl.
MADEC, RA II, 273—309 (Röm. 1, 18 ff. im Werk Aug.s).
[131] XV, 6 (1061).   [132] XV, 7 (1061).
[133] XV, 7 f. (1061 ff.). Der Wandel gegenüber der Frühzeit könnte nirgends
deutlicher werden als gerade bei der Behandlung dieser drei Attribute!
[134] XV, 9 (1063).   [135] Daran erinnert sich Aug. auch, vgl. XV, 10 (1064).
[136] XV, 10 (1063—1065).

zu Gott gehört nichts außer der Trinität, und nichts ist von ihm aussagbar, was nicht zugleich von der Trinität aussagbar ist. Beim Menschen hingegen sind die drei nur eine Sache der mens, die sich als Haupt in der Seele und diese wiederum im Körper befindet[137]. Zudem kann nicht auf die göttlichen Personen verteilt werden, was in unserem Geist fest verteilt bleibt, nämlich eben memoria, intellegentia, voluntas. Da ja keine der Personen in Gott ihrem Wesen nach von der anderen verschieden ist, kann nicht der einen das Erinnern, der andern die Erkenntnis und der dritten der Wille zugesprochen werden[138] — eine Erkenntnis, die eigentlich nur die Konsequenzen aus dem ersten Teil des Werks zieht. Das Ergebnis des Vergleichs ist derart negativ, daß Augustin auf die Schwäche der menschlichen Selbsterkenntnis und erst recht Gotteserkenntnis zu sprechen kommt[139]. Er nimmt seine Zuflucht bei Paulus — vir tantus, tamque spiritalis! —, der von der Schau in diesem Leben sagt: videmus nunc per speculum in aenigmate. Und was ist der Spiegel anderes, als der Ort, wo die imago erscheint? Der Versuch jedoch, durch diesen Spiegel die Sache selbst unmittelbar zu erblicken, ist gescheitert[140]. Wenn nämlich der Apostel beifügt „in aenigmate", so bestätigt er ja, daß diese Erkenntnis durch das Bild nicht bloß einer Allegorie, sondern einem Rätsel, also einer schwer verständlichen Sache, zu vergleichen ist[141].

Der Blick durch den Spiegel, den Augustin praktisch mit der imago dei im Menschen identifiziert[142], ist also schon nach dem Zeugnis des Apostels ein sehr schwieriger, und die Ähnlichkeit ist nur dunkel zu erkennen. Man muß sich also nicht wundern, wenn der Blick durch das Gottesbild äußerst mühsam und mangelhaft bleibt. Dabei ist durchaus auch schon der Blick ins eigene Innere schwierig, ja dieses ist eben selbst der trübe Spiegel; trotzdem gilt es, durch ihn zu blicken. Damit ist der entscheidende Ansatz für dieses ganze letzte Buch gefunden: die *grundlegende Ungenauigkeit der Urbild-Abbild-Beziehung*. Man kann geradezu sagen, das ganze Buch sei ein Kommentar zu dem Pauluswort von der „visio per speculum . . ."[143], und immer wieder wird dieses Stichwort fallen[144]; denn im folgenden soll nun nicht mehr, wie in den Büchern IX und X, eine möglichst perfekte Abbildung der Trinität gefunden werden, sondern es sollen Abbild und Urbild in ihrer gewaltigen Differenz stehengelassen und diese Differenz auch

---

[137] XV, 11 (1065).   [138] XV, 12 (1065 f.).   [139] XV, 13 (1067).   [140] XV, 14 (1067).
[141] XV, 15 (1068 f.). Vgl. dazu En. in ps. 48, s. 1, 5 (ML 36, 546): Aenigma est obscura parabola, quae difficile intellegitur.
[142] XV, 16 (1069): Proinde, quantum mihi videtur, sicut nomine speculi imaginem voluit intellegi . . .
[143] So treffend BA 16, 21.
[144] XV, 19 (1071), 21 (1073), 22 (1075), 26 (1079), 39 f. (1088), 41 (1089), 43 f. (1090 f.), 50 (1097).

ausdrücklich hervorgehoben werden. Die Ungenauigkeit und das Ungenügen sind somit im Ansatz schon zur Geltung gebracht. Augustin erreicht
damit eine vermehrte Unanfechtbarkeit der Trinitätslehre als solcher, verbunden mit einer bedeutend größeren Unbefangenheit auf dem Gebiet der
imago. Dieser Neueinsatz ist jedoch nur möglich, weil die trinitarische
imago-Lehre bereits so eingehend behandelt und bereits so unzweifelhaft geworden ist, daß die Frage, ob überhaupt in der mens eine Trinität sichtbar
sei, gar nicht mehr gestellt werden muß — ganz im Gegensatz zu Buch IX —,
sondern unter der Voraussetzung, daß dem so sei, auf freiere Weise das
„rätselhafte Spiegelbild" untersucht werden kann.

Die Analogie des Wortes in abschließender Form

Sofort leitet nun Augustin zur Behandlung des inneren Wortes über. Er
beschränkt sich dabei weder auf die Selbsterkenntnis noch auf die sapientia-
Erkenntnis, sondern nimmt gleich alles, was unser Wissen umfaßt, mit in
die Überlegungen hinein[145]. Dem entspricht es auch, daß er beim inneren
Sprechen im allgemeinen einsetzt. Er führt zum Schutze dieser Vorstellung
gleich eine ganze Menge Schriftzitate an, die ihm von einem inneren Sprechen zu reden scheinen[146]. Zur weiteren Verteidigung grenzt er den äußeren
Bereich, wo Reden und Sehen zweierlei sind, vom inneren ab, wo Sehen
und Sprechen in Wirklichkeit eins seien[147]. Damit gibt er allem, was folgt,
den Beigeschmack uneigentlicher Rede, ein Beigeschmack, der sofort wieder
genommen werden wird; denn er wird kurz darauf versichern, daß dem inneren Wort im eigentlicheren Sinne der Name „Wort" zukomme[148]. Dieser
scheinbare Widerspruch ist bezeichnend für Augustins Denken in Seins-
stufen: Was innen ist, steht auf jeden Fall höher, als was draußen tönt oder
sichtbar ist. Zugleich ist das Innere einfacher als das Äußere. Sofern nun
ein Begriff etwas einzelnes Äußeres bedeutet, liegt seine eigentliche Bedeutung im Äußeren und wird vom Inneren nur uneigentlich gebraucht, was
bei Reden und Sehen im gängigen Sinne der Fall ist; sofern jedoch die
eigentlichere Bedeutung ins Innere verlegt wird, was bei „verbum" in diesem Zusammenhang der Fall ist, erscheint selbstverständlich die gewöhn-
liche äußere Bedeutung als die mindere, abgeleitete. Es hängt aber alles
davon ab, wo man die eigentlichere Bedeutung jeweils lokalisiert. Augustin
unterliegt in dieser Hinsicht gewissen Schwankungen, da ihn seine Metaphysik auf der einen Seite „nach oben" zieht, wie hier beim verbum, und

---

[145] XV, 17 (1069 f.).   [146] XV, 17 f. (1070).
[147] XV, 18 (1071), vgl. auch C. serm. Ar., c. 14 (ML 42, 693), In Io. ev. tr. 18, 10
(ML 35, 1541 f.).
[148] XV, 20 (1071): . . . verbi, quod intus lucet(!), cui magis verbi competit nomen.

wie wenn er sagt, daß Gott allein im eigentlichsten Sinne „sei"[149], während ihn der übliche Sprachgebrauch auf der andern Seite „nach unten" zieht, wie offenbar hier bei Sprechen und Blicken, und wie er es andernorts auch ausdrücklich sagt[150]. Was hingegen viel mehr als seine eigenen Bemerkungen für ein uneigentliches Verständnis des inneren Redens spricht, ist der eindeutige Vorzug, den er dem Sehen als gängiger Metapher für das Denken und Erkennen gibt[151].

An diesen Ausführungen über das innere Sehen bzw. Sprechen ist weiterhin dies bemerkenswert, daß nicht nur Sehen und Sprechen, sondern auch Sehen und Hören als Begriffspaar auftreten, und zwar sowohl für den inneren wie für den äußeren Vorgang[152]. Das bedeutet jedoch nicht, daß das innere Sprechen und das innere Wort in irgendeiner Weise als inneres Hören charakterisiert würden, vielmehr gehört es ja gerade zum Wesen des inneren Wortes, daß es eine willentliche Aktivität des Menschen im einzelnen Akt des Ergreifens von „Gesehenem" ist und somit bestenfalls, wenn man jenes innere Sehen auch mit Hören paraphrasieren kann, als eine Antwort auf das innere Hören verstanden werden kann — eine Nuancierung, wie wir ihr bei Augustin nicht begegnen. — Schließlich ist noch darauf aufmerksam zu machen, daß schon in den vorlaufenden Bemerkungen zum inneren Sprechen eine leichte Akzentverschiebung gegenüber dem neunten Buch sichtbar wird: Das innere Reden bezieht sich nicht auf jeden beliebigen Inhalt, den unsere Phantasie produzieren kann oder den wir äußerlich wahrnehmen[153]. Wenn Augustin über die „universa scientia" spricht, so meint er all das, was wir faktisch wirklich wissen und als Wahres wissen. Daß es auch ein inneres Wort der Sünde und Begehrlichkeit geben kann, tritt hier völlig in den Hintergrund. Das Feld der Überlegung ist aufs stärkste von dem Bereich bestimmt, der in den Büchern XII bis XIV mit „sapientia" und „scientia" umschrieben wurde[154].

---

[149] Vgl. z. B. Sermo 6, 4 (ML 38, 61): „Est" ist der Name Gottes nach Ex. 3, 14. Quod enim est, manet. Quod autem mutatur, fuit aliquid et aliquid erit, *non tamen est*, quia mutabile est.

[150] Ep. 147, 22 (ML 33, 606/CSEL 44, 296): . . . sed quia usitatius in loquendo solemus oculis attribuere visionem sicut speciem corpori. . .

[151] Kurz zuvor (XV, 16, 1069): cogitatio visio est animi quaedam . . . , vgl. auch XI, 1 (985), doch ist die Metapher im ganzen Werk verbreitet, auch in Abwandlungen wie mens = oculus animae. Vgl. dazu DUCHROW, Sprachverständnis 18 f., 37, 109 ff., 190 ff., 242.

[152] XV, 18 (1071): Sicut auditio et visio duo quaedam sunt inter se distantia in sensibus corporis, in animo autem non est aliud videre et audire. . .

[153] Vgl. besonders den Übergang von n. 16/17 (1069).

[154] Vgl. XV, 17 (1070): . . . quaecumque sunt nota; quae utique vera sunt, alioquin nota non essent. 18 (1070): *Quaedam* ergo cogitationes locutiones sunt cordis. . . Die locutiones sind auch visiones exortae de notitiae visionibus, quando verae sunt. Vgl. bes. XV, 24 (1078): At enim nec verbum dicendum est, quod verum

Die Einführung des inneren Wortes bedarf weiter keiner Rechtfertigung mehr, so daß Augustin, kaum hat er den Begriff ausgesprochen, auch schon sagen kann: Wer dieses Wort im Innern erblickt, der sieht „per hoc speculum atque in hoc aenigmate" eine Ähnlichkeit jenes Wortes von Johannes 1. Dabei handelt es sich natürlich um jenes von aller Lautlichkeit abgelöste Wort, das Augustin nun folgendermaßen definiert: formata cogitatio ab ea re, quam scimus, d. h. die intellegentia im aktualen Bezug zur notitia oder scientia[155] hinsichtlich ihrer inhaltlichen Bestimmtheit. Dabei ist die Ähnlichkeit zwischen der Form im habitualen Wissen und der aktualen Erkenntnis total[156]. Zur äußeren Kundgabe wird ein Zeichen auf- bzw. angenommen[157].

Damit ist nun die Bahn frei, um eine ganze Menge von Analogien vorzuführen: das äußerlich erklingende Wort heißt nur Wort, weil es von dem Wort, das innerlich gesprochen wird, als äußeres Lautzeichen zum Zwecke der Kundgebung aufgenommen worden ist — ein Gedanke, der, wie gesagt, im Interesse der Analogie zum verbum caro factum entschieden über den empirischen Wortgebrauch hinweggeht[158]. So wie unser inneres Wort zum äußeren wird, so wurde auch das Wort bei Gott Fleisch, jedoch beide, ohne ins materielle Element aufzugehen, sondern nur „assumendo" — dieser Begriff läßt zwar etwas von der innigeren Verbindung zwischen Gott und Mensch anklingen, gestattet jedoch auch eine Auffassung, die dem instrumentalen „adhibere signum" entspricht (s. u. Anm. 157). Daß die Trennung der sinnlichen von der geistigen Wirklichkeit radikal durchgeführt ist, zeigt die sofort einsetzende Abgrenzung gegen jede Verwechslung des inneren Wortes mit der Vorstellung des Klanges: die Vorstellung des Äußeren ist der reinen Vernunfterkenntnis zwar näher als das Äußere, insofern sie in der Seele und nicht im Körper vollzogen wird, aber beide sind doch noch ganz scharf und radikal voneinander abgegrenzt.

---

non est. Immerhin redet er XV, 20 (1073) noch von einem falschen und lügenhaften Wort.

[155] Zum Verständnis der folgenden Partien ist es entscheidend wichtig zu sehen, daß „scientia" nicht mehr im speziellen Sinne als Gegenbegriff zu „sapientia" verwendet wird (vgl. bes. XV, 17 [1069 f.]), sondern ungefähr gleichbedeutend mit „notitia". Vgl. hier XV, 19 (1071): ex ipsa scientia, quam memoria tenemus, nascatur verbum . . . ; 20 (1072): . . . et gignitur de scientia, quae manet in animo. . . Daher dann auch die erstaunliche Ausdrucksweise: Simillima est visio cogitationis visioni scientiae, wobei das zweimalige „visio" wohl hauptsächlich im Interesse der möglichst weitgehenden Entsprechung gewählt ist. Zudem besteht ja immer eine habituelle „intellegentia sui". Vgl. dieselbe Formulierung 22 (1075), 24 (1078), 40 (1088).   [156] XV, 19 (1071).

[157] AaO: u. a. . . . . aliquod signum, quo significetur, assumitur — wo sonst normalerweise „adhibetur" steht! Vgl. das Folgende.

[158] XV, 20 (1071). Vgl. die entsprechenden Ausführungen außerhalb De trin. o. S. 101 ff.

Faßt man, wenn man kann, jenes lautlose Wort, das also nicht mit dem „verbum cogitativum in similitudine soni"[159] zu verwechseln ist, ins Auge, so erkennt man auch eine Analogie zur Vater-Sohn-Beziehung in der Trinität; denn die Ähnlichkeit zwischen innerem Wort und Wissensinhalt ist unübertreffbar[160]. Diese extreme Ähnlichkeit hat nun auch ethische Relevanz: Die restlose Übereinstimmung von Wissen und Wort ist zugleich die Wahrheit, die Gott vom Menschen erwartet und die sich auch im Tun bewährt; denn wie alles erschaffen ist durch das Wort, so geschieht auch jedes menschliche Werk durch ein zuvor gesprochenes inneres Wort, und von einem wahren Wort geht auch ein gutes Werk aus, wobei „wahr" nicht nur formal die Übereinstimmung eines beliebigen Wissensinhalts mit dem innerlich gesprochenen Inhalt bedeutet, sondern ebensosehr, daß der Wissensinhalt selbst ein wahrer sei, d. h. einer, von dessen Wahrheit der Mensch völlig überzeugt ist. Darum sagt Augustin: Verum autem verbum est, cum de scientia *bene operandi* gignitur[161]. Eine weitere Analogie besteht darin, daß unser Wort ohne Werk bleiben kann, kein Werk jedoch ohne Wort möglich ist, wie das göttliche Wort auch ohne die Schöpfung ewig ist, die Schöpfung jedoch ohne das Wort nicht wäre. Daß gerade das *Wort* Fleisch ward, ermahnt uns darum, in unserem Handeln das wahre Wort walten zu lassen und der Lüge keinen Raum zu geben[162]. So werden wir die Gottebenbildlichkeit erfüllen und zur schließlichen Vollendung gelangen.

Getreu der Absicht, die in diesem Buch leitend ist, werden nun auch die Ungleichheiten herausgestellt. Unser Wissen ist nicht, wie die Skeptiker wollen, durch und durch ungewiß, sondern es gibt eine volle Gewißheit der rationalen Erkenntnis, aber auch der Sinnes- und der Glaubenserkenntnis (im weiteren Sinne[163]). Dennoch ist dieses menschliche Wissen gegenüber der göttlichen Allwissenheit unendlich verschieden. Gott ist alles bekannt, ohne daß er irgendeiner Vermittlung bedürfte, und seine scientia fällt nicht allein mit seiner sapientia zusammen, sondern auch mit seinem Wesen. Wenn somit eine derartige Verschiedenheit zwischen dem göttlichen Wissen und unserem Wissen besteht, so besteht naturgemäß zwischen den beiden daraus gezeugten Worten derselbe gewaltige Unterschied[164]. Jenes Wort ist

---

[159] XV, 20 (1072). Wie weit hier etwa eine Unterscheidung zwischen dem inneren verbum und dem λόγος ἐνδιάθετος (= verbum cogitativum) vorgenommen ist, kann auf Grund der lateinischen Terminologie nicht sicher entschieden werden.

[160] AaO, Zitat S. 219, Anm. 155. [161] AaO, (1073).

[162] XV, 20 f. (1073). Worin bei diesem letzten Vergleich eigentlich die Analogie besteht, bleibt unklar, wahrscheinlich ist nur an die Homousie als analogans der Wahrheit unseres Wortes gedacht.

[163] D. h. alles, was wir auf Aussage anderer hin glauben (der engere Glaubensbegriff Augustins ist allerdings aufs stärkste an diesem „Glauben" orientiert). XV, 21 (1074 f.).

[164] XV, 22 (1075 f.).

in allem außer hinsichtlich des Gezeugtseins dem Vater vollkommen gleich, und beide erkennen alles zeitlos und vollkommen[165]. Unser inneres Wort jedoch kann falsch und unwahr sein, wenn wir etwas nicht wissen bzw. im Irrtum sind über eine Sache. Ein falsches Wort jedoch sagen wir nicht bewußt; denn wenn wir an etwas zweifeln, so wissen wir doch dies, und das ist das wahre Wort aus wahrem Wissen. Nicht anders verhält es sich mit der Lüge, deren wir uns ja bewußt sind: das wahre Wort ist das Lügenbewußtsein, und was wir an Falschem sagen, ist nicht eigentlich Wort. Die Akzentverschiebung gegenüber dem neunten Buch ist also in dieser Beziehung konsequent durchgeführt[166]. Doch auch dann, wenn unser Wort in jeder Beziehung wahr ist, bleibt noch der gewaltige Unterschied, daß unser inneres Wort wohl scientia de scientia, nicht aber essentia de essentia ist. Unsere Wissensinhalte, ja überhaupt unser Wissen, können verschwinden, ohne daß wir zu sein aufhören[167].

Nach allem, was in Buch XIV über die Stetigkeit des Selbstbewußtseins und über die bevorzugte Stellung der bewußten cogitatio-Trinität wegen des ihr innewohnenden verbum verlautete, ist es eigentlich nicht möglich, von einem immer in uns *bleibenden* Wort zu sprechen, so daß also nur Gott ein ewiges Wort in sich hat. Man könnte sich jedoch fragen, ob nicht die Möglichkeit, Wort zu sein, die dem Blick des Geistes innewohnt, oder genauer die „acies mentis", selbst in einem weiteren Sinne dauerndes Wort heißen könnte. Es würde sich dabei also um jenes „formabile" handeln, das in jedem einzelnen Wort-Akt von dem Wissensinhalt geprägt wird und als solches konstant bleibt[168]. Doch wenn man diesen Blick der mens schon Wort nennt, so wird der Unterschied zum göttlichen Wort erst recht offenbar: In Gott gibt es keine cogitatio im Sinne des Suchens und Findens, kein Geformtwerden, sondern nur die reine Form[169]. Und selbst in der Vollen-

---

[165] XV, 23 (1076 f.).

[166] Vgl. o. S. 218. In Buch IX, 14 (968) liest Augustin aus Mt. 12, 37: Cum itaque ad partum verbi referret omnia, vel recte facta vel peccata. . .

[167] Bis dahin XV, 24 (1077 f.).

[168] XV, 25 (1078 f.) WARNACH (AM I, 431) scheint mir diesen Passus falsch zu verstehen, wenn er sagt: „Zunächst werden die verschiedenen von der memoria übermittelten Erkenntnisinhalte im Denken (cogitatio) ‚herumgewälzt' (‚volubili motione jactare' De Trin. XV, 15, 25, col. 1078 f.) . . ." Was umhergewälzt wird, ist jenes konstante Formierbare selbst, d. h. doch wohl die acies mentis. Bei diesem unruhigen Hin und Her trifft sie wohl auf Dinge, die sie in einem gewissen Sinne denkt, aber nicht als wahres Wort ausspricht. Darin unterscheidet sich Buch XV von IX, wo auch der bloße Wissensinhalt Wort genannt wird (IX, 15 [969]). Dagegen entspricht De cont. (s. o. S. 97 f.) der hier vertretenen Vorstellung einigermaßen, vgl. 3 (ML 40, 350/CSEL 41, 142 f.): Nondum enim dixit, quisquis in corde occurrentibus suggestionibus . . . nulla cordis declinatione consensit. Si autem consensit, iam corde dixit. . .

[169] Bis dahin XV, 25 (1079 f.).

dung, wenn unsere Angleichung an Gott die höchste mögliche Stufe erreichen wird, wird gerade das Geformtwerden bzw. -gewordensein uns wesentlich vom Schöpfer unterscheiden und eine Verschmelzung der Naturen ausschließen, auch wenn wir dann nur noch *ein* Wort sagen werden[170]. Diese
Erwägungen zeigen mit aller wünschenswerten Deutlichkeit, daß „verbum"
für Augustin nur in einem sehr uneigentlichen Sinne als etwas Dauerndes
gelten kann und seinem Wesen nach auf den Bewußtseins*akt* beschränkt
bleibt.

Probleme der Lehre vom Heiligen Geist

Nochmals wendet sich Augustin nach diesen Darlegungen über das Wort
dem Heiligen Geist zu. Er tut es in verschiedenen Anläufen[171], aber das Ergebnis ist nicht viel befriedigender als in den früheren Büchern[172]. In den
Vordergrund treten zunächst wieder terminologische Fragen, die sich unweigerlich mit der Appropriationenfrage verbinden; denn in welcher Weise
wird der Geist allein und in welcher wird die ganze Gottheit „caritas" genannt? Die Hauptschwierigkeit besteht darin, daß nichts von alldem, was
der Geist an Heiligkeit und Geistigkeit und Liebe ist, den andern zwei Personen abgesprochen werden darf, so daß die Appropriation als ein reiner
modus loquendi erscheint[173]. Dennoch wird er im besonderen Heiliger Geist
genannt, da er als die gegenseitige Liebe von Vater und Sohn die Gemeinschaft beider anzeigt und als das beiden Gemeinsame auch nach dem genannt wird, was beide haben[174]. Die damit gemeinte, aber kaum ausspprech-
bare innergöttliche Relation führt auch wieder auf den Begriff „donum",
der jedoch wenig fruchtbar gemacht wird[175]. Sowohl „Liebe" wie „Geschenk" heißt der Geist, insofern er in uns die Liebe weckt[176] — ein Gedanke, der für die Trinitätslehre wie für die Analogie im Menschen keine Auswirkungen zeigt; denn auch wenn man die voluntas noch am ehesten dem
Geist zuschreiben kann, sofern man überhaupt eine solche Zueignung vor-

---

[170] XV, 26 (1079). Zum *einen* Wort vgl. vor allem XV, 51 (1098): . . . dicemus
unum. . . Völlig verkehrt ist, was GERLITZ (ZRGG 15, 1963, 255) sagt: „Es kommt
bei Augustin sogar zu einer *Identifikation* von Subjekt und Objekt" (Auszeichnung
original) — eben gerade nicht! Vgl. z. B. HENDRIKX, Mystik 87 f.

[171] XV, 27—41 (1079—1089), 45—48 (1092—1096), 50 (1097).

[172] Vgl. seine eigenen Bemerkungen XV, 41 (1089) und 45 (1092).

[173] XV, 29 (1081), 31 (1082), 37 (1086 f.).

[174] XV, 37 (1086): Quia enim est communis ambobus, id vocatur ipse proprie,
quod ambo communiter.

[175] Bes. XV, 33—36 (1083—1086), vgl. auch SCHMAUS, Psychol. Trinitätslehre 398.

[176] XV, 32 (1083): Dilectio . . . proprie spiritus est, per quem diffunditur in
cordibus nostris dei caritas. . . Und: Quod donum proprie quid nisi caritas intellegenda est, quae perducit ad deum . . . ?

nehmen will[177], so gilt doch auch hier, daß selbstverständlich keine der göttlichen Personen bloß eine der drei Größen memoria—intellegentia—voluntas verkörpert, vielmehr besitzt jede alle drei Fähigkeiten in einfacher und vollkommener Weise[178]. Augustin ist sich wohl bewußt, daß er mit alldem nicht wesentlich über die Darlegungen des ersten Teils hinausgeht[179].

Nachdem schon in der imago die Frage nach dem Unterschied von processio und generatio äußerst schwierig gewesen war und eigentlich keine rechte Lösung gefunden hatte[180], ist es nun natürlich erst recht schwierig, in der göttlichen Trinität diese Differenz zu erfassen. Man kann rein negativ sagen, daß, wenn der Geist von Vater und Sohn ausgeht, eine doppelte Zeugung oder gar eine Mutterschaft des Sohnes auf keinen Fall in Frage komme und also das Hervorgehen des Geistes keine Zeugung sein könne[181]. Aber das ist eine Auskunft, die ausschließlich den bereits Gläubigen etwas hilft[182] und also gewissermaßen ebenfalls noch in den ersten Teil des Werks gehört. Eine Lösung über die Analogie deutet Augustin nur ganz am Schluß kurz an: Obschon der Wille nicht ohne Erkenntnis geweckt werden kann — und also ein Vorauslaufen eines noch blinden Triebs nicht in Frage kommt —, ist doch der Wille keine Schau und also zu unterscheiden von der cogitatio, von der er vielmehr als von dem ihn hervorrufenden Erkennen ausgeht wie der Geist von Vater und Sohn[183]. Das damit angedeutete analogische Sehen der processio spiritus sancti selbst ist jedoch von starken Wolken körperlicher Vorstellungen verdunkelt[184]. Obschon damit auch dieses Problem zu guter Letzt eine Lösung gefunden hat, bleibt der Eindruck zurück, daß Augustin dennoch nicht wirklich das trinitätstheologische Problem des Heiligen Geistes gelöst habe, zumal die früher angebotenen Lösungen[185] sich nicht als brauchbare Lösungen erwiesen.

---

[177] XV, 38 (1087).

[178] XV, 28 (1080 f.).

[179] XV, 39 (1088): Video me de spiritu sancto in isto libro secundum scripturas sanctas hoc disputasse, quod fidelibus sufficit scientibus . . . quod in superioribus libris secundum easdem scripturas verum esse docuimus.

[180] Wie sich Liebe und Erkenntnis aufeinander beziehen, wird, als Ergebnis alles Gesagten, in XV, 41 (1089) deutlich. Aber wie ist dann die Differenzierung von Geburt und Hervorgang zu fassen? Die Annahme von Buch IX, 18 (971 f.), die Vorstellung eines „blinden" Dranges, ist damit ja aufgehoben. Immerhin ist die hier folgende Lösung in XI, 11 f. (993 f.) schon im Rahmen einer „tieferen" Trinitätsanalogie vorweggenommen, s. o. S. 208.

[181] XV, 47 f. (1095 f.).

[182] Vgl. den Schluß von 48: fidelibus, non infidelibus loquens.

[183] XV, 50 (1097).   [184] AaO.   [185] S. o. S. 157 ff., 191.

Abschluß des Gesamtwerks

Gegen Ende des fünfzehnten Buches vollzieht Augustin eine Zusammenfassung aller Erkenntnisse und Intentionen des Gesamtwerks. Dabei werden nun ganz ausdrücklich die Erkenntnis der Analogie und die Gottesbeziehung durch die analogische imago miteinander verknüpft: Wer die drei in seinem Geiste richtig erblickt, der sieht ein Bild der Dreieinigkeit Gottes, und eben auf diese Trinität muß er sein ganzes Sein und Leben ausrichten, indem er ihr in Erinnerung, Erkenntnis und Liebe anhängt, ohne dabei die Distanz zwischen dem sündigen Geschöpf und dem Schöpfer-Urbild zu vergessen[186]. Hier fließen nun auch die beiden Ströme des uneigentlichen Redens über Gott, der sein Wort „spricht", und die Spekulation über das Wort im Geist zusammen, indem beide einander wenn auch bloß dunkel verwandt sind, d. h. sowohl jenes Sprechen in Gott nur „quodam modo" gilt und der Blick durch den Spiegel ebenfalls nur „quantulumcumque coniciendo" geschieht[187].

Eine weitere Frucht dieser Zusammenfassung ist ein neuer Aspekt der Dreiheit memoria—intellegentia—voluntas, und zwar hinsichtlich des Übergangs aus der habitualen, dauernden Selbstbezogenheit zur aktualen cogitatio-verbum-Erkenntnis: Wie könnte das Denken sich jemals zu den Wissensinhalten zurückwenden, wenn es nicht ein stetes Vorwissen in sich trüge?[188] Offenbar trägt jedes der drei Glieder je die zwei anderen in sich, weil sie sonst gar nicht in Beziehung zueinander treten könnten. Daß in der memoria immer schon intellegentia und voluntas sind, wurde bereits im vierzehnten Buch gezeigt. Nun wird es klar, daß auch Erinnerung und Wille zur Erinnerung immer schon in der intellegentia sind, die jeweils durch den Denkakt geformt wird. Daß schließlich auch der Wille nie ohne Erinnerung und Erkenntnis sein kann, ist eigentlich schon seit Buch X klar[189]. Diese vor allem psychologisch einleuchtende Erkenntnis besagt nicht etwa, daß drei übereinandergeordnete Stufen im Geist existieren[190], und will durchaus keine Neunzahl einführen. Vielmehr sind die zwei Glieder, die jeweils in einem dritten drin liegen, im wesentlichen identisch mit den zwei anderen Ternargliedern[191], nur daß die Perichorese der drei eine so vollkommene ist, daß keines je ohne das andere sein kann.

---

[186] XV, 39 (1088).   [187] XV, 40 (1088), 44 (1091).   [188] Ende XV, 40 (1088 f.).
[189] XV, 41 (1089).
[190] HEIJKE, Bijdragen 1955, 357—377, sieht drei Stadien, auf denen sich die drei jeweils wiederholen. Er spricht in der französischen Zusammenfassung sogar von „niveaux" (377). Eine stufenweise Differenzierung gilt jedoch nur für die dauernde und die aktuale Dreiheit.
[191] Etwas irreführend ist die Formulierung am Ende von XV, 40 (1088): . . . et ipsa cogitatio, *quandam* suam memoriam nisi haberet . . . , doch verschwinden im

Diese Analogie, die Augustin als solche nicht hervorhebt, die ihn hier auch kaum mehr interessiert und deren Hervorhebung eher ins neunte oder zehnte Buch gehören würde[192], bewirkt immerhin, daß auch hier[193] die gewaltigen Unterschiede gegenüber dem Urbild herausgestellt werden: Nicht die memoria an und für sich, nicht die intellegentia und nicht der amor an und für sich wirken, sondern in allen dreien wirke je *ich*, die eine Person, in der die drei sind, während in Gott wunderbarerweise drei Personen sind und doch all die übrigen Bestimmungen eine ungleich vollkommenere Einheit bilden[194], was jedoch eine „valde impar similitudo" der einzelnen Trinitätsglieder mit je einer einzelnen Person der Trinität nicht ausschließt[195]. Hier zeigt sich nun deutlich, was die Preisgabe der mens als Trinitätsglied zuungunsten der Analogie ausmachte: Das Subjekt ist außerhalb der drei Relationsglieder verlegt, und wenn auch die drei keine Akzidentien sind, so sind sie doch irgendwie *in* einem Subjekt und nicht einfach die mens oder Substanz des Menschen selbst[196]; man kann sich aber fragen, ob nicht auch in Gott das Subjekt, die Person — nicht im trinitätstheologischen Sinne — in den drei „personae" eigentlich nur *eine* und in Wahrheit für Augustin der Unterschied zwischen göttlicher und menschlicher Trinität geringer sei, als er es selbst zugibt[197]. Daß die Ausschaltung der mens jedoch auch einen ganz gewaltigen, ja im Rahmen des Gesamtwerks nicht mehr wegzudenkenden Erfolg gezeitigt hat, dürfte klar sein[198]. Insbesondere ist hinsichtlich des Wortes dadurch die Erweiterung der Analogie auf irgendeinen wahren Erkenntnisinhalt und auf die Gottesbeziehung möglich geworden, während in Buch IX das Wort entweder die eigentliche Dreiheit sprengte oder aber auf die Selbsterkenntnis beschränkt blieb.

Es liegt durchaus in der Konsequenz der grundsätzlich durchgehaltenen Ungleichheit, daß eine direkte Erkenntnis der Trinität durch den Ungläubigen trotz des Aufweises der Analogie unmöglich bleibt. Es gilt, das Bild in uns *als Bild* anzuerkennen, und wer das Bild nicht als solches anerkennt, der spricht sich gerade durch tiefere Einsicht ins Wesen der mens selbst sein Urteil, während der geistig weniger Begabte durch das „Lamm, das der Welt Sünde trägt" schließlich zur glückseligen Schau gelangen wird[199]. Die Einsicht in die Natur der mens, aber fast noch mehr die Ein-

---

maßgebenden folgenden Paragraphen (41 [1089], noch deutlicher 42 [1089 f.]) solche Wendungen gänzlich.

[192] Von der Ganzheit gegenseitiger Einwohnung und Bezogenheit verlautet hier ebenfalls nichts mehr.

[193] S. auch o. S. 220 f.

[194] XV, 42 u. bes. 43 (1090 f.). [195] S. auch u. S. 229 ff.

[196] Vgl. dazu nochmals IX, 5 (963 f.) und X, 18 (983 f.).

[197] Vgl. dazu das u. S. 245 zum Schlußgebet Gesagte.

[198] S. o. S. 207.

[199] XV, 44 (1091 f.), auch Anf. 45.

sicht in die Schwierigkeit solcher Einsicht ist dann richtig verstanden, wenn im Glauben das Fehlende und Unklare gleichsam potentiell ersetzt und die Bemühung um die Erkenntnis des dreieinigen Gottes fortgeführt wird[200]. Es wird also durchaus kein „Sprung" in die Trinität bzw. Trinitätsschau vollzogen, sondern auf der Erkenntnisebene bleibt es bei einem Vermuten, das erst in der Schau von Angesicht zu Angesicht einem vollkommenen Erkennen weichen wird. Der Plan, den Ungläubigen etwas zu bieten, woran sie nicht zweifeln können, um sie dadurch nicht unmittelbar zu überzeugen, aber doch zum Glauben zurückzuführen, ist damit einigermaßen erfüllt[201]. Was jedoch das ganze Werk eigentlich beabsichtigt, besonders in der zweiten Hälfte, ist vielmehr die Erbauung der Gläubigen — soweit sie den entsprechenden Bildungsgrad besitzen — durch die „exercitatio mentis". Sie ist ein augustinisches Grundmotiv, das ganz besonders für Inhalt und Stil von De trinitate von entscheidender Bedeutung ist, wie MARROU trefflich herausgestellt hat[202].

Wer an De trinitate herantritt mit der Erwartung, eine Darlegung der Trinitätslehre zu erhalten, also eine Art „exposé" über das, was Augustin schon zuvor darüber dachte, der wird schwer enttäuscht; denn das Werk macht zunächst einen sehr ungeordneten und überladenen Eindruck[203]. Dieser Eindruck rührt von ungezählten kleineren und größeren Exkursen und Wiederholungen her, die den Überblick über die eigentliche zentrale Gedankenführung erst nach eingehender Beschäftigung gestatten. Das ist jedoch nicht einfach ein Zeichen für die schlechte Disposition und die Unfertigkeit der Gedanken, sondern entspricht einer klar erkennbaren Absicht und einer inneren Notwendigkeit[204], nämlich eben, den Leser einzuüben und ihm durch Vorführen des Nähergelegenen, das selbst allerdings auch schon der Erklärung bedarf — man denke nur an die mens! —, den Blick für das fernerliegende Göttliche zu stärken[205]. Augustin erlebt aber ein solches Voranschreiten auf dem Erkenntnisweg dabei selbst mit, und man kann ihm wohl vorwerfen, er fange ein Werk mit unfertigen Gedanken an zu

---

[200] AaO und 49 (1096).

[201] Die Entsprechung zwischen dem Proömium zu Buch I und dem Schluß von Buch XV ist oben S. 120, Anm. 9, dargelegt.

[202] S. Aug. 320 ff.

[203] Das dürfte wohl in der hier gebotenen Darstellung etwas, aber absichtlich nicht ganz in den Hintergrund getreten sein. MARROU, S. Aug., gibt 316 ff. diesen Eindruck sehr plastisch — und etwas übertrieben — wieder. Vgl. aber 665—672 (Retr.).

[204] XV, 10 (1064): Et ecce iam, quantum necesse fuerat, . . . exercitata in inferioribus intellegentia, ad summam trinitatem . . . conspiciendam nos erigere volumus. . .

[205] Vgl. IX, 2 (961), 17 (970), XI, 11 (993), XIII, 26 (1036), XV, 1 (1057) et passim. Das Motiv klingt hinsichtlich der Trinitätsanalogie schon in den Conf. (s. o. S. 34 ff.) an.

schreiben — was insofern stimmt, als ihm tausend Einfälle und Differenzierungen und Bezüge erst während des Diktierens aufgehen, was aber nicht stimmt, insofern er die Grundgedanken und den Weg ziemlich genau voraus weiß. Die Reinigung, die der Glaube vollbringt, muß durch das Einüben der Erkenntnis — und Liebe —, also durch ein unermüdliches Suchen, weitergeführt werden, bis die Schau alle solchen Bemühungen überflüssig machen wird. Daß dennoch der Weg, der in De trinitate begangen wird, oft weniger der Absicht der exercitatio entspricht als einfach unfertig oder ungeordnet ist, weiß Augustin selbst ganz genau[206].

Wir hatten bei der Exposition der ersten Trinitätsanalogie im neunten Buch festgestellt, daß die Ausarbeitung der genauen Entsprechungen im Geist zu einem guten Teil auf Kosten der tatsächlichen Beziehung desselben zur göttlichen Trinität geschah. Bei der Dreiheit memoria—intellegentia—voluntas ist dies nun ohne Zweifel ganz anders. Man wird schwerlich bestreiten können, daß ein existentieller Bezug mit aller Energie angestrebt und in der exercitatio des Lesers auch erreicht ist. Das Erkennen und das Lieben sind im Bild*sein* und Bild*erkennen* auf recht überzeugende Weise vereinigt. Ein bloßes Denken auf zwei Ebenen ist also jedenfalls in dieser Hinsicht nicht mehr festzustellen. Das Bild in uns und das Urbild in Gott stehen sich nicht bloß im Sinne der Signifikation und auch nicht bloß — sofern man hier „bloß" sagen darf! — als zwei analoge, objektivierte Anschauungsmaterialien gegenüber, sondern sind durch die in den Büchern XII bis XIV eingehend beschriebene Erlösungsgnade und die Heiligung des Menschen personal[207] verbunden. Das auffallende Zurücktreten der Relationen- und Substanz-Veranschaulichungen gegenüber den Prozessionen, besonders gegenüber der Zeugung des Wortes, zeigt ebenfalls ein gewisses Hervortreten des Gott-Mensch-Geschehens, ohne daß damit allerdings in die Trinität selbst ein Element eingetragen würde, das der strengen Form, welche die Bücher I bis VII vertreten, widersprechen würde. Es bleibt trotz allem dabei, daß die Trinität die „res" ist und das Bild eine Analogie „in re alia"[208].

Dies alles zeigt deutlich, daß Augustin keine Trinitäts*mystik* vertritt. Es erfolgt kein Verschmelzen der „zwei Ebenen", und es gibt keine Zwischenstufe zwischen dem menschlich-aktiven, rationalen und vom Glauben gestützten Verstehen und Lieben einerseits und der eschatologischen Schau andrerseits[209]. Ja, man ist fast versucht zu sagen, das trinitarische Denken

---

[206] Vgl. XV, 10 (Anm. 204 das Ausgelassene), 50 f. (1096 ff.) und das o. S. 11 über die Entstehung des Werks Gesagte (Bücherraub im unfertigen Zustand).

[207] Natürlich wieder nicht im Sinne der trinitarischen „persona".

[208] Vgl. XV, 43 (1090): Aliud est itaque trinitas res ipsa, aliud imago trinitatis in re alia.

[209] Vgl. die treffenden Ausführungen von HENDRIKX, Mystik 150—161, bes. 153. Zur ekstatischen Schau s. o. S. 171.

dränge das mystische Element bei Augustin noch stärker zurück, als dies ohnehin schon der Fall ist. Die Erkenntnis Gottes vermittels der in die Kreatur ausstrahlenden Ideen, also der Weg über die Illumination, führt doch um einen Grad unmittelbarer in Gottes Wesen als die Erkenntnis der Trinität mittels der Analogien. Das dürfte nach der Darlegung des Gedankengangs im zweiten Teil von De trinitate kaum mehr zu bestreiten sein, zeigte sich doch immer wieder, wie Augustin bei dem üblicheren Weg über die essentiellen Gottesattribute anknüpft[210] und regelmäßig im Interesse der Trinitätserkenntnis ganz erhebliche Modifikationen vornehmen muß. Die weitaus größte Annäherung an den trinitarischen Gott erfolgt im *bewußten* und *willentlichen* Ergreifen seiner, das uns zugleich ihm ähnlich macht; und eine Aufhebung dieser Willens- und Erkenntnisakte könnte niemals näher, sondern nur weiter von der Trinität wegführen. Die Trinität ist offensichtlich einer mystischen Annäherung gegenüber noch spröder als der einfache Gottesbegriff. Das kann eine folgerichtige Auswirkung der Tatsache sein, daß die Trinitätslehre eine christliche Besonderheit ist, während in der übrigen Gotteslehre die Berührung mit den außerchristlichen Elementen stärker spürbar wird. Daß sich die Trinitätslehre bei Augustin auf diese Weise unmystisch auswirken kann, rührt aber natürlich daher, daß er auch sonst kein Mystiker ist[211].

---

[210] S. o. S. 171 ff., 179 f., 187, 196, 215.

[211] Es soll hier nicht die ganze Diskussion über den Begriff der Mystik und seine Anwendbarkeit auf Augustins Spiritualität aufgerollt werden. Ich würde jedenfalls weitgehend HENDRIKX zustimmen.

VIII. FRAGEN ZUR INTERPRETATION

Was ergibt sich aus dem zweiten Teil von De trinitate für die Trinitätslehre Augustins? Wir sahen, daß er die Einheit Gottes vor allem nach außen derart stark betont, daß die Heilsgeschichte, auch wo die einzelnen Personen auftreten, ein bloßes Zeichensystem zu werden droht und die Sprache
lediglich ein hilfloses Andeutungsinstrument für schlechthin jenseits der
Sprache liegende Dinge zu sein scheint. Dieser Grundzug wird wohl immer
wieder durchbrochen, aber eigentlich nur am Rande des maßgebenden Gedankengangs. Es fragt sich nun, ob der zweite Teil des Werks, d. h. also die
Analogien, an diesem Sachverhalt etwas ändern. Es scheint eine communis
opinio zu sein, daß Augustin „die Trinität nach Analogie des geistigen Lebens zu deuten" suchte[1], und so verschiedene Autoren wie SCHMAUS und
BENZ kommen wenigstens prinzipiell zu einem ähnlichen Schluß[2]. Der
Schwierigkeiten sind sie sich in ungleichem Maße bewußt[3], doch legt es
besonders jener Abschnitt im fünfzehnten Buch, wo Augustin ausruft: „ecce
ergo trinitas, sapientia scilicet et notitia sui et dilectio sui", nahe, doch an
eine wirkliche Erfassung und Erklärung der Trinität durch die Analogien
zu denken[4]. Demgegenüber ist nicht allein geltend zu machen, daß Augustin immer wieder auf die Unmöglichkeit hinweist, die einzelnen mentalen
Funktionen in die einzelnen göttlichen Personen zu verlegen, sondern es ist
auch der jener eben zitierten Stelle folgende Entschluß zu bedenken, nämlich eben die Ungleichheit in Buch XV von vornherein mit in Anschlag zu
bringen. Es ist ganz offensichtlich nicht Augustins Absicht, die einmal auf-
gestellte *Trinitätslehre* durch die Analogien zu bereichern, sondern vielmehr
dem *Menschen* eine Bereicherung durch Aufzeigen von Ähnlichkeiten im
Geist zu vermitteln. Das geglaubte Dogma wird unerschütterlich als Fix-
punkt festgehalten, und die dem Verstehen dienende Spekulation dringt

---

[1] KETTLER, RGG³ VI, 1030, vgl. dagegen LORENZ, RGG³ I, 744.

[2] BENZ, Mar. Vict., bes. 373 f., SCHMAUS, Psychol. Trinitätslehre, bes. 413 f.

[3] SCHMAUS, aaO, deutlich 414 ff., während BENZ, aaO, 377 ohne weiteres von
einem Rückschluß aus der Dreifaltigkeit des menschlichen Geistes auf die Art
der himmlischen Trinität spricht.

[4] Vgl. die Interpretation des Abschnitts o. S. 215 ff. Zu berücksichtigen sind auch
noch die Andeutungen, die oben S. 225 wiedergegeben sind. Der in dieser Hinsicht
ganz skeptische Sermo 52 (bes. 22 f., ML 38, 363 f.) ist nicht gleichzeitig mit De
trin. XV (vgl. o. S. 41 f.).

erstaunlich wenig ins trinitarische Mysterium ein; sie umrankt es gleichsam im Interesse des suchenden Gläubigen. Gegenüber dieser dominierenden Grundtendenz fallen etwaige weitergehende Wendungen ebensowenig
ins Gewicht wie das freie Reden vom „verbum" (Kap. IV) gegenüber der
Sprachtheorie.

Daß nun aber doch immer wieder der Eindruck einer „psychologischen
Trinitätslehre" entstehen konnte und daß auch Augustin selbst der Seelen-
dreiheit trotz allen Vorbehalten eine gewisse Ähnlichkeit mit der göttlichen
Dreiheit zugesteht, ist nicht nur in seinem unspezifischen Sprachgebrauch
begründet, wie er z. B. in jenem Abschnitt über das Hilarius-Wort am Ende
von Buch VI festzustellen ist[5], sondern auch darin, daß seine Ontologie und
Soteriologie eine völlige Analogielosigkeit zwischen Schöpfer und Geschöpf
schlechterdings nicht zuläßt. Er ist zu stark dem Bild- und Ähnlichkeitsden-
ken verhaftet, als daß er die Trinität sozusagen außerhalb dieses Rahmens
stehen lassen könnte, obschon, wie wir sahen, damit gewaltige Schwierigkeiten verbunden sind.

Diese Abbildbeziehung hat nun aber außerdem zur Folge, daß sich in
der Analogien-Spekulation Elemente bemerkbar machen, die auch auf die
Trinitätslehre selbst, wenn sie weniger streng gefaßt wäre, anwendbar wären, aber faktisch nicht angewendet werden. Die ungeheure Strenge und
Abstraktheit seiner Lehre veranlaßt ihn — wie wir sahen, vom Motiv der
Liebe getrieben —, nicht nur ein Bild, sondern einen *Ersatz* für eine zu-
gänglichere, sprachmächtigere und geschichtsmächtigere Trinität zu suchen und im Geist zu finden. Schon bei der Interpretation des Übergangs
vom ersten zum zweiten Teil von De trinitate drängte sich ja der Eindruck
auf, es werde beim menschlichen Innern gleichsam Zuflucht genommen,
nachdem sich der unmittelbare Vorstoß ins trinitarische Mysterium als unmöglich erwiesen hatte. Wenn diese Vermutung zu Recht besteht und also
die Trinitätsanalogien tatsächlich eine Art Ersatzbildungen sind[6], so muß in
ihnen nicht bloß zum Ausdruck kommen, welche Aspekte Augustin gegen
seinen Willen vom Dogma fernhalten mußte, sondern es könnten sich in
ihnen wenigstens bis zu einem gewissen Grad auch Elemente bemerkbar
machen, die dem Trinitätsgedanken ursprünglich innewohnten, aber durch
die paradoxe Form des Dogmas unterdrückt wurden. Diese beiden Weisen der Ersatzbildung können natürlich z. T. identisch sein. Auch bei der

---

[5] S. o. S. 43.

[6] HUBER, Das Sein und das Absolute (bes. 154 f., 160) leitet ebenfalls Aug.s
Rückwendung zur Subjektivität aus einer gewissen Erkenntnisnot her. Ich bin
zwar nicht überzeugt, daß der Grund hauptsächlich in der Zweideutigkeit des
„absoluten Seins" — anstatt der Trennung des Absoluten vom eidetischen Sein
wie bei Plotin — zu suchen ist, aber hinsichtlich der Trinität muß man wohl sagen, daß die Wendung zur Subjektivität das ist, „was einzig bleibt" (aaO, 160).

Ablehnung der Einpersonalität Gottes[7] sahen wir uns ja veranlaßt, die scharfe Entgegensetzung der einen menschlichen und der drei göttlichen „personae" etwas in Zweifel zu ziehen und weniger Augustins tatsächlicher Empfindung als vielmehr ausschließlich seiner Trinitätslehre zuzuschreiben. Und man wird wohl die Schwierigkeit, die caritas-Vorstellung in der Geist-lehre auch innertrinitarisch zu explizieren, ebenfalls der Kollision zweier divergierender Tendenzen zuschreiben dürfen, wovon die eine in der Ana-logie im Menschen frei wirken kann, während sie bei der Behandlung der Trinität selbst von der entgegengesetzten beeinträchtigt wird.

Das Bestreben, die Trinität lebendig und plastisch zu machen, hatte sich ja in den ganz frühen Texten durch eine — vom späteren Gesichtspunkt aus beurteilt — unkorrekte Interpretation geltend gemacht. Nachdem dies dank fortgeschrittener theologischer Erkenntnis unmöglich geworden war und nur noch in weniger vorsichtigen Formulierungen weiterlebte, bot nun also das menschliche Innere, dessen unerhörte Bedeutung Augustin von An-fang an erkannt hatte, eine Möglichkeit, jene Trinität unangetastet zu las-sen und über den Analogie-Weg eine neue Aktualisierung des erstarrten Dogmas zu erzielen. Dieser Vorgang ist hinsichtlich der Sprache von beson-derem Interesse: An der göttlichen Trinität war die Sprache gleichsam ab-geprallt. In den Analogien fand sie eine neue Möglichkeit, Wirklichkeit zu erhellen. Und in diesen Analogien wurde sie als das innere Wort nun selbst zur Analogie. Der Grund dafür liegt natürlich weitgehend in der traditionellen Logos- bzw. verbum-Theologie. Zugleich macht sich dadurch in der Analogie noch mehr bemerkbar, nämlich das Geschehen des Her-vorgangs des Wortes aus dem Vater. Dabei liegt der Ton auf „Geschehen". Wir sahen ja, daß es Augustin in Anbetracht seines Wortbegriffs nicht wirklich möglich ist, ein ewiges Wort im Menschen zu behaupten, daß viel-mehr nach ihm das Wesen des inneren Wortes gerade mit dem immer wiederholten Geschehen zusammenhängt. Das aber ist ein Element, wel-ches den trinitarischen Prozessionen wegen der ewigen Unveränderlichkeit notwendig fehlen muß. Die Offenbarung darf ja nicht Hervorgang aus dem Vater, sondern nur äußere Manifestation, „Sendung" sein. Man wird kaum noch viel weiter gehen können und nicht sagen, die vorwiegend akt-hafte Fassung der Trinitätsanalogien überhaupt sei eine Ersatzbildung, da das Akthafte völlig aus der Trinität selbst verbannt sei, aber man wird andrerseits zugeben müssen, daß die innergöttlichen Prozessionen ihre Rät-selhaftigkeit verlieren, sobald sie als reales *Geschehen* innerhalb der mens dargestellt werden.

Die Bedeutung dieses Sachverhalts ist freilich nicht zu erkennen, wenn man die stark von Augustin selbst geprägte nachmalige scholastische oder

---

[7] S. o. S. 225.

232

auch die protestantisch-orthodoxe Trinitätslehre von vornherein für unerschütterliche Wahrheit hält und nicht hinter sie zurückfragt. Aus der Entwicklung der Trinitätslehre geht jedoch eindeutig hervor, daß die scharfe
Trennung von Zeugung und Offenbarwerden des Sohnes nicht durchweg
zum ursprünglichen Bestand christlicher Theologie gehörte, und wenn man
die historischen Hintergründe der Logoslehre in Betracht zieht, so wird
man kaum bestreiten können, daß das bei Augustin erreichte Stadium den
Endpunkt einer Entwicklung darstellt, die vom alttestamentlichen Wortbegriff über Philo, das Neue Testament, die vornizänischen Väter bis zu den
großen Theologen des 4. Jahrhunderts verlief und eine zunehmende Ent-
geschichtlichung mit sich brachte. Gerade die meist häretischen Äußerungen
über inneres und äußeres Wort zeigten doch auch das legitime Bedürfnis,
die Wortlehre nicht in eine völlige Jenseits-Starre abrücken zu lassen. Daß
dieser Weg ungangbar war, hängt weniger mit der Richtigkeit der nachmals orthodoxen Trinitätslehre zusammen, als damit, daß man auf solche
Weise die echte, sprachlich-geschichtliche Einheit von Gott und Wort doch
nicht zu Gesicht bekam. Und wenn die Arianer und Eunomianer immer
wieder Anstoß nahmen an der alle Begrifflichkeit sprengenden Trinitätslehre — man bedenke den Streit um „genitus" und „ingenitus"! —, so spielte
dabei doch auch die Sorge um die Wirklichkeit Gottes mit, die bei einer so
weitgehenden Relativierung der Sprache ebenfalls relativiert oder vielmehr
wehrlos der kirchlichen Sprache und Tradition ausgeliefert zu werden drohte[8]. Kurz: Das, was die Lehre von Gott, Wort und Geist eigentlich meint,
erfährt unweigerlich eine gewisse Verdunkelung, wenn das göttliche Sprechen nur uneigentlich zu verstehen ist und als Zeugung des ewigen Wortes
mit der wirklichen, geschichtlichen Sprache faktisch kaum etwas zu tun hat.

Von solchen Voraussetzungen her kann es nicht ganz ohne Bedeutung
sein, daß Augustin von der Trinitätstheologie zu einem Wortgeschehen geführt wird, dem man den Charakter eines echten Geschehens so wenig wie
den Zusammenhang mit der Sprache grundsätzlich wird absprechen können. Es wird dabei in mehrfach gebrochener Spiegelung jenes Element
spürbar, welches ursprünglich zur Logos- und Trinitätslehre gehört, aber
längstens verdeckt ist, nämlich eben die geschichtlich zu verstehende Untrennbarkeit von Gott und Wort. Was auf der Ebene des Dogmas nicht
mehr zum Ausdruck kommen kann, macht sich auf der Analogie-Ebene bemerkbar. Das alles kann selbstverständlich nicht darüber hinwegtäuschen,
daß dennoch das innere Wort Augustins durch einen Graben von dem getrennt ist, was „Wort Gottes" in der Heiligen Schrift heißt. Es ist ja durch-

---

[8] Dazu vgl. vor allem den Aufsatz von Daniélou, zit. o. S. 151. Die in dem
Abschnitt hier skizzierte Auffassung des Trinitätsdogmas kann im Rahmen dieser
Arbeit unmöglich breiter ausgeführt und begründet werden. Ich hoffe, zu einem
späteren Zeitpunkt mehr zum Problem beitragen zu können.

aus und fast nur unter dem Aspekt der menschlichen Aktivität gesehen und bedeutet ein Geschehen, das vom Menschen ausgeht. Dies hängt natürlich aufs engste damit zusammen, daß es eben nur Analogie und Bild des göttlichen Wortes ist. Das „Denken auf zwei Ebenen" ist ja durchaus nicht aufgegeben, ja gerade die Einberechnung der Ungenauigkeit der Analogie in Buch XV sichert beiden Ebenen ihre eigene Existenz. Wenn sie untereinander durch Rechtfertigung und Heiligung verbunden sind, so spielt dabei das innere Wort in Wirklichkeit keine größere Rolle, als es zum Beispiel bei einer mathematischen oder ästhetischen Diskussion spielen würde. Es ist letzlich nichts anderes als das Urteil überhaupt. Zudem wird ja die Untrennbarkeit der Trinität nach außen unerschütterlich festgehalten, so daß ein Bezug einer einzelnen Person zu einem der drei mentalen Trinitätsglieder ausgeschlossen bleibt; d. h. die Trinität als Trinität und das Wort Gottes als Wort Gottes in ihrem eigentlichen Sein treten geschichtlich überhaupt nicht hervor, sondern ausschließlich per analogiam et significationem.

Wenn so die Besonderheit des inneren Wortes von Augustin nur nebenbei auch in der Antwort auf das geschichtliche Sprechen bzw. Wirken Gottes gesehen wird, bleibt immerhin noch zu fragen, ob es unter Umständen seinem Wesen nach als Antwort auf ein *inneres* Gotteswort aufzufassen sei. Nun wurde bereits betont, daß Augustin nicht von einem inneren Wort spricht, das zum Menschen gesagt wird (s. o. S. 95). Aber er kann, wie wir sahen, sehr wohl von einem inneren Sprechen und Rufen der Wahrheit, ja des Wortes selbst reden. VIKTOR WARNACH hat in einem sehr interessanten Aufsatz[9] nachzuweisen versucht, daß man die Illumination auch als Einsprechung auffassen könne, so daß dann das innere Wort der Einsprechung als eine Art Antwort — wie dem Erleuchten das Sehen — gegenüberstände[10]. Warnach ist zweifellos darin recht zu geben, daß wesentliche Züge der Erleuchtung auch mit akustischen Phänomenen illustriert werden können. Ebenso ist ihm darin recht zu geben, daß das innere Wort im Prinzip ohne Erleuchtung nicht denkbar ist. Was hier jedoch zu fragen bleibt, ist einmal dies, ob er die beiden Redeweisen mit Recht aufeinander bezieht, und dann als zweites, ob er mit Recht behauptet, es handle sich dabei nicht um metaphorisches Reden.

Wo vom inneren Wort die Rede ist, ist nicht ausdrücklich von der Erleuchtung die Rede. Der oben zitierte Text aus Buch IX (s. S. 187 f.) faßt jedoch unzweifelhaft das innere Wort als das auf Grund der Ideenschau mögliche Urteil auf. Die menschlich-aktive Seite der Illumination, eben das Sehen, ist da also offensichtlich mit ins Spiel gebracht. Augustin rechnet jedoch im neunten Buch noch mit einem sündigen Wort, das also nicht eigentlich der

---

[9] AM I, 429—450: Erleuchtung und Einsprechung bei Augustinus (von 1954).
[10] So bes. aaO, 445 f.

Wahrheitserleuchtung, sondern einfach der Sinneswahrnehmung und der Begierde entspringen kann[11]. Von Buch IX aus muß gesagt werden: Das innere Wort kann freilich mit der Erleuchtung zu tun haben, ist jedoch auch mehr oder weniger unabhängig von ihr denkbar. In Buch XV dagegen ist das innere Wort als wahres Wort aufgefaßt, und die Sünde — wie wir parallel zur Lüge schließen[12] — hat insofern auch ein wahres Wort bei sich, als sie sich ihrer Sündhaftigkeit und somit der Wahrheit bewußt ist. Aus der Augustinischen Erkenntnislehre im ganzen ist völlig klar, daß die wahre notitia nicht an sich wahr ist, sondern nur durch das Beleuchtetwerden von oben[13]. Aber das ist ein Aspekt, auf den Augustin erstaunlicherweise gar nicht zu sprechen kommt. Er nimmt sich vor, von der ganzen „scientia" zu sprechen, ohne das Thema zu berühren[14], er ficht den Wissenszweifel der Akademiker an, ohne selbst die rationes aeternae zu erwähnen[15], er definiert das wahre Wort, aber als: de notis rebus exortum[16], er spricht über Irrtum, Zweifel und Lüge, ohne der Wahrheit schlechthin zu gedenken[17], und wo tatsächlich das innere Wort und die Erleuchtung im selben Paragraphen erscheinen, haben sie inhaltlich nichts miteinander zu tun[18]. Vielmehr wird das Wort immer nur unter dem Aspekt der Übereinstimmung mit dem Wissensgehalt betrachtet — als Bild der zwei wesensgleichen göttlichen Personen. Bei den übrigen Texten über das innere Wort verhält es sich ebenso, doch sind sie ohnehin nicht ausführlich und theoretisch genug, um solche Kombinationen überhaupt hervorzurufen[19]. Es ist offensichtlich, daß die Vorstellung des inneren Wortes, wie sie ja überhaupt nicht ein durchgehender Gedanke Augustins ist, u. a. auch mit der Illuminationsvorstellung wenig zu tun hat, ohne sie freilich auszuschließen.

Die Texte, welche Warnach in großer Zahl als Belege anführt[20], um die Parallelität von Einsprechung und Erleuchtung darzutun, wirken restlos überzeugend. Sie sind nur, trotz ihrer großen Menge, im Vergleich zu den unendlich viel zahlreicheren Texten über die Illumination als Illumination und nicht als Einsprechung verhältnismäßig wenig gewichtig[21], so daß man sagen muß: Wenn schon die Erleuchtungslehre nicht wesensmäßig mit der

---

[11] IX, 13 (968). [12] Vgl. XV, 24 (1077 f.).
[13] Wie WARNACH, aaO, 434 zutreffend bemerkt. [14] XV, 17 (1069 f.).
[15] XV, 21 (1073 ff.), was um so erstaunlicher ist, als er sogar auf C. Acad. verweist.
[16] XV, 22 (1075) et passim. [17] S. Anm. 12.
[18] XV, 50 (1096 f.), wo die Erkenntnis der Analogie in der mens der Erleuchtung zugeschrieben wird.
[19] Auch nicht in De continentia. [20] AaO, 439—442.
[21] Bei ausgedehntem Vergleich aller einschlägigen Texte würde man zudem wohl finden, daß die Einsprechung jeweils oder vorwiegend nur gestreift wird, wenn eine besondere Gelegenheit, z. B. ein Wort der Schrift, sie nahelegt, während der Illumination z. T. längere Partien gewidmet sind.

Lehre vom inneren Wort verbunden ist, so erst recht nicht die Einsprechungs-
vorstellung. Und das ist es nun genau, was Warnach übersieht und durch
Schlüsse, die zwar zweifellos dem augustinischen Denken nicht prinzipiell
fremd sind, überdeckt[22]; denn es ist nicht ohne Bedeutung, daß eine solche
Zusammenfügung der Einsprechungs- und der verbum-cordis-Vorstellung
ausbleibt. Bei der ersteren handelt es sich eben doch nur um eine Variante
der Einleuchtung, bei der zweiten um eine sehr genau ausgebaute und terminologisch nicht ohne weiteres wandelbare Konzeption, die zudem beide
je in verschiedenen Zusammenhängen aufzutreten pflegen — was natürlich
im Prinzip eine In-Beziehung-Setzung nicht ausschließt. Das innere Wort ist
also nicht seinem Wesen nach primär Antwort, aber es hat natürlich An-
teil an der existentiellen „Antwort", die der Mensch auf die ihn erleuchten-
de „Stimme" der Wahrheit gibt.

Doch ist von diesem Fragenkomplex nunmehr die andere Frage nach der
metaphorischen oder eigentlichen Rede nicht mehr auszuschließen. Leider
kann Warnach seine Behauptung, es handle sich nicht um eine Metapher,
nur durch jenen einen Satz belegen, den wir oben ebenfalls anführten, d. h.
wo gesagt wird, das äußere Wort heiße nur wegen des inneren überhaupt
„verbum"[23]. Dabei unterscheidet er jedoch nicht die Theorie vom inneren
Wort und die allgemeinere Rede vom Sehen, Sprechen und Hören im
Inneren. Im ersten Fall liegt ja gerade alles daran, daß wirklich „innen"
ein Analogon zum Wort in Gott gefunden ist, während im zweiten, ungleich häufigeren Fall die wechselnden Termini ziemlich deutlich auf meta-
phorische Rede deuten. Aber das Problem ist überhaupt nicht mit der Alternative „eigentliches—metaphorisches Reden" zu bewältigen, wie wir
oben[24] zeigten, sondern erweist sich von Augustins Denken her als kom-
plexer und zugleich einfacher; denn unabhängig von den Wortbedeutun-
gen, deren „eigentliche" Ebene u. U. willkürlich gewechselt wird, ist das
Innere stets das Wirklichere, während das Äußere auf jeden Fall nur Abschattung von Höherem ist.

Was das innere Wort „eigentlich" ist, kann erst klar werden, wenn man
direkt fragt, was für ein Phänomen Augustin im Auge habe und wie sich
dieses Phänomen zu dem verhalte, was bei einer dem wahren Wesen der
Sprache wohl angemesseneren Auffassung, als es die Zeichentheorie sein
dürfte, unter „Wort" verstanden wird. Hat Augustin, wie es oben praktisch
vorausgesetzt wurde, mit dem „inneren Wort" ein echtes sprachliches Phänomen entdeckt, oder handelt es sich trotz gegenteiliger Versicherungen um
eine letztlich wertlose Metapher? Zu dieser Frage soll ebenfalls eine neuere

---

[22] Typisch aaO, 444: . . . und dies *muß* nach allem, was wir bisher von Augustinus erfuhren, auf die göttliche Erleuchtung zurückgeführt werden . . . (Auszeichnung von mir).
[23] S. o. S. 217, WARNACH, aaO, 432.   [24] S. o. S. 217 f.

Publikation herangezogen werden, deren Auffassung wertvoll genug ist, um in etwas ausführlicherer Form hier dargelegt zu werden:

Hans-Georg Gadamer versucht in seinem 1960 erschienenen Werk „Wahrheit und Methode", die augustinische und scholastische Wortspekulation für seine Grundlegung einer philosophischen Hermeneutik fruchtbar zu machen[25]. Er glaubt, im christlichen Gedanken der Inkarnation bzw. in seiner Konsequenz in der Trinitätslehre und hier wieder im besondern in der verbum-Lehre einen Ansatz zu finden, der die „Sprachvergessenheit" des abendländischen Denkens „keine vollständige" sein ließ[26], da er in ihm eine wenn auch noch kaum sichtbare Überwindung der rein instrumentalistischen Sprachtheorie, die er schon im Platonischen Kratylos[27] ausgeprägt findet, zu erkennen meint. Sein Gedankengang ist, soweit er für die Augustin-Interpretation von Bedeutung sein kann, ungefähr folgender:

Obschon bei allen theologischen Logosspekulationen die Sprache nur indirekt zum Gegenstand der Besinnung wurde, ist es doch bedeutsam, daß das Mysterium der Trinität und Inkarnation gerade am Phänomen der Sprache seine Spiegelung hat. Dabei ist das eigentliche Wunder der Sprache in dieser Analogie nicht das Heraustreten, sondern das ewige Sein bei Gott bzw. die Einheit von Vater und Sohn, die sich in der Nähe von Wort und Denken abspiegelt. Diese Nähe wird aber nur vom inneren Wort ausgesagt, dessen Distanz zu allen geschichtlich gewordenen Sprachen stets betont ist[28]. Dieses innere Wort ist wie der Sohn zum Vater ein vollkommenes Bild und völliger Spiegel der Sache, die es innerlich sagt[29]. Es hat somit sein Sein in seinem Offenbarmachen[30].

Inwiefern kann nun aber ein solches inneres Wort überhaupt „Wort" heißen, wenn doch unser Denken in Wahrheit von den hier ausdrücklich ferngehaltenen realen Sprachen nicht zu lösen ist? Auf diese Frage ist vom rein theologischen Gesichtspunkt her keine Antwort zu erhalten, vielmehr gilt es, das hier beschriebene Phänomen zu befragen. Das innere Wort ist nicht identisch mit dem griechischen Logos, mit jenem Gespräch der Seele mit sich selbst, von dem Platon spricht[31], vielmehr ist schon die Übersetzungsschwierigkeit, die das Lateinische dem griechischen λόγος gegenüber empfand, ein Hinweis darauf, daß bei den Lateinern die Sprache in Ver-

---

[25] AaO, 395—404.   [26] AaO, 395.   [27] AaO, 383—391, bes. 391.
[28] AaO, 397, Zitate aus De trin. XV, 20 (1071—1073).
[29] AaO, 398.
[30] AaO, Z. 5 f. Das ist nicht die Intention des Textes, den er — leider ohne genaue Stellenangabe — daselbst zitiert: nihil de suo habens (De trin. XV, 22 [1075]). Die Homousie von Wort und Wissen will nicht primär vom Offenbarmachen, sondern von der Gleichheit reden. Es hat sein Sein im Bild-Sein, im Nach-innen-Gerichtetsein, nicht im Offenbarmachen, das dem Laut allein zukommt.
[31] AaO, 398. Vgl. Platon, Soph. 263 d, e, Theait. 189 e ff., 206 d.

bindung mit „verbum" — anstatt „ratio" — mehr im Vordergrund stehen mußte als bei den Griechen. Obschon bei Thomas von Aquin der aristotelische Einfluß wieder sehr spürbar wird, ist doch auch bei ihm das innere Wort nicht mit dem griechischen Logos identisch, sondern die Vollendung jenes Aus-sich-Herausführens von Inhalten, das unser diskursiver Verstand vollziehen muß, wenn er denkt, d. h. ein Vor-sich-Hinstellen und insofern ein Sich-Sagen des endlichen Geistes, der niemals alles mit einem Blick umfassen kann[32]. Aber ist das Bild der zwei gleichewigen Personen der Gottheit nicht aufgehoben, wenn die Diskursivität des menschlichen Denkens mit einbezogen wird? Dies ist deshalb nicht der Fall, weil auch die Diskursivität nicht eigentlich ein zeitliches Nacheinander, sondern eine in sich logisch verbundene „Emanation" und derart total Spiegel ihres Ursprungs ist, daß sich das Wort nicht als Endprodukt des diskursiven Erkenntnisvorgangs, sondern als der Vollzug der Erkenntnis selbst erweist. Es steht also nicht bloß am Ende des Prozesses der formatio intellectus durch die Form (species), sondern es ist diese Formation selbst. So weit geht also die Übereinstimmung mit den trinitarischen Verhältnissen[33].

Auch die Unterschiede, wie sie Thomas herausarbeitet, sind von Bedeutung: die zeitliche Entstehung im diskursiven Denken, die Partialität jedes einzelnen Wortes, das nie die Gesamtheit des Geistes umfaßt, und schließlich die Akzidentalität des Wortes hinsichtlich unseres Geistes, die der reinen Substantialität und Aktualität in Gott entgegengesetzt ist. Das alles hindert jedoch nicht, daß das einzelne innere Wort je ein vollkommenes Bild ist und daß das Nacheinander der Konzeptionen zugleich teilhat an der Unendlichkeit des Geistes, der zu immer neuen Entwürfen fortschreitet[34].

Zwei wesentliche Punkte dieser Wortspekulation hebt Gadamer schließlich als besonders bemerkenswert hervor: Einmal die Tatsache, daß das innere Wort nicht durch einen reflexiven Akt gebildet wird, d. h. daß nicht der Geist als solcher „gesagt" wird, sondern die Sache, die species[35]. Es findet kein Fortschreiten von einem noch sprachfreien Denken zum Sichsagen statt, sondern beides gehört aufs engste zusammen. Als zweiten Punkt hebt er hervor, daß die Einheit des göttlichen zur Vielheit des menschlichen Wortes in einem dialektischen Verhältnis stehe, insofern das eine Wort, das Mensch geworden ist, in der Vielheit der Verkündigungsworte zum Ziel komme und also der Geschehenscharakter des Wortes in seinem Sinn schon eingeschlossen sei[36].

---

[32] AaO, 399.   [33] AaO, 400 f.   [34] AaO, 401 f.

[35] Daß er hier die Rolle der *Selbst*erkenntnis in der Analogie wohl übersieht, sei nur angemerkt.

[36] AaO, 402 ff.

238

Gadamer sieht deshalb im Inkarnationsgeschehen einen Gedanken ausgesprochen, der im Gegensatz zum griechischen Denken etwas Neues bedeutet: die Mitte der Sprache, d. h. die wesenhafte Gebundenheit des Denkens im Sprechen bzw. des Sprechens im Denken, die es unmöglich macht, z. B. die Begriffsbildung an einem supponierten vorsprachlichen Seinsgefüge zu orientieren. Vielmehr ist die Sprache selbst der wahre Leitfaden auch der Begriffsbildung, und das heißt: die Geschichtlichkeit der Sprache ist keine Trübung des echten Denkens, sondern bringt es gerade zu sich selbst[37]. Sprache und Verstehen sind nicht zwei verschiedene Vorgänge, wie dies die Signifikationstheorie annimmt, sondern Sprache *ist* Verstehen von Sein, und Sein, das verstanden werden kann, ist Sprache[38]. Daran dürfte Gadamers Grundintention klar werden: Er beabsichtigt mit dieser seiner Interpretation der verbum-Theologie eine Art Bestätigung für seine eigene Hermeneutik, allerdings anhand von Gesichtspunkten, „die der modernen Sprachphilosophie . . . fernliegen"[39], deren Analogie zu seinem eigenen Entwurf jedoch zunächst frappant erscheint.

Daß im einzelnen die Übereinstimmung zwischen seinem und dem Augustinischen Entwurf, auf den wir uns hier allein zu beschränken haben, sehr begrenzt ist, ist ihm selbst zwar bewußt[40], aber es ist wohl doch erforderlich, die gewaltigen Differenzen hier nochmals herauszustellen. Zunächst und vor allem ist es alles andere als bedeutungslos, daß gerade jene von Gadamer durchgehend abgelehnte Zeichentheorie, die die Sprache nur als Instrument des Hinweisens versteht, bei Augustin, wie wir gesehen haben, mit letzter Konsequenz durchgeführt ist. Seine bewußt ausgesprochene und immer wiederholte Ansicht über die Sprache steht derjenigen Gadamers diametral gegenüber. Ja, gerade die Theologie des inneren verbum ist ja nur möglich, weil alles lautlich und ethnisch Bedingte ausgeklammert und das rein geistige „Wort" allein in wirkliche Analogie zum ewigen „Wort" gesetzt wird. Es zeichnet dieses innere Wort ja zudem aus, daß es, völlig seinem lautlosen Charakter entsprechend, auch nicht identifiziert werden darf mit dem Wort der Verkündigung, daß also z. B. Römer 10, 17: „fides ex auditu, auditus autem per verbum Christi" ausdrücklich ausgeschaltet wird, wo es darum geht, zu jener innersten Entsprechung von menschlichem und göttlichem verbum vorzudringen[41]. Der Geschehenscharakter der Sprache, wie ihn Gadamer versteht, reimt sich also bei Augustin schlecht zur Vorstellung vom inneren Wort und liegt dem augustinischen Wortbegriff, wie wir sehen, überhaupt eher fern.

Daß die Übersetzung von λόγος eine vermehrte Berücksichtigung des sprachlichen Aspekts erwarten läßt, ist natürlich eine zutreffende Feststel-

---

[37] Vgl. das folgende Kapitel bei GADAMER, aaO, 404—415.   [38] AaO, 450.
[39] AaO, 415.   [40] AaO, bes. 397 f.   [41] De trin. XV, 20 (1072).

lung, aber man könnte mit fast ebensoviel Recht behaupten, der Zwang, entweder „ratio" oder „verbum" (bzw. „sermo") zu übersetzen, habe zu einer noch weitergehenden Entwertung der Sprache geführt; denn Augustin habe sich ja wohl oder übel irgendwie mit der Tatsache abfinden müssen, daß die lateinische biblische Tradition ihm für das ewige und unveränderliche Wort ausgerechnet denjenigen Begriff anbot, der für ihn der Inbegriff des zeitlich Verfliegenden und ontologisch Abgewerteten war, so daß er unvermeidlich zu einer totalen Entsprachlichung von „verbum" gedrängt worden sei, während er bei λόγος immerhin noch eine letzte Gemeinsamkeit des Sprachgeschehens und des göttlichen Wortes hätte gelten lassen können.

Ferner ist zu beachten, daß auch das höchst geringe Vorkommen der Theorie vom inneren Wort außerhalb der eigentlich trinitätstheologischen Überlegungen bei Augustin das unbedingte Vorherrschen des Dogmas und die fast totale Desinteressiertheit am eigentlich sprachlichen Phänomen deutlich macht. Gerade jene ungemeine Nähe von Wort und Sache bzw. Denken und Sprechen, die Gadamer so sehr hervorhebt, ist in Wahrheit völlig beherrscht von der Homousielehre, die hier mit Gewalt in die imago hineinprojiziert und mit dem verbum-Begriff verbunden wird.

Schließlich wäre auch noch zu fragen, ob Gadamer das, was er an diesen Spekulationen aufzeigt, nicht ebensogut an anderen Erscheinungen der antiken oder mittelalterlichen Denkgeschichte, die nicht zufällig den Begriff „verbum" verwenden, hätte deutlich machen können. So wäre vielleicht doch auch über die Sprachtheorie, die davon ausgeht, daß die Wörter Bilder der Dinge seien, ein ähnliches Resultat zu erzielen gewesen, wie es nun auf dem Umweg über die trinitarische imago patris erreicht wird[42].

Trotz all diesen Bedenken muß man Gadamer zugute halten, daß er echte Übereinstimmungen gefunden hat. Denn der intime Zusammenschluß von Erkenntnisinhalt und Erkenntniswort und die Beschränkung des inneren Wortes auf den jeweiligen Akt der Formation des Geistes durch die species, dem ein neuer und stets wieder ein neuer Akt folgen muß — dies beides sind doch wohl Phänomene, die nicht nur wesenhaft zum Wort in unserem Verständnis gehören, sondern ebensosehr das Wesen des Augustinischen inneren Wortes mit bestimmen. Und man darf wohl noch weiter gehen: Es wurde immer wieder darauf hingewiesen, daß sich Augustin bei der Beschreibung der Analogie und ebenso des inneren Wortes nicht ausschließlich von theologischen Motiven leiten läßt, sondern *zugleich* die Phänomene des Bewußtseins zu Wort kommen läßt. Gerade in der Bestimmung des inneren Wortes als Gehalt eines einzelnen Aktes bzw. Urteils wurde recht

---

[42] Vgl. vor allem seine Verteidigung des „Kratylos" im gleichnamigen Dialog Platons, aaO, 385 ff.

deutlich, daß Augustin den Bereich der sprachlichen Phänomene nicht gänzlich verläßt; und die zentrale Bedeutung des Willens bei der generatio verbi dürfte unter anderem ebenfalls etwas von der Akt-Haftigkeit bzw. dem Geschehenscharakter des eigentlichen Wortes durchscheinen lassen. An diesem Punkt ist auch ohne Zweifel der Einfluß der lateinischen Übersetzungstradition zu spüren: Augustin mußte im Rahmen einer eindringenden Untersuchung irgendwie damit fertig werden, daß „verbum" etwas echt Sprachliches bedeutet und nicht wie λόγος vom gesprochenen, einmaligen Wort völlig gelöst werden kann. Es ist also trotz der eben angemeldeten Vorbehalte kaum zu bestreiten, daß der verbum-Begriff Augustin den Zugang zum echt sprachlichen Phänomen ungleich besser öffnete, als dies der λόγος-Begriff getan hätte.

Von hier aus lassen sich bis zu einem gewissen Grad auch die andern, zuvor vorgebrachten kritischen Argumente entkräften: Augustins sprachfeindliche Sprachtheorie ist ja nicht seine persönliche Erfindung und bedeutet offenbar eine jener für ihn nicht durchbrechbaren Voraussetzungen seines gesamten Denkens, innerhalb welcher die Theorie des inneren Wortes einen kühnen und sogar, im Raum der kirchlichen Theologie, fast gewagten Schritt bedeutet. Warum er diesen Schritt wagte, ist mit dem Hinweis auf den Gebrauch des Logos- bzw. verbum-Begriffs in der Tradition natürlich nicht zureichend erklärt, doch wird diese Warumfrage wie jede historische Warumfrage wohl nie erschöpfend beantwortbar sein. Immerhin ließe sich im Sinne Gadamers die verblüffende Nähe von Sache und Wort, die wir auf die Homousielehre zurückführten, ähnlich wie schon weiter oben der Geschehenscharakter des inneren Wortes, auch so begründen: Wenn im Wortgeschehen, wie es das Alte und Neue Testament meinen, Gott nicht nur angedeutet, sondern als gegenwärtiger und wirkender angesagt, ja gewagt wird, so zeigt sich darin eine Art „Homousie" von Gott und Wort, die in solchem Geschehen nicht einfach identisch werden, aber doch derart unlösbar zusammengehören, daß eins ohne das andere nicht zu haben ist. Sollte nun diese ursprüngliche Einheit von Gott und Wort, wie wir schon vermuteten, sich zum Teil in der nachmals trinitarischen Logoslehre erhalten haben[43], so wäre es nicht zufällig, sondern fast providentiell, daß bei Augustin aus der Wesensgleichheit der göttlichen Personen über den Umweg der Analogie erneut die Nähe von Sache und Wort hervorleuchtet. Es wäre zwar zu weit gegangen, wenn man behaupten wollte, Augustin habe damit eine existentiale Interpretation einer ins Metaphysische übersetzten Wahrheit vollzogen; vielmehr verharrt auch seine Subjektivierung der objektiven Trinitätslehre noch ganz im metaphysischen Denken. Den-

---

[43] Mit der Formulierung „Gott und Wort" beabsichtige ich natürlich nicht, die Christologie auszuschließen, doch kann hier auf diese Zusammenhänge nicht eingegangen werden.

noch wird man die Frage, ob das „innere Wort" eigentlich ein Wort sei, nicht mit einem glatten Nein beantworten können. Man wird vielmehr einem abwägenden Einerseits-Andrerseits den Vorzug geben müssen:

Einerseits steht die „Ähnlichkeits-Metaphysik" bzw. die Analogie in De trinitate so im Vordergrund, daß das Gott-Mensch-Geschehen eine sekundäre Rolle spielen muß, andrerseits ermöglicht gerade das Konstruieren der Analogie im Menschen die Entdeckung des inneren Wortes, in dem wir eine mehrfach gebrochene Spiegelung des biblischen Gotteswortes erkannten. Dieses Wort seinerseits ist zwar ausdrücklich nicht mit dem gleichgesetzt, was wir etwa unter Wort verstehen würden, weist aber dennoch Züge auf, deren Herkunft aus dem Phänomen der Sprache und des Wortes zugegeben werden muß. Es ist daher unmöglich, Augustin zu einem anderen zu machen, als er ist, und bei ihm mehr zu suchen, als ein spätantiker Mensch geben konnte. Es ist uns aber ebenso unmöglich, ihn bloß aus historischer Distanz zu betrachten und zu übersehen, daß bei ihm dennoch Dinge zur Sprache kommen, die auch uns bewegen und die bei ihm eine Lösung finden, deren Bedeutung nicht nur im Sinne des historisch feststellbaren Nachwirkens, sondern noch viel mehr aus sachlichen Gründen nicht zu unterschätzen ist.

Ein solches vorsichtiges Abwägen des Gemeinsamen und Fremden, ein solches Nebeneinander oder vielmehr Ineinander historisch-kritischer Betrachtung und geschichtlicher Begegnung zeichnet die Darlegung Gadamers aus, wenn auch die Akzente etwas anders gesetzt sein mögen, als dies in der vorliegenden Arbeit versucht wurde. Anders verhält es sich mit einer ebenfalls neueren Interpretation Augustins, die sich ihrerseits wieder mit Analogie und Wort beschäftigt und die hier zum Schlusse noch eine Stellungnahme verlangt, nicht nur wegen des gemeinsamen Themas, sondern auch wegen der Bedeutung des darin geäußerten Standpunkts gerade für die hier angetönte grundsätzliche hermeneutische Frage. Es handelt sich um RUDOLPH BERLINGERS „Augustins dialogische Metaphysik"[44]. Die Formulierung des Titels weist bereits auf die Intention des Verfassers hin. Er betrachtet nicht die Subjektivität, sondern die Personalität des Menschen als das Fundament der augustinischen Anthropologie[45]. Insofern die Hinwendung zur Innerlichkeit bei Augustin ein Überschreiten, ein Transzendieren der Person einschließt, ist die Metaphysik der Person dialogisch fundiert[46]. Diese Metaphysik der Person bleibt auch in allen Textanalysen Berlingers maßgebend[47] und ermöglicht es ihm, eine philosophische Interpretation zu

---

[44] Bei V. Klostermann, Frankfurt am Main 1962.

[45] AaO, 12 et pass.

[46] AaO, 160, 173 et pass. Das sind Grundgedanken, die dauernd wieder auftauchen.

[47] Programmatisch hinsichtlich einer Interpretation, aaO, 163, ausgesprochen.

geben, die das Gegenüber Gottes, wie es für Augustin von zentraler Bedeutung ist, mit einbezieht. In solchen ganz allgemeinen Begriffen ist Berlingers Absicht wohl nicht zu beanstanden. Es zeigt sich aber bei der Einzelbehandlung sofort, daß er seine Grundbegriffe in einer, wie es scheint, unreflektierten Weise einsetzt und sich nie darüber Rechenschaft gibt, wie weit eigentlich die Texte Augustins im einzelnen und in den Grundzügen einer solchen Interpretation entsprechen. Es ist freilich nicht zu leugnen, daß er in manchem Augustin recht nahekommt, weil seine eigene Philosophie offensichtlich stark von platonischen und religiösen Elementen durchzogen ist[48], ja, man könnte sein Denken sogar als Spielart des Augustinismus bezeichnen — eines Augustinismus, der aus dem riesigen Werk des Kirchenvaters die Bausteine wie aus einer Ruine zusammensucht, um einen neuen Palast daraus zu erbauen, dessen Existenzberechtigung an und für sich nicht bestritten sei, dessen Herkunft von Augustin selbst jedoch nur eine indirekte ist.

Es soll hier nicht im einzelnen aufgezeigt werden, wie an gewissen Stellen die Textinterpretation völlig am Textsinn vorbeigeht[49] und wie gelegentlich Motive und Leitsätze völlig unaugustinischer Herkunft ganze Partien dominieren[50]. Was uns hier besonders interessieren muß, ist einmal seine „triadische Ontologie der Person"[51]: Das triadische Element, das, wie es uns schien, bei Augustin nur in De trinitate mit dem Gewißheitsproblem enger verknüpft ist und in den früheren Schriften, auf die sich Berlinger zu einem guten Teil stützt[52], keine Bedeutung hat, wird bei ihm zum Inbegriff der die Person bewegenden Strukturmomente[53], so daß er das Wort aus De vera religione „in interiore homine habitat veritas"[54] ohne zu zögern so auslegt: Die triadische Innerlichkeit der menschlichen Person ist das zeitliche Bild der Wahrheit[55], womit die Illuminationsvorstellung und die Analogientheorie sowie weit auseinanderliegende Texte systematisiert sind, ohne daß die beträchtlichen Schwierigkeiten einer solchen Harmonisierung auch nur von ferne angedeutet würden. Der Grund für diesen Kurzschluß ist jedoch klar: Berlinger vertritt den Gedanken einer triadischen Einheit der Person auch unabhängig von Augustin, indem er fordert, daß der Mensch sie reflektierend und wollend ergreife, um den Übergang vom Dasein als

---

[48] Vgl. von demselben „Das Werk der Freiheit", Frankfurt a. M. 1959.

[49] Nur ein Beispiel: S. 221: „Das Wort des Wortes." Dieser Abschnitt beruft sich auf In Io. ev. tr. I, 11 (ML 35, 1384), wo eben diese Formulierung „verbum verbi" als Absurdität erscheint.

[50] Vgl. aaO, 114—138, wo immer wieder auf „ex nihilo fit aliquid" rekurriert wird, ein Satz, den BERLINGER offenbar selbst konstruiert hat, vgl. die Herleitung S. 105 ff. (S. 109, Ende 2. Abschnitt, ist „Quid fecit? usw." von Berlinger frei hinzugefügt!). Vgl. auch „experimentum medietatis" 37 ff., 187 f., 197.

[51] Z. B. aaO, 150.   [52] AaO, 164 ff.   [53] AaO, 151.

[54] De ver. rel. 72 (ML 34, 154/CSEL 77, 2, 52).   [55] AaO, 156.

Vorhandenheit[56] zur Existenz frei[57] zu leisten[58]. Es hindert Berlinger darum
auch nichts daran — da es ihm ja stark um Zeit und Geschichte geht —, die
Dreiheit der Tempora und die drei Elemente der Analogie ineinander zu
verschlingen unter dem Begriff einer „inseparabilis operatio"[59] — womit
wohl seiner Idee des zeitlichen Seins, weniger aber Augustins Spekulationen
Geltung verschafft sein dürfte.

Doch all das mag noch im Rahmen des Vertretbaren bleiben, zumal offenbar, wie wir sahen, Berlinger das triadische Element von Augustin übernommen und sich völlig zu eigen gemacht hat. Eine gewisse Überbetonung
und Verzerrung ist daher begreiflich. Demgegenüber muten die Äußerungen über das Wort wesentlich unhistorischer an. Was Warnach auf sehr
vorsichtige und wohlfundierte Weise versucht, ist bei Berlinger zu einer rei-
chen Spekulation ausgebaut, die sich vor allem durch ein konstantes Miß-
achten dessen, was „Wort" bei Augustin — im Gegensatz zu Berlinger! —
heißt, auszeichnet, so daß er sagen kann: „Was auch immer ist, ist verlaut-
bar"[60], eine Feststellung, die wohl in der modernen Hermeneutik ihre Berechtigung haben mag[61], aber sowohl dem Ungenügen alles Lautlichen,
über das sich Augustin immer wieder beklagt, wie auch überhaupt dem
ganzen Reden von der „ineffabilitas" stracks zuwiderläuft. Demgegenüber
sind andere Anachronismen, wie daß „die Sprache der anfängliche Welt-
raum des Menschen" sei[62], von geringerer Bedeutung, wenn auch symptomatisch. Ähnlich wie bei der Kombination der Wahrheit innen und der
Trinitätsanalogie wird auch der Weg nach innen als ein Geführtwerden
in die Innerlichkeit des „inneren Wortes" aufgefaßt[63], ja, die Person konstituiert sich überhaupt durch das innere Wort, wobei aber „Person" wieder
im dialogischen Sinne gemeint ist und auch mit „die verbale Natur des
Seienden" ausgedrückt werden kann[64]. Daß natürlich das innere Wort auch
mit der Sendung des Gotteswortes eng verknüpft wird, ist vom Grundan-
satz her einleuchtend, und zwar gerade in der Gegenläufigkeit beider Be-
wegungen[65]. Von diesem Wort-Antwort-Geschehen her will Berlinger nun
auch das Problem Glauben—Wissen bewältigen, wobei er aber offensichtlich alles, was über Glauben und Erkennen bei Augustin schon herausgearbeitet worden ist, übergeht und zu einer Lösung gelangt, mit der man

---

[56] Für die Beziehung BERLINGERS zu Heidegger vgl. noch bes. 54, 105.

[57] Der Freiheitsbegriff spielt eine große Rolle, wieder ohne Abklärung der
augustinischen Bestimmungen, vgl. 66 f., 76, 139 ff., „Das Werk der Freiheit"
passim.

[58] So in: Das Werk der Freiheit 15, 79 f.   [59] Aug.s dial. Met. 48.

[60] AaO, 219. Vgl. auch den Anfang des Teiles über das Wort, S. 216.

[61] Vgl. GADAMER, aaO, 450: Sein, das verstanden werden kann, ist Sprache.

[62] AaO, 188, auch 220 et passim.   [63] AaO, 209, 220.   [64] AaO, 216.

[65] AaO, 228: Dem Transzendieren des „inneren Wortes" entspringt (sic!) in
gegenläufiger Bewegung die freie Sendung des Wortes der Wahrheit selbst.

244

sich unter Umständen sachlich einverstanden erklären könnte, die aber durchaus nicht von Augustin stammt[66]. Schließlich gipfelt die Abhandlung in einer worthaften Fassung des Seinsbegriffs selbst: „. . . zeitlich Seiendes vernimmt und versteht den Namen Sein in der Weise dialogischer Teilhabe seiner faktischen Genanntheit am Sein des Namens Sein."[67]

Die Synthese Berlingers überspielt nicht nur den historischen Augustin zugunsten eines augustinischen Systems, sondern bringt eine philosophisch-begriffliche Geschlossenheit auf durchdringende Weise zum Zug, die die Ungenauigkeiten, Widersprüche und verschiedenen Denkbahnen Augustins verblassen läßt und den echten Dialog mit dem großen Theologen und Philosophen mittels einer „dialogisch"-personalistischen Ontologie aufhebt. Die metaphysische Erneuerung[68], die in Augustins Denken und in seinem mannigfachen Nachwirken sichtbar wird, kann nicht von einer alles umfassenden Grundformel in den Griff genommen werden, wie es bei Berlinger faktisch geschieht, sondern kann nur durch Nach-Denken seiner Denkwege und durch Orientierung an der gemeinsamen Sache greifbar gemacht werden. Auch hinsichtlich des Phänomens Augustin und nicht nur bezüglich des Wortes Gottes bedeutet Objektivierung einen Verlust und Gefragtwerden und Fragen einen Gewinn.

Trotz dieser kritischen Abgrenzung gegenüber Berlinger darf natürlich nicht übersehen werden, welch zentrale Stellung das Personale und Dialogische in Augustins Denken einnimmt. Dies wird ganz besonders in dem Gebet deutlich, welches die Bücher De trinitate abschließt[69]. Es vereinigt in sich die poetisch-rhetorischen Elemente, wie wir sie aus den Confessiones kennen, und bringt zugleich die Ergebnisse von De trinitate zum Ausdruck, ohne allerdings nochmals auf die Analogien als Erkenntnismittel einzugehen. Gerade daran zeigt sich noch einmal überraschend, wie sehr diese Erkenntnishilfen wirklich nur Hilfsmittel waren und in der Begegnung mit Gott letztlich keine Rolle spielen — als Erkenntnismittel. Als Akte des auf Gott gerichteten Menschen kehren sie in diesem Schlußgebet jedoch wieder: Meminerim tui, intellegam te, diligam te. Auge in me ista, donec me reformes ad integrum! Die erbauliche Absicht läßt die rein erkenntnismäßige in den Hintergrund treten. Dem entspricht es, daß die Trinität hier nur noch durch den Rückgriff auf die regula fidei begründet wird und Augustin

---

[66] AaO, 229: Er lehnt es ab, Glauben bloß im Sinne von „Vertrauen" und Wissen im Sinne von „etwas verstehen" aufzufassen — aber welcher Augustinkenner tut das? Er sagt: „Es geht vielmehr darum, einzusehen, daß die Einheit dieses Verhältnisses aus der Sendung dessen entspringt, der das Verstehen lehrt, und aus der Antwort dessen, der das glaubende Lieben zu verstehen lernt." Die Ungenauigkeit solcher Formulierungen (hinsichtlich Augustins!) wirkt quälend.

[67] AaO, 234.   [68] AaO, 15 ff.

[69] De trin. XV, 51 (1097 f.). Ein weiteres, vielleicht zu De trinitate gehöriges Gebet veröffentlichte MORIN, RB 21, 1904, 124—132.

sich im Grunde genommen an den *ein*personalen Gott wendet[70]. Natürlich zieht er nicht in Zweifel, daß in Gott „tres personae" sind, und man wird sich hüten, seinen persona-Begriff mit unserem neuzeitlichen Personbegriff zu verwechseln. Dennoch zeigt die Gebetsform erstaunlich wenig Beziehung zum trinitarischen Gott; die Anrede bleibt singularisch. Im praktischen Vollzug macht sich also die Unbegreifbarkeit der Trinität dadurch bemerkbar, daß das Trinitarische hinter der Einheit des personalen Gegenübers — „personal" nun in unserem Sinne — stark zurücktritt. Fände sich nicht im menschlichen Inneren eine Analogie, die für die Theologie und, wie dies Gebet zeigt, für die Frömmigkeit wenigstens von begrenzter Bedeutung ist, so wäre das Dogma nichts als ein unlösbares Rätsel.

Das Gebet schließt mit einem Blick auf das menschliche, sündige multiloquium, welches vor allem in der endlosen Flucht nichtiger Gedanken, also als ein inneres multiloquium, spürbar ist. Aber das Viele wird enden, und dann werden wir in Ewigkeit Eines sagen — mit einem inneren Wort alle Wahrheit umfassen[71] — und selbst alle eins sein. Die letzte Invokation des gesamten Trinitätswerks möge auch dieses unvergleichbar geringere Werk beschließen:

> Dominus,
> deus une,
> deus trinitas,
> quaecumque dixi in his libris de tuo,
> agnoscant et tui;
> si qua de meo,
> et tu ignosce
> et tui.   Amen.

---

[70] Auf diesen Unterschied zwischen Dogma und Gebet weist SCHMAUS, Studia Patristica VI, 512 ff., zu Recht hin.

[71] Über das innere Wort in der ewigen Schau vgl. bes. XV, 26 (1079).

ANHANG I

(zu S. 203 f.)

Eine mögliche Quelle des zehnten Buches von De trinitate:

Cicero, Tusculanae disputationes, Buch I

Es wird hier kein ausgeführter Beweis einer literarischen Abhängigkeit angestrebt, sondern es sollen lediglich die entsprechenden Texte nebeneinandergestellt
und die auffallende Verwandtschaft, die bisher, soweit ich sehe, nicht beachtet
wurde[1], zur Diskussion gestellt werden.

Zunächst gilt es festzuhalten, daß einerseits in De trinitate Cicero auch außerhalb des Buches X und abgesehen von den Tuskulanen gelegentlich zitiert wird[2]
und daß andrerseits die Tuskulanen auch außerhalb von De trinitate, aber zur
selben Zeit, deutlich nachwirken[3], für unseren Zusammenhang wohl am inter-
essantesten in Epist. 137, 5 von ca. 412[4], also zu einer Zeit, die nicht fern von der
Entstehung des 10. Buches von De trinitate liegen dürfte:

Cicero, Tusc. disp. I, 16, 38 (ed. Poh-LENZ 236):	Aug., Ep. 137, 5 (ML 33, 517/CSEL 44, 102).
Magni autem est ingenii sevocare mentem a sensibus et cogitationem a consuetudine abducere.	. . . magni quippe est ingenii, ut ait quidam, sevocare mentem a sensibus et cogitationem a consuetudine abducere.

Beziehungen zwischen De trinitate und den Tusculanae disputiones werden an
folgenden Stellen sichtbar, außerhalb von Buch X[5]:

Tusc. I, 24, 57 (ed. POHLENZ 245 f.):	Aug., De trin. XII, 24 (1011):
Habet primum memoriam, et eam in-finitam rerum innumerabilium. Quam quidem Plato recordationem esse vult vitae superioris. Nam in illo libro, qui	Unde Plato ille philosophus nobilis persuadere conatus est, vixisse hic ani-mas hominum et antequam ista corpo-ra gererent, et hinc esse, quod ea, quae

---

[1] Wichtig für diesen Problemkomplex ist das große Werk M. TESTARDS, S. Aug.
et Cic., 2 Bde., Paris 1958 (dazu Gnomon 32, 1960, 428—434), wo aber die Beziehungen zw. De trin. X und Tusc. I nicht bemerkt zu sein scheinen.

[2] XIII, 7 (1019), XIV, 12 (1046) u. 26 (1056) der verlorene Hortensius, und die
Stellen o. S. 59, Anm. 255 (De inventione).

[3] Vgl. die Liste bei TESTARD, aaO, II, 133 f., wo u. a. die Bücher I, II, IV, V,
VIII, IX, XIV, XXII der Civitas dei erscheinen, d. h. mit De trin. z. T. gleichzeitige Texte.

[4] Datierung nach GOLDBACHER, CSEL 58, 37 f.

[5] Vgl. TESTARD, aaO; die zweite Stelle ist bei ihm nicht parallelisiert.

inscribitur Menon, pusionem quendam Socrates interrogat quaedam geometrica de dimensione quadrati. Ad ea sic ille respondet ut puer, et tamen ita faciles interrogationes sunt, ut gradatim respondens eodem perveniat, quo si geometrica didicisset. Ex quo effici vult Socrates, ut discere nihil aliud sit nisi recordari.

Tusc. IV, 26, 57 (ed. POHLENZ 390):
. . . sapientiam esse rerum divinarum et humanarum scientiam . . .
(analog V, 3, 7, ed. POHLENZ 407).

discuntur, reminiscuntur potius cognita, quam cognoscuntur nova. Retulit enim, puerum quendam nescio quae de geometrica interrogatum sic respondisse, tamquam esset illius peritissimus disciplinae. Gradatim quippe atque artificiose interrogatus videbat, quod videndum erat, dicebatque, quod viderat.

Aug., De trin. XIV, 3 (1037):
Disputantes autem de sapientia, definierunt eam dicentes: Sapientia est rerum humanarum divinarumque scientia.

Diese Definition der Weisheit spricht, da sie bei Augustin auch anderswo auftritt[6], zwar nicht notwendigerweise für eine Benützung der Tuskulanen an dieser Stelle, doch ist die unmittelbare Nähe zur folgenden Parallele immerhin auffallend:

Tusc. V, 3, 8 (ed. POHLENZ 407):
Quem (sc. Pythagoram) . . . Phliuntem ferunt venisse eumque cum Leonte . . . docte et copiose disseruisse quaedam. Cuius ingenium et eloquentiam cum admiratus esset Leon, quaesivisse ex eo, qua maxime arte confideret; at illum: artem quidem se scire nullam, sed esse philosophum.

V, 3, 9 (ed. POHLENZ 408): . . . hos se appellare sapientiae studiosos — id est enim philosophos . . .

V, 4, 10 (ed. POHLENZ 408): Nec vero Pythagoras nominis solum inventor, sed rerum etiam ipsarum amplificator fuit.

Aug., De trin. XIV, 2 (1037):
Numquidam profiteri audebimus sapientiam, ne sit nostra de illa impudens disputatio? Nonne terrebimur exemplo Pythagorae, qui cum ausus non fuisset sapientem profiteri, philosophum potius, id est amatorem sapientiae se esse respondit, a quo id nomen exortum ita deinceps posteris placuit . . .

Diese Parallelen dienen lediglich der Bekräftigung der im folgenden dargestellten Berührungen zwischen Tusc. I und De trin. X. Dabei ist stets zu bedenken, daß die Ähnlichkeit vieler Hauptgedanken durch die Nebeneinanderstellung von Texten nur angedeutet werden kann.

Tusc. I

9, 18 (ed. POHLENZ 226 f.): Aliis cor ipsum animus videtur . . . 9, 19 (ed. POHLENZ 227): Empedocles animum esse censet cordi suffusum sanguinem; aliis pars quaedam cerebri visa est animi principatum tenere; aliis nec cor ipsum placet nec cerebri quandam

De trin. X

9 (978): Itaque alii sanguinem, alii cerebrum, alii cor . . . eam (sc. mentem sive animam) esse putaverunt. Alii ex minutissimis individuisque corpusculis, quas atomos dicunt, concurrentibus in se atque cohaerentibus eam confici crediderunt. Alii aerem, alii ignem sub-

[6] TESTARD, aaO, I, 270.

248

partem esse animum, sed alii in corde, alii in cerebro dixerunt animi esse sedem et locum. . . Zenoni Stoico animus ignis videtur. 10, 21 (ed POHLENZ 228): Dicaearchus . . . neque in homine inesse animum vel animam . . . nec sit quicquam nisi corpus unum et simplex, ita figuratum, ut temperatione naturae vigeat et sentiat. § 22: Aristoteles . . . quintam quandam naturam censet esse, e qua sit mens. . . 11, 22 (ed. POHLENZ 229): Democritum . . . levibus et rotundis corpusculis efficientem animum concursu quodam fortuito, omittamus.

29, 70 (ed. POHLENZ 253): Quae est eius natura? Propria, puto, et sua. Sed fac igneam, fac spirabilem: nihil ad id, de quo agimus.

9, 18 (ed. POHLENZ 226): Sunt qui nullum censeant fieri discessum (sc. animi a corpore), sed una animum et corpus occidere, animumque in corpore extingui.

27, 66 (ed. POHLENZ 250 f.): (Ciceros eigene Meinung): Ita, quicquid est illud, quod sentit, quod sapit, quod vivit, quod viget, caeleste et divinum ob eamque rem aeternum sit necesse est.

6, 38 (ed. POHLENZ 236): Magni autem est ingenii sevocare mentem a sensibus et cogitationem a consuetudine abducere. (Vgl. schon o. S. 246).

22, 52 (ed. POHLENZ 243): Cum igitur ‚nosce te‘ dicit (sc. Apollo), hoc dicit: ‚nosce animum tuum‘. Nam corpus quidem quasi vas est aut aliquod animi receptaculum.

27, 67 (ed. POHLENZ 251): Non valet tantum animus, ut se ipse videat, at ut oculus, sic animus se non videns alia cernit.

30, 73 (ed. POHLENZ 254): . . . mentis

stantiam eius dixerunt. Alii eam nullam esse substantiam . . . , sed ipsam temperationem corporis nostri . . . esse opinati sunt. . . Nam de quinto illo nescio quo corpore, quod notissimis quattuor huius mundi elementis quidam coniungentes, hinc animam esse dixerunt, hoc loco diu disserendum non puto. (Dazu noch De civ. dei XXII, c. 11, 2, ML 41, 773: nam et Aristoteles quintum corpus eam dixit esse).

13 (980): Neque enim omnis mens aerem se esse existimat, sed aliae ignem, aliae . . . , omnes tamen se intellegere noverunt et esse et vivere. . .

9 (978): Eoque hi omnes eam mortalem esse senserunt, quia sive corpus esset, sive aliqua compositio corporis, non posset utique immortaliter permanere.

9 (978): (Wohl Wiedergabe der Ansicht Ciceros): Qui vero eius substantiam vitam quandam nequaquam corpoream, quandoquidem vitam omne vivum corpus animantem ac vivificantem esse repererunt, consequenter et immortalem . . . probare conati sunt.

11 (979): Cum igitur ei praecipitur, ut se ipsam cognoscat, non se tamquam sibi detracta sit quaerat, sed id, quod sibi addidit, detrahat.

12 (980): Nec se quasi non norit cognoscat, sed ab eo, quod alterum novit, dignoscat. . . Neque ita, ut dicitur homini: vide faciem tuam. . . Sed cum dicitur menti: cognosce te ipsam, eo ictu, quo intellegit, quod dictum est... cognoscit se ipsam.

5 (975): (Entgegnung): Quodsi ut oculis corporis magis alii oculi noti sunt quam ipsi sibi, non se ergo quaerat (sc. mens) numquam inventura. Numquam enim se oculi praeter specula videbunt,

acies se ipsa intuens non numquam hebescit, ob eamque causam contemplandi diligentiam amittimus.

22, 53 (ed. POHLENZ 243 f.): Sed si, qualis sit animus, ipse animus nesciet, dic quaeso, ne esse quidem se sciet, ne moveri quidem se?

nec ullo modo putandum est etiam rebus incorporeis contemplandis tale aliquid adhiberi. . .

13 (980) (et passim): Secernat, quod se putat, cernat, quod scit: hoc ei remaneat, unde ne illi quidem dubitaverunt, qui . . . corpus esse mentem putaverunt. . . . omnes tamen se intellegere noverunt et esse et vivere. . .

Ferner ist zu beachten, daß Tusc. I, 24, 57 ff. (ed. POHLENZ 245 ff.) die memoria eine bedeutende Rolle spielt.

ANHANG II

Das „innere" Wort — terminologisch betrachtet

Der hier stets verwendete Begriff „inneres Wort" kann sich nur beschränkt auf den Sprachgebrauch Augustins stützen. Die Verbindungen „verbum mentis" und „verbum internum" fehlen bei ihm, und die sonstigen Genetivverbindungen bilden die Ausnahme, während an Adjektiven „interius" und „intimum" erscheinen. Weitaus die häufigsten Verbindungen bildet er mit „cor", also auf eine dem lateinischen (s. o. S. 102) und biblischen Sprachgebrauch naheliegende Weise[1]. Bei den breiten Darlegungen in De trinitate spielt der Begriff des Herzens jedoch eine kleine Rolle. Zudem redet er dort meist nur von „verbum", weshalb die folgende Liste, die die breiteren Umschreibungen wegläßt, für De trinitate weniger reichhaltig ist, als man dies erwarten könnte.

Ep. ad Rom. inch. exp. 23 (ML 35, 2105):	verbum . . . quod corde conceptum . . .
De doctr. chr. I, 12 (ML 34, 24):	verbum, quod corde gestamus
Sermo Denis 2, 2 (Morin 12):	verbum corde conceptum
Sermo 120, 2 (ML 38, 677):	intellego et in corde meo de hac re verbum
Sermo Frangip. 8, 2 (Morin 227):	ut autem nascatur in meo corde verbum
Sermo 237, 4 (ML 38, 1124):	verbum est in corde meo
Sermo 288, 3 (ML 38, 1305):	Ecce ergo verbum iam formatum, iam integrum manet in corde . . .
	verbum corde conceptum . . .
	verbum cordis
AaO, 4 (1306):	verbum, quod in corde gestamus . . .
	verbum corde conceptum
Sermo 119, 7 (ML 38, 675):	verbum . . . in corde meo prius habui
Sermo 225, 3 (ML 38, 1097):	verbum in corde
Sermo Guelferb. 22, 3 (Morin 513):	verbum, quod parit cor nostrum, intus est in corde nostro
Sermo 187, 3 (ML 38, 1002):	verbum, quod corde gestamus

---

[1] Zum Begriff „cor" vgl. Maxsein, AM I, 357—371, De la Peza, REA 7, 1961, 339—368, und zur Verwendung in diesem speziellen Zusammenhang Duchrow, Sprachverständnis 19 f., 134.

In Io. ev. tr. 1, 8 (ML 35, 1383):	Est verbum et in ipso homine, quod manet intus. . .
	Est verbum, quod vere spiritaliter dicitur. . .
	verbum in corde tuo
AaO, 1, 9 (ML 35, 1383):	Refer animum ad illud verbum. Si tu potes habere verbum in corde tuo. . .
AaO, 14, 7 (ML 35, 1506):	. . . quando ergo concipis verbum, quod proferas, rem vis dicere, et ipsa rei conceptio in corde tuo iam verbum est. . .
	verbum in corde habes
AaO, 20, 10 (ML 35, 1561):	verbum, quod fecit animus meus, manet in me . . .
	verbum in animo tuo
AaO, 37, 4 (ML 35, 1671):	in corde tuo verbum . . .
	verbum . . . apud te
De trin. VIII, 9 (955):	phantasia eius in memoria mea verbum eius . . .
	finxi animo meo imaginem . . . et hoc est apud me verbum eius
AaO, IX, 12 (967):	verbum intus manens . . .
	verbum intus editum
AaO, XIV, 10 (1043):	cogitamus enim omne, quod dicimus, etiam illo *interiore verbo*, quod ad nullius gentis pertinet linguam.
AaO, XV, 19 (1071):	verbum, quod in corde dicimus . . .
	verbum, quod mente gerimus
AaO, XV, 20 (1071):	verbum, quod intus lucet
AaO, (1072):	verbum rationalis animantis . . . quod neque prolativum est in sono neque cogitativum in similitudine soni
AaO, XV, 22 (1075) et passim:	verbum ante omnem sonum (und ähnlich)
AaO, XV, 25 (1078):	*verbum* verum nostrum *intimum*
AaO, XV, 40 (1088):	et gignitur *intimum verbum* . . .
AaO, XV, 43 (1090):	nullius linguae *cordis verbum*

LITERATURVERZEICHNIS

Angeführt sind alle zitierten Werke unter Weglassung der Lexikonartikel und der Textausgaben. Beigefügt ist eine Auswahl weiterer Titel, die wegen der unmittelbaren Nähe zu den in dieser Arbeit behandelten Problemen oder aus andern Gründen erwähnenswert schienen. Zur alphabetischen Einordnung: a = ä, i = j usw. Namen mit van, von, Mc- usw. sind unter den Hauptnamen, nicht unter V bzw. M angeführt. Als umfangreiche allgemeine Augustinbibliographie ist zu empfehlen: C. ANDRESEN, Zum Augustingespräch der Gegenwart (Wiss. Buchges.) 1962, S. 461—547. Abkürzungen, die im Abkürzungsverzeichnis (s. S. IX) fehlen, sind nach RGG³ aufzulösen.

AALL, A., Geschichte der Logosidee in der griechischen Philosophie, Leipzig 1896.
—, Geschichte der Logosidee in der christlichen Literatur, Leipzig 1899.
ALFARIC, P., L'évolution intellectuelle de S. Augustin, Paris 1918.
ALLERS, R., Illumination et vérités éternelles, AM I, 477—490.
—, Les idées de triade et de médiation dans la pensée de Saint Augustin, Augustinus 3, 1958, 244—254.
ALTANER, B., Patrologie, 6. Aufl. 1960.
—, Augustinus und Philo von Alexandrien, ZKTh 65, 1941, 81—90.
—, Die Benützung von originalgriechischen Vätertexten durch Augustinus, ZRGG 1, 1948, 71—79.
—, Augustinus und Irenäus, ThQ 129, 1949, 162—172.
—, Augustinus und Athanasius, RB 59, 1949, 82—90.
—, Augustinus und Basilius d. Gr., RB 60, 1950, 17—24.
—, Augustinus, Gregor v. Naz. u. Gregor v. Nyssa, RB 61, 1951, 54—62.
—, Augustinus und Didymus der Blinde, VC 5, 1951, 116—120.
—, Augustinus und Origenes, Hist. Jahrb. 70, 1951, 15—41.
—, Augustinus und die griech. Patristik. Eine Einführung und Nachlese zu den quellenkritischen Untersuchungen, RB 62, 1952, 201—215.
—, (weitere analoge Beiträge am letztgenannten Ort sowie Patrologie 383 und ANDRESEN, Augustingespräch 532 verzeichnet).
ANDRESEN, C., Zur Entstehung und Geschichte des trinitarischen Personbegriffes, ZNW 52, 1961, 1—39.
—, Zum Augustingespräch der Gegenwart, Darmstadt 1962.
ARNOU, R., Le désir de dieu dans la philosophie de Plotin, Paris 1927.
—, Le thème néoplatonicien de la contemplation créatrice chez Origène et chez saint Augustin, Gregorianum 13, 1932, 124—136.
—, Arius et la doctrine des relations trinitaires, Gregorianum 14, 1933, 269—272.
AROSTEGUI, A., La supuesta identidad agustiniana del alma y sus potencias, Rev. de Fil. 11, 1952, 43—64.
AUBIN, P., L'„image" dans l'œuvre de Plotin, RechSR 41, 1953, 365.

Bakhuizen van den Brink, J. N., Versöhnung. Augustin, De trin. XIII, 13—26, Neotestamentica et Patristica, Freundesgabe für O. Cullmann, Leiden 1962, 319—330.

Ballard, E. G., An Augustinian Doctrine of Signs, The New Scholasticism 23, 1949, 207—210.

Bardenhewer, O., Geschichte der altkirchlichen Literatur, 5 Bde., 1912 ff. (z. T. 2. Aufl. u. Nachdrucke).

Bardy, G., S. Aug. et Tertullien, ATA 13, 1953, 145—150.

Barion, J., Plotin und Augustinus. Untersuchungen zum Gottesproblem (Neue Forschgn. zur Phil. 5), Berlin 1935.

Barwick, K., Probleme der stoischen Sprachlehre und Rhetorik (Abh. Sächs. Akad. Wiss. zu Leipzig, phil.-hist. Kl., Bd. 49, Heft 3), Berlin 1957.

Batiffol, P., Le catholicisme de saint Augustin, 2 Bde., Paris 1920.

Bavaud, G., Un thème augustinien: le mystère de l'Incarnation, à la lumière de la distinction entre le verbe intérieur et le verbe proféré, REA 9, 1963, 95—101.

van Bavel, T. J., Recherches sur la christologie de saint Augustin, Paradosis 10, Freiburg (Schwz.) 1954.

—, Répertoire bibliographique de saint Augustin, 1950—1960. Avec la collaboration de F. van der Zande (Instrumenta Patristica, T. III), Haag 1963.

Benz, E., Marius Victorinus und die Entwicklung der abendländischen Willensmetaphysik (Forschgn. z. Kirchen- u. Geistesgesch. I), Stuttgart 1932.

Berlinger, R., Das Werk der Freiheit, Frankfurt a. M. 1959.

—, Augustins dialogische Metaphysik, Frankfurt a. M. 1962.

Bernardi, M. C., „In principio fecit Deus caelum et terram" (Gen. 1, 1) in Sant' Agostino e le sue fonti. Diss. Univ. degli Studi Torino 1959/60.

Bigelow, S., Mirror of the Trinity, Priestly Studies 24, 1955, 20—44.

Blachère, Fr. de P., La Trinité dans les créatures, Rev. Aug. 3, 1903, 114—123, 219—233.

Blanchard, P., L'espace intérieur chez saint Augustin d'après le livre X des „Confessions", AM I, 535—542.

Boigelot, R., Le mot „personne" dans les écrits trinitaires de Saint Augustin, Nouvelle Rev. Théol. 57, 1930, 5—16.

La Bonnardière, A.-M., La date du „De continentia" de saint Augustin, REA 5, 1959, 121—127.

—, Irénée de Lyon et Augustin d'Hippone, Actes du Congrès de l'Association Guillaume Budé, Lyon, 8.—13. September 1958, S. 344—346, Paris 1960.

Boros, L., Les catégories de la temporalité, Archives de philosophie 21, 1958, 323 bis 385.

Boyer, Ch., Christianisme et Néoplatonisme dans la formation de saint Augustin, Paris 1920, 2. Aufl., Rom 1953.

—, La théorie augustinienne des raisons séminales, MiscAg II, 975 ff.

—, L'image de la trinité, synthèse de la pensée augustinienne, Gregorianum 27, 1946, 173—199, 333—352.

Braem, E., Augustinus' Leer over de heiligmakende Genade, Augustiniana 1, 1951, 7—20, 77—90, 153—174; 2, 1952, 201—204; 3, 1953, 5—20, 328—340 (urspr. Diss. Löwen 1951).

Bréhier, E., Histoire de la philosophie I, Paris 1928.

Brunner, P., Charismatische und methodische Schriftauslegung nach Augustins Prolog zu De doctr. chr., KuD 1, 1955, 59—69, 85—103.

Burnaby, J., Amor Dei, 2. Aufl., London 1947.

BUSHMAN, R. M., St. Augustine's Metaphysics and Stoic Doctrine, The New Scholasticism 3, 1952, 282—304.

CAMELOT, TH., A l'Éternel par le temporel: De Trinitate IV, 24, REA 2, 1956, 163 bis 173.

—, La tradition latine sur la procession du Saint-Esprit „a Filio" ou „ab utroque", Russie et Chrétienté 1950, 179—192.

VON CAMPENHAUSEN, H. FRHR., Ambrosius von Mailand als Kirchenpolitiker, Arb. z. Kirchengesch. 12, Berlin/Leipzig 1929.

—, Lateinische Kirchenväter, Stuttgart 1960 (Urbanbuch Nr. 50).

CAVALLERA, F., Les premières formules trinitaires de saint Augustin, BLE 31, 1930, 97—123.

—, La doctrine de saint Augustin sur l'Esprit Saint à propos du De Trinitate, Rech. de théol. anc. et méd. 2, 1930, 365—387; 3, 1931, 5—19.

CAYRÉ, F., Le mysticisme de la sagesse dans les Confessions et le De Trinitate de saint Augustin, ATA 13, 1953, 347—372.

—, La contemplation augustinienne. Principes de la spiritualité et de la théologie, Paris 1927, 2. Aufl. 1954.

CHEVALIER, I., Saint Augustin et la pensée grecque. Les relations trinitaires, Freiburg (Schwz.) 1940.

—, La théorie augustinienne des relations trinitaires. Analyse explicative des textes, Divus Thomas (Studia Friburgensia) 18, 1940, 317—384.

CILLERUELO, L., „Memoria" en De Trinitate X, Ciudad de Dios 164, 1952, 5—24.

—, La „memoria sui", Giornale di Metafisica 9, 1954, 478—492.

—, La „memoria Dei" segùn San Agustín, AM I, 499—509.

O'CONNELL, ROBERT J., The Plotinian Fall of the Soul in St. Augustine, Traditio 19, 1963, 1—35.

McCOOL, G. A., The Ambrosian Origin of St. Augustine's Theology of the Image of God in man, Theol. Studies 20, 1959, 62—81.

COURCELLE, P., Les lettres grecques en Occident, 2. Aufl. Paris 1948.

—, Recherches sur les „Confessions" de saint Augustin, Paris 1950.

—, Litiges sur la lecture des „Libri Platonicorum" par saint Augustin, Augustiniana 4, 1954, 225—239.

—, Saint Augustin a-t-il lu Philon d'Alexandrie? REAnc 63, 1961, 78—85.

—, Connais-toi toi-même dans Rome impériale, Annuaire du Collège de France 61, 1961, 337—340.

—, Les Confessions de saint Augustin dans la tradition littéraire. Antécédents et Postérité. Paris 1963.

COURTOIS, CHR., Les Vandales et l'Afrique, Paris 1955.

DAHL, A., Augustin und Plotin, philosophische Untersuchungen zum Trinitätsproblem und zur Nuslehre, Lund 1945.

DAHLMANN, H., Varro und die hellenistische Sprachtheorie, Berlin 1932.

DANIÉLOU, J., Eunome l'Arien et l'exégèse néo-platonicienne du Cratyle, REG 69, 1956, 412—432.

DEKKERS, E. u. GAAR, A., Clavis Patrum Latinorum, Sacris Erudiri III, 2. Aufl. 1961.

DIEKAMP, F., Die Gotteslehre des hl. Gregor v. Nyssa, Münster 1896.

DIESNER, H.-J., Die Lage der nordafrikanischen Bevölkerung im Zeitpunkt der Vandaleninvasion, Historia 11, 1962, 97—111.

DINKLER, E., Die Anthropologie Augustins (Forschgn. z. Kirchen- u. Geistesgesch. 4), Stuttgart 1934.

DUCHROW, U., „Signum" und superbia" beim jungen Augustin (386—390), REA 7, 1961, 369—372.

—, Zum Prolog von Augustins De doctrina christiana, VC 17, 1963, 165—172.

—, Sprachverständnis und biblisches Hören bei Augustin, (Hermeneutische Unters. z. Theologie, Bd. 5), Tübingen 1965.

ENGELS, J., La doctrine du signe chez saint Augustin, Studia Patristica VI, 366 bis 373, Berlin 1962.

O'B. FAUL, D., The date of the De continentia of St. Augustine, Studia Patristica VI, 374—382, Berlin 1962.

FISCHER, B., De Augustini disciplinarum libro qui est de dialectica, Diss. Jena 1912.

FORTIN, E. L., Christianisme et culture philosophique au Ve siècle, Paris 1959.

FRÜCHTEL, E., Der Logosbegriff bei Plotin. Eine Interpretation, Diss. (Mschr.) München 1955.

FRIEDLÄNDER, P., Platon, 3 Bde., 2. Aufl. Berlin 1954—1960.

GADAMER, H.-G., Wahrheit und Methode. Grundzüge einer philosophischen Hermeneutik, Tübingen 1960.

GALTIER, R., L'habitation en nous des trois personnes, Paris 1928.

GANGAUF, TH., Des hl. Augustinus spekulative Lehre von Gott dem Dreieinigen, Augsburg 1866, 2. Aufl. 1883.

GARDEIL, A., La structure de l'âme et l'expérience mystique, 2 Bde., Paris 1927.

GEORGOULE, C., Ἡ παρ' Αὐγουστίνῳ τριὰς esse-vivere-intelligere καὶ αἱ ἑλληνικαί τῆς πηγαί, Πλάτων 6, 1954, 341—349.

GERLITZ, P., Der mystische Bildbegriff (εἰκών und imago) in der frühchristlichen Geistesgeschichte, ZRGG 15, 1963, 244—256.

—, Außerchristliche Einflüsse auf die Entwicklung des christlichen Trinitätsdogmas. Zugleich ein religions- und dogmengeschichtlicher Versuch zur Erklärung der Herkunft der Homousie. Leiden 1963.

GILSON, E., Introduction à l'étude de saint Augustin, Paris 1929, 2. Aufl. 1943, 3. Aufl. 1949 (zit. nach 2. Aufl.).

GOLEBIEWSKI, P. K., Le langage d'après saint Augustin, Bulletin de la Soc. Polonaise de Linguistique 3, 1931, 3—37.

GONZÁLEZ, E., El concepto y método de la teología en „De trinitate" de san Agustín, Augustinus 1, 1956, 378—398.

GRONAU, K., Poseidonios und die jüdisch-christliche Genesisexegese, Leipzig/Berlin 1914.

HADOT, P., L'image de la trinité dans l'âme chez Victorinus et chez saint Augustin, Studia Patristica VI, 409—442, Berlin 1962.

—, La trias être, vie, pensée in: Les Sources de Plotin. Entretiens sur l'Antiquité classique, Fondation Hardt, tome V, S. 105—158, Vandoeuvres-Genève 1960.

HAHN, AUG., Bibliothek der Symbole und Glaubensregeln, 3. Aufl. Berslau 1897 (u. Nachdrucke).

HALLER, RUD., Untersuchungen zum Bedeutungsproblem in der antiken und mittelalterlichen Philosophie, Archiv f. Begriffsgesch. Bd. VII, 57—119, Bonn 1962.

HARNACK, AD. v., Geschichte der altchristlichen Literatur, 2 Teile, 1893—1904.

—, Lehrbuch der Dogmengeschichte, 3 Bde., 4. Aufl. Tübingen 1909/10 (u. Nachdrucke).

HASSEL, D. J., Conversion-theory a. „Scientia" in the de Trinitate, RA II, 383—401.

HEFELE, C. J. v., Conciliengeschichte, 9 Bde., Freiburg i. Br. 1873—1890.

HEIJKE, J., God in het diepst van de gedachte. De imago-Dei-leer van Sint Agustinus, Bijdragen, Tijdschrift voor philosophie en theologie, 1955, 357—377.

HENDRIKX , E., Augustins Verhältnis zur Mystik. Eine patristische Untersuchung, Diss. Würzburg = Cassiciacum, Bd. 1, Würzburg 1936.

—, La date de composition du De Trinitate, ATA 12, 1952, 305—316 (= BA 15, 557—566).

HENRY, P., Plotin et l'occident (Spic. Sacr. Lov. 15), Löwen 1934.

—, The Adversus Arium of Marius Victorinus, the first systematic exposition of the doctrine of the Trinity, JThS, N. S. 1, 1950, 42—55.

—, St. Augustine on personality, New York 1960.

HERRMANN, L., Ambrosius von Mailand als Trinitätstheologe, ZKG 69, 1958, 197 bis 218.

HESSEN, J., Augustins Metaphysik der Erkenntnis, 2. Aufl. 1960.

HOLL, A., Die Welt der Zeichen bei Augustin. Religionsphänomenologische Analyse des XIII. Buches der Confessiones (Wiener Beiträge zur Theologie II), Wien 1963.

HOLL. K., Amphilochius von Ikonium in seinem Verhältnis zu den großen Kappadoziern, Tübingen und Leipzig 1904.

HOLTE, R., Diskussion mit Nygren über res et verba, in: Svensk Theologisk Kvartalskrift 34, 1958, 69—80.

—, Béatitude et Sagesse. Saint Augustin et le problème de la fin de l'homme dans la philosophie ancienne, Paris 1962 (Original schwedisch Stockholm 1958).

HORVÁTH, A., Exegesis Patrum de Phil. 2, 5—8, eiusque momentum, Diss. Anselmianum 1956, Collegeville, Minnesota.

HUBER, G., Das Sein und das Absolute. Studien zur Geschichte der ontologischen Problematik in der spätantiken Philosophie (Studia Philosophica, Suppl. VI), Basel 1955.

HUIJBERS, TH., Het beeld van God in de ziel volgens Sint Augustinus, Augustiniana 2, 1952, 88—107, 205—229, und: Zelfkennis en Godskennis in de geest volgens Sint Augustinus „De Trinitate", aaO, 4, 1954, 269—304.

ITURRIOZ, J., El trinitarismo en la filosofia de Agustín, Rev. Esp. Teol. 3, 1943, 89—128.

KAUFFMANN, F., Aus der Schule des Wulfila (Texte und Untersuchungen zur altgermanischen Religionsgeschichte, Texte, Bd. I), Straßburg 1899.

MCKENNA, ST., St. Augustine, The Trinity, transl. (The Fathers of the Church XLV), Washington, Catholic University of America Press 1963.

KESELING, P., Augustin und Quintilian, AM I, 201—204.

KORNYLIAK, P. V., Sancti Augustini de efficacitate sacramentorum doctrina contra Donatistas, Diss. Gregoriana, Rom 1953.

KRAFT, H., ῾ΟΜΟΟΥΣΙΟΣ, ZKG 66, 1954/55, 1—24.

KRETSCHMAR, G., Studien zur frühchristlichen Trinitätstheologie (BHTh, Bd. 21), Tübingen 1956.

KRUPA, L. A., Imago dei in homine sec. doctrinam S. Aug. i, (polnisch), Lublin 1948.

KUNZELMANN, A., Die Chronologie der Sermones des hl. Aug., MiscAg II, 417 bis 520.

KÜNZLE, P., Das Verhältnis der Seele zu ihren Potenzen (Aug. bis Thomas), Freiburg (Schwz.) 1956.

KUSCH, H., Studien über Augustinus I: Trinitarisches in den Büchern 2—4 und 10—13 der Confessiones, Festschr. F. DORNSEIFF, 124—183, Leipzig 1953.

KUYPERS, K., Der Zeichen- und Wortbegriff im Denken Augustins, Diss. Amsterdam 1934.

LADNER, G. B., St. Augustine's Conception of the Reformation of Man to the Image of God, AM II, 867—878.

LE LANDAIS, M., Deux années de prédication de saint Augustin, Paris 1953 (Chronologisches zu Jo.-Tr. u. Psalmenenarr.).

LAUSBERG, H., Handbuch der literarischen Rhetorik, 2 Bde., München 1960.

LEBRETON, J., S. Augustin théologien de la Trinité (über die Theophanien im Alten Testament), MiscAg II, 821—836.

LEGRAND, L., La notion philosophique de la trinité chez saint Augustin, Paris 1931.

LEWY, H., Chaldaean oracles and theurgy, mysticism, magic and Platonism in the later Roman Empire (Publ. Inst. franç. d'archéol. orientale . . . 13), Kairo 1956.

VAN DER LINDEN, L. J., Ratio et Intellectus dans les premiers écrits de saint Augustin, Augustiniana 7, 1957, 6—32.

VAN DER LOF, L. J., De invloed van Marius Victorinus Rhetor op Augustinus, Nederlands Theol. Tijdschr. 5, 1951, 287—307.

LÖHRER, M., Glaube und Heilsgeschichte in „de trinitate" Augustins, FZPT 4, 1957, 385—419.

LOOFS, F., Leitfaden zum Studium der Dogmengeschichte, 6. Aufl., hg. v. K. Aland, 1959 (zit. nach 5. Aufl., Halle 1951/53).

—, Das Glaubensbekenntnis der Homousianer von Sardica (Abh. Preuss. Akad., phil.-hist. Kl. 1909, 1), Berlin 1909.

LORENZ, R., Fruitio Dei bei Augustin, ZKG 63, 1950, 75—132; Zur Herkunft des Augustinischen Frui Deo, aaO, 64, 1952/53, 34—60.

—, Die Wissenschaftslehre Augustins, aaO, 67, 1956, 29—60, 213—251.

—, Augustinliteratur seit dem Jubiläum von 1954, ThR, N. F., 25, 1959, 1—75.

—, Gnade und Erkenntnis bei Augustinus, ZKG 75, 1964, 21—78.

LYTTKENS, H., The Analogy between God and the World, Uppsala 1952.

MADEC, G., Connaissance de Dieu et action de grâces. Essai sur les citations de l'Ep. aux Romains I, 18—25 dans l'œuvre de saint Augustin, RA II, 273—309.

MAIER, J.-L., Les missions divines selon saint Augustin, Paradosis 16, Freiburg (Schwz.) 1960.

MANDOUZE, A., L'extase d'Ostie, AM I, 67—84.

MANSI, J. D. (u. a.), Sacrorum conciliorum nova et amplissima collectio, 30 Bde., Florenz 1759—1767, Venedig 1769—1792.

MARKUS, R. A., St. Augustine on Signs, Phronesis 2, 1957, 60—83.

—, „Imago" and „similitudo" in Augustine, REA 10, 1964, 125—143.

MARROU, H.-I., Saint Augustin et la fin de la culture antique, Paris 1938 (2. Aufl. 1949, 4. Aufl. 1958, je mit Retractatio).

MASCIA, G., La teoria della relazione nel „De trinitate" di Sant'Agostino, Neapel 1955 (gestützt auf CHEVALIER).

MASURE, E., Le signe, Paris 1953.

MAXSEIN, A., Philosophia cordis bei Augustinus, AM I, 357—371.

O'MEARA, J., The Young Augustine, The Growth of St. Augustine's Mind up to his Conversion, London—New York—Toronto 1954 (frz. 1958).

—, Augustine and Neo-platonism, RA I, 91—111.

—, Porphyry's Philosophy from Oracles in Augustine, Paris 1959.

VAN DER MEER, F., Augustin der Seelsorger, 2. Aufl. Köln 1953.

MERKI, H., 'ΟΜΟΙΩΣΙΣ ΘΕΩ. Von der platonischen Angleichung an Gott zur Gottähnlichkeit bei Gregor von Nyssa, Freiburg (Schw.) 1952 (Paradosis 7).

MERKLEN, P. F., div. unbedeutende Aufsätze über „image de Dieu", Rev. Aug. 1, 1902, 9—22; 73—83; 569—580.

MEYER, HANS, Geschichte der Lehre von den Keimkräften von der Stoa bis zum Ausgang der Patristik, Bonn 1914.

SAN MIGUEL, J. R., Los términos „acto" y „potencia" en la filosofía neoplatónica y agustiniana, Augustinus 4, 1959, 203—237.

MIRBT, C., Quellen zur Geschichte des Papsttums und des römischen Katholizismus, 5. Aufl., Tübingen 1934.

MOHRMANN, CHR., S. Jérôme et saint Augustin sur Tertullien, VC 5, 1951, 111 f.

—, Études sur le latin des chrétiens (Aufsatzsammlg.), Rom 1958.

MONCEAUX, P., Notiz über die Chronologie der Werke Augustins, in: Comptes rendus des séances de l'année 1908 de l'Académie des Inscriptions et Belles-Lettres, Paris 1908, 51—53.

MONTANARI, P., Il pensiero filosofico nel De Trinitate di Sant'Agostino, Sophia 1933, 194—199, 418—424.

MORÁN, J. M., Las relaciones divinas según San Agustín, Augustinus 4, 1959, 353 bis 372.

—, Hacia una comprensión de la „Memoria Dei" según San Agustín, Augustiniana 10, 1960, 185—234.

MORIN, G., Une prière inédite attribuée à saint Augustin dans plusieurs manuscrits du de Trinitate, RB 21, 1904, 124—132.

—, Études, textes, découvertes, contrib. à la littérature et à l'histoire des 12 prem. siècles, I (Anecdota Maredsolana, 2. sér. I), Paris 1913.

MOUNTAIN, W. J., A Critical Edition of St. Augustine's „De Trinitate", Book VIII, Diss. Saint Louis University 1960 (Mschr., Mikrofilm), Rezension und wichtigere Textvarianten in REA 10, 1964, 201 f.

MÜHL, M., Der λόγος ἐνδιάθετος und προφορικός von der älteren Stoa bis zur Synode von Sirmium 351, Archiv für Begriffsgeschichte, Bd. 7, 7—56, Bonn 1962.

NEBEL, G., Plotins Kategorien der intelligiblen Welt, 1929.

NÉDONCELLE, M., L'intersubjectivité humaine est-elle pour saint Augustin une image de la Trinité? AM I, 595—602.

NÖRREGAARD, J., Augustins Bekehrung, Tübingen 1923.

NYGREN, ANDERS, Eros und Agape, Gestaltwandlungen der christlichen Liebe, 2 Teile, 2. Aufl., Gütersloh 1957.

NYGREN, GOTTHARD, Das Prädestinationsproblem in der Theologie Augustins, Lund 1956. S. auch unter HOLTE.

ODDONE, A., Il linguaggio teologico di Sant'Agostino, La Scuola Cattolica, Milano, 1930, 352—366.

PAISSAC, H., Théologie du Verbe (Aug. u. Thomas), Paris 1951.

DE PAULEY, W. C., St. Augustine on the image of God, Hermathena 45, 1930, 403 bis 422.

PERLER, O., Der Nus bei Plotin und das Verbum bei Augustinus, Diss. Freiburg (Schwz.) 1931.

—, Les voyages de saint Augustin, RA I, 5—42.

DE LA PEZA, A., El significado de „cor" en san Agustín, REA 7, 1961, 339—368.

PINBORG, J., Das Sprachdenken der Stoa und Augustins Dialektik, ClMed 23, 1962, 148—177.

PLAGNIEUX, J., Influence de la lutte antipélagienne sur le „De Trinitate", AM II, 817—826.

POHLENZ, M., Die Begründung der abendländischen Sprachlehre durch die Stoa, Nachr. Ges. Wiss. zu Göttingen, phil.-hist. Klasse, N. F. 3. Bd., 1938/39, 151 ff.

—, Die Stoa. Geschichte einer geistigen Bewegung, 2 Bde., 3. Aufl., Göttingen 1964.

POLMANN, R., Het Woord Gods bij Aug., Kampen 1955, engl. London 1962.

PRANTL, C., Geschichte der Logik im Abendlande, 4 Bde., Leipzig 1855–1870.

PRESTIGE, L., AGEN(N)ETOS and GEN(N)ETOS and kindred words, in Eusebius and the early Arians, JTS 24, 1923, 486–496.

—, AGEN(N)ETOS and cognate words in Athanasius, JTS 34, 1933, 258–265.

RACETTE, J., Le livre neuvième du De Trinitate de saint Augustin, Sciences Ecclésiastiques, Montréal, 8, 1956, 39–57.

RAIMONDI, M., Animo e Dio nel „De Trinitate" di Sant'Agostino, Diss. Mailand 1954.

REUTER, H., Augustinische Studien, 2. Aufl. Gotha 1887.

RICHARDSON, C. C., The Enigma of the Trinity, in: R. W. Battenhouse, A Companion to the Study of St. Augustine, Oxford 1955, 235–256.

RIEF, J., Der Ordobegriff des jungen Augustinus, Diss. Tübingen 1960.

RITTER, J., Mundus Intelligibilis. Eine Untersuchung zur Aufnahme und Umwandlung der neuplatonischen Ontologie bei Augustinus, Frankfurt a. M. 1937.

RODZIANKO, V., „Filioque" in patristic thought, Studia Patristica VI, 295–308, Berlin 1962.

RONDET, H., Essais sur la chronologie des „Enarrationes in psalmos" de saint Augustin, BLE 61, 1960, 111–127, 258–286.

RÖNSCH, H., Das Neue Testament Tertullians, reconstr. v. H. R., Leipzig 1871.

ROTTA, P., La filosofia del linguaggio nella patristica e nella scolastica, Turin 1909.

DU ROY, J.-B., L'expérience de l'amour et l'intelligence de la foi trinitaire selon saint Augustin, RA II, 415–445.

RUTTEN, CHR., Les catégories du monde sensible dans les Ennéades de Plotin (Bibl. de la fac. de phil. et lettres, Univ. Liège, 160), Paris 1961.

SCHEEL, O., Die Anschauung Augustins über Christi Person und Werk, Tübingen-Leipzig 1901.

SCHMAUS, M., Die psychologische Trinitätslehre des hl. Augustinus, Münster 1927.

—, Die Spannung von Metaphysik und Heilsgeschichte in der Trinitätslehre Augustins, Studia Patristica VI, 503–518, Berlin 1962.

—, Die Denkform Augustins in seinem Werk de trinitate (Bayer. Akad. d. Wiss., phil.-hist. K l.1962, 6), München 1962.

SCHMID, R., Marius Victorinus Rhetor und seine Beziehung zu Augustin, Diss. Köln 1895.

SCHMIDT, R. T., Stoicorum grammatica, 1838.

SCHNEIDER, R., Das wandelbare Sein. Die Hauptthemen der Ontologie Augustins, Frankfurt a. M. 1938.

—, Seele und Sein. Ontologie bei Augustin und Aristoteles, Stuttgart 1957.

SCHULTZE, B., Sergius Bulgakow zur Lehre des hl. Augustin über das Bild der Heiligsten Dreifaltigkeit im Menschen, Orientalia Chr. Periodica 15, 1949, 1 bis 40.

SCIACCA, M. F., Trinité et unité de l'esprit, AM I, 521–533.

SEEBERG, R., Lehrbuch der Dogmengeschichte, 4 Bde., 3./4. Aufl. (u. Nachdrucke) 1920–1930.

SIEBECK, H., Geschichte der Psychologie, 2 Bde., Gotha 1880.

SIMONETTI, M., La processione dello Spirito Santo nei Padri latini, Maia 7, 1954, 201–217; 8, 1955, 308–324.

VON SODEN, HANS FRHR., Das lateinische Neue Testament in Afrika zur Zeit Cyprians (Texte u. Unters. 3. R., 3. Bd.), Leipzig 1909.

SÖHNGEN, G., Der Aufbau der augustinischen Gedächtnislehre, Aurelius Augustinus, Festschr. d. Görresges., Köln 1930, 367–394 (auch in: Die Einheit in der Theologie, München 1952, 63–100).

SOMERS, H., Image de Dieu et illumination divine. Sources historiques et élaboration augustinienne, AM I, 451—462.

—, L'image comme sagesse. La genèse de la notion trinitaire de la sagesse, RA II, 403—414.

SOUTER, A., A Glossary of Later Latin to 600 a. d., 2. Aufl. Oxford 1957.

STEINTHAL, H., Geschichte der Sprachwissenschaft bei den Griechen und Römern, Bd. I, Berlin 1890.

STIGLMAYR, J., Zur Trinitätsspekulation und Trinitätsmystik des hl. Augustinus, Zs. f. Aszese und Mystik 4, 1929, 168—172.

STRAUSS, G., Schriftgebrauch, Schriftauslegung und Schriftbeweis bei Augustin (Beitr. z.Gesch. d. bibl. Herm. 1), Tübingen 1959.

STRUKER, A., Die Gottebenbildlichkeit des Menschen in der christl. Literatur der ersten zwei Jahrhunderte, Münster 1913.

STUMPF, M., Selbsterkenntnis und Illuminatio bei Augustinus (bes. De trin.), Diss. (Mschr.) München 1945.

TESTARD, M., Saint Augustin et Cicéron, 2 Bde., Paris 1958.

THEILER, W., Porphyrios und Augustin (Schriften der Königsberger Gel. Ges., 10, 1), Halle 1930.

—, Die chaldäischen Orakel und die Hymnen des Synesios (aaO, 18, 1), Halle 1942.

TREMBLEY, R., La théorie psychologique de la Trinité chez Saint Augustin, Études et Recherches 8, 1952, 83—109.

—, La procession du Verbe et de l'amour humain, Rev. de l'Université d'Ottawa 24, 1954, 93—117.

TROUILLARD, J., La médiation du verbe selon Plotin, Revue philosophique 146, 1956, 65—73.

TURRADO, A., La Sma. Trinidad en la vida espiritual del justo, su templo vivo, según San Agustín, REA 5, 1959, 129—151, 223—260, und: La inhabitación de la Sma. Trinidad en los justos según la doctrina de San Agustín, AM I, 583 bis 593.

VERBEKE, G., Spiritualité et immortalité de l'âme chez saint Augustin, AM I, 329 bis 334.

—, Connaissance de soi et connaissance de Dieu chez saint Augustin, Augustiniana 4, 1954, 495—515.

—, Augustin et le Stoicisme, RA I, 67—89.

VERBRAKEN, P., Le sermon LII de saint Augustin sur la trinité et l'analogie des facultés de l'âme (kritische Textausgabe), RB 74, 1964, 9—35.

VOGEL, H., Memoria-Historia. Eine Frage, angeregt durch Augustin, EvTh 23, 1963, 393—404.

VOLKMANN, R., Die Rhetorik der Griechen und Römer, 2. Aufl., Leipzig 1885.

WAGNER, CHR., Die vielen Metaphern und das eine Modell der plotinischen Metaphysik, Diss. Heidelberg 1957.

WARNACH, V., Erleuchtung und Einsprechung bei Augustinus, AM I, 429—450.

WASSMER, TH. A., The trinitarian theology of Augustine and his dept to Plotinus, Harv. Theol. Rev. 53, 1960, 261—268, und Scottish Journal of Theol. 14, 1961, 248—255.

WILMART, A., La tradition des grands ouvrages de saint Augustin (handschriftliche Überlieferung), MiscAg II, 257 ff.

WINKLER, K., La théorie augustinienne de la mémoire à son point de départ, AM I, 511—519.

ZARB, S., Chronologia operum S. Augustini, Angelicum 10, 1933, 359—396, 478 bis 512; 11, 1934, 78—91.

—, Chronologia tractatuum S. Augustini in evangelium primamque epistulam Ioannis apostoli, Angelicum 10, 1933, 50—110.

—, Chronologia enarrationum S. Augustini in psalmos, Angelicum 12, 1935, 52 bis 81, 245—253; 13, 1936, 93—108, 252—282; 14, 1937, 516—537; 15, 1938, 382 bis 408; 16, 1939, 267—295; 17, 1940, 263—294; 24, 1947, 47—69, 265—284; 25, 1948, 37—44 (sep. ersch. La Valetta 1948, ebenso die Chronologia operum: Rom 1934).

ZÄNKER, O., Der Primat des Willens vor dem Intellekt bei Augustin (Beiträge zur Förderung der christl. Theologie 11), Gütersloh 1907.

ZEILLER, J., L'arianisme en Afrique avant l'invasion vandale, RH 59, 1934, 535 bis 540.

ZEPF, M., Augustinus und das philosophische Selbstbewußtsein der Antike, ZRGG 11, 1959, 105—132.

STELLENREGISTER

Dieses Register dient lediglich dazu, einige breiter behandelte Stellen aus dem Werk Augustins nachzuweisen. De trinitate ist fortlaufend behandelt, und andere Autoren können durch das Personenregister gefunden werden.

Principia dialecticae	76 f.
De beata vita 34	15 ff.
De ordine II, 16	17 f.
Soliloquia I, 15	25
De magistro	77 ff., 81 f., 196 f.
De vera religione 13	25
De diversis quaestionibus LXXXIII	
qu. 18	20 ff., 30 f., 56
qu. 23	15, 18
qu. 38	25 f.
De fide et symbolo (bes. 17)	26 ff.
De doctrina christiana	81 ff., 96, 99
Confessiones XIII, 12	38 ff.
VII, 13 ff.	13 f.
De catechizandis rudibus 3; 15	96 f.
De trinitate I, 1	1, 120
III, 1	127 ff.
IV, 30	41 f., 145
V, 1	147 f.
VI, 11 f.	43, 129
IX, 12	187 f.
XI, 12	49
De continentia (bes. 2—4)	97 f., 221
De spiritu et littera 48 f.	69, 71 ff.
De civitate dei XI, 23 ff.	38 ff.
Contra sermonem Arrianorum	3 ff., 41 f.
Retractationes I, c. 4, 3	14 f.
I, c. 26	15
Sermo 52	41 f., 229
Sermo 288	41 f., 100
Epistula 11	23 f.
Epistula 169	6 ff., 41 f.

PERSONENREGISTER

Adam, K. 94
Adimantus, 68, 71
Alfaric, P. 30, 32
Allers, R. 177
Altaner, B. 28, 44, 105, 107, 128 f., 131 f., 139
Alypius, 2
Ambrosius, 2 f .,28, 32, 70, 106 f., 125 f., 130 f., 133—136, 139 f., 149, 151, 156, 159, 167
Amphilochius von Ikonium 184
Anastasios vom Sinai 44 f.
Andresen, C. 62, 141, 156, 167, 176, 213
Aponius, 111
Arianer, 1, 3—6, 28, 41, 44, 123, 131 f., 134, 136, 139, 149, 154, 163, 232
Aristoteles, 22, 57, 151, 153, 155, 158, 176 f., 183, 200, 210, 248
Arius, 45 f., 151, 153
Arnou, R. 176
Athanasius, 14, 28 f., 107, 126, 131—133, 135, 149, 151, 164
Pseudo-Athanasius, 113
Aucher, J. B. 106
Ausonius, 111 f., 117

Bardenhewer, O. 44
Bardy, G. 110, 130
Barwick, K. 76 f., 104 f.
Basilius d. Gr., 29, 105, 132, 139, 151, 167
Batiffol, P. 125
v. Bavel, T. J. 133 f., 143
Benz, E. 22, 31, 47, 50 f., 152, 168, 184, 229
Berlinger, R. 241—243
Bernardi, M. C. 34
Beutler, R. 52—54

Blanchard, P. 205
Boëthius, 105, 152
Bonifatius, comes 3
La Bonnardière, A.-M. 98, 132
Boyer, Ch. 32, 141, 209
Braem, E. 74
Bréhier, E. 53, 204
Burnaby, J. 160, 176

v. Campenhausen, H. Frh. 2
Candidus (Arianer), 136, 159, 154
Capella, Martianus, 57, 151, 153, 155, 158, 166, 200
Cassian, 81
Cassiodor (Pseudo-), 58
Cavallera, F. 17
Cayré, F. 41, 176
Chevalier, I. 10, 131 f., 151 f., 156, 167 f.
Cicero, 46, 56, 58—60, 106, 115, 203 f., 211, 246, 248 f.
Cilleruelo, L. 212
Clemens Alexandrinus, 132
McCool, G. A. 70
Consentius, 137
Courcelle, P. 13, 32, 50, 52—54, 70, 105, 128, 130 f., 203
Courtois, Ch. 6
Cyprian, 117, 130

Dahl, A. 50 f., 155, 186
Damaskios, 52, 54
Damasus I. 156
Daniélou, J. 151, 232
Didymus d. Blinde, 132 f., 139
Diekamp, F. 44
Diesner, H.-J. 3
Dikaiarchos, 248

DINKLER, E. 181, 186
Dionysius von Rom, 164
DODDS, E. R. 53
Donatisten, 6
DUCHROW, U. 75 f., 80 f., 98, 114, 209, 218

Empedokles, 247
Epiphanius von Salamis, 29, 107, 131, 139, 151
Eunomianer, 1, 6, 123, 132, 232
Eunomius, 1, 134, 151, 153
Euseb von Cäsarea, 108, 117, 136, 149, 152
Eustathius, 105
Evodius von Uzalis, 6, 8 f.

O'B. FAUL, D. 98
Faustus (Manichäer), 68
Felix, Minucius, 109
Felix (Manichäer), 122
Firmicus Maternus, 117
FISCHER, B. 76
FORCELLINI, E. 85
FRIEDLÄNDER, P. 177
Fulgentius von Ruspe, 184
FUNAIOLI, G. 106

GADAMER, H.-G. 236—241, 243
GANGAUF, TH. 119, 160, 176
GARDEIL, A. 185, 209
GILSON, E. 177, 185, 213
GERLITZ, P. 222
GOLDBACHER, A. 5, 7, 23
Goten, 3
Gratian (Kaiser), 125
Gregor von Elvira, 111, 113, 115, 117, 139
Gregor von Nazianz, 28 f., 44, 100, 117, 126, 131—135, 151, 154, 167
Gregor von Nyssa, 44 f., 123, 132, 149, 151, 167, 211
GRONAU, K. 105

HADOT, P. 46 f., 50, 53, 116, 118, 136
HAHN, A. 108, 136, 139, 156
HARDER, R. 49, 203

HARNACK, A. v. 19, 30, 32, 46, 110, 125, 127, 149, 153
HASSEL, D. J. 212
HEFELE, C. J. 125
HEIDEGGER, M. 243
HEIJKE, J. 74, 224
HENDRIKX, E. 8—10, 74, 119, 183, 222, 227 f.
HENRY, P. 16, 36, 46—48, 50—52, 105, 128, 168
Hermagoras (Rhetor), 57
HERRMANN, L. 159
Hieronymus, 115, 117, 130, 156
Hilarius von Arles, 7
Hilarius von Poitiers, 28, 43, 106 f., 129 f., 133—135, 139 f., 151, 156, 159, 184, 230
Hippolyt, 110
HOLL, K. 127
HOLTE, R. 177
HORVÁTH, A. 133
HUBER, G. 148, 155 f., 230
HUIJBERS, TH. 74, 182, 185, 206

Irenäus, 66, 106 f., 132

Jamblichos, 53, 105, 210 f.
Johannes Damascenus, 183
Johannes Stobaios, 210 f.
Julian von Aeclanum, 72, 129
Justin der Märtyrer, 139
Justina (Kaiserin), 2

Kappadozier (die drei großen) 126 f., 153, 167
KAUFFMANN, F. 3
KEIL, H. 106
KESELING, P. 58
KETTLER, F. H. 229
KNÖLL, P. 18
KORNYLIAK, P. V. 94
KRAFT, H. 108
KRETSCHMAR, G. 109
KROLL, W. 54, 57
KUNZELMANN, A. 3 f., 41 f., 62, 99 f., 102, 169
KÜNZLE, P. 185, 209 f.

Kusch, H. 33

Labriolle, P. de 33
Ladner, G. B. 74
Laktanz, 29, 107, 110, 115, 117
Le Landais, M. 62
Lausberg, H. 57
Lebreton, J. 139
Lewy, H. 54
van der Linden, L. J. 181
Löhrer, M. 172, 174, 197
Loofs, F. 32, 108, 111
Lorenz, R. 50, 56, 60, 76, 79, 82 f., 155,
    172, 176 f., 188, 208, 212 f., 229
Lydos (Neuplatoniker), 54

Madec, G. 215
Maier, J.-L. 139
Mandouze, A. 171
Manichäer, 67 f., 70–72, 122
Marcell von Ankyra, 107 f.
Marcellinus, 9
Marcion, 139
Marius Victorinus, siehe Victorinus
Markus, R. A. 64, 66, 69, 79, 83
Marrou, H.-I. 2, 10, 76, 119, 129, 152,
    154, 185, 194, 226
Martianus Capella, siehe Capella
Maternus, Firmicus, 117
Mauriner, 130
Maximinus (Arianer), 3, 99, 134, 136,
    139, 147, 158, 169
Maximus von Tyrus, 139
Maxsein, A. 250
Mazedonianer, 44
O'Meara, J. 13, 32, 52, 54
van der Meer, F. 5
Merki, H. 44, 62, 66, 177
Meyer, H. 141
Minucius Felix, 109
Mohrmann, Chr. 110, 130
Monarchianer, 139
Monceaux, P. 7
Monnica, 2
Morin, G. 112 f., 244
Mühl, M. 104

Nebridius, 23
Nédoncelle, M. 74, 178
Neuplatoniker, 105 (siehe unter „Neu-
    platonismus" im Sachregister)
Novatian, 107, 110, 117, 131, 139
Nygren, A. 178

Origenes, 29, 36, 100, 115, 117, 132,
    134, 136
Orosius, 8

Paissac, H. 194
Pascentius, comes, 5
de Pauley, W. C. 74
Pelagianer, 71 f., 93, 132
Perler, O. 8, 30
de la Peza, E. 250
Philo, 28, 104 f., 139, 232
Phoebadius von Agen, 117, 139, 156,
    164
Photinianer, 13, 107
Photinos, 107
Pinborg, J. 60, 76
Plagnieux, J. 9, 128, 142
Platon, 21, 45, 52, 54, 66, 85, 171, 176 f.,
    183, 210 f., 236, 246
Platoniker, 139
Plotin, 13, 16, 19, 21, 28, 30, 36, 46,
    48–51, 53, 101, 105, 148 f., 152, 155,
    171, 176, 186, 203 f., 210, 230
Pohlenz, M. 104 f., 210
Porphyrios, 14, 50, 52–55, 104 f., 123,
    152, 201, 204, 210
Possidius, 3, 201
Prantl, C. 76, 105, 152
Praxeas, 130
Prestige, L. 153
Proklos, 52–54
Prosper von Aquitanien, 7
Prudentius, 112 f., 117
Przywara, E. 176
Pythagoras, 247
Pythagoreer, 210 f.

Quintilian, 57–60, 77, 82, 106

Racette, J. 182, 185
Reuter, H. 125

Rief, J. 22
Ritter, J. 14, 19, 33
Rönsch, H. 117
Rondet, H. 62
du Roy, J.-B. 174, 178, 182
Rufinus, 115, 117
Rutten, Chr. 21, 148, 155

Sabellianer, 5, 28, 126
Scheel, O. 19, 30, 89, 143
Schmaus, M. 12, 32, 42, 44, 114, 119,
    127, 139, 144, 159 f., 184 f., 189 f.,
    199, 206, 222, 229, 245
Schmid, R. 46, 131
Schmidt, R. T. 114
Schneider, R. 22, 177, 211
Schwyzer, H.-R. 31, 52 f.
Seeberg, R. 94, 126 f.
Siebeck, H. 186, 210
Sigisvult, comes, 3
v. Soden, H. Frhr. 116 f.
Somers, H. 17, 74
Souter, A. 18, 113
Stobaios, Johannes, 210 f.
Stoiker, 85, 210
Strauss, G. 56, 84, 89, 134
Struker, A. 66
Stumpf, M. 184
Synesios von Kyrene, 28
Syrian (Neuplatoniker), 53

Tertullian, 28, 39, 60, 106 f., 109 f.,
112 f., 115—117, 130, 139 f., 149, 156,
160, 211
Testard, M., 56, 58, 203, 246
Theiler, W. 20 f., 31, 51 f., 54, 63, 201,
204
Theodosius I., 125
Theophilus von Antiochien, 107, 109,
139
Thomas von Aquin, 237
v. Tischendorf, K. 133
Turrado, A. 74

Valentinian II., 125
Valentinianer, 107
Vandalen, 6
Varro, 60, 104, 106
Verbeke, G. 36, 104, 204
Verbraken, P. 41
Viktorin von Pettau, 117
Victorinus, Marius, 18, 22, 29, 46—48,
    50 f., 53—55, 58, 65, 105, 111, 113,
    116 f., 131 f., 149, 151 f., 168
Volkmann, R. 57

Wagner, Chr. 19
Warnach, V. 94, 221, 233—235, 243
Wilmart, A. 11

Zänker, O. 177
Zarb, S. 7, 8, 10, 26, 41, 62, 98
Zeiller, J. 6
Zeno (Stoiker), 248
Zeno von Verona, 111, 113

SACHREGISTER

Akzidens 73, 149, 151., 155, 160—162, 182, 225, 237.

Analogie (allgemein und verbum- Analogie) 1, 12 f., 75, 87, 89, 96, 98—100, 114, 124, 145 f., 148, 155, 157—162, 164, 167—170, 176, 180, 192 f., 195, 219 f., 222 f., 230 f., 233 f., 236, 238, 239—241, 244.

Analogie (trinitarische) 17—60, 73—75, 103, 169, 175, 178, 180—187, 190 bis 193, 201—211, 212—216, 220, 224 f., 227—229, 239 f., 242—245.

Appropriation, Proprietäten 18, 24, 37, 43, 86, 138, 162—166, 168, 215, 222.

Arianismus s. vor allem unter „Arianer" im Personenregister, 137, 140, 147, 162, 164, 169.

—, germanischer 3.

Bild (Gottebenbildlichkeit des Menschen s. unter „imago") 21, 114, 148, 165 f., 190 f., 193, 216, 225, 230, 233, 236 f., 239.

Chaldäische Orakel 53 f.

cogitare 199, 203—205, 221, 223 f.

concipere 101 f.

conversio 16, 48, 50 f., 53, 55, 63.

cor 102, 113, 250.

De trinitate: Allgemeines 73 f., 87, 103.

—, Aufbau 119 f., 220 f.

—, Entstehung 6 ff., 38, 128.

—, Handschriftl. Überlieferung 11.

—, Polemik 1 f.

Dialektik 76, 104 f., 151, 154, 166, 168, 200.

Eigenschaften Gottes 155 f., 160, 163 bis 165, 167, 170, 215, 223.

Ekstase 94, 171 f.

Emanation 19, 32, 114, 237.

Engel 38, 95, 138, 141 f., 171.

Erinnerung (memoria u. recordatio) 49, 197, 200, 202—206, 208, 210—212, 216, 224, 249.

Erkenntnis 35, 40, 51, 54, 79, 84, 122, 172—176, 179, 181—187, 189—194, 196—203, 205 f., 214, 216, 219, 223 f., 226—228, 244.

esse—nosse—velle 34 f., 47 f., 58.

esse—vivere—intellegere 23, 46 f., 51, 199, 201.

essentia 156, 165—168, 170 f., 182, 201, 221.

exercitatio 37 f., 226 f.

Form u. Gestalt (forma, species) 21—24, 35, 39, 43, 58, 91, 173, 190, 208, 219, 221 f., 237.

Geist, hl. 28 f., 39, 43, 47, 50, 71, 132 f., 136—138, 140, 145, 157—159, 164 f., 178, 191—193, 208, 214, 222 f., 231.

Geschichtlichkeit 146, 162, 168, 231 f., 238.

Gewißheit 47, 199 f., 242.

Glaube 23, 25, 120—122, 124, 142, 172, 174—177, 197, 209, 215, 220, 226 f., 243 f.

Gnade 213 f., 227, 233.

Hermeneutik 81—84, 89, 121, 124, 133 f., 136, 141, 236, 238, 241, 243.

Homousie 14, 19, 24, 27, 99, 111, 113,

126, 143, 147, 154, 163 f., 185, 193, 239 f.

Ideen 171—174, 177, 180, 187 f., 190, 198, 228, 233.
Illumination 18, 25, 94 f., 172, 177, 195, 212, 214, 228, 233 f., 242.
Imago dei (im Menschen) 27, 36, 38 bis 40, 61—74, 103, 109, 118, 175, 178 bis 182, 186 f., 193, 203, 205—209, 212 bis 214, 216 f., 220, 224 f., 239, 242.
Inkarnation 14, 23 f., 87 f., 90, 93, 97, 99—101, 111, 113 f., 126 f., 133, 135, 137 f., 142, 144—146, 165, 178, 219 f., 236, 238.
„Innerlichkeit" (homo interior u. dgl.) 2, 36, 38, 62 f., 68 f., 79 f., 93—95, 97, 100, 114, 137 f., 170—172, 180, 186, 197, 205 f., 208, 216 f., 230 f., 235, 241, 243.

Jungnizäner 14, 126.

Kategorien 21—24, 35, 37, 40, 52, 57, 149—153, 156—158, 161.
Katholizität, Kirche, Tradition 2, 23, 27, 82, 89, 119, 121 f., 124—127, 132 f., 140, 145, 147, 232.

Licht 28, 30, 43.
Liebe (caritas) 2, 18, 21, 35, 40, 50, 53, 71, 172—193, 196—198, 205, 212, 214 f., 222, 224, 227, 230 f.
Logos (s. auch unter „Sohn", „Verbum") 44 f., 50, 75 f., 98 f., 104, 107—109, 111 f., 115—118, 139, 231 f., 236—240.

Manichäismus 67—73, 122.
memoria—intelligentia—voluntas 22. 25, 41 f., 47 f., 55, 58 f., 145, 201 bis 212, 216, 223—225, 227, 244.
mens 180—194, 198—201, 204—217, 221, 225 f., 231, 250 f.
mens—notitia—amor 58, 181—187, 201, 206 f., 209, 225.
modus 15—17, 20, 50.

Mystik 227 f.

natura—doctrina—usus u. dgl. 25, 39, 59.
Neuplatonismus 13—16, 19, 21 f., 30 bis 33, 35, 46, 48—55, 70, 105, 111, 122, 148, 155, 176, 180, 201, 203 f., 210.
Nizäa 6, 32, 108, 125 f.
notitia 189, 191, 199, 201, 203 f., 207, 219, 234.

Offenbarung 19—21, 24, 26 f., 30, 116, 127, 136, 168, 195, 231 f., 236.
Ordnung (ordo) 21—23, 35, 38, 58, 91.

Partizipation 15, 212.
Pelagianismus 9, 71—73, 93, 98, 121, 132, 213.
Perichorese 37, 43, 183—185, 202, 207, 224.
Personbegriff 156 f., 166—168, 209, 225, 227, 231, 241—245.
Potenz-Akt 47, 51, 111, 155, 210 f.
Predigt 84, 91 f., 96 f.
processio (christlich bzw. trinitarisch u. neuplatonisch) 16, 47 f., 50 f., 53, 55, 159, 191, 207 f., 223, 227, 231.

Relation 48, 55, 135, 138, 146, 150 bis 155, 157—161, 166 f., 180, 182 f., 185, 191 f., 194, 202, 206 f., 222, 227,
Rhetorik 36, 56—60, 70, 82—84, 103, 161, 169, 203, 244.

Sabellianismus 14, 126, 164.
Sakrament 93.
Schau Gottes 124, 134, 142, 148, 171, 176 f., 213, 216, 225—227.
Schöpfer—Geschöpf 14, 17, 19, 26, 31, 90, 136, 140, 154, 158, 160, 162, 190, 220, 222, 224, 230.
Seele 181, 184—186, 199 f., 204, 209 bis 212, 216.
Sehen 208, 217., 223, 235.
Sein 21—23, 35, 37, 40, 47, 52 f., 58, 64, 87, 122 f., 149, 155, 157, 168, 170, 20 f., 217 f., 238, 243 f.

Selbstbewußtsein, -reflexion, -erkenntnis 37 f., 49 f., 53, 185, 193 f., 196, 198–201, 203 f., 206 f., 212 f., 215.

Sendung (von Sohn und Geist) 135 bis 138, 142–147, 231.

Signifikation 78, 80, 90, 94, 97, 100, 104 f., 114, 137 f., 143, 145 f., 162, 178, 227, 233, 238.

Sohn (2. Pers. d. Trinität) 15–18, 23 f., 43, 47, 75, 86 f., 89, 96, 102, 108, 110 f., 127, 133, 135–137, 139 f., 142 bis 145, 149–154 („gezeugt"), 157 f., 162 f., 165 f., 169 f., 194.

—, Zeugung u. dgl. 102, 187 f., 191 f., 205, 232.

Sprache 27, 45, 75–77, 79 f., 82, 84 f., 89–91, 94, 96 f., 101 f., 105, 109, 114, 116 f., 123 f., 145–148, 152, 156 f., 161 f., 164, 166, 168, 178, 181, 193, 196 f., 217 f., 224, 229 bis 241, 243, 245.

Stoa 76 f., 85, 102, 104 f., 114, 210.

Substanz 72 f., 149 f., 154–156, 160 f., 163, 166–168, 170, 182 f., 185, 198, 200–202, 206, 225, 227, 237.

Sünde 64, 67–69, 71 f., 81, 93, 97, 212 bis 214, 218, 234.

Theophanien 130, 138–143, 146.

Trinität s. auch unter „hl. Geist, Verbum" usw.

—, Griech. Terminologie 156, 167 f.

—, Monarchianisch-ökonomische Trinitätslehre 107 f., 113, 126, 129.

—, Paradoxie 126 f., 147, 166.

—, Subordinatianismus 146.

—, Untrennbare Wirksamkeit 17 f., 23 bis 25, 31, 42, 45, 95, 126, 136, 138, 140, 143–145, 147, 158, 168, 178, 195, 207, 229, 233, 243.

tripotens 18, 21.

Tritheismus 21, 155.

Unaussprechlichkeit Gottes 87 f., 124, 148, 166, 168, 171.

Vater (1. Person der Trinität) 17 f., 24, 54, 138, 141, 145 f., 149–154 („ungezeugt"), 157 f., 163, 165, 169, 194.

Verbum 1, 28 f., 75–118, 142 f., 146, 166, 174, 178, 187–195, 205, 217 bis 222, 224 f., 230–241, 243, 245, 250 f.

—, davon besonders zum inneren 80, 87, 89, 96–114, 187–193, 205, 217 bis 222, 224 f., 231–241, 243, 245, 250 f.

Wahrheit 16, 79–81, 83 f., 94 f., 170 bis 172, 187, 193, 196, 201, 215, 218, 220, 233–235, 242 f.

Weisheit (sapientia) 15 f., 18, 21, 24, 35, 86 f., 162–165, 208 f., 212, 215, 217 f., 220, 247.

Wille 24, 35, 37, 47, 49, 51, 54, 58–60, 148, 177, 181, 188 f., 191, 193 f., 196, 200, 202, 208, 212–214, 216, 218, 222 f., 228, 240.

Wort (s. auch unter Logos und Verbum) 92, 96, 193, 231–233, 235, 239–241, 244.

Zeichen 77 f., 81, 83, 88, 90 f., 94–96, 102, 137, 146, 162, 196 f., 219, 229, 235, 238.

Zeit 69, 87, 160, 162, 168 f., 208 f., 243.

HERMENEUTISCHE UNTERSUCHUNGEN ZUR THEOLOGIE

Band 1

Gerhard Ebeling

Theologie und Verkündigung

Ein Gespräch mit Rudolf Bultmann

2., durchgesehene Auflage
1963. XII, 146 Seiten. Kart. DM 11.–, Lw. DM 14.50

„Um die Position der heutigen evangelischen Theologie zu bestimmen, ist das Buch kaum zu entbehren. Denn in ihm wird nun endlich der Schritt über Bultmann hinausgetan, der in seiner Schule lange sich andeutete und fällig war."
Die Welt. 22. Dezember 1962

Band 2

Eberhard Jüngel

Paulus und Jesus

Eine Untersuchung zur Präzisierung der Frage nach dem
Ursprung der Christologie

2., durchgesehene Auflage
1964. IX, 319 Seiten. Kart. DM 22.–, Lw. DM 26.50

»I's study is a most welcome token of the direction in which some of the most active theological thought in Germany is moving in our day.«
Erasmus, Vol. 16 (1964)

Band 3

Friedrich Gogarten

Die Verkündigung Jesu Christi

2. Auflage

Band 5

Ulrich Duchrow

Sprachverständnis und biblisches Hören bei Augustin

J. C. B. MOHR (PAUL SIEBECK) TÜBINGEN

DATE DUE
